신학박사 논문시리즈 19

신앙과 감정

조나단 에드워즈의 『신앙적 감정』 연구

이 진 락 지음

기독교문서선교회

기독교문서선교회(Christian Literature Crusade: 약칭 CLC)는
1941년 영국 콜체스터에서 켄 아담스에 의해 시작되었으며
국제 본부는 영국의 쉐필드에 있습니다.
국제 CLC는 59개 나라에서 180개의 본부를 두고, 약 650여 명의
선교사들이 이동도서차량 40대를 이용하여 문서 보급에 힘쓰고 있으며
이메일 주문을 통해 130여 국으로 책을 공급하고 있습니다.
한국 CLC는 청교도적 복음주의 신학과 신앙서적을 출판하는
문서선교기관으로서, 한 영혼이라도 구원되길 소망하면서
주님이 오시는 그날까지 최선을 다할 것입니다.

A Study on the Religious Affections in the Theology of Jonathan Edwards

by
Jin-Rack Lee

Korean Edition
Copyright © 2010 by Christian Literature Crusade
Seoul, Korea

추천사 1

김의원 박사
전 총신대학교 총장

최근 한국교계에 부흥과 영성에 관한 논의가 빈번하게 일고 있다. 그 이유는 힘을 잃어가는 한국교계에 다시 부흥의 물결을 일게 하려는 교계지도자들과 신자들의 염원에서 찾을 수 있을 것이다. 그런 점에서 최근 교계지도자들의 관심이 미국 교회 부흥운동의 지도자였던 조나단 에드워즈에게 주어지고 있다. 그는 부흥운동의 지도자일 뿐만 아니라 목회자요, 신학자요, 윤리학자요, 철학자였다.

이진락 박사는 조나단 에드워즈의 이러한 다양한 측면을 연결하는 고리를 '신앙적 감정'(*Religious Affections*)에서 찾았다. 그의 견해에 의하면 신앙적 감정은 사물과 세계를 참되게 파악하는 인식론의 중심이고, 인간의 행동을 간능하게 하는 윤리적 실천의 중심이며, 성령의 내주로 말미암아 변화된 인간 영혼의 중심이다. 본서는 이러한 신앙적 감정의 복합적 성격을 여러 측면에서 자세하게 규명하고 있기 때문에, 조나단 에드워즈 신학의 전체적 체계를 살펴보고자 하는 사람들에게 좋은 안내서 역할을 할 것이다.

한편, 본서는 조나단 에드워즈가 차갑고 싸늘한 논리로 부흥을 반대하던 이성주의자들과 과도한 열정으로 부흥을 왜곡한 열광주의자들을 모두 반대하면서 균형 잡힌 부흥론을 주장한 이유에 대해서도 잘 보여주고 있다. 참된 부흥은 지성과 감정의 조화 속에서 일어난다.

본서를 통해서 신학과 경건의 조화를 이루었다고 평가받는 인물인 조나단 에드워즈에 대한 이해의 폭이 더 넓어지고 관심이 더 커지게 되기를 바라며, 한국교회에 참된 부흥의 물결이 새롭게 일기를 바란다.

추천사 2

양낙흥 박사
고신대학교 신학대학원 역사신학 교수

　루터의 이신칭의 교리와 칼빈의 예정론 사상의 영향으로 청교도들은 교회사에서 구원받는 신앙의 본질에 대한 가장 깊고 진지한 관심을 가진 집단이었다. 청교도 목사들과 신학자들은 참된 회심과 참된 믿음에 대해 산더미처럼 많은 작품을 남겼다. 청교도 전통의 정통적 계승자로서 조나단 에드워즈의 저술 중 가장 중요한 것들도 참된 회심과 참 경건의 본질에 대한 것이었다.

　청교도들은 참된 신앙의 본질이 단순한 지성적 이해나 동의가 아니라 복음의 진리에 대한 전인적 깨달음, 즉 에드워즈가 "마음의 감각" 혹은 "영적 감각"이라 부르는 것을 통해 발견하게 되는 체험적 진리에 관계되어 있다고 보았다. 『신앙적 감정』은 참된 회심의 본질로서의 체험이 무엇인가에 대한 역사상 가장 심오한 탐구의 산물이다. 지성적 천재요 영성적 거인인 에드워즈는 이 책을 통해 구원과 관련된 종교적 체험을 날카롭게 해부하면서 가장 권위있고 신뢰할만한 지침을 제공했다.

　에드워즈의 이 저술에 대한 연구와 논의는 한국 교회의 건강한 발전을 위해 가장 절실히 요구되던 작업들 중 하나였다. 한 신학자의 저술과 사상에 대한 가장 본격적인 분석 작업 통로들 중 하나는 학위 논문 작성이다. 반갑게도 이진락 목사가 그 작업의 최초의 시도자가 되었다. 그동안 에드워즈의 『신앙적 감정』(Religious Affections) 한 권을 집중적으로 파헤친 작업은 많지 않았다. 한국 교회의 에드워즈 연구사에 일보 진전을 이룬 업적이라 하지 않을 수 없다. 이 연구를 시발점으로 에드워즈의 동일한 저술과 주제에 대한 연구가 이어지기를 바라는 마음 간절하다.

추천사 3

강웅산 박사
총신대학교 신학대학원 조직신학 교수

어느 시대나 그랬듯이 오늘날 한국교회도 여러 문제에 당면해 있다. 교회의 문제들의 본질적인 근원을 추적하다 보면 결국 과연 성도 한 사람 한 사람이 참된 성도로서 참된 신앙의 삶을 살고 있느냐의 문제로 압축될 것이다. 이런 본질적인 문제를 놓고 고민을 했던 대표적인 인물 중의 하나가 18세기 미국 청교도의 마지막 주자라고 할 수 있는 조나단 에드워즈이다. 특히 그의 저서 『신앙적 감정』(Religious Affections)은 그가 개혁신학에 입각한 목회자로서 가졌던 고민을 신학적으로 고찰해 놓은 책으로서 개혁주의 교회 역사에 길이 남을 유산으로 자리매김하였다. 그러나 에드워즈의 저서가 진귀한 보화임에는 틀림없지만 그 책을 읽고 소화하는 문제는 별개이다. 이진락 박사는 그의 학위논문을 통해 좋은 줄은 알지만 쉽게 소화하기 어려웠던 어려운 내용을 쉽게 그리고 정확하게 해석해 주는 작업을 성공적으로 마치었다. 이에 그 논문이 책으로 출간되는 것은 교회와 후학들을 위해 큰 유익이 아닐 수 없다.

이진락 박사는 많은 시간을 들여 에드워즈의 일차 자료를 바르게 이해하고 해석하는 일을 위해 수고를 하였다. 그 긴 시간의 투자는 그가 에드워즈와 친숙할 수 있게 하였고 그 결과가 이 저서에 녹아 있다고 생각한다. 에드워즈에 대한 이해를 돕기 위해 그가 제시하는 역사적 조명은 그 자체만으로 충분히 독자에게 유익이 되고 있다. 오늘날 우리가 갖는 고민이 청교도 정황 속에서 어떻게 드러났고 다루어졌는지를 볼 수 있는 기회가 마련되었다고 생각한다. 결국 에드워즈의 대표적 저서로 불리는『신앙적 감정』(Religious Affections)이 갖는 목회적 실천적 배경의 이해가 바로 개혁신학의 전통이 우리에게 주는 지혜인 것이다.

　에드워즈의 사상이 치밀한 신학을 바탕으로 하고 있는 만큼 그에 상응하는 신학적 숙고 없이 에드워즈를 이해하는 것은 어렵다. 이진락 박사는 흔히 많은 사람들이 시도는 하나 실패하는 부분이라고 할 수 있는 신학적 정립의 부분을 가지런하게 보기 쉽게 정리해 주고 있다. 특히 조직신학적으로 인간론과 구원론의 논의를 오가며 내리는 그의 해석과 판단은 독자들에게 크게 도움이 될 것이다. 성령이 중생케 하시는 사역이 인간론적으로 어떤 영적 감화와 감각이 있게 되고 그래서 어떻게 실천의 열매의 가시성이 성화의 삶의 핵심이 되는지를 보여주는 것은 에드워즈 신학이 개혁주의 신학의 발전에 기여하였던 핵심적인 부분이었기에 이진락 박사의 설명은 그 핵심을 놓치지 않고 있다고 평할 수 있겠다.

　그런 의미에서 이진락 박사의 학위논문이 출간되는 것은 반가운 일이며 많은 사람들에게 그리고 특히 한국교회에 큰 유익을 주는 일이라 믿어 의심치 않는다. 각고의 노력 끝에 학위를 마치고 논문을 출간하게 됨을 진심으로 축하하며 에드워즈에 대해 관심을 갖는 모든 이들에게 본 저서를 적극 추천하는 바이다.

Jonathan Edwards

저자 서문

본서는 필자의 학위논문 "조나단 에드워즈의 신앙적 정서에 대한 연구"를 일부 수정 보완한 것이다. 대체로 위대한 학자들의 사상 체계에는 들어가는 문이 많다. 어느 문으로 들어가서 그들의 사상 체계를 살펴보느냐 하는 것은 연구자의 몫이다. 조나단 에드워즈도 그렇다. 조나단 에드워즈의 사상 체계로 들어가는 문이라고 볼 수 있는 것들은 신앙, 아름다움, 성향, 참된 덕, 자유의지, 구속사 그리고 삼위일체론 등이다. 필자는 '신앙적 감정'이라는 문으로 들어가서 그의 사상 체계를 살펴보려는 시도를 했다.

본서의 독자들에게 반드시 설명해야 할 사실들 중의 하나'신앙적 감정'(*Religious Affection*)이라는 용어와 그 번역에 관한 문제이다. 필자의 학위논문에서는 이를 '신앙적 정서'라고 번역했지만 본서에서는 '신앙적 감정'으로 고쳐서 번역했기 때문에 이에 대한 설명이 필요할 것 같다. 에드워즈의 감정(affection) 개념은 우리가 흔히 말하는 감정이 아니다. 그것은 지성과 밀접하게 연결되어 있는 감정과 의지의 통합체이며, 어떤 면에서는 인간 영혼의 중심이라고도 말할 수 있다. 이러한 affection이라는 용어를 정확하게 나타내주는 우리말은 없다. 이런 경우 취할 수 있는 방법은 두 가지이다. 하나는 그에 상응하는 우리말을 만들어내는 것이고, 다른 하나는 기존의 우리말을 번역어로 사용하면서 그 우리말의 의미와는 다른 원어의 의미를 충분하게 부여하는 것이다. 한국의 에드워즈 학자들 대부분은 후자의 방법을 택했다. 그런데 문제는 affection의 번역어가 통일되지 않았다는 점이다. "정서, 감정, 감화, 감흥, 및 정동" 등의 여러 번역어들이 사용되었다. 그런데 이들 중에서 가장 많이 사용되는 번역어가 '감정'이다. 어느 번역어도 affection의 정확한 함의를 담아내지 못한다면 현재 다수가 사용하는 번역어를 선택함으로써 에드워즈에 관련된 신학 용어의 통일성을 꾀하는 편이 낫겠다는 생각이 들어서, 본서에서 에드워즈의 religious affection을 '신앙적 감정'이라고 번역하기로 했다. 다시 한번 강조한다. 에드워즈의 신앙적 감정은 우리가 흔히 말하는 종교적 감정이 아니라 영적인 일들에 대한 지적 이해의 바탕 위에서 작동하는 '감정과 의지의 통합체'이다.

　최근 우리나라에서 조나단 에드워즈에 대한 관심이 점점 커지고 있지만, 그것은 대체로 에드워즈의 부흥 운동에 국한되어있다. 부흥에만 관심을 가지고 에드워즈를 보면 오히려 에드워즈의 부흥신학의 진수를 맛보기 힘들다. 에드워즈의 부흥에 대한 생각을 올바로 이해하려면 무엇보다도 신앙적 감정에 대한 이해를 먼저 해야 한다. 본서는 이 신앙적 감정이 성령의 내주와 중생과 회심을 통해서 어떻게 변화되고 삶 속에서 실천적으로 표현되는지를 자세하게 고찰했다. 극도로 단순하게 말한다면, 마음이 뜨거워졌다고 해도 그것만으로는 무조건 은혜를 받았다고 말할 수 없다. 마음이 좀 덜 뜨겁더라도(은혜를 받는데 마음이 하나도 뜨겁지 않을 수는 없다) 하나님의 말씀을 분명하게 이해하고 그 말씀대로 실천하는 삶의 변화된 모습이 있어야 참된 신앙적 감정(religious affection)이 생긴 것이고, 참된 은혜를 받은 것이다. 다르게 말한다면, 에드워즈는 한 인간의 전체적인 면에서 참된 변화가 일어났다는 분명한 증거를 가시적으로 확인할 수 있을 때, 그가 받은 은혜가 참된 은혜이고, 그가 체험한 부흥이 참된 부흥이라고 주장한다. 이러한 에드워즈의 신학 사상이 오늘날 우리나라 기독교계에 도전과 자극을 줄 수 있기를 간절히 바란다.

약어표

WJE-Y: *The Works of Jonathan Edwards*. 24 Vols. Edited by Perry Miller, John E. Smith, and Harry S. Stout. New Haven: Yale University Press, 1957-.

SJE-Y: *The Sermons of Jonathan Edwards*. Edited by Wilson H. Kimnach, Kenneth P. Minkema, & Douglas A. Sweeney. New Haven: Yale University Press, 1999.

WJE-BT: *The Works of Jonathan Edwards*. 2 Vols. Edited by Edwards Hickman. 1834. Reprint, Edinburgh: Banner of Truth Trust, 1974.

Inst.: *The Institutes of the Christian Religion*. 2 Vols. Translated by Ford Lewis Battles. Edited by John T. McNeill. Philadelphia: Westminster Press, 1960.

LW: *Luther's Works*. 54 Vols. Edited by J. Pelican and H. T. Lehmann. Philadelphia: Fortress Press, 1955-.

Essay: *An Essay concerning Human Understanding*. Edited by P. H. Nidditch. Oxford: Oxford University Press, 1975.

A Study on the Religious Affections in the Theology of Jonathan Edwards

목 차

추천사 1 · 5
추천사 2 · 7
추천사 3 · 9
저자 서문 · 11
약어표(Abbreviation) · 13

제 1 장 서론 · 21
   1. 신앙적 감정: 인간론과 구원론의 접점 21
   2. 용어의 설명 - 감정(affection) 30
   3. 기존 연구 검토 39

제 2 장 역사적 배경 · 53
   1. 에드워즈 시대의 주요 이슈들 53
     1) 청교도의 회심론 53
     2) 중도 언약과 스토다드주의 59
     3) 복음주의 운동과 부흥 운동 66

2. 코네티컷 골짜기의 놀라운 회심 이야기 74
      1) 에드워즈의 개인적인 신앙 체험 74
      2) 코네티컷 골짜기의 놀라운 회심 이야기 80
      3) 세 편의 장편 연속 설교에 나타나는 사상 90
   3. 대각성 운동의 진행 과정 95
      1) 대각성의 시작 - 휫필드와 테넌트 95
      2) 엔필드의 설교 98
      3) 열광주의자 데이븐포트의 등장 100
      4) 『성령의 역사를 구별하는 표지들』 102
      5) 교회 언약 갱신 의식 106
      6) 『부흥론』 107
      7) 찰스 촌시와 부흥 반대파의 공격 110
      8) 두 개의 전선 - 이성주의자와 열광주의자 112
   4. 성찬 논쟁 113
      1) 신학적 문제 113
      2) 신학 이외의 문제 115
      3) 성찬 논쟁의 진행과 결말 118

제 3 장 『신앙적 감정』의 구조와 내용 · 125
  1. 기본적인 문제의식 125
  2. 본문 구조 분석 128
  3. 참 신앙과 거짓 신앙의 구별의 한계 139
  4. 표지의 역할 142
  5. 감정과 다른 신학 주제와의 관계 145
  6. 소결론 151

제 4 장 성령의 내주와 중생과 회심 · 153
  1. 성령의 내주 153
  2. 주입과 조명 156
  3. 중생과 회심의 관계 166
  4. 회심 173
     1) 회심의 단계론 혹은 회심의 형태론 173
     2) 회심의 추구 176
     3) 회심 체험의 성격 179
  5. 소결론 183

제 5 장 새로운 영적 감각 · 185
  1. 감각, 마음의 감각 그리고 새로운 마음의 감각 185
  2. 새로운 감각 - 새로운 영적 감각 혹은 새로운 마음의 감각 191
     1) 영적이고 초자연적이고 신적인 감각 192
     2) 본성의 새로운 원리 194
     3) 하나님의 도덕적 거룩함의 아름다움을 맛보는 감각 197
     4) 신적이고 초자연적인 빛 201
     5) 오해하기 쉬운 것들 203
  3. 소결론 205

제 6 장 영적인 지식 · 207
  1. 영적인 지식 207
     1) 지식의 종류 207
     2) 영적인 지식 212
     3) 이론적인 지식 혹은 교리적인 지식 219
  2. 확신 221
     1) 종교개혁 신학에서의 확신 교리 221
     2) 확신의 확실성과 불확실성 222
     3) 확신과 믿음의 본질 228

　　3. 자기-기만으로서의 위선　230
　　4. 경험 혹은 체험　236
　　　　1)경험 혹은 체험이란 무엇인가　236
　　　　2)체험의 중요성　238
　　　　3)체험과 실천　240
　　　　4)체험의 오류들　242
　　5. 소결론　244

제 7 장 영적인 실천 · 247
　　1. 실천은 표지들 중의 표지이다　247
　　2. 실천은 영혼의 행동을 표현하는 몸의 행동이다　251
　　3. 실천은 다른 사람에게 참된 신앙의 표지가 된다　257
　　4. 실천은 자기의 양심에 참된 신앙의 표지가 된다　259
　　5. 실천은 내적 체험과 연합을 이루는 중요한 체험이다　263
　　6. 실천은 이신칭의 교리와 모순되지 않는다　265
　　7. 소결론　271

제 8 장 성화와 참된 덕 · 273
  1. 성화의 원리 274
    1) 경향성 274
    2) 덕, 아름다움 그리고 사랑 282
    3) 실천의 전체성, 진정성 그리고 지속성 292
  2. 성화의 내용 - 성품의 변화 297
  3. 소결론 303

제 9 장 결론 · 305

참고문헌 · 323

제 1 장

서 론

1. 신앙적 감정: 인간론과 구원론의 접점

초기 한국 기독교의 형성에 매우 중요한 공헌을 한 미국의 선교사들은 대체로 19세기 미국 복음주의 운동과 부흥 운동의 영향을 받은 사람들이다. 그래서 한국 기독교의 역사를 잘 이해하기 위해서는 미국의 복음주의 운동과 부흥 운동에 대한 연구가 필요하다. 미국의 복음주의 운동과 부흥 운동의 뿌리는 아마도 18세기 미국 기독교의 대표적 지도자인 조나단 에드워즈일 것이다. 그러므로 조나단 에드워즈의 삶과 사상을 연구하는 것은 미국의 복음주의 운동과 부흥 운동의 역사와 성격을 이해하고, 그와 연결된 한국 기독교의 형성 과정을 이해하며, 한국의 복음주의 운동과 부흥 운동의 발전과 성숙을 위한 방법을 모색함에 있어서 중요한 의미가 있다.

조나단 에드워즈는 폭넓고 다양한 측면을 가진 사상가이다. 그는 신학자, 목회자, 부흥운동가 그리고 선교사이다. 이와 동시에 그는 철학자, 윤리학자, 심리학자 그리고 미학자이다. 그래서 현대 에드워즈 학자들의 연구는 여러 방면에 걸쳐서 이루어지고 있다. 케네스 민케마(Kenneth Minkema)는 "20세기의 에드워즈"라는 소논문에서, 1901년에서 2000년까지 100년 동안의 에드워즈 연구 성과물들을 8가지 범주로 나누어서 분류하고 정리했다.[1] 민케마가 분류한 8가지 범주는 설교, 부흥과 각성, 선교, 윤리와 미학, 문학과 문화비평, 철학과 심리학, 역사와 전기 그리고 신학이다. 민케마가 제시한 자료에 따르면, 1901년부터 1970년까지는 철학에 대한 연구가 주류를 이루었는데, 1960년부터 역사와 신학에 대한 관심이 점점 커지기 시작했고, 1990년에 이르러서는 신학에 대한 연구가 가장 활발해졌다.[2] 이러한 사실은 주목할 만하다.

아무리 다양한 색깔을 가졌다고 해도 에드워즈는 기본적으로 신학자이다. 우리는 에드워즈를 넓은 의미에서 역사적 개혁주의의 전통 안에 있는 칼빈주의자로 본다. 에드워즈는 생애 말년에 쓴 유명한 책인 『의지의 자유』 서문에서 자기 자신을 칼빈주의자라고 말했다.

> 오늘날에는 많은 사람들에게 칼빈주의자라는 용어가 알미니우스주의자라는 말보다 더 비난을 받는 말이 되었다. 하지만 나는 구별을 위해서라면 칼빈주의자라고 불리는 것을 전혀 나쁘게 생각하지 않는다. 비록 내가 칼빈에게 의존하고 있지 않고, 칼빈이 가르치고 믿었기 때문에 칼빈주의적 교리를 믿는 것은 아니지만 말이다. 단지 칼빈이 가르쳤기 때문에 내가 그 모든 것들을 믿는다고 비판하는 것은 정당하지 못한 일이다.[3]

그리고 유명한 에드워즈 연구가들 중 한 명인 콘라드 체리(Conrad Cherry)[4]

---

1) Kenneth P. Minkema, "Jonathan Edwards in the Twentieth Century," *Journal of the Evangelical Theological Society* 47/4 (December 2004) : 660-663. ; 민케마의 소논문 이외에 에드워즈 관련 연구 문헌들의 현황을 잘 소개해주는 글로는 다음을 보라: Sean Michael Lucas, "Jonathan Edwards between Church and Academy," *The Legacy of Jonathan Edwards: American Religion and the Evangelical Tradition*, eds. by D. G. Hart, Sean Michael Lucas, and Stephen Nichols (Grand Rapids, MI. : Baker Book House, 2003), 228-247.
2) Minkema, "Jonathan Edwards in the Twentieth Century," 661-662. 60년대에는 철학 관련 연구물이 23.7%, 역사 관련 연구물이 19.1%, 신학 관련 연구물이 22.4%였다. 그러나 90년대에 이르러서는 철학이 10.2%, 역사가 28.6%, 신학이 32.9%를 차지한다.
3) *WJE-Y*, 1:131.
4) Conrad Cherry, *The Theology of Jonathan Edwards: A Reappraisal* (Bloomington and Indianapolis: Indiana University Press, 1990), 3. 이후부터는 Cherry, *The Theology of*

나 영국의 침례교 신학자인 스티븐 홈즈(Stephen R. Holmes)[5]나 최근에 비평적인 에드워즈 전기를 출간한 조지 말스든(George Marsden)[6]과 같은 학자들도 에드워즈를 칼빈주의자로 간주한다.

대부분의 칼빈주의자들이 그러한 것처럼, 에드워즈 신학의 중심은 하나님의 영광과 하나님의 주권이다. 마크 놀(Mark Noll)에 따르면, 에드워즈의 신학은 강력한 하나님-중심적 비전을 가지고 있는 신학이다. 그런데 복음주의적 프로테스탄트들은 에드워즈의 저술들 중 부흥과 영적 생활에 관련된 저술들에 상당한 관심을 보였지만 신학적 저술들을 별로 연구하지 않았기 때문에 에드워즈의 심오한 하나님-중심적 비전을 올바로 계승하지 못했다.[7] 침례교 목사인 존 파이퍼(John Piper)는 『하나님의 영광을 위한 하나님의 열심』이라는 제목으로 에드워즈에 관한 책을 썼다. 제목에서도 알 수 있듯이 그는 에드워즈의 신학과 사역의 중심은 하나님의 영광이었다고 주장한다.[8] 영국 신학자인 스티븐 홈즈의 견해에 의하면, 에드워즈 신학의 중심 주제는 하나님이 자기 자신을 영화롭게 하심(self-glorification)이다.[9] 조지 말스든은 분명한 어조로 에드워즈의 사상의 중심이 하나님의 주권에 있다고 말했다.[10]

그러나 에드워즈는 하나님의 영광과 주권만 강조한 것이 아니고 그에 대한 인간의 반응과 삶도 동시에 강조했다. 하나님의 주권과 인간의 삶을 함께 강조하는 것은 개혁신학의 전통이다. 칼빈은 하나님에 대한 지식과 인간

---

*Jonathan Edwards*로 약술함.
5) Stephen R. Holmes, *God of Grace and God of Glory* (Edinburgh: T&T Clark, 2000), 30. 이후부터는 Holmes, *God of Grace and God of Glory*로 약술함.
6) George Marsden, *Jonathan Edwards: A Life* (New Haven: Yale University Press, 2003), 4-5. 이후부터는 Marsden, *Jonathan Edwards*로 약술함.
7) Mark Noll, "God at the Center: Jonathan Edwards on True Virtue," *Christian Century* 110 (September 8-15, 1993) : 857. 이후로는 Noll, "God at the Center"로 약술함.
8) John Piper, *God's Passion for His Glory* (Wheaton: Crossway Books, 1998). 이 책의 후반부에는 에드워즈의 주요 저술들 중 하나인 『하나님의 천지창조 목적』이 편집되어 수록되어 있다. 존 파이퍼는 하나님의 천지창조 목적인 하나님의 영광이 에드워즈의 신학의 핵심이라고 보았기 때문에 에드워즈의 저술들 중에서 이 책이 가장 중요하다고 생각했다; 이후부터는 Piper, *God's Passion for His Glory*로 약술함.
9) Holmes, *God of Grace and God of Glory*, 244.
10) Marsden, *Jonathan Edwards*, 4.

에 대한 지식은 서로 긴밀하게 연관되어 있다고 말했다.[11] 또한, 현대 미국의 한 개혁신학자는 개혁주의 전통의 중심에는 "하나님 앞에서(Coram Deo)"와 "하나님을 향한 생활의 순결"이 있다고 하였다.[12] 이런 의미에서 에드워즈는 개혁주의 전통 안에 있다. 하지만 에드워즈는 하나님이 구원의 은혜를 베푸실 때 인간 편에서의 반응에 대하여 특별한 관심을 가지고 있었다. 그래서 인간의 지성, 정신, 감각, 마음, 의지, 의향 및 감정 등의 복잡 미묘한 내적, 외적 작용들에 대해서 심리학과 철학과 윤리와 신학을 총동원하여 매우 깊이 있게 연구했다. 『신앙적 감정』, 『의지의 자유』, 『원죄론』과 같은 주요 저술들을 통해서 에드워즈는 개혁주의 전통을 견지하면서도 자신만의 독특한 인간 이해를 발전시킴으로써 인간론적 이해의 지평을 확장시켰다. 이러한 에드워즈의 독특한 인간 이해 중에서 "신앙적 감정"이라는 개념이 가장 중요하다. 에드워즈의 "신앙적 감정" 개념에 대해서 올바르고 정확하게 이해하는 것이 현대의 그리스도인들에게, 특히 한국의 그리스도인들에게 매우 큰 유익을 주는 꼭 필요한 교훈이라고 확신한다.

에드워즈는 "참된 신앙의 본질,"[13] "하나님의 성령의 은혜의 사역의 본질과 표지들"[14] 그리고 "참된 구원의 본질과 표지들"[15]이 무엇인가에 대해서 관심을 가지고 질문했고, 그 대답을 신앙적 감정(거룩한 감정 혹은 영적인 감정)에서 찾았다. 이것은 구원론적인 질문에 대해서 인간론적인 대답을 제시한 것이다. 이로 보건대 에드워즈의 신앙적 감정은 구원론적인 측면과 인간론적인 측면이 밀접하게 연결되어있음이 틀림없다. 그러므로 에드워즈의 신앙적 감정을 분명하게 이해하기 위해서는 구원론과 인간론의 두 측면이 모두 적절하게 고려되어야 한다. 이러한 관점을 염두에 두고 우리가 제시하고자 논지는 다음과 같다: 신앙적 감정의 근원은 구원론적으로는 성령의 내주에 의한 중생과 회심이고 인간론적으로는 새로운 영적 감각(새로운 마음의 감각)과 영적인 지식이며, 신앙적 감정의 작용과 결과는 인간론적으로는 영

---

11) *Inst.*, I. 1. i.
12) M. Eugene Osterhaven, 『개혁주의 전통의 정신』 최덕성 역 (서울: 본문과현장사이, 2000), 4.
13) *WJE-Y*, 2:84.
14) *WJE-Y*, 2:89.
15) *WJE-Y*, 2:89.

적인 실천이고 구원론적으로는 성화이다.

근원(spring)의 관점에서 볼 때, 신앙적 감정은 두 단계의 근원을 가지고 있다. 신앙적 감정의 일차적인 근원은 성령의 내주이다. 그리고 이차적인 근원은 구원론의 측면에서는 중생과 회심이고, 인간론의 측면에서는 새로운 영적 감각과 영적인 지식이다. 성령께서 내주하시면 중생과 회심의 역사가 일어난다. 중생과 회심의 역사는 인간 존재 전체의 변화이다. 에드워즈는 이 변화를 새로운 영적 감각이 생긴 것으로 보았다. 이 새로운 영적 감각을 통하여 영적인 지식을 얻는다. 이 새로운 영적 감각과 영적인 지식에서 신앙적 감정(영적인 감정)이 나온다. 신앙적 감정의 성격은 성령의 내주에서 나오기 때문에 초자연적이고, 중생과 회심의 역사에서 나오기 때문에 전인적이고, 새로운 영적 감각에서 나오기 때문에 감각적이며, 영적인 지식에서 나오기 때문에 지성적이다.

작용과 결과(exercise and effect)의 관점에서 볼 때, 신앙적 감정은 영적인 실천 속에서 작용하여 가시적 특성이 나타난다. 나중에 자세하게 살펴보겠지만 에드워즈에게 있어서 지성과 감정 혹은 의지는 영혼의 두 가지 기능이다. 그런데 영혼의 기능인 감정은 하나님이 정하신 영혼과 몸의 연합의 법칙에 따라서 몸과 연합하여 영적인 실천을 한다. 이 영적인 실천을 통하여 영혼 혹은 마음의 내부에서 일어난 일들이 외부에서 가시적으로 표현된다. 이러한 인간론적인 측면에서의 영적인 실천을 구원론적인 측면에서 볼 때에는 성화라고 할 수 있다. 영적인 실천을 말할 때는 인간의 삶의 표면에서 무엇인가가 가시적으로 표현된다는 사실에 좀 더 강조점이 있고, 성화를 말할 때는 삶 속에서 표현되는 것의 내용으로써의 거룩과 참된 덕에 좀 더 강조점이 있다.

한 가지 더 지적해둘 것이 있다. 제시된 논지에 따르면, 성령의 내주에 의한 중생과 회심, 새로운 영적 감각, 영적인 지식, 영적인 실천 및 성화의 순서로 되어있다. 순서를 이렇게 배열한 이유는 첫째, 인간론적인 측면(영적인 감각, 영적인 지식, 및 영적인 실천)을 가운데로 모아둠으로써 이것들과 신앙적 감정(영적인 감정)과의 관계를 선명하게 드러내고자 했기 때문이고 둘째, 중생과 회심과 성화라는 구원론적인 구도가 인간론적인 측면을 감싸안게 함으로써 인간론적인 측면이 구원론적인 구도 안에서 작동하고 있음을 암시적으로 보여주고자 했기 때문이다.

본서의 주요 목적에 대해서는 충분하게 상술했지만 아직도 몇 가지 덧붙여야 할 사항들이 남아 있다. 첫째, 우리의 주제는 부흥과 밀접하게 관련이 있다. 사실상 에드워즈가 부흥을 일으키려는 의도와 계획을 가지고 부흥을 일으킨 것이 아니다. 에드워즈의 목회 사역 가운데서 하나님의 은혜의 역사로 부흥이 일어났다. 부흥의 사건이 일어나니까 그 안에서 수많은 일들이 벌어졌다. 수많은 사람들이 매우 다양한 방식으로 하나님의 은혜를 체험했고, 이 놀라운 부흥의 사건에 대한 찬반 논쟁이 일어나게 되었다. 이성주의자들은 차갑고 싸늘한 논리로 부흥에 대해 반대했고, 열광주의자들은 무절제하고 광신적인 열정으로 부흥을 지지했다.

이런 상황 속에서 에드워즈는 부흥을 직접 체험한 사람으로서 이 부흥에 대한 신학적 입장을 정리한다. 부흥을 반대하는 사람들에 대해서는 부흥의 정당성을 옹호했고, 부흥을 찬성하지만 지나치게 열광주의적인 사람들에게는 단호하게 열광주의의 오류를 비판했다. 그리고 부흥의 때에 임한 성령의 역사가 참된 역사인지 아닌지를 구별하는 기준에 대해서, 참된 부흥의 역사를 더욱 고취시키기 위해서 성도들이 고쳐나가야 할 점과 적극적으로 해야 할 일에 대해서 그리고 부흥의 기간 동안 수많은 사람들이 겪은 다양한 체험들이 참된 영적 체험인지 가짜 체험인지를 구별하는 기준에 대해서 방대하면서도 깊이 있게 연구했다.

부흥을 체험하고 부흥에 대한 신학적 입장을 정리하는 과정 속에서, 에드워즈는 거룩한 감정을 참된 신앙과 연결시켰다.[16] 거룩한 감정을 통해서 참된 구원 신앙의 정체성을 해명하려고 한 것이다. 그렇지만 감정이라는 주제를 고립적으로 다룬 것이 아니고 전통적인 기독교 신앙의 여러 주요 주제들과의 관련성 속에서 포괄적이고 심도 있게 다루었다. 그러니까 부흥에 관한 신학적 입장을 정리하면서도 부흥이라는 틀 안에만 머무르지 않고, 오히려 부흥과 감정이라는 주제를 계기로 삼아서 전통적인 기독교 신앙의 여러 주요 주제들을 새롭게 해석함으로써 신학의 전체 영역을 확대하고 신학적 주

---

16) *WJE-Y*, 2:95.

제들의 위치를 내부적으로 새롭게 자리매김을 한 것이다. 그러므로 에드워즈의 감정론을 연구하는 것은 그의 신학의 중심부를 연구하는 것이다.

둘째, 우리는 에드워즈의 신학의 18세기적인 새로움을 묘사하려고 한다. 에드워즈의 감정이라는 주제는 18세기적인 새로움과 관련이 있다. 에드워즈의 신학은 칼빈주의적인 신학이지만, 18세기 부흥 운동에서 나온 부흥 운동적인 성격과 로크 등의 경험론 철학에서 나온 경험주의적인 성격이 덧입혀짐으로써 18세기적인 새로움이 형성되었다. 조금 다른 방식으로 다음과 같이 말할 수도 있다. 에드워즈는 이전의 칼빈주의 신학자들보다도 감정을 훨씬 더 자신의 신학 체계의 중심부에 위치시켰다. 그럼으로써 이전의 칼빈주의 신학과 비교할 때, 전체적인 이론적 체계는 거의 동일하지만 신학적인 향취 내지는 분위기에는 새로운 무엇인가가 생겼다. 그래서 에드워즈의 신학의 전체적인 체계를 염두에 두고서 이러한 새로움을 읽어내고 묘사하려고 한다. 이러한 작업은 본 논문의 연구 과정 속에서 자연스럽게 드러나게 될 것이다.

셋째, 우리는 감정의 개념 자체에 대한 연구만 하는 것이 아니라 감정의 개념을 둘러싸고 있는 여러 주제들과의 관련성을 검토하면서 에드워즈의 감정 이해를 포괄적으로 규명하려고 한다는 것을 강조하고 싶다. 많은 학자들이 에드워즈의 감정의 개념에 대해서 주목하기는 하지만 지나가는 길에 꼭 한 번쯤 들러서 살펴보는 정도에 그칠 뿐이고 중요한 직접적 연구 주제로 삼지 않는다. 왜 그런지 정확한 이유를 알 수는 없지만, 아마도 에드워즈 사신이 감정의 개념에 대해서 비교적 분명하게 정의를 내렸기 때문에 그럴 수도 있고,[17] 또는 감정에 대해서 연구한다는 것 자체가 신학적으로 평범한 의미 이상을 가지지 못한다고 판단했기 때문에 그럴 수도 있다. 하지만 에드워즈의 사상에서 감정에 대한 연구는 다른 주요 신학 주제들과의 관련성 속에서 다루어질 때 매우 중요한 의미를 함축하고 있다고 생각한다. 적어도 인간론적인 측면과 관련해서는 감정의 개념이 에드워즈의 여러 가지 신학 주제들을 하나로 연결시켜줄 수 있는 중심 위치에 있다.

---

17) *WJE-Y*, 2:96-99를 보라. 에드워즈의 감정(affection)이 무엇인가에 대한 구체적 내용에 대해서는 제1장의 2.(용어의 설명 -정서〔affection〕)을 보라.

감정의 개념 자체에 대해서는 어느 정도 일치된 학문적 합의가 있지만, 학자들 사이에서는 감정을 언급하며 설명하는 방식에 있어서 미묘한 엇갈림이 있는 것처럼 보인다. 왜냐하면 감정을 둘러싸고 있는 관련 주제들과의 총체적 연관성을 설명하는 방식에 따라서 신학적인 의미와 향취가 약간씩 다르게 나타나기 때문이다. 우리는 역사적 개혁주의의 입장에 서서 에드워즈의 신앙적 감정의 개념을 둘러싸고 있는 다양한 관련 주제들을 검토함으로써 신앙적 감정 개념을 폭넓게 규명할 것이다.

우리는 역사적이고 신학적인 방법으로 연구를 진행할 것이다. 에드워즈의 생애를 중심으로 해서 미국의 제1차 대각성 운동을 둘러싸고 전개되는 과정을 역사적으로 고찰하면서 신학적 주제들을 검토하고, 검토한 신학적 주제들을 신학적으로 배열하고 정리하면서 역사적인 사건들 속에 함축되어있는 의미도 포함시키려고 한다.

서론에서 감정의 기본 개념과 에드워즈 연구사를 검토한 이후, 2장에서는 역사적 고찰을 한다. 우선, 에드워즈가 청교도 신학의 영향과 외할아버지인 솔로몬 스토다드 목사의 영향을 받았기 때문에, 청교도들의 회심론과 뉴잉글랜드의 중도 언약과 스토다드주의에 대해서 살펴볼 것이다. 다음에는, 에드워즈가 18세기의 복음주의 운동과 부흥 운동의 대표적 지도자이기 때문에, 18세기의 복음주의 운동과 부흥 운동의 성격을 대략적으로 살펴본다. 그 후에는 에드워즈가 부흥을 체험하게 되는 과정, 자신이 체험한 부흥에 대해서 분석하고 평가하는 과정 그리고 부흥을 둘러싸고 벌어진 거대한 찬반 논쟁에서 일을 처리하는 과정, 마지막으로 부흥과 관련된 논쟁의 여파가 에드워즈 자신의 교회에까지 영향을 주어서 성찬 논쟁으로 발전하게 되는 과정들을 추적한다. 하지만 이러한 역사적인 사건들의 세부적인 전개 과정들을 자세히게 연구하기보다는, 우리의 관심 주제들-신앙적 감정과 이와 관련된 여러 신학 주제들인 성령의 내주, 중생과 회심, 주입과 조명, 새로운 영적 감각, 영적인 지식, 확신, 체험, 영적인 실천, 본성의 변화 그리고 참된 덕 등과 같은 주제들-에 더욱 집중해서 그것들을 부각시키는 방식으로 연구를 진행할 것이다.

한편, 제3장부터는 신학적 정리의 작업을 한다. 제3장에서는 에드워즈의 주저들 중의 하나인 『신앙적 감정』의 본문 내용과 구조를 분석한다. 그리고 제4장부터 제8장까지는 앞선 논지의 진술에서 언급한 바와 같이 신앙적 감정의 근원과 작용의 구원론적인 측면과 인간론적인 측면을 다룰 것이다. 제4장은 신앙적 감정의 근원의 구원론적인 측면으로서 성령의 내주와 중생과 회심을 다룬다. 제5장과 제6장은 신앙적 감정의 근원의 인간론적인 측면으로써 새로운 영적 감각(새로운 마음의 감각)과 영적인 지식을 각각 다룬다. 제7장에서는 신앙적 감정의 작용의 인간론적인 측면으로서 영적인 실천을 다룬다. 신앙적 감정의 인간론적인 측면을 이렇게 연속하여 다룸으로써 집중적으로 고찰하는 효과를 얻을 수 있다. 제8장에서는 신앙적 감정의 작용의 구원론적인 측면으로서 성화와 참된 덕을 다룬다. 이러한 논의의 과정을 통해서 신앙적 감정이 초자연적이고 감각적이고 지성적이고 실천적이고 윤리적인 성격을 가지고 있다는 사실과 참된 성도의 존재 전체의 통합성과 근본적인 방향성을 드러내주는 마음의 중심이라는 사실이 자연스럽게 드러날 것이다.

본 연구를 진행함에 있어서 『신앙적 감정』을 주요 분석 대상으로 삼지만, 『참된 덕의 본질』, 『자유의지론』, 부흥 관련 저술들, 성찬 논쟁 관련 저술들, 여러 설교들, 신학 비망록 그리고 일부 편지들도 참고해서, 신앙적 감정의 통합적 성격을 규명할 것이다. 그럼으로써 에드워즈 자신의 사상 전체에는 포함되어 있지만 『신앙적 감정』에서 충분히 전개되지 않았다고 생각되는 부분들을 덧붙여서, 감정론을 좀 더 포괄적으로 재정리하고 재구성할 것이다. 하지만 단순히 신학적 주제들을 배열하고 정리하는 것만은 아니고, 그 안에서 역사적인 사건들의 함축성을 포착하여 선명하게 드러내기 위해서 노력할 것이다. 그것이 에드워즈의 생애 안에서의 역사적인 변화일 수도 있고, 전체적인 부흥의 역사의 흐름 속에서 생겨나는 의미일 수도 있으며, 어떤 경우에는 전통적인 개혁 신학의 역사와의 비교 분석을 통해서 얻어지는 결과일 수도 있다.

한편, 본 연구는 부흥을 둘러싸고 일어난 여러 가지 일들을 주요 대상으로 한다. 그래서 에드워즈의 목회지인 노스햄턴 교회에서 부흥이 일어나기 직전인 1733년부터 그 교회를 사임하게 된 1750년까지의 기간을 주로 연구한다. 에드워즈의 생애 초기의 개인적인 영적 체험의 기간이나 청년기의 철학적 과학적 연구나 후기의 인디안 선교 사역에 대해서는 꼭 필요한 경우를 제외하고는 다루지 않는다. 다만 위에서도 언급했듯이 1750년대의 주요 저술들 중 일부(특히『참된 덕의 본질』)는 주요 연구 대상으로 삼을 것이다.

2. 용어의 설명 - 감정(affection)

본서의 목적상 가장 중요한 용어인 "감정"이라는 용어를 미리 설명해두어야 할 것 같다. 이후의 논의에서도 필요에 따라서 감정이라는 용어를 설명해야 할 때가 있기 때문에 약간의 중복이 있겠지만 여기서 우선 종합적으로 정리를 해두기로 한다.

에드워즈는 인간의 영혼이 두 가지 기능(faculties)을 가지고 있다고 보았다. 하나는 지성(understanding)이다. "이 기능은 지각하고 사색할 수 있는 기능, 혹은 사물들을 식별하고 보고 판단하는 기능이다." 다른 하나는 확실하게 정해진 어떤 이름이 없는 기능이다. "이 기능은 영혼이 사물들을 지각하고 볼 뿐만 아니라 보고 생각한 사물들에 대해서 어떤 방향으로 기울어지게 하는 기능이다. 이 기능으로 인하여 영혼은 감동 없는 무관심한 구경꾼처럼 사물들을 바라보지 않고 좋아하거나 싫어하는 쪽으로 혹은 기뻐하거나 기뻐하지 않는 쪽으로 혹은 찬성하거나 거부하는 쪽으로 기울어지게 된다. 이 기능은 다양한 이름으로 불린다. 그것은 때때로 의향(inclination)[18]이라고 불린다. 그것은 행동을 결정하고 지배하므로, 행동과 관련해서는 의지(will)라고 불린다. 그리고 이 기능의 발휘와 관련하여, 종종 정신(mind)이 마음(heart)이라고 불린다."[19]

그런데 의향, 의지, 마음이라고 불리는 이 기능은 우리의 관심사인 감정 개념과 밀접한 관계가 있다. 영혼의 의향과 의지의 행사는 행동으로 표현되든지 정신으로 표현되든지 간에 그 표현되는 정도는 매우 다양하다. 완전한

---

18) inclination은 "의향"으로 번역하고, disposition은 "성향"으로 번역하기로 한다.
19) *WJE-Y*, 2:96.

무관심의 상태를 약간 넘어서는 정도로 좋아하거나 싫어할 수도 있고, 그보다 훨씬 강한 정도로 좋아하거나 싫어할 수도 있다. 의향과 의지의 행사가 점점 더 강하게 작동해서 좋아함이나 싫어함의 정도가 강렬해지면, 몸에 영향을 주어서 몸의 변화가 생기게 된다. 의향과 의지의 이런 기능 때문에, 시대와 장소를 불문하고 많은 사람들이 정신을 마음이라고 부른다.[20] 그리고 영혼의 의향과 의지가 "더욱 활기차고 감각적으로 활동할 때" 그것을 감정(affection)이라고 부른다.[21]

의향, 의지, 마음 및 감정 등의 여러 가지 이름으로 불리는 영혼의 기능에 대해서 다시 한 번 정리하자. 의향이 행동과 관련될 때는 의지이고, 정신과 관련될 때는 마음인데, 마음이 생생하고 뚜렷하게 움직일 때는 감정이다. 하지만 감정과 의지를 별도의 두 가지 기능이 아니다. 감정은 본질적으로 의지와 구별되지 않는다.[22] 하지만 완전히 동일한 것도 아니다. 감정은 의향의 발휘가 보다 생생하고 감각적으로 뚜렷한 것이고, 의지는 감정이 일어났을 때 감정이 움직이는 만큼 움직이는 것이다.[23] 의지는 감정이 없는 완전한 무관심의 상태에서는 움직이지 않는다. 일반적으로 볼 때 의지의 모든 행동들을 감정이라고 부르지 않지만, 본질적으로 그것들은 감정과 다르지 않다. 다만 감정은 의향의 발휘의 정도와 방법에 있어서 차이를 보인다.

또한 에드워즈는 감정(affection)과 격정(passion)을 구별한다. 격정은 생생하고 뚜렷하게 나타나는 감정과 달리 급격하게 나타난다. 또한 격정은 인간의 동물적 본능에 미치는 효과가 격렬하기 때문에 정신(mind)이 압도당해서 정상적인 자신의 기능을 발휘하지 못하게 만든다.[24] 한마디로 지성의 활동 없이 감정만 고양되는 것이 격정이다. 에드워즈는 이러한 구별을 함으로써, 부흥의 시기에 성도들을 격정적인 감정적 분위기로 몰아갔던 열광주의자

---

20) heart는 정신적 기능으로서 마음이기도 하지만 신체적 기관으로서 심장이기도 하다. 이것은 동양의 경우에도 비슷하다. 心은 마음이기도 하고 심장이기도 하다. 에드워즈가 마음(heart, 心)을 강조하는 것은 인간의 정신과 신체를 이원론적으로 보지 않고 통합적으로 본다는 암시를 함축한다.
21) *WJE-Y*, 2:97.
22) *WJE-Y*, 2:97; 4:297.
23) *WJE-Y*, 2:97.
24) *WJE-Y*, 2:98.; 4:297에서도 감정과 격정을 구별해야 한다는 언급이 있다.

들에 대한 비판적이고 부정적인 이해의 일면을 드러낸다.

의향, 의지, 마음 및 감정 등에 대한 에드워즈의 이러한 설명은 조금 복잡한 것처럼 보인다. 존 스미스에 따르면, 에드워즈 자신이 의지와 감정 사이의 차이점과 상호연결점에 대해서 명확한 입장을 보여주고 있지 않기 때문에 우리가 아무리 노력해도 다소간의 혼란을 피할 수 없다.[25] 그럼에도 불구하고 우리는 에드워즈의 복잡한 설명을 최대한 명확하게 정리해볼 것이다.

에드워즈는 마음이 좋아하거나 싫어하는 쪽으로 기울어져서 그렇게 선택하는 것을 의향(inclination, 마음의 기울어짐)이라고 부른다. 마음의 의향이 좋아하거나 싫어하는 방향으로 기울어지는 측면과 관련해서는 감정이라고 부를 수 있고, 마음의 의향이 기울어진 방향으로 선택하는 측면과 관련해서는 의지라고 부를 수 있다. 하지만 마음의 의향이 어떤 방향으로 기울어지면 반드시 그렇게 기울어진 방향으로 선택하기 때문에 감정과 의지는 완전히 동일한 것도 아니지만 본질적으로 구별할 수 없다.

우리의 가장 큰 관심은 감정 개념이기 때문에 감정과 관련해서 조금 더 살펴보기로 한다. 에드워즈는 감정의 구체적인 예들로서 사랑, 갈망, 희망, 기쁨, 감사, 만족, 미움, 두려움, 분노, 슬픔, 긍휼 및 열정(zeal) 등을 언급했다.[26] 이것들은 감정들(emotions or feelings)이다. 그러나 에드워즈의 감정(affection)은 현대인들이 인간의 정신을 지성과 감정과 의지로 구분했을 때의 감정(emotion)과 다르다[27]. 에드워즈의 감정은 의지와 결합된 것 혹은 의지를 품고 있는 것이다. 에드워즈의 감정과 의지 개념에 관한 한, 어떤 대상에 대해서 사랑의 감정을 느꼈다면, 그 대상의 방향으로 행동하도록 선택하게 된다. 만약 어떤 대상이 하나님이나 영적인 일에 속한 것이라면, 더욱 그러하다. 감정과 의지는 본질적으로 분리할 수 없는 하나의 기능이다.

마음, 의향, 의지 및 감정에 대해서는 비교적 충분히 다루었다. 이제 이 기능들과 지성의 기능과의 관계에 대해서 살펴보자. 영혼의 이 두 가지 기

---

25) John Smith, "Editor's Introduction," *WJE-Y*, 2:14.
26) *WJE-Y*, 2:98-99, 102-106.
27) affection과 emotion은 모두 감정으로 번역할 것이다. 문맥상 밝혀야 할 필요가 있을 경우에는 감정(affection), 감정(emotion)이라고 표기할 것이다. 한편 가끔씩 emotion을 정서로 번역하는 경우도 있다.

능 사이의 관계를 살펴보기 전에 우선 정신(mind)에 대해서 언급해둘 필요가 있다. 정신은 넓은 의미에서는 인간의 육체와 대비되는 비물질적인 것에 대한 총칭이지만, 좁은 의미에서는 주로 지성적 활동과 관련하여 사용한다.[28] 이런 의미에서 영혼의 두 기능 사이의 관계의 문제는 정신과 마음, 지성과 의향, 지성과 의지 혹은 지성과 감정의 문제이다. 혹은 비유적으로 머리와 가슴의 문제라고 말할 수도 있다.

에드워즈는 지성과 감정 혹은 지성과 의지가 밀접한 관계를 가지고 있다는 사실에 대해서 여러 차례 언급했다.

> 지성(understanding)의 작용은 모든 합리적인 감정(reasonable affection) 안에 함축되어 있다.[29]
> 감동된 뜨거운 마음뿐만 아니라 이해의 빛이 있어야 한다. …신앙에 속한 위대한 일들이 올바로 이해된다면, 그것들은 마음에 감동을 줄 것이다.[30]
> [영적인 지식의 문제에서] 지성과 의지의 두 기능은 서로 구별되거나 분리되게 작용하지 않는다.[31]
> 감정적이고 진지하게 설교를 전달할 때 설령 아주 강하게 전달한다고 하더라도 주제의 성격에 부합한다면 … 선포된 주제에 대해서 회중들의 정신적인 이해력이 더 커지는 경향이 있으며, 그럼으로써 지성을 밝히게 된다.[32]

주요 에드워즈 학자들도 에드워즈가 머리와 가슴 혹은 정신과 마음 혹은 지성과 의지를 분리시키거나 대립시키지 않고 밀접한 관계 속에서 보고 있다고 주장한다. 존 스미스는 다음과 같이 말했다.

---

28) 샘 스톰(Sam Storm)은 이렇게 말한다. "… 그것은 지성(understanding)이라고 불린다. 대부분의 사람들은 이 기능을 묘사하기 위해서 단순히 정신(mind)이라는 말을 사용한다." Sam Storm, *Signs of the Spirit: An Interpretation of Jonathan Edwards' Religious Affections* (Wheaton, Illinois: Good News Publishers, 2007), 43. 이후부터 Sam Storm, *Signs of the Spirit*으로 약술함.
29) *WJE-Y*, 2:107.
30) *WJE-Y*, 2:120.
31) *WJE-Y*, 2:272.
32) *WJE-Y*, 4:387.

에드워즈의 분석은 [머리와 가슴이] 동일한 것이라는 견해나 대립되는 것이라는 견해가 둘 다 올바르지 않다는 사실을 보여준다. … 감정은 정신을 통하여 의향이 표현된 것이다. 그것은 지성(understanding)의 개념과 필연적인 관련성을 가지고 있으며 통상적으로 의지에 속한 것으로 간주되는 행동의 원천이다.

맥더모트는 "거룩한 감정은 느낌이 아니라 정신과 관련된 따뜻하고 강렬한 의향이다. 그것은 마음의 확신과 지성의 이해 둘 다와 관련되어 있다"[33] 라고 말했다. 이상현은 "간단히 말해서, 에드워즈에게 지성과 감정 혹은 의지는 전혀 분리할 수 없는 것"[34]이라고 분명하게 선언했다. 한편 콘라드 체리는 에드워즈가 인간의 인식 능력과 의지 능력의 조화로운 상호침투를 주장했다고 생각했으며,[35] 다음과 같이 말하기도 했다.

신앙적인 사람은 이성의 법칙에 열정을 종속시키는 사람이 아니라 이성이 열정적이고 감정이 지성적인 사람이다. … 촌시와 달리, 에드워즈는 신앙에 있어서 열과 빛, 즉 이성과 감정의 균형을 주장했고, 신앙의 행동에 인식과 의지의 상호침투를 주장했다. 신앙에는 전인이 관련된다고 보았기 때문이다.[36]

사실 신앙 안에서 한 인간의 머리와 가슴 혹은 지성과 감정이 분리되지 않고 밀접한 관계 속에서 작용한다는 에드워즈의 견해는 특별히 새로운 것이 아니고 개혁주의 신학 전통 속에서 지속적으로 견지되어오던 견해이다. 그런데 에드워즈는 참된 신앙의 생명과 혼이 대체로 거룩한 감정에 있다고 선언했기 때문에 지성과 감정 중에서 감정을 더 중요시한다고 생각할 수 있다. 그러나 에드워즈가 거룩한 감정을 강조할 때, 그 거룩한 감정은 빛 없는

---

33) Gerald McDermott, *Seeing God: Jonathan Edwards and Spiritual Discernment* (Downers Grove, Il.: InterVarsity, 1995 ; reprint ed., Vancouver, Canada: Regent College Publishing, 2000), 40. 이후부터 McDermott, *Seeing God*으로 약술함.
34) Sang Hyun Lee, "Jonathan edwards and the Future of American Evangelicalism," *Bible and Theology* 2 (2002) : 145.
35) Cherry, *The Theology of Jonathan Edwards*, 17-18.
36) Ibid., 167.

열이 아닌 것은 분명하다. 오히려 그가 거룩한 감정을 강조할 때, 열만큼 빛도 동시에 강조된다는 사실을 명심할 필요가 있다.

지금까지 살펴본 여러 견해들을 종합해서 나름대로 정의를 내리자면, 감정은 지성과의 불가분리적인 밀접한 관련성 속에서 사물과 세상과 인간과 하나님에 대해서 생겨나는 모든 반응과 작용의 표현인 동시에 그러한 반응과 작용이 일어나는 마음의 중심 혹은 인격의 중심이다.

한편, 에드워즈가 근대의 인물이기 때문에 근대에는 이성과 감정과 의지가 어떤 식으로 이해되고 있었는가를 살펴볼 필요가 있다. 고중세와 비교할 때, 근대는 감정의 중요성을 인정하고 논의의 주요 부분으로 간주했던 시대이다. 근대의 합리론과 경험론 전통 둘 다에서 감정을 가리키는 말로 주로 passion을 사용했다. 이를 국어로는 정념(情念)이라고 번역한다.

오늘날에는 통상적으로 인간의 정신적 기능을 지성과 감정과 의지의 세 가지로 나눈다. 하지만 인간의 정신적 기능을 어떻게 분류할 수 있는가에 대해서 통일된 견해는 없는 것처럼 보인다. 일반적으로 영혼의 능력에는 감각, 지각, 기억, 상상, 욕망, 감정, 용기, 의지, 신념, 이해, 직관, 지혜, 이성 등과 같은 것들이 있다. 이런 용어들에 대해서 사상가들마다 부여하는 의미나 사용하는 용법도 다르고, 각각의 영혼의 능력들 간의 포함 관계에 대한 생각도 다르다. 동서고금을 막론하고 많은 사상가들이 영혼 혹은 정신의 능력이나 기능[37]에 대하여 탐구했지만 보편적인 합의에는 이르지 못했다. 아마 앞으로도 그런 보편적인 합의는 불가능할 것이다. 지금 우리의 관심은, 에드워즈의 감정 개념을 염두에 두고 에드워즈 시대의 사람들이 인간의 영혼이나 정신에 대해서 어떻게 생각했는지 그리고 그 사람들 사이에서의 견해의 차이는 무엇인지를 최대한 간략하게 살펴보려는 것이다.

---

37) 영혼과 정신 그리고 능력과 기능이라는 말을 혼용해서 사용하고 있는 사실에 주목하라. 영혼이라고 말할 때는 존재론적 뉘앙스가 강하고, 정신이라고 말할 때는 인식론적 뉘앙스가 강하다. 사상사적으로 볼 때 고중세에는 신체와 대립되는 영혼을 실체로 간주하는 경향이 강했고, 이에 따라서 영혼의 능력을 탐구했다. 그런데 근대에 이르러서 영혼의 인식론적 기능에 초점을 맞추게 되면서 영혼이라는 말은 점차 사용되지 않게 되고 정신이라는 말이 주로 사용되게 된다. 우리는, 이러한 사상사적 흐름을 염두에 두지만, 필요에 따라서 이 용어들을 혼용해서 사용할 것이다. 한편, 영혼과 정신과 인성에 관한 더 자세한 논의에 대해서는, 이정우, 『개념-뿌리들 02』, (서울: 철학아카데미, 2004), 11-127를 참조하라.

합리론 전통에서는 인간 정신의 능력 중에서 가장 훌륭한 것이 이성이고 이성이 정념(passion)을 잘 통제해야 한다고 보았다. 그리고 의지는 이성이 정념을 통제하기 위한 수단으로 사용하는 것으로써 일종의 하위 개념이었다. 의지가 비교적 높은 위상을 부여받게 되는 것은 19세기에 이르러서이다. 쇼펜하우어의 『의지와 표상으로서의 세계』나 니체의 『힘에의 의지』와 같은 책들이 이 시기에 나왔다. 한편, 경험론 전통에서는 정념의 위상이 높아진다. 정념 그 자체보다는 여러 정념들 중의 한 항목인 욕망 혹은 욕구를 강조하는 경향이 있었는데, 이 욕망에 의해서 인간의 행동이 산출되는 것으로 간주한다. 즉, 의지적인 행동은 독립적인 사태가 아니고 욕망이라는 정념에 의해서 추동된다. 이러한 점들을 염두에 두면서 근대 사상가들 중 몇몇을 살펴보기로 하자.

데카르트(1596~1650)에 따르면, 정념은 외부 물체의 운동이 신체를 통해서 영혼 안에 수동적으로 발생하는 감각 내용(sentiments)이나 동요(emotion)이다.[38] 의지는 영혼이 정념에 휘둘리지 않고 진정으로 필요한 행위를 할 수 있게 해준다. 정념은 영혼의 수동성이고 의지는 영혼의 능동성이다.[39] 하지만 궁극적으로 영혼이 자신의 정념을 제어할 수 있게 해주는 것은 영혼의 이성적이고 반성적인 능력이다.

스피노자(1632-1677)의 감정(affectus)은 외부로부터 우리 마음과 몸에 들어온 모든 자극에 대한 반응이다.[40] 이러한 외부의 자극을 감당하지 못하여 거기에 지배당하지 않기 위해서는 이성을 통해서 감정을 극복해야 한다. 우리가 잡다한 감정에 사로잡혀서 마음의 균형을 잃게 되지 않으려면 영원의 관점에서 감정의 세계 이면에 있는 영원한 신의 법칙과 원리를 지성의 눈으로

---

38) 서양근대철학회, 『서양근대철학의 열가지 쟁점』 (서울: 창비, 2004), 248.
39) Ibid., 252.
40) 이정우 교수의 스피노자에 대한 설명에 따르면, 세상의 개별적 사물과 현상들은 양태(mode)이고 이 양태가 다양한 모습으로 변화하는 것이 변양(modification)이며, 이에 대응하여 인간의 마음 속의 감정(affect)이 외부의 자극에 의해서 변화하는 것을 정동 혹은 감응(affection)이라고 한다. 이정우, 『개념-뿌리들 02』 (서울: 철학아카데미, 2004), 84.; 한편, 조정환은 스피노자의 affectus=affect를 정동으로, affcetio=affection을 감정 혹은 정서로 번역한다. affectus는 비재현적인 사유양식으로써 확장적인 행동의 힘, 혹은 존재론적인 개방의 힘이고, affectio는 affectus가 현실화된 형태라는 것이다: 『비물질노동과 다중』, 자율평론 기획, 질 들뢰즈 외 7인 (서울: 갈무리, 2005), 14-15.

밝게 이해해야 한다고 스피노자는 주장한다.

홉스(1588-1679)에 따르면, 코나투스(conatus)라는 힘에 의해서 신체의 운동이 시작되고 신체의 운동으로부터 욕구(appetite)와 혐오(aversion) 같은 정념이 생기고 더 나아가서 그밖에 다른 다양한 정념들이 생긴다. 이런 다양한 정념들이 일어나는 숙고의 과정이 있고 그 과정이 끝나는 순간에 최후의 욕구인 의지가 발생한다.[41] 여기서 의지는 정념을 통제하는 능력이 아니고 오히려 여러 정념들 중의 하나인 욕구와 동일시된다.

로크(1632-1704)는 의지가 자기결정적인 것이 아니라는 홉스의 주장에는 동의하지만, 그가 욕망과 의지를 동일시한 것은 비판한다. 로크에 따르면, 욕망이 의지의 행동의 원인이 되지만 의지는 욕망이 촉발시키게 될 행위를 보류할 수 있는 능력을 가지고 있다.[42] 그러므로 로크는 경험론자이면서도 정념을 제어하는 의지의 능동적 힘을 어느 정도 인정하려고 한 사람이다.

흄(1711-1776)에 이르면 정념론은 본격적으로 꽃을 피운다. 흄에 따르면 이성은 참과 거짓을 발견하는 능력이지 어떤 행동을 하게 만드는 능력은 아니다. 이성은 비활동적인 능력이기 때문에 그 자신만으로는 어떤 행동도 유발할 수 없고 어떤 의욕도 불러일으킬 수 없다.[43] 오히려 이성은 정념의 노예로서[44] 정념의 요구를 성취하는 방법을 알 수 있도록 사실적인 판단을 제공하는 도구이다. 실제로 행동을 유발하는 것은 정념이다. 그러므로 인간을 선하거나 악하게 만드는 것은 이성이 아니고 정념이다. 이렇게 하여 흄은 인간의 이성적 능력과 도덕적 능력을 구분하고 정념에 근거한 도덕을 수립했다.[45]

에드워즈의 철학 사상에는 합리론적인 요소와 경험론적인 요소가 공존한다. 하지만 감정이라는 측면에서 볼 때는 영국 경험론의 영향이 좀 더 큰 것 같다. 영국 경험론에서는 17세기부터 감정 혹은 정념의 중요성에 대한 인

---

41) F. Copleston, 『영국 경험론: 홉즈에서 흄까지』이재영 역 (서울: 서광사, 1991), 50-52.
42) 서양근대철학회, 『서양근대철학의 열가지 쟁점』 (서울: 창비, 2004), 273.
43) David Hume, 『인간 본성에 관한 논고 2 - 정념에 관하여』 이준호 역 (서울: 서광사, 1996), 160.
44) Ibid.
45) 김상봉, 『호모 에티쿠스: 윤리적 인간의 탄생』 (파주: 한길사, 2006), 234.

식이 자라고 있었고 18세기에도 그러한 경향은 지속되었다. 특히 18세기의 경험론적 도덕 철학자들인 샤프츠베리(1671-1713)와 프란시스 허치슨(1694-1746)은 흄보다 이른 시기에 감정 혹은 정념과 도덕적 감각을 도덕의 기초로 간주하는 사상을 전개했다. 에드워즈가 감정을 중시한 것은 아마도 이런 시대적인 분위기와 무관하지는 않을 것이다. 하지만 인간의 정신적 능력을 이성과 감정으로 대별하지 않고 지성과 의향으로 나눈 점 그리고 감정(affection)와 정념(passion)을 구분하고 전자를 긍정적으로 후자를 부정적으로 규정한 점 등으로 볼 때, 에드워즈가 당대의 사상적 조류를 수용하기만 한 것이 아니라 비판적으로 고찰하면서 자신의 생각을 체계화시켜나갔다고 볼 수 있을 것 같다.

  용어 설명의 마지막 부분으로써 affection이라는 용어의 번역의 문제에 대해서 언급해둘 것이 있다. 신앙적 감정을 주제로 다룬 에드워즈의 책의 제목은 *A Treatise Concerning Religious Affections*이다. 우리는 religious affections을 '신앙적 감정'으로 번역했다. 에드워즈는 신앙적 감정 혹은 종교적 감정(religious affections), 영적 감정(spiritual affections), 거룩한 감정(holy affections) 그리고 은혜로운 감정(gracious affections) 등의 용어를 사용했는데, 이것들은 전부 다 비슷한 의미이다. 그러므로 우리는 이러한 표현들을 필요에 따라서 적절하게 혼용할 것이다. 하지만 에드워즈의 책의 제목이 religious affections라는 점을 감안하여 '신앙적 감정'이라는 용어를 주된 표현법으로 사용하기로 한다. 그리고 에드워즈가 affection이라는 말 앞에 특정한 형용사를 붙이지 않았을 경우에는 문맥과 필요에 따라서 그냥 '감정'이라는 용어를 사용할 수도 있고 '신앙적 감정'이라는 용어를 사용할 수도 있다.

3. 기존 연구 검토

1949년 하버드 대학의 문학 교수인 페리 밀러의 책 『조나단 에드워즈』가 나온 이후, 에드워즈 연구가 활성화되기 시작했다.[46] 페리 밀러의 주장에 따르면, 에드워즈는 로크와 계몽주의 사상의 영향을 받은 천재적인 사상가였다. 에드워즈의 생애에 중심적이고 결정적인 사건은 로크의 『인간오성론』을 읽은 것이었다.[47] 에드워즈는 개혁 신학과 청교도 신학의 영향을 받기는 했지만 그보다 로크의 경험론적 사상의 영향을 훨씬 더 많이 받았기 때문에 에드워즈의 신학은 경험론적 심리학의 용어로 개조된 청교도 사상이다.[48] 그런데 에드워즈는 회중교회 목사로서 낡은 칼빈주의의 제도적 틀 안에 갇혀있었기 때문에, 자기 사상의 진정한 면모, 즉 로크 사상에서 받은 영향을 발표함에 있어서 극도로 조심했다.[49] 그래서 에드워즈의 글들은 로크적인 의미를 분명히 함축하고 있음에도 그것들이 소위 "암호문"(cryptogram)[50]처럼 되어있다. 그러나 에드워즈가 계속 로크의 영향 아래에만 있었던 것은 아니다. 밀러는 에드워즈가 인간의 감정을 강조함에 있어서는 로크의 경험론적인 유명론을 넘어섰다고 본다. 밀러의 에드워즈에 따르면, 정신 속에 있는 관념은 지각의 형태일 뿐만 아니라 사랑하거나 미워하는 마음이 내포된 것이기도 하다.[51] 다르게 말하면, 사물의 관념을 포착하는 것은 지성적인 작용일 뿐만 아니라 감정적인 작용이기도 하다는 에드워즈의 주장은 로크를 넘어서는 독특한 주장이라는 것이다. 전체적으로 볼 때, 밀러는 에드워

---

46) Perry Miller, *Jonathan Edwards* (New York: William Sloan Associates, 1949 ; reprint ed., Lincoln, Nebraska: University of Nebraska Press, 2005). 이후부터는 Miller, *Jonathan Edwards*로 약술함.
47) Miller, *Jonathan Edwards*, 52.
48) Ibid., 62.
49) Ibid., 58.
50) Ibid., 51.
51) Perry Miller, "The Rhetoric of Sensation," 130, in William J. Sheick, ed, *Critiical Essays on Jonathan Edwards* (Boston: Hall and Co, n.d.). Brad Walton, "'Formerly Approved and Applauded' The continuity of Edwards's Treatise Concerning Religious Affections with Seventeenth-Century Puritan Analyses of True Piety, Spritual Sensation and Heart-Religion," (Th. D. Dissertation, Wycliffe College, 1999), 22에서 재인용.

즈에게서 매우 중요한 신학적 논제들을 지나치게 자연주의적으로 해석했다. 예를 들어, 회심의 문제를 감각적인 변화의 차원으로만 보았으며, 신적이고 초자연적인 빛의 신비적인 주입의 문제를 감각을 통해 들어오는 합리적인 어떤 것으로 간주했다.[52] 밀러에게 있어서 에드워즈의 감정은 어떠한 신적 초월적 신비적 차원도 없고 단지 인간적 차원에 속한 경험적이고 감각적인 감정일 뿐이었던 것이다.

이러한 페리 밀러의 에드워즈 연구 이후 학계의 에드워즈 해석은 크게 세 가지 흐름으로 나눌 수 있다.[53]

첫째, 페리 밀러의 해석의 계보를 따라서 에드워즈를 칼빈주의 신학 때문에 더 나은 철학적 발전을 이룩하지 못한 비극적 인물로 보는 학자들이 있다. 이들은 대체로 초자연주의를 반대하는 견해를 가지고 있는데, 대표적인 학자로는 올라 윈슬로우(Ola Winslow), 피터 게이(Peter Gay), 폴 앤더슨(Paul Anderson)과 막스 피쉬(Max Fisch), 엘리자베스 플라워(Elizabeth Flower)와 머레이 머피(Murray Murphey) 그리고 부르스 커클릭(Bruce Kuklick) 등이 있다.[54]

둘째, 페리 밀러의 견해에 반대하여 에드워즈를 칼빈주의와 청교도 전통의 창조적 계승자로 보는 학자들로는 콘라드 체리(Conrad Cherry), 해롤드 시몬슨(Harold Simonson), 칼 보그(Carl Bogue), 이안 머레이(Iain Murray), 존 거스트너(John Gerstner) 등이 있다.[55] 이안 머레이의 경우 특히 강하게 에드워즈

---

52) Miller, *Jonathan Edwards*, 68.
53) 이 세 가지 흐름에 관해서는 Stephen Nichols가 잘 정리했다: Stephen Nichols, *An Absolute Sort of Certainty* (Phillipsburg, NJ: P&R Publishing, 2003), 5-20. 특히 14-15를 보라.
54) Ola E. Winslow, *Jonathan Edwards, 1703-1758: A Biography* (New York: MacMillan, 1940); Peter Gay, *A Loss of Mastery: Historians in Colonial America* (Berkeley: University of California Press, 1966), 88 117; Paul Russell Anderson and Max Harold Fisch, *Philosophy in America: From the Puritans to James* (New York: Octagon Books, 1969), 74-81; Elizabeth Flower and Murray Murphey, *A History of Philosophy in America*, 2 vols. (New York: Capricorn Books, 1977), 1:137-199; Bruce Kuklick, *Churchmen and Philosophers: From Jonathan Edwards to John Dewey* (New Haven: Yale University Press, 1985).
55) Conrad Cherry, *The Theology of Jonathan Edwards: A Reappraisal* (1966 ; reprint ed., Bloomington and Indianapolis: Indiana University Press, 1990). Harold P. Simonson, *Jonathan Edwards: Theologian of the Heart* (Grand Rapid: Eedrmans, 1974); Carl Bogue, *Jonathan Edwards and the Covenent of Grace* (Cherry Hill, N.J.: Mack Publishing, 1975);

를 정통 신학자로 변호한다. 머레이는 에드워즈가 기존의 개신교 교리와 신조들을 고치려고 하지 않았고 웨스트민스트 신앙고백과 소교리 문답의 신학에 만족했다고 보았다.[56] 그러므로 머레이의 주장에 따르면, 에드워즈의 생애와 사상을 이해하는 데 가장 중요한 점은 성경의 권위를 최종적 권위로 인정하는가, 중생했는가 그리고 영적이고 초자연적인 것을 믿는가 하는 것이다.[57]

셋째, 에드워즈를 천재적인 계몽주의 철학자로 보는 견해나 칼빈주의와 청교도 전통을 훌륭하게 수호한 신학자로 보는 견해를 둘 다 거부하고, 에드워즈의 철학과 신학을 밀접한 관계 속에서 파악하려는 학자들도 있다. 폴 램지(Paul Ramsey)는 예일판 조나단 에드워즈 저작집 제8권의 서문에서, "에드워즈의 철학과 신학을 분리하는 것 혹은 그의 도덕 철학과 신학적 윤리를 분리하는 것은 중대한 실수이다"라고 하였다.[58] 이와 같이 에드워즈의 사상에서 철학과 신학이 밀접하게 결합되어 있어서 분리해서 생각할 수 없다는 견해를 가진 학자들은 리차드 니버(H. Richard Niebhur), 폴 램지(Paul Ramsey), 더글라스 엘우드(Douglas Elwood), 롤랜드 델라트르(Roland Delattre), 드 프로스포(De Prospo), 이상현(Sang Hyun Lee), 로버트 젠센(Robert Jenson) 등이다.[59]

한편 페리 밀러 이후 활동한 수많은 에드워즈 학자들 중에서 가장 대표적인 학자들이 에드워즈를 어떻게 해석하는지 그리고 에드워즈의 감정 개념에 대해서 어떤 입장을 가지고 있는지를 간략하게 살펴보기로 하겠다. 우리는 학문적으로 가장 많이 인용되는 저술이라는 기준으로 여섯 명의 학자와

Iain Muarry, *Jonathan Edwards: A New Biography* (Edinburgh: The Banner of Truth Trust, 1987); John H. Grestner, *The Rational Biblical Theology of Jonathan Edwards*, 3 vols. (Powhatan, Va..: Berea Publication, 1991-3).

56) Iain Muarry, *Jonathan Edwards: A New Biography* (Edinburgh: The Banner of Truth Trust, 1987), 468. 이후부터 Murray, *Jonathan Edwards*로 약술함.
57) Murray, *Jonathan Edwards*, xxiv-xxvi.
58) Paul Ramsey, "Editor's Introduction," *WJE-Y* 8: 11.
59) Douglas Elwood, *The Philosophical Theology of Jonathan Edwards* (New York: Columbia University Press, 1960), 16-17. Roland Delattre, *Beauty and Sensibility in the Thouught of Jonathan Edwards* (New York: Yale University Press, 1968), 1-4. Sang Hyun Lee, *The Philosophical Theology of Jonathan Edwards* (1988 ; expanded ed., Princeton University Press, 2000).

책을 정했다[60]: 콘라드 체리[61], 롤랜드 델라트르[62], 이상현[63], 로버트 젠슨[64], 제랄드 맥더모트(Gerald McDermott)[65] 그리고 존 스미스(John Smith)[66].

콘라드 체리에 따르면 에드워즈는 좋든 나쁘든 간에 칼빈주의 신학자였다.[67] 에드워즈는 칼빈주의와 청교도의 신학적 전통들 중의 일부분에 대해서 비판적인 입장을 가지고 있기는 했지만, 전반적으로 볼 때 자신이 속해 있던 그 신학적 전통을 충실하게 계승한 신학자였다. 그는 사물과 세계와 인간에 대하여 철학적, 과학적 관심을 가지고 있었지만 그것은 신학적 목적을 위한 것이었다.[68]

에드워즈의 사상의 중심은 철학이 아니라 신학이고, 에드워즈의 신학의 중심은 신앙에 있다. 체리에 따르면, 에드워즈는 신앙의 행동이 시작될 때 말씀과 성령이 함께 역사한다고 보았다. 말씀과 성령은 신앙의 객관적 측면과 주관적 측면인데, 이 둘은 동일한 술어로서 함께 작용한다. 다르게 표현하자면, 성령은 말씀화된 성령(Worded Spirit)이고 말씀은 성령화된 말씀

---

60) Roland Delattre, "Recent Scholarship on Jonathan Edwards," *Religious studies Review* 24/4 (1998) : 369-375에서 약 7~8명의 중요한 에드워즈 사상 연구자를 소개한다. 그들의 이름은 다음과 같다: Sang Hyun Lee, Robert Jenson, Miklós Vetö, Gerald McDermott, Stephen Daniel, John Smith, Joseph Conforti, 그리고 Allen Guelzo.
61) Conrad Cherry, *The Theology of Jonathan Edwards: A Reappraisal* (1966 ; reprint ed., Bloomington and Indianapolis: Indiana University Press, 1990). 이후부터는 Cherry, *The Theology of Jonathan Edwards*로 약술함.
62) Roland Delattre, *Beauty and Sensibility in the Thouught of Jonathan Edwards* (New York: Yale University Press, 1968 ; reprint ed., Eugene, OR.: Wipf and Stock Publishers, 2006). 이후부터는 Delattre, *Beauty and Sensibility*로 약술함.
63) Sang Hyun Lee, *The Philosophical Theology of Jonathan Edwards* (1988 ; expanded ed., Princeton University Press, 2000). 이후부터는 Sang Hyun Lee, *Philosophical Theology*로 약술함.
64) Robert Jenson, *America's Theologian: A Recommendation of Jonathan Edwards* (New York: Oxford University Press, 1988). 이후부터는 Jenson, *America's Theologian*으로 약술함.
65) Gerald McDermott, *One Holy and Happy Society: The Public Theology of Jonathan Edwards* (University Park:Pennsylvania State University Press, 1992). 이후부터는 McDermott, *One Holy and Happy Society*로 약술함.
66) John Smith, *Jonathan Edwards: Puritan, Preacher, Philosopher* (Notre Dame: University of Noter Dame Press, 1992). 이후부터는 Smith, *Jonathan Edwards*로 약술함.
67) Cherry, *The Theology of Jonathan Edwards*, 3.
68) Ibid., 3-4.

(Spirited Word)이다.[69] 이 말씀과 성령의 역사에 의해서 한 인간의 영혼은 중생을 경험한다. 중생은 옛날의 존재 방식에서 새로운 존재 방식으로 결정적으로 전환한다는 점에서 즉각적이다. 하지만 즉각적인 회심이 중생의 본질이라고 할지라도 중생 속에는 점진적인 성화가 있다.[70] 그러므로 회심한 그리스도인은 일생에 걸쳐서 사랑과 신뢰와 겸손으로 자기의 신앙을 표현한다. 신앙에 대한 이러한 기본적인 관점 하에서, 체리는 신앙의 실재로서 이신칭의론과 언약 관계 그리고 실제적인 신앙생활로서 실천과 구원의 확신의 문제를 다룬다. 여기서 체리는 에드워즈가 루터와 칼빈 등의 종교개혁자들의 입장을 고수했고 청교도 언약 정신을 수용하여 계승했다고 주장한다.

그런데 체리는 에드워즈의 감정 개념에 대해서는 별로 중요하게 취급하지 않는 것처럼 보인다. 에드워즈는 인간의 정신을 지성과 감정과 의지로 구별하는 기능심리학을 거부하고 인간 정신의 통합적 성격을 주장한다. 이러한 사실은 일반적으로 에드워즈 학자들 사이에서 이미 학문적 합의가 이루어진 것이다. 체리도 역시 에드워즈가 지성과 감정과 의지를 별개의 기능으로 구별하지 않고 통합적인 것으로 간주한다고 생각한다. 체리의 설명에서 특징적인 것은, 신앙 안에서 지성과 의지의 능력들이 하나로 나타나는 경향이 있음을 강조하는 것이다. 신앙 행동에 있어서 자아의 다양한 활동들은 구별된 행동이 아니라 동일한 행동의 서로 다른 양태일 뿐이다. 이처럼 인식과 의지의 조화로운 상호침투를 강조하고 여기에서 신앙 행위의 내적 역동성을 찾으려고 했다는 점에서 감정이라는 에드워즈의 중요한 개념을 소홀히 여긴다는 인상을 주는 것 같다.[71] 물론 체리가 감정에 대해서 전혀 언급하지 않은 것은 아니다. 체리는 자아의 활동의 중심을 마음의 감각(sense of heart)으로 보았다. 그에 따르면, 마음의 감각은 감정적인(affective) 동시에 의지가 포함된 지식이기도 하고, 감정적이고 의지적인 판단의 행위이기도 하다.[72] 하지만 이러한 설명은 여전히 인식과 의지를 중심에 두고 감정의 문제는 상대적으로 가볍게 보고 있다는 인상을 준다.

---

69) Ibid., 45.
70) Ibid., 57.
71) Ibid., 17.
72) Ibid., 19, 23.

다음으로 롤랜드 델라트르를 보자. 델라트르에 따르면, 에드워즈의 사상에 관념론적, 경험론적, 플라톤주의적, 칼빈주의적 그리고 신비주의적 요소들이 모두 포함되어있지만, 미학적 요소가 가장 결정적이고 가장 특징적인 것이다.[73] 에드워즈 사상의 미학적 요소의 핵심은 아름다움(beauty)과 감지력(sensibility)[74]이다. 아름다움은 객관적 요소이고 감지력(感知力)은 주관적 요소이다. 이 둘 중에서 아름다움이 더 중심적인 원리이다. 에드워즈의 사상 체계에서 아름다움은 탁월함과 동의어이다.[75] 또한 아름다움과 거룩과 사랑은 동일한 실재를 나타내는 서로 다른 용어이다.[76] 에드워즈에 있어서 아름다움은 실재이며 존재의 제일 원리이다.[77] 이는 아름다움의 관점에서 하나님과 인간과 우주의 질서가 가장 잘 이해될 수 있다는 의미이다. 아름다움이 실재 안에 있는 유일한 질서는 아니지만 모든 질서의 기본 모델을 제시해준다.[78] 에드워즈에 있어서 아름다움은 기본적으로 객관적이고 구조적이고 관계적인 것으로 나타난다.[79]

한편 델라트르는 "자아의 미학적-감정적 모델"을 제시한다. 그런데 미학적-감정적 모델로서의 자아의 중심은 감지력이다. "감지력은 이해와 의지로 들어가는 열쇠"이며, "자아 안에 있는 이해와 의지의 통합성의 척도"이다. 델라트르는 감정보다 감지력이 인간 자아의 더 깊은 근원이라고 보는 듯한 말을 한다. "의지나 의향의 중심은 감정(affection)에 있다. 이 감정이 자연인의 감지력이든지 아니면 참으로 영적이고 은혜로운 감정에서 나온 정신의 새로운 관념이나 감각, 즉 새로운 영적 감각의 감지력이든지 간에, 감

---

73) Delattre, *Beauty and Sensibility*, vii.
74) sensibility는 일반적으로 감성으로 번역하는데, 이 때는 이성(혹은 오성)과 대립되는 인식 작용을 가리키는 경우가 많다. 하지만 델라트르의 sensibility는 이성과 의지를 모두 포함하는 포괄적 개념이기 때문에, 의미가 굳어진 감성이라는 용어 대신 감지력이라는 용어를 사용하기로 한다.
75) Ibid.., 1, 각주 1번을 보라.
76) Roland Delattre, "Jonathan Edwards and the Recovery of Aesthetics for Religious Ethics," *Journal of Religious Ethics* 32/2 (summer, 2003) : 282.
77) Delattre, *Beauty and Sensibility*, 1.
78) Ibid., 2.
79) Ibid., 4; 또한, 22-24쪽에서 '아름다움은 객관적이다'라는 소제목으로 해당 내용을 좀 더 자세히 다룬다.

정의 중심은 감지력(sensibility)에 있다."[80] 델라트르의 구도에서 자아가 실재 (reality)와 만날 때 존재와 선으로서 만나는데, 존재로서의 실재에 자아가 참여할 때는 이해의 방식으로 만나고 선으로서의 실재에 자아가 참여할 때는 의지의 방식으로 만난다.[81] 여기서 이해와 의지는 기능심리학적인 의미에서의 자아의 기능이 아니라 실재에 참여하는 통합적 자아 전체를 표현하는 다른 방식이다. 이와 같이 이해와 의지의 통합적 작용을 통해서 실재에 참여하는 자아가 미학적-감정적 자아이며, 미학적-감정적 자아를 움직이는 근원적 요소가 감지력이다. 그러므로 델라트르는 감정보다 감지력을 더 중요한 상위의 개념으로 간주하는 것처럼 보인다.

이상현에 따르면 에드워즈는 기독교 신앙의 철학적 이해를 추구하는 과정에서 실재 자체의 본질을 재개념화하는 철저한 형이상학적 재구성의 작업을 성취했다.[82] 이상현은 에드워즈의 형이상학적 재구성의 작업을 성향적 존재론(dispositional ontology)이라고 부른다.[83] 에드워즈의 성향적 존재론의 핵심 개념은 경향성(habit) 혹은 성향(disposition)이다. 경향성과 성향은 거의 같은 의미를 갖는 용어이다. 이상현은 아리스토텔레스로부터 아퀴나스를 지나서 로크와 뉴턴의 시대에 이르기까지 경향성(habit) 개념이 어떻게 이해되어왔는지를 고찰한 후에[84], 에드워즈의 경향성 개념의 독특성을 설명한다. 일단 기본적으로 알아두어야 할 것은 에드워즈가 과거의 형이상학적 의미에서의 실체 개념을 거부한다는 사실이다. 사물을 사물되게 하는 것은 실체가 아니라 일종의 힘이고, 이 힘을 에드워즈는 경향성이라고 부른다.

이상현의 주장에 따라서 에드워즈의 경향성 개념을 정리해보면 다음과 같다. 첫째로, 경향성은 조금 전에 언급한 바와 같이 사물을 움직이게 하는 일종의 힘이다. 둘째로, 경향성은 사물을 움직이게 하는 힘이 가지고 있는 법칙이다. 이 법칙은 단순한 관습이나 어떤 일을 하는 일상적인 방식이나 어떤 일이 일어나는 규칙적인 방식 이상의 것이다. 에드워즈의 언급에 따

---

80) Ibid., 5, 6.
81) Ibid., 8.
82) Sang Hyun Lee, *Philosophical Theology*, 3.
83) Ibid., 4.
84) Ibid., 15-34.

르면, "모든 경향성들은, 그러한 경우에는 그러한 행동이 반드시 실행되어야 한다고, 하나님께서 정하신 법칙이다."[85] 이 법칙은 행동과 사건을 지배하고 일으키는 능동적이고 목적성 있는 힘이다. 셋째로, 경향성은 법칙이지만 존재론적인 의미에서 자신의 존재를 갖는다. 다른 말로 하면, 경향성은 실재(reality)의 양태를 소유하는 것이다.[86] 경향성은 어떤 사물에 수반되는 우유적(偶有的) 성질로서의 법칙이 아니라 오히려 사물의 움직임과 관계들을 가능하게 만들어주는 근본적인 힘과 법칙의 존재이다. 그러므로 사물이 법칙으로 혹은 경향성으로 존재한다고 말할 수 있다. 부연 설명을 하자면, 경향성은 어떤 사물의 현실태를 실질적으로(virtually) 지배하고 결정하기 때문에 존재론적 위상을 갖지만, 현실태(actuality)가 아니라 실질태(virtuality)로 존재하는 것이다. 넷째로 경향성은 관계들의 관계이다.[87] 에드워즈는 존재의 구조를 관계적인 구조로 간주한다. 사물의 실재(entity)는 그 사물이 다른 실재들과 맺고 있는 관계들과 분리할 수 없다. 오히려 그 관계들이 실재의 존재를 결정한다.[88]

한편 이상현은 경향성 혹은 성향 개념을 존재론적으로 뿐만 아니라 인식론적으로도 전개한다. 사물과 세계는 경향성적으로 존재하며 이와 동시에 인간의 정신도 경향성적으로 지각하고 인식한다. 이상현은 에드워즈의 시대인 18세기의 인식론에서 정신(mind)의 형성적 능력으로서의 상상력(imagination)과 경험의 재료인 감각(sensation)이 어떻게 연결될 수 있는가라는 질문이 중요한 질문이라는 점을 지적한다. 그리고 이 질문에 대한 에드워즈의 대답의 열쇠가 되는 것이 정신의 경향성(habit of mind)이라고 주장한다. 계속되는 이상현의 주장에 따르면, 정신의 경향성의 성향적 활동(propensive activity)으로 인식되는 정신의 상상력의 활동이 감각과 정신의 의도 사이에서 매개적 역할을 한다.[89] 좀 더 단순하게 말하자면, 상상력이 경향성의 작용을 통해서 감각 관념을 인식한다. 좀 다른 식으로 말하자면, 인간

---

85) Ibid., 35. 이 인용문은 Miscellanies, no. 241에서 인용한 것이다.
86) Ibid., 42-46.
87) Ibid., 77.
88) Ibid., 79.
89) Ibid., 116.

의 정신(mind)과 마음(heart)은 이해하고 의향이 기울어지는(understands and is inclined) 주체라고 할 수 있는데, 이 인간 주체가 이해하고 의향이 기울어지게 되는 통합적 활동을 지배하는 것이 경향성 혹은 성향이다.[90] 정신의 경향성은 인간의 전자아의 방향 또는 성격이다.[91] 그러니까 인간의 지성(이해)과 의향(understanding and inclination)보다 더 깊은 곳에 경향성 혹은 성향이라는 것이 존재하고 있다는 뜻이다. 우리는 여기에서 에드워즈의 감정 개념의 위치를 생각해볼 필요가 있다. 이상현은 정신의 경향성을 인간 전인격의 중심으로 보고, 감정에 대해서는 거의 언급을 하지 않는다. 하지만 우리가 보기에, 감정은 단지 의향의 활기차고 생생한 활동이기만 한 것이 아니고 한 인간의 전인격의 통합적 중심이다. 설령 이상현의 정신의 경향성 개념을 중요한 개념으로 받아들인다고 할지라도, 감정 개념의 중요성이 약화되는 것은 아니다. 어떤 면에서는 경향성 개념과 감정 개념이 밀접하게 관련되어있는 것으로 볼 수 있다. 에드워즈는 "거룩한 감정은 경향성적(habitual)이다"라고 말했다.[92] 여기서는 일단 이러한 에드워즈의 진술만 언급해두기로 한다.

이제 로버트 젠슨의 에드워즈 연구를 검토해보자. 젠슨의 에드워즈에 대한 관심은 기본적으로 철학이 아니라 신학이다.[93] 그의 기본 논지는 『미국의 신학자: 조나단 에드워즈를 추천함』이라는 그의 책의 제목에서 어느 정도 드러난다. 그는 에드워즈를 미국의 신학자로서 추천한다. 유럽의 경우에는 계몽주의 이전부터 오랫동안 이어져 내려온 전통들이 있었기 때문에, 유럽과 유럽 교회는 근대의 계몽주의에 의해서 동요되고 변혁을 겪었다. 하지만 미국은 유럽과 달리 신생 공동체였기 때문에 오히려 계몽주의가 미국 민족과 미국 교회를 형성하는 원동력이 되었다.[94] 젠슨은 자신의 책 전반에 걸쳐서 미국에서 기독교 신앙이 전개되어가는 모습에 대해서 비판하면서, 에드워즈의 통찰력이 미국 기독교의 오류에 해독제 역할을 했다는 점을 드

---

90) Sang Hyun Lee, "Jonathan edwards and the Future of American Evangelicalism," *Bible and Theology* 2 (2002) : 145.
91) Sang Hyun Lee, *Philosophical Theology*, 144.
92) *WJE-Y*, 2:118.
93) Jenson, *America's Theologian*, viii.
94) Ibid., 4.

러낸다. 다른 측면에서 다음과 같이 말할 수도 있다. 젠슨은 에드워즈의 사상을 상당히 폭넓게 연구하고 조사함으로써, 그 당시 미국 기독교 진영에서 유행했던 이신론과 아르미니안주의보다 에드워즈가 계몽주의에 대하여 훨씬 적절한 대응을 했음을 보여주려고 했다. 더 나아가서, 젠슨은 에드워즈가 과거에 옳았을 뿐만 아니라 현재에도 여전히 옳을 수 있다는[95] 확신을 가지고 에드워즈를 미국의 신학자로 추천한다.

젠슨은 에드워즈의 감정에 대해서 어느 정도 관심을 가지고 다룬다. 젠슨에 따르면, 감정은 인식(cognition)일 뿐만 아니라 의향(inclination)이다. 그리고 하나님의 의식(consciousness)과 우리의 의식 안에서 행하시는 성령의 역할에 의해서 감정은 실재(reality)를 파악한다.[96] 여기서 감정이 실재를 파악한다는 것은 감정이 인간 존재의 중심이라는 의미를 함축한다. 그런데 젠슨의 주된 관심은 에드워즈의 감정과 신앙에 관한 이러한 견해가 어떻게 해서 계몽주의를 거부하지 않으면서 기독교를 구출해낼 수 있었는가를 보여주는데 있는 것 같다. 그래서 젠슨은 다음과 같이 평가한다. 지식과 의지를 통합적인 것으로 간주하는 에드워즈의 종합적 입장은 서구 사상의 주류에 속하는 것이며[97], 특히 칸트와 슐라이어마허에 의해 이루어진 계몽주의의 완성과 극복의 기본적인 계기는 이미 에드워즈에게서 단초를 찾아볼 수 있다.[98]

다음으로 제랄드 맥더모트를 보자. 맥더모트는 에드워즈의 사회 정치적 견해를 폭넓게 연구한 후 거기에 공공 신학(the public theology)이라는 이름을 붙였다. 맥더모트에 따르면, 출판되지 않은 에드워즈의 절기 설교들-금식일, 선거일 그리고 감사절 등에 행해진 설교들-은 사회 정치적 문제에 대해서 깊은 관심을 보여준다. 출판된 에드워즈의 저술들을 출판되지 않은 절기 설교들과의 연관성 속에서 읽어보면, 에드워즈는 미국의 명백한 운명이나 자축적인 시민 종교를 선언하는 선지자가 아니라 전통적인 뉴잉글랜드의

---

95) Ibid., 3.
96) Ibid., 76-77.
97) Ibid., 67.
98) Ibid., 68, 78.

비탄을 선포하는 선지자로 나타난다.[99]

노스햄턴과 뉴잉글랜드와 관련해서 민족 언약을 언급할 때 에드워즈는 매우 비관적인 입장을 보여준다. 온 세상을 향하신 하나님의 구속 사역의 궁극적인 방향에 대한 에드워즈의 입장은 확고하게 긍정적이지만, 뉴잉글랜드의 언약을 거스른 불신실함과 그로 인한 뉴잉글랜드의 미래에 대해서는 비판적이고 부정적이었다.[100] 에드워즈는 미국을 구속자 국가(redeemer nation)로 간주하지 않았고, 미국이 천년 왕국 실현의 촉매제가 되거나 천년 왕국 실현이 이루어지는 장소가 될 것이라고 말하지도 않았다.[101] 오히려 에드워즈는 천년 왕국에 관해서 국제적이고 범세계적인 공동체를 강조한다. "하나의 거룩하고 행복한 사회"라는 장엄한 차원이 도래하기 전에 뉴잉글랜드와 미국은 쇠락의 길로 떨어질 것이다.[102]

한편, 통치권과 시민 정신에 관한 에드워즈의 정치적 견해는 공화파(country party)에 가깝다. 에드워즈는 최고의 통치자(magistrate)라도 권력의 부패시키는 본성과 인간의 탐욕스럽고 교만한 경향으로 인해 폭군이 될 수 있기 때문에 통치자는 철저히 감시를 받아야 한다는 견해, 시민들이 정치에 참여해야 한다는 견해 그리고 시민들의 지도자는 선거에 의해 선출되어야 한다는 견해를 지지했다.[103] 그러나 에드워즈와 공화주의자들이 전적으로 같은 생각을 갖고 있지는 않았다. 공화주의자들은 통치자의 종교적 자질이나 의무에 대해서는 별로 관심이 없었고, 일반 시민들의 덕을 긍정적으로 평가했고, 정치적 자유를 우선적으로 생각했다. 이에 반해서 에드워즈는 통치자가 참된 신앙에 속한 일들을 지원하기를 바랐고, 보통 사람들의 덕보다는 부패한 본성을 먼저 보았고, 정치적 자유보다는 참된 신앙의 길을 따르는 데 관심을 가졌다.[104] 에드워즈는 그리스도인 시민들이 책임 있게 시민 공동체에 참여하여 삶의 질을 향상시켜야 한다고 믿었다. 미국을 휩쓴 대각

---

99) McDermott, *One Holy and Happy Society*, 5.
100) Ibid., 17.
101) Ibid., 41, 62.
102) Ibid., 41.
103) Ibid., 119.
104) Ibid., 120.

성에서 나온 사회적 동력이 미국의 사회적 응집력을 약화시키고 개인에 초점을 맞추고 개인의 위상을 높였던 시기에, 에드워즈는 참된 그리스도인의 생활의 공동체적 본질을 강조했다.[105]

존 스미스는 걸출한 미국 종교 철학자이며, 예일대학교의 조나단 에드워즈 전집 편집위원회의 제2대 위원장으로 활동하기도 했다. 그는 에드워즈의 사상을 독창적으로 해석한 학자는 아니다. 하지만 에드워즈의 사상에 대한 그의 소개는 간단명료하면서도 매우 무게 있고 권위 있는 것으로 인정받는다. 특히 그는 예일대학교의 조나단 에드워즈 전집 중 제2권인 『신앙적 감정』의 편집자로서 훌륭한 서문을 썼을 뿐만 아니라 에드워즈의 감정 개념에 대해서 다른 어느 에드워즈 학자들보다 깊은 관심을 보여주었다. 그래서 우리는 『신앙적 감정』의 서문, 감정과 경건과 실천 등의 문제를 다루는 몇몇 논문들, 그리고 학문적 성숙기에 저술한 책인 『조나단 에드워즈: 청교도, 설교자, 철학자』를 전반적으로 고찰하되, 주로 감정이라는 주제에 초점을 맞출 것이다.

존 스미스는 에드워즈의 주요 사상을 3가지로 보았는데, 첫째는 감정의 개념이고, 둘째는 유명론을 거부하고 철학적 실재론을 수용한 것이고, 셋째는 구속사 연구이다.[106] 그는 이 셋 중에서 감정의 개념에 가장 큰 관심을 기울인다. 스미스는 에드워즈의 감정 개념이 지식(knowledge)과 이해(understanding)와 밀접하게 연관되어 있다는 점을 특히 강조하면서, 에드워즈의 설교(신학에 대한 철저한 지식의 중요성과 필요성) 중 일부를 인용한다.

> 지식이 없이는 사랑이 있을 수 없다. 전혀 알 수 없는 대상을 사랑하는 것은 영혼의 본성에 어긋난다. 이성의 관념의 대상이 아닌 것에는 마음이 관심을 보이지 않는다.[107]

---

105) Ibid., 137.
106) John Smith, "The Perennial Jonathan Edwards," *Edwards in Our Time*, eds. Sang Hyun Lee and Allen C. Guelzo (Wm. B. Eerdmans: Grand Rapids, 1999), 2.
107) Ibid., 3.

스미스에 따르면, 에드워즈는 지성을 수반하는 감정이라는 개념을 발전시켰다.[108] 또 다른 곳에서 스미스는 다음과 같이 말한다.

> 감정은 항상 관념(ideas)을 수반한다. 하지만 그 감각은 에드워즈가 단순한 개념적 지식이라고 말한 것을 뛰어넘는다. 왜냐하면 사람들은 그 관념 안에서 신적인 진리와 아름다움과 탁월함을 느끼고 지각하고 보기 때문에, 신적 임재의 방향으로 의향이 기울기 때문이다. …그러므로 감정은 두 가지, 즉 관념과 의지와 마음으로써의 의향의 종합이다.[109]

한편, 지성을 수반하는 감정은 에드워즈의 '새로운 마음의 감각'이라는 사상과 밀접하게 관계가 있다. 스미스는 '새로운 감각'이라는 개념이 에드워즈에게 있어서 가장 대표적이고 독창적인 개념이라고 생각했다. '새로운 감각'이란 사상은 에드워즈의 주요 저서들 중의 하나인 『신앙적 감정』에 나타나는 가장 대표적이고 독창적인 사상일 뿐만 아니라 더 나아가서 에드워즈의 모든 작품들 가운데서 가장 독창적이고 영향력이 큰 것이다.[110] 여기서 새로운 감각이란 인간의 오감에다가 새롭게 추가되는 여섯 번째 감각이 아니고, 하나님과의 관계에서 인격의 영적인 중심에 대한 상징적 표현이다. 에드워즈는 이것을 '마음의 감각'이라고도 불렀다. 마음의 감각은 영적인 것을 볼 수 있는 감각이다. 그래서 마음의 감각은 영적인 지식에 근거한 영적인 감정의 토대라고 말할 수 있다. 스미스는 에드워즈의 감정론과 마음의 감각과 영적인 지식에 대한 성숙한 관점을 가장 잘 드러내주는 것은 『신앙적 감정』의 다음과 같은 언급이라고 한다.[111]

---

108) John Smith, "Editer's Introduction," *WJE-Y* 2:15.
109) John Smith, "Testing the Spirit : Jonathan Edwards and the Religious Affections," *Union Quarterly Review* 37 (1981-1982) : 33. (이후에는 John Smith, "Testing the Spirit"로 약술함.)
110) John Smith, "Editer's Introduction," WJE-Y 2:30.
111) John Smith, "Religious Affections and the 'Sense of the Heart'," *The Princeton Ccompanion to Jonathan Edwards*, ed. Sang Hyun Lee (Princeton, NJ : Princeton University Press, 2005), 113.

그러므로 이미 말한 바에 따르면, 우리는 영적인 지식이 어디에 존재하는가에 대해서 필연적으로 다음과 같은 결론에 이르게 된다; 즉, 영적인 지식은 신적인 일들의 거룩함이나 도덕적 완전함의 지고한 아름다움과 달콤함을 지각하는 마음의 감각에 존재한다. 이와 함께 신앙적인 일들에 대한 모든 인식과 지식이 그러한 감각에 의존하고 거기서 흘러나온다. …영적인 지식은 우선적으로 영적인 아름다움에 대한 마음의 감각 안에 존재한다. ([WJE-Y] 2:272)

스미스는 지성을 수반한 감정을 많이 강조하지만, 감정의 실천적인 측면에 대해서도 소홀하게 다루지 않는다. 스미스의 견해에 따르면, 에드워즈는 누구보다 실천을 강조했지만, 신앙을 도덕과 선행의 실천으로 축소시키는 것에 대해서는 강력하게 반대했다. 에드워즈는 실천 그 자체를 강조한 것이 아니라 경건의 표지로서의 실천을 강조했다. 왜냐하면 기독교적 실천은 참된 경건을 소유한 자만이 가능한 것이기 때문이다. 그런데 에드워즈 이후 미국 기독교에서는 실천이 경건의 표지로서의 성격에서 벗어나서 점점 독자적인 지위를 갖게 되었다.[112] 실천이 경건의 표지가 아니고 경건 그 자체와 동일시되어버림으로써 실천의 영적 의미가 세속화된 것이다. 즉, 부지런함과 열심과 꾸준함 등의 실천이 신앙과는 별 상관없이 그 자체의 권리를 주장하게 되었던 것이다. 뿐만 아니라 실천이라는 표지를 잃어버림으로써 실천에서 분리된 경건은 신앙적인 일들을 너무 개인적인 일로 만들어서 사회적 질서와 책임에는 무관심하게 되었다.[113] 스미스는 다시 실천이 경건의 표지로서의 성격을 회복하게 되기를 바란다.

---

112) John Smith, "Edwards: Piety and Practice in the American Character," *Journal of Religion* 54/2 (april, 1974) : 177.
113) Ibid., 179.

제 2 장

역사적 배경

1. 에드워즈 시대의 주요 이슈들

1) 청교도의 회심론

모든 청교도들이 모든 신학적 문제에 대해서 동일한 생각을 가지고 있었던 것은 아니다. 회심의 문제도 그렇다. 어떤 이들은 회심이 일정한 준비의 단계를 거쳐서 일어난다고 보았고, 또 다른 이들은 준비의 단계를 정형화시키는 것을 별로 좋아하지 않았다. 이 준비의 단계가 항상 고정된 단계이든지 가변적인 다양한 단계를 포함하든지 간에, 대부분의 청교도들은 준비의 단계가 있다는 사실에 대해서는 인정했다. 그렇기 때문에 회심에 대한 견해가 서로 다름에도 이 두 부류의 사람들은 회심에 대한 신학적 논쟁을 크게 벌이지 않았던 것 같다. 한편, 청교도들이 회심 이전의 준비의 단계를 중요하게 여긴 이유는, 첫째, 회심을 추구하는 사람들을 목회적으로 지도할 수 있는 구체적인 지침이 필요했기 때문이고, 둘째, 준비의 단계를 세심하게 관찰함으로써 그 회심이 진짜인가 가짜인가를 규명할 수 있다고 생각했기 때문이다.

청교도 사상사를 연구한 에드먼드 모건(Edmund S. Morgan)에 따르면, 청교도들은 회심의 형태론(morphology of conversion)을 만들었다.[1] 회심의 형태론이란 구원의 전체 과정을 세부적인 단위로 나누고 그 단위들을 일정한 순서에 따라서 단계별로 정형화시키는 것이다. 에드먼드 모건은 윌리암 퍼킨스(William Perkins, 1558-1602)의 견해를 청교도의 전통적인 회심의 형태론으로 간주하고, 그것에 근거해서 구원의 전체 과정을 대략 10단계 정도로 나눈다. 그런데 이 10단계들은 구원을 준비하는 단계와 구원의 단계라는 두 개의 큰 부분으로 나눌 수 있다. 이 10단계는 다음과 같다:

구원을 준비하는 단계:
  ①하나님의 말씀을 들음.
  ②율법에 대한 지식이 생김.
  ③자신의 특별한 죄를 깨닫고 뉘우침.
  ④하나님의 심판에 대한 율법적 공포.

구원의 단계:
  ⑤회개하는 자는 구원을 얻는다는 약속에 대한 진지한 묵상.
  ⑥복음의 메시지를 믿고자 하는 열망.
  ⑦용서를 구하는 뜨겁고 지속적인 기도.
  ⑧자신을 향한 하나님의 자비하심에 대한 확신.
  ⑨죄로 인한 복음적인 슬픔.
  ⑩하나님의 은혜에 의지하여, 계명을 지키려는 새로운 순종에의 노력.[2]

①-④의 단계는 아직 구원 이전의 단계이지 구원의 단계가 아니다. 어떤

---

1) Edmund S. Morgan, *Visible Saints: The History of a Puritan Idea* (Ithaca: Cornell University Press, 1963), 66, 91.; C. C. Goen, "Editor's Introduction," *WJE-Y*, 25-26에서 재인용.
2) Ibid., 68-69.; Brad Walton, "'Formerly Approved and Applauded' The continuity of Edwards's Treatise Concerning Religious Affections with Seventeenth-Century Puritan Analyses of True Piety, Spritual Sensation and Heart-Religion," (Th. D. Dissertation, Wycliffe College, 1999), 174-175에서 재인용. 이하에서는 Brad Walton, "Edwards's Religious Affections"으로 약술한다.

사람이 이 단계에 이르렀다고 해도 그는 아직 구원을 받은 것이 아니다. 구원의 단계로 넘어가야 구원을 받았다고 볼 수 있다. 그런데 구원의 단계에 이르러서 복음의 메시지를 믿고 하나님의 자비하심에 대한 확신을 가지고 있다고 생각하는 사람이라도 구원의 준비 단계인 네 가지의 단계를 거치지 않았다면, 그의 믿음은 참된 믿음이 아니다. 이와 같이 회심의 형태론은 사람들의 구원의 상태를 점검하고 참된 회심과 가짜 회심을 구별하는 기능을 가지고 있었다.

토마스 쉐퍼드(Thomas Shepherd, 1605-1649)와 토마스 후커와 같은 초기의 뉴잉글랜드 청교도들은 대체로 구원을 준비하는 단계를 강조하는 입장을 가지고 있었다. 이런 입장을 가진 사람들을 준비론자라고 한다. 준비론자들은 구원의 준비 단계를 너무 많이 강조하는 경향이 있다. 구원의 준비 단계를 지나치게 강조함으로써 오히려 사람들이 바로 그리스도께로 나가는 것을 방해하는 결과를 낳게 되었다.[3] 뿐만 아니라 준비론자들은 죄인들을 향한 하나님의 구원의 역사의 과정을 일정한 단계로 고정시켜놓았기 때문에, 만약 사람들이 이 모든 단계들을 순서대로 경험하지 않았다면 참된 그리스도인으로 볼 수 없다고 생각하는 것 같았다.[4]

뉴잉글랜드 청교도들의 준비론은 조나단 에드워즈에게 상당한 영향을 주었다. 에드워즈는 자신의 회심 체험이 선배 청교도들이 가르친 회심의 형태론과 다르다는 사실에 대해서 심각하게 고민했다. 에드워즈의 일기에 그러한 고민이 잘 나타나있다. 그 일기의 내용은 좀 길지만, **충분히** 인용할 만한 가치가 있다:

1722년 12월 18일. 오늘 35번째 결심문을 작성했다. 하나님의 사랑과 은혜에 대해서 내가 정말 관심이 있는가에 대해서 아주 조금이긴 하지만 의문을 가지는 이유는 다음과 같다. (1)신학자들이 말하는 준비 단계의 체험을 충분히 말할 수 없다. (2)신학자들이 말하는 정확히 그런 단계들로 중생을 경험했던 기억이

---

3) James Packer, *A Quest for Godliness: The Puritan Vision of The Christian Life* (Wheaton, Ill.: Crossway Books, 1990), 172.
4) Ibid.

없다. (3)나는 기독교적 은혜들을 충분히 감각적으로 느끼고 있지 않다. 특히 믿음이 그렇다. 그것들은 단지 악한 사람들이나 다른 보통 사람들이 느끼는 위선적이고 외면적인 감정들에 불과한 것은 아닌지 두렵다. 그것들은 충분히 내면적이고 완전하고 진실하고 전체적이고 마음에서 우러난 것처럼 보이지 않는다. 그것들은 본질적인 것처럼 보이지도 않고, 내가 바라는 만큼 나의 본성에 작용하는 것처럼 보이지도 않는다. (4)때때로 나는 어떤 일을 하지 않는 죄나 어떤 일을 하는 죄를 짓는다. 최근에 나는 악한 말을 하는 죄를 지었는지 아닌지에 대해서 의심이 들었다. 오늘 이 문제를 해결했다. 죄를 짓지 않았다.[5]

[1723년] 8월 12일 월요일 아침. 지금 내가 나의 좋은 상태에 대해서 다소간 의문을 갖는 중요한 이유는, 뉴잉글랜드 사람들이나 옛날 영국의 비국교도들은 특별한 단계를 거치는 회심을 했는데, 나는 그러한 단계를 거치는 회심을 경험하지 못했다는 사실 때문이다. 이 문제를 해결하기 위해서, 그들이 그러한 단계를 거쳐서 회심했던 진정한 이유를 그 밑바닥과 기초까지 철저하고 충분하게 발견할 때까지, 결코 연구를 멈추지 않을 것이다.[6]

에드워즈는 선배 청교도들의 준비론이 말하는 회심 체험과 자신의 회심 체험이 다르다는 사실에 대해서 의문을 가졌고, 그 의문을 풀기 위해서 그 문제의 밑바닥과 기초를 철저하게 연구하기로 결심했다. 에드워즈가 이 연구의 과정에 대해서 자세하게 말하고 있지는 않지만, 우리는 에드워즈의 여러 저술들을 통해서 이 연구의 결과를 알 수 있다. 한마디로 말한다면, 에드워즈는 준비론을 비판적으로 수용했다. 구원 이전에 준비의 단계가 존재한다는 것에 대해서는 인정했지만, 그것이 모든 회심자들이 반드시 거쳐야 하는 정형화된 단계라는 것은 거부했다.

부흥에 관한 에드워즈의 책들 중 하나인 『놀라운 회심 이야기』[7]에는 노스

---

5) *WJE-Y*, 16:759.
6) *WJE-Y*, 16:779.
7) 1734-5년에 에드워즈가 목회하던 노스햄턴 교회에서 놀라운 부흥의 사건이 일어났고, 에드워즈는 이 부흥에 관한 보고서를 제출했다. 이 보고서가 얼마 후에 책으로 만들어져서 출판되었는데, 이 책이 『놀라운 회심 이야기』이다. 이 책의 원래의 제목은 다음과 같이 매우

햄턴 교회 교인들의 회심 체험에 관한 많은 다양한 사례들이 나온다. 에드워즈는 죄인들의 구원에 있어서 하나님의 절대 주권과 자유를 강조하고[8] 하나님이 어떤 특별한 회심의 방법과 단계에 매이지 않는다고 말했다.[9] 그럼에도 에드워즈는 회심에 있어서 준비론 내지는 단계론을 일정 부분 수용했기 때문에, 에드워즈의 회심 이야기에는 일정한 패턴이 있다. 『놀라운 회심의 이야기』의 내용을 연구한 고언(C. C. Goen)의 주장에 따르면, 그 책에서 에드워즈는 회심의 패턴을 세 가지 기본적인 단계로 제시하고 있다: (1)죄에 대한 깨달음(conviction), 즉 두려움이나 비참함을 느끼는 고통스러운 죄 의식으로 시작된다. (2)자신이 저주를 받아 마땅하다고 고백하며 구원에 대해서 절망하게 되는 어떤 최저점까지 내려간다. 그 다음에 (3)죄 용서의 기쁨으로 황홀감의 경지에 오른다.[10] 고언은 에드워즈가 회심 체험의 다양성에 깊은 인상을 받았다는 사실을 지적하긴 하지만, 회심 체험의 기본적인 패턴이 있다는 사실을 좀 더 강조하고 있다. 한편, 콘라드 체리의 주장에 의하면, 에드워즈는 구원을 위한 준비가 대체로 어떤 특정한 단계들을 포함하고 있다는 사실을 인식하고 있으면서도, 성령의 역사를 경직된 단계로 고정시키지도 않고 인간적 경험을 획일적인 회심의 패턴에 국한시키지도 않았다.[11] 미묘하지만 고언에 비해서 체리는 회심의 형태론이나 준비론이 에드워즈에게서 별로 중요한 역할을 하지 않는다고 보고 있는 것 같다.

준비론에 대한 에드워즈의 입장은 『신앙적 감정』의 제2부 8번째 항목에서 비교적 분명하게 나타난다.[12] 8번째 항목의 첫 부분에서 에드워즈는 이렇게 말한다. "일정한 순서에 **따라서**, 양심의 각성과 죄에 대한 깨달음이 있

길다: *A Faithful Narrative of the Surprising Work of God in the Conversion of Many Hundred Souls in Northhampton, and the Neighhbouring Towns and Villages of Hampshire in New England* 『뉴잉글랜드 햄프셔 군의 노스햄턴과 주변 마을들에서 일어난 수백 명의 영혼들의 회심에서 나타난 하나님의 놀라운 사역에 대한 자세한 이야기』. 원제가 너무 길기 때문에 본서에서는 『놀라운 회심 이야기』로 줄여서 쓰기로 하겠다.

8) *WJE-Y*, 4:168.
9) *WJE-Y*, 4:166, 185.
10) C. C. Goen, "Editor's Introduction," *WJE-Y*, 4:28-29.
11) Cherry, *The Theology of Jonathan Edwards*, 65.
12) *WJE-Y*, 2:151-163.

고 그 다음에 위로와 기쁨이 온다는 사실로는 감정의 본질에 관해서 어떤 것도 확실하게 결정할 수 없다."[13] 이 말은 구원의 준비 단계를 거부한다는 의미가 아니고, 구원의 준비 단계가 있다고 하더라도 그것이 참된 신앙의 여부를 구별하는 데 결정적인 중요성을 가지지 못한다는 의미이다. "우리 자신의 상태를 점검하거나 다른 사람들을 영적으로 지도할 때 우리가 주로 관심을 가져야 할 것은 하나님께서 우리 영혼 속에서 일으키시는 효과의 본질이다. 하나님의 영이 우리 영혼 속에서 일하시는 단계에 대해서는 하나님께 맡겨두는 것이 좋다."[14] 중요한 것은 회심의 방법이나 단계나 순서가 아니라 회심이 일으킨 결과의 영적이고 신적인 본질이다.

앞서도 말했듯이, 모든 청교도들이 소위 회심의 형태론과 준비론을 주장한 것은 아니다. 대표적인 청교도 학자들 중의 하나인 존 오웬(John Owen, 1616-1683)은 중생에 앞서는 일종의 준비 단계-구원과 직접적인 관계가 없고 단지 성령의 일반적인 사역을 통해서 산출된 세 가지 결과인 지적인 조명, 죄의 깨달음 그리고 삶의 변화로 이루어지는 준비 단계-가 있다고 말한다.[15] 그러나 준비 단계가 고정되어 있는 것으로 보지 않고, 하나님께서 말할 수 없을 만큼 많은 다양한 방법으로 사람들을 구원으로 인도하신다고 지적한다.[16] 가일즈 퍼민(Giles Firmin, 1614-1697)은, 1670년에 출판한 『진짜 그리스도인』이라는 책을 통해서, 준비론을 강하게 주장한 뉴잉글랜드 청교도인 토마스 쉐퍼드의 견해를 비판했다. 그는 신앙의 준비 단계에서 율법적 공포가 반드시 있어야 하는가에 대해서 의문을 제기했다. 회심케 하는 하나님의 방법은 사람마다 달라서 매우 다양하다. 어떤 사람은 긴 준비의 단계를 거치고 다른 어떤 사람은 매우 짧다. 또한 회심의 과정에서 준비의 단계와 신앙에 속하는 단계는 서로 혼합된다. 회심의 단계는 논리적으로는 연속적이지만 경험적으로는 동시발생적이기 때문에 뚜렷한 단계로 나누어지는 식으로 관찰되지 않는다. 그리고 후커나 쉐퍼드에 따르면, 죄인을 저주하시는 하

---

13) *WJE-Y*, 2:151. (강조는 에드워즈의 것이다.)
14) *WJE-Y*, 2:162.
15) Owen, *Works*, ed. William H. Goold (Edinburgh: Johnstone and Hunter, 1850-53), 3:230-231; Brad Walton, "Edwards's Religious Affections," 148에서 재인용.
16) Owen, *Works*, 3:360-361.; Brad Walton, "Edwards's Religious Affections," 190에서 재인용.

나님의 정의와 주권을 인정하는 것은 구원 이전의 준비 단계에 해당하지만, 퍼민은 그것이 신앙을 내포한다고 주장했다.[17]

이러한 청교도들의 다양한 견해에 대한 연구, 자신의 회심 체험, 1734년부터 노스햄턴 교회에서 일어난 놀라운 회심의 사건의 과정에서 준비 단계의 다양성에 대한 직접적 체험, 1740년대 초반 뉴잉글랜드의 대각성의 체험, 그리고 하나님의 말씀에 대한 개인적인 등을 통해서 에드워즈는 자신의 회심론의 체계를 세웠다.[18]

2) 중도 언약과 스토다드주의

영국 국교회의 박해 아래 있던 청교도들이 신앙의 자유를 찾아서 대서양을 건너서 신대륙으로 왔다. 가장 먼저 1620년에 신대륙에 도착한 백여 명의 사람들은 플리머스에 자리를 잡았고, 다음으로 1630년에 대규모로 들어온 사람들은 매사추세츠에 정착했으며, 그 다음으로 1637년과 1639년에는 또 다른 일군의 사람들이 각각 코네티컷과 뉴헤이븐 지역으로 가서 청교도 식민지를 설립했다. 이들 각 지역의 청교도들이 모두 똑같은 생각을 가지고 있었던 것은 아니었기 때문에 자신들의 신앙의 꿈을 현실화시키는 세부적인 과정에서는 조금씩 차이가 있었다. 그 중에서 매사추세츠의 청교도들이 가장 큰 세력을 형성하고 있었고, 그들이 확립한 제도와 방식이 신대륙에서 하나의 표준으로 인정되었다.

매사추세츠 청교도들을 비롯한 기의 모든 뉴잉글랜드 청교도들은 참된 신자들로 구성된 순수한 교회를 열망했다. 당시 영국 국교회는 일정한 교구 안에 있는 모든 사람들을 참된 신앙의 유무에 관계없이 다 교회 회원으로 간주했다. 청교도들이 보기에, 이러한 국교회식 교구 교회는 참된 교회라고 말할 수 없었다. 그들은 가시적인 지상 교회 안에는 현실적으로 알곡

---

17) Giles Firmin, *The Real Christian, or, a Treatise of Effectual Calling* (London: Dorman Newman, 1670), 2-26, 108.; Brad Walton, "Edwards's Religious Affections," 187-188에서 재인용. 쉐퍼드를 반대하는 가일즈 퍼민의 주장에 대해서는 다음의 책을 참고하라: 양낙홍, 『조나단 에드워즈: 생애와 사상』(서울: 부흥과개혁사, 2003), 88-90.

18) 본서 제4장의 4.(회심)을 보라.

과 가라지가 함께 섞여 있을 수밖에 없다는 사실을 인정했음에도 불구하고, 가능한 한 가라지를 골라내고 알곡만으로 이루어지는 순수한 교회를 만들기를 원했다. 누가 알곡이고 누가 참된 신자인가? 참된 신자는 올바른 신앙고백을 하고, 외면적인 생활에서 도덕적으로 선한 행실을 보여주며, 진정한 회심 체험을 한 사람이다. 이 중에서 신앙고백과 외면적인 선한 행실은 참된 신자가 아닌 위선자들도 쉽게 흉내낼 수 있는 것이었기 때문에, 회심 체험의 진술을 통해서 참된 신앙의 여부를 구별하는 것이 가장 중요했다. 교회 회원 자격을 원하는 신청자는 신앙고백과 도덕적 행실에 대해서 조사를 받은 후에, 교회 회원들 앞에서 자신의 회심 체험을 진술해야 했다. 약 15분 정도의 회심 체험 진술을 하고 나면, 회원들은 그 진술에 대해서 여러 가지 질문을 하고 대답을 듣는 과정을 통해서 그 회심 체험의 진위 여부를 판단했다. 이 회심 체험 진술의 시험을 무사히 통과하면, 그는 교회 언약을 체결함으로써 교회 회원 자격을 얻을 수 있었다. 이러한 방식의 회심 체험 진술 제도는 과거에는 없었던 것으로서 뉴잉글랜드 매사추세츠의 청교도들이 새롭게 만들어낸 것이다.

한편, 매사추세츠 청교도들의 이러한 회심 체험 진술 제도는 종교적인 측면뿐만 아니라 정치적인 측면에서도 중요한 의미를 포함하고 있었다. 그들은 '언덕 위의 도시'-성경적인 정신에 따라서 세워지고 운영되는 경건하고 거룩한 사회-를 건설하겠다는 목표를 가지고 있었다. 이러한 목표에 근거해서 그들은 교회 회원들에게만 선거권을 주려고 하였다. 교회 회원들의 선거를 통해 선출된 대표들이 하나님의 말씀에 따라서 통치하는 사회가 성경적이고 거룩한 사회라는 것이 그들의 생각이었다. 이처럼 교회 회원들에게만 선거권을 주는 제도는 뉴잉글랜드 청교도 사회에서 처음 만들어진 새로운 제도였다. 이러한 사회 구조에서는 당연히 누가 교회 회원인가의 문제, 다시 말해서 교회 회원 자격의 문제가 가장 중요했다. 그리고 바로 위에서 언급한 바와 같이, 교회 회원 자격 여부를 결정하는 데 있어서 회심 체험의 진위 여부가 가장 중요했다. 뉴잉글랜드 청교도들은 과거 영국에서 실행했던 것보다 더 강하게 회심의 가시적인 척도를 세우고자 하였던 것이다. 그러므

로 회심의 체험은 모든 사람들에게 교회 회원 자격의 필수 조건이 되었다.[19]

뉴잉글랜드 청교도 첫 세대들은 순수한 교회와 거룩한 사회에 대한 강한 소망을 가지고 신앙의 자유를 찾아서 대서양을 건너올 정도로 열정적이고 순수한 사람들이었기 때문에 회심 체험 진술 제도를 받아들이는 데 아무런 문제도 없었다. 그러나 한 세대가 지나면서 예상하지 못했던 문제가 발생했다. 뉴잉글랜드 청교도 첫 세대들은 유아 세례를 받은 자녀들이 신앙 안에서 성장하여 성인이 되면, 공적인 신앙고백을 하고 외면적인 선한 행실을 보여주고 회중들 앞에서 회심의 체험을 진술함으로써, 자연스럽게 교회 회원 자격을 갖출 수 있을 것이라고 생각했다. 그런데 기대와 달리 수많은 청교도 2세들은 성인이 된 후에도 교회 회원 자격을 갖추지 못했다. 그들은 유아 세례를 받았지만 회심 체험을 하지 못했기 때문에, 자신의 믿음이 구원에 이르는 믿음이라는 사실을 회중들 앞에서 공인받을 수 없었다. 여기서 문제가 생긴다. 회심 체험을 하지 못하여 교회 회원이 아닌 청교도 2세들이 결혼하여 자녀를 낳았을 경우, 그 자녀에게 세례를 줄 수 있는가? 이 문제로 인하여 뉴잉글랜드 청교도들은 오랫동안 신학적인 논쟁을 해왔다. 이 문제를 해결하기 위해서 1662년 매사추세츠 대회가 열렸다. 만약 회심 체험이 없는 자의 자녀에게 세례를 주지 않는다면 교회 회원 수가 줄어들어서 교회의 영향력이 줄어들 것이고, 반대로 세례를 준다면 회심 체험이 없는 자라도 교회 회원으로 인정하게 됨으로 교회를 순수한 신자의 모임으로 만들고자 하는 열망을 포기해야 될 것이다. 매사추세츠 청교도 지도자들은 교회 회원 수도 줄어들지 않고 교회의 순수성도 보존할 수 있는 방법을 찾았다.[20] 그 방법은 중도 언약(half-way covenant)[21]이었다. 그들은 1662년의 대회에서 중도 언약을 제안했고, 이것이 대회에서 받아들여졌다.

---

19) Mark Noll, *A History of Christianity in the United States and Canada* (Grand Rapids: William B. Eerdmans, 1992), 42. 이후부터는 Mark Noll, *A History of Christianity*로 약술함.
20) Ibid., 48.
21) half-way covenant는 다양한 용어로 번역된다: 불완전 언약, 불충분 언약, 절반 언약 그리고 어중간한 언약 등. 어감을 분명하게 살리자면, "반쪽짜리 언약"이 좋겠고, 좀 더 부드럽게 번역하자면 "미완성 언약"이 좋겠지만, "중도 언약"이라는 말로 가장 많이 번역되고 있으므로 그대로 따르기로 한다.

중도 언약이란 가장 간단하게 말하면 회심 체험이 없는 부모의 자녀들에게 유아 세례를 허용한다는 것이다. 청교도 2세인 부모들은 비록 회심 체험이 없지만 유아 세례를 받았기 때문에 교회 언약의 틀 안에 있는 것으로 보아야 한다. 그러므로 그들은 완전한 교회 회원은 아니라고 하더라도 절반쯤은 교회 회원이라고 인정해줄 수 있고, 절반쯤은 교회 회원이니까 그들의 자녀도 유아 세례를 받을 수 있다. 이들은 절반쯤 회원이니까 어쨌든 교회에 소속되어 있는 사람들로 볼 수 있기 때문에, 교회 회원의 숫자와 영향력은 어느 정도 유지할 수 있었다. 다른 한편으로는, 이들은 완전한 회원이 아니니까 교회의 성찬에 참여할 수 있는 자격은 없었다. 회심 체험자들에게만 성찬 참여 자격을 주어야 한다는 기존의 전통이 유지됨으로써, 교회의 순수성은 보존되었다. 이렇게 하여 중도 언약은 이중의 목표를 달성했다. 하지만 정반대로 생각할 수도 있다. 절반쯤 교회 회원인 자들은 완전한 교회 회원으로서의 특권을 누리지 못했으므로 불만이 많을 수밖에 없었고, 회심을 체험하지 못한 자들의 자녀들에게 세례를 허용함으로써 교회의 순수성에 일정 부분 균열이 생겼다. 그러므로 교회의 영향력과 교회의 순수성이라는 이중의 목표를 모두 충분하게 성취해내지 못했다. 이러한 긴장과 모순으로 인해서 결국 중도 언약은 한계에 부닥치게 된다.

중도 언약은 1662년 대회의 의결 당시에는 다수의 환영을 받았지만, 그 실질적 효과는 오래가지 못했다. 여기에는 몇 가지 이유가 있다. 첫째로, 1660년대와 70년대의 여러 가지 재난들-인디언들과의 전쟁, 천연두의 발생, 그리고 보스턴 대화재 등-로 인하여 사회적인 분위기가 매우 침체되어 있었고, 이러한 영향으로 인해서 영적인 활력도 점점 줄어들었다. 둘째로, 회심 체험을 하지 못해서 정식 교회 회원이 되지 못한 사람들은 중도 언약에 의해서 자기 자녀들이 유아 세례를 받을 수 있게 되었다고 해도 정식 교회 회원이 아니기 때문에, 성찬 참여 자격도 없었고 다른 교회적인 특권도 충분하게 누리지 못했을 뿐만 아니라 투표권도 없었다. 그러므로 그들은 중도 언약에 만족할 수 없었고, 자신들의 권리를 더 많이 인정받을 수 있는 교회 제도가 만들어지기를 바랐을 것이다. 마지막으로 1691년에 새로운 특허장이 발부되는 일이 있었다. 1685년에 로마 가톨릭 교인인 영국의 왕 제임스 2세는 뉴잉글랜드 식민지를 영국 왕실의 관할 구역으로 지정하여 강력하게 통제하려고 했다. 그러나 1688년 명예혁명으로 윌리엄과 메리가 권력을 잡고 나서 1691년에 매사추세츠에 새로운 특허장을 발부했다. 그 주요 내용은 매사추세츠의 총독은 영국 왕이 임명한다는 것과 투표권은 교회 회원 자격에 따라서가 아니라 재산 소유 정도에 따라서 준다는 것이었다.[22] 이로 인해서 매사추세츠 식민지는 '언덕 위의 도시'를 세우려던 소망에 커다란 타격을 입게 되었다.

사실상 중도 언약(half way covenant)은 중도적이고 임시적인 해결책이요 반쪽짜리 미봉책일 뿐 교회의 침체에 대한 좋은 해결책은 아니었다. 1662년 대회의 중도 언약 수용에도 불구하고 교회의 영적 침체와 수적 감소는 지속되었다. 중도 언약의 수용자들은 여전히 회심 체험의 분명한 증거가 있는 사람들에게만 성찬 참여 자격을 줄 수 있다고 생각했다. 그러나 일군의 사람들은 중도 언약의 여러 가지 한계를 지적하고 비판하면서, 성찬 참여 자격을 완화하는 방향으로 나가야 한다고 생각했다.

이런 생각을 가진 사람들 중에서 대표적인 사람이 조나단 에드워즈의 외할아버지인 스토다드 목사였다. 스토다드 목사는 1670년부터 코네티컷의 노스햄튼 교회에서 목회를 시작했다. 영혼 구원의 열정을 가지고 열심히 목회를 했고, 점차로 코네티컷 지역에서 영향력 있는 인물이 되었다. 그는 성찬 참여 자격을 엄격하게 제한하는 제도가 교회의 부흥을 방해한다고 보았다. 스토다드의 입장에 따르면, 교회의 가장 중요한 사명은 교회 회원의 자격을 심사하는 것이 아니라 영혼을 구원하는 것이다.[23] 가시적 교회 안에서는 항상 알곡과 가라지가 섞여 있기 때문에 참된 신자와 거짓 신자를 구별하는 것은 불가능하다. 하나님만이 참된 신자와 거짓 신자를 구별할 수 있다. 그러므로 회심 체험의 진술을 통해서 참된 신자와 거짓 신자를 판단하려고 하는 것은 잘못이다. 교회가 해야 할 일은 사람들의 신앙이 진짜냐 가

---

22) Mark Noll, *A History of Christianity*, 48-49.
23) 조진모, "솔로몬 스토다드(1643-1729)의 복음적 열정과 오류," 『신학정론』 24권2호 (2006) : 449. 이후부터는 조진모, "솔로몬 스토다드"로 약술함.

짜냐를 구별하는 일이 아니고 영혼을 구원하는 일이다. 교회에 출석하고 있지만 아직 회심하지 못한 자들의 영혼 구원을 위해서, 그들에게 자신의 신앙 상태를 점검하고 회심할 수 있는 기회를 최대한으로 제공해주어야 한다. 이런 측면에서 볼 때 성찬은 회심하지 못한 자들이 회심을 체험할 수 있게 만드는 좋은 기회로 사용될 수 있다.

스토다드는 기독교 신앙을 고백하고 도덕적으로 별다른 문제가 없는 사람이라면 누구에게나 세례와 성찬을 주어야 한다고 주장했다. 회심의 체험이 없더라도 신앙고백에 동의하고 외적인 행실이 도덕적으로 올바른 사람에게는 성찬의 문을 열어놓아야 한다는 주장을 스토다드가 처음 제기한 것은 아니다. 하지만 스토다드는 1700년 인크리스 마더와의 유명한 논쟁(소위 "스토다드주의 논쟁")을 벌인 이후로 뉴잉글랜드에서 가장 논리적이고 영향력 있는 인물로 평가되어왔기 때문에, 성찬에 대한 이러한 견해를 스토다드주의(Stoddardeanism)라고 부르게 되었다.[24]

스토다드주의에 대해서 좀 더 자세하게 살펴보도록 하겠다. 스토다드는 처음에는 '열린 성찬'을 주장했고, 나중에는 '회심 규례로서의 성찬'를 주장했다. 열린 성찬이란 회심의 체험이 없더라도 신앙고백에 동의하고 외적인 행실이 도덕적으로 올바른 사람에게는 성찬의 문을 열어놓아야 한다는 주장이다. 스토다드에 따르면, 그리스도를 구주로 고백하면 성찬에 참여할 충분한 조건이 된다는 사실은 초대교회에서 역사적으로 증거된 사실이다. 초대교회에서 사도들은 이방인들 가운데서 그리스도에 대한 신앙고백을 하고 불명예스러운 삶을 살지 않은 자들을 교회로 받아들였다.[25] 이미 언급한 바와 같이 스토다드는 교회가 존재하는 궁극 목적은 영혼 구원이라고 확신했기 때문에, 영혼 구원을 위해서라면 아직 회심하지 않은 사람이라도 성찬에 참여할 수 있도록 성찬의 문을 열어주고, 성찬을 통해서 회심의 은혜를 받을 수 있게 해야 한다고 가르쳤다. 처음에 스토다드는 열린 성찬만 주장했고 성찬이 회심 규례라고까지 주장하지는 않았지만, 열린 성찬을 통해

---

24) John F. Jamieson, "Jonathan Edwards's Change of Position On Stoddardeanism," *Harvard Theological Review* 74 (1981) : 79.
25) 조진모, "솔로몬 스토다드," 448.

서 죄인들에게 회심의 기회를 주어야 한다는 생각은 성찬이 회심 규례라는 생각으로 발전할 수밖에 없다. 스토다드는 1679년 매사추세츠 대회 때부터 분명하게 열린 성찬을 주장했고[26] 1690년 갈라디아서 3:1의 설교를 했을 때부터 공개적으로 성찬이 회심 규례라고 선언했다.[27] 그는 성찬을 회심 규례로 보고 죄인들에게 성찬의 문을 열어서 회심의 기회를 제공함으로써 죄인들을 회심시키는 일에 열심을 내었고 그러한 회심의 사역에서 가시적인 좋은 결과를 얻었다. 조나단 에드워즈는 자기 외할아버지 스토다드 목사의 약 60년에 걸친 목회 사역 기간 중 다섯 번에 걸친 영혼의 풍성한 수확기가 있었다고 말했다.[28]

그러나 교회에 출석하는 교인들의 숫자가 많아지는 것이 다른 모든 것을 정당화해주지는 않는다. 스토다드의 경우, 영혼 구원의 열정이 과도해서 교리적 건전성을 해친 것이다. 스토다드가 당시 교회의 영적 침체의 현실을 극복하기 위해서 열정적으로 복음을 전파하고 영혼 구원을 위해서 최선의 노력을 다했다는 사실은 긍정적으로 평가해야 한다. 그러나 성찬을 이미 회심한 성도들을 위한 의식(儀式)이 아니라 아직 회심하지 않은 자들에게 구원의 기회를 주기 위한 의식으로 간주하는 것은 심각한 교리적 오류이다. 성찬은 그리스도의 십자가의 죽으심으로 이루신 구원의 혜택을 받아서 나의 것으로 내면화시키는 의식이다. 성찬에서 떡을 떼고 포도주를 마시는 것은 그리스도의 살과 피를 먹고 마시는 것이다(요 6:53). 그리스도의 살과 피를 실제로 먹고 마시는 것은 아니지만, 그리스도께서 이루신 구원의 혜택에 실제로 영적으로 참예하는 것이다. 성찬은 회심의 기회를 제공하는 의식이 아니고 이미 회심한 성도들이 그리스도와 영적인 교제를 나누는 의식이다.

외할아버지 스토다드 목사의 뒤를 이어 노스햄턴 교회의 목사가 된 조나단 에드워즈는 스토다드 목사의 성찬에 대한 입장을 받아들일 수 없었다. 에드워즈는 회심의 증거가 있는 사람이라야 성찬 참여 자격이 있다고 생각했다. 그러나 문제가 있었다. 성찬 참여 자격을 요청하는 지원자가 회심

---

26) Ibid., 455.
27) Ibid., 456-459.
28) *WJE-Y*, 4:145-6.

한 사람인지 아닌지 어떻게 알 수 있는가? 참된 회심과 거짓된 회심을 어떻게 구분할 수 있는가? 그리고 지원자의 회심의 진정성 여부를 누가 결정하는가? 에드워즈는 오랜 고민과 연구 끝에 이러한 성찬과 회심의 문제에 대해서 자신의 신학적 입장을 분명하게 정리했다. 회심의 문제는 사실상 참된 신앙의 문제이다. 참된 회심을 체험한 자는 참된 신앙을 가진 자이며, 참된 신앙을 가진 자는 거룩한 신앙적 감정을 가진 자이다. 그러므로 회심의 문제는 신앙과 감정의 문제와 직접적으로 연결된다. 에드워즈는 성찬과 회심에 대한 자신의 입장을 확고히 굳혔지만, 목회 현장에서 성도들을 설득하는 일은 결코 쉽지 않았다. 스토다드 목사의 목회 아래에서 약 60년 동안 시행되어오던 제도에 익숙해져있던 성도들은 에드워즈의 새로운 주장을 불편하게 여겼고 강하게 반발했다. 그래서 결국 에드워즈는 노스햄턴 교회를 사임하는 비극적인 결말에 이르게 된다.[29]

3) 복음주의 운동과 부흥 운동

18세기 중반 무렵, 영국, 웨일즈, 아일랜드, 스코틀랜드 그리고 미국에서 놀라운 일련의 영적 갱신 운동이 일어났다. 이 놀라운 사건들을 영국에서는 "복음주의적 부흥"이라고 불렀고, 미국에서는 "대각성"이라고 불렀다.[30] 18세기의 이 영적 갱신 운동들을 복음주의적 부흥이라고 부르든지 대각성이라고 부르든지 간에, 이것이 복음주의 운동과 부흥 운동의 출발점이라는 사실은 분명하다. 복음주의 운동과 부흥 운동이 동일한 것은 아니지만 18세기 미국의 상황에서 양자는 밀접하게 관련되어 있었고, 18세기 미국 복음주의 운동과 부흥 운동의 가장 대표적인 지도자는 조나단 에드워즈였다. 그래서 우리는 조나단 에드워즈 연구의 역사적 배경으로서 복음주의 운동과 부흥 운동을 간략하게 살펴보고자 한다.

---

29) 성찬 참여 자격을 둘러싸고 벌어진 여러 가지 사건들에 대해서는 제2장 4.(성찬논쟁)에서 자세하게 다룰 것이다.
30) Mark Noll, *The Rise of Evangelicalism: The Age of Edwards, Whitefield, and The Wesleys* (InterVarsity Press, 2003), 18. 이후부터 Mark Noll, *The Rise of Evangelicalism*으로 약술한다.

복음주의 운동과 부흥 운동의 관계는 무엇인가? 부흥 운동은 복음주의 운동이라는 폭넓은 신앙 운동의 한 측면으로 볼 수 있다. 복음주의 운동의 여러 가지 특징들 중의 하나가 부흥 운동이라는 말이다.

복음주의가 무엇인가에 대해서 먼저 살펴보자. 복음이라는 말은 신약 성경 시대부터 있었던 말이지만, 복음주의라는 말은 16세기를 전후해서 처음 등장했다. 15세기 후반 이탈리아의 베네딕트 수도원에서는 개인적인 구원의 체험과 성경의 영적인 중요성을 강조하는 태도를 가리키기 위해서 "복음적"이라는 말을 사용했다고 한다.[31] 또한 16세기 초반 이탈리아 일부 지역에서 개인적인 구원의 경험을 중요시하는 평신도 귀족들의 영적인 운동이 있었는데, 아마도 이것이 복음주의의 기원이라고 할 만한 운동이지만, 당시의 학자들은 이것을 가리키기 위해서 복음주의(evangelism)라는 다소 부적절한 용어를 사용했다고 한다.[32] 한편, 마틴 루터를 비롯한 종교개혁자들은 처음에는 자신들을 복음주의자(die Evangelishen)라고 불렀는데,[33] 이후에는 프로테스탄트라는 용어가 더 일반적으로 사용되었다. 그럼에도 마틴 루터가 복음주의라는 말을 사용한 이후부터 복음주의라는 말은 로마 가톨릭에 반대하는 개신교 진영 전체를 지칭하는 말로 인식되었고, 17세기에는 영국의 청교도들과 독일의 경건주의자들을 가리킬 때 복음주의자라고 했다.

그러다가 18세기에 이르러서 조나단 에드워즈, 조지 휫필드 그리고 존 웨슬리 등의 사역을 통해서 영미 각 지역에서 놀라운 부흥이 일어나게 되었고, 이후부터 복음주의라는 말이 본격적으로 사용되기 시작하였다. 이때까지 복음주의라는 말은 어떤 교파적인 색채 없이 단순히 복음에 속한다는 의미로서 개신교 전체를 가리키는 말로 사용되었다. 물론 모든 개신교인들이

---

31) Alister McGrath, *Evangelicalism & the Futuure of Christianity* (Downers Grove, Illinois: InterVarsity Press, 1995), 19. 이후부터 McGrath, *Evangelicalism*으로 약술한다.
32) Ibid., 20.
33) Evangelishes Kirchen Lexikon I (EKL), (Göttinggen, 1961), 1189. 처음에 종교 개혁 반대자들이 루터의 추종자들을 루터파 혹은 마틴파라고 불렀으나, 마틴 루터가 1521년에 이를 복음주의자(Evangelish)라고 고쳐서 불렀다. 이동주, "사회적 책임에 관한 복음주의적 고찰," 『성경과신학』 제7권 (1989), 229에서 재인용.

복음주의의 깃발 아래 하나의 역사적 신학적 정체성을 가지고 결집되었다는 말은 아니다. 다양한 신학적 배경과 교파적 배경을 가진 사람들이 존재했지만 그들은 자신들이 가지고 있던 당파적 입장과 무관하게 성경이 말하는 복음에 속해 있다는 아주 단순한 의미로 복음주의라는 말을 사용했다.

이러한 분위기는 19세기의 경우도 비슷했다. 18세기 부흥 운동의 흐름은 19세기에 찰스 피니를 비롯한 많은 부흥 운동가들을 통해서 계속 이어졌다. 18세기에 이어 19세기에도 종교 개혁 시대처럼 복음주의라는 말은 그저 개신교 진영 전체를 가리키는 것으로 간주되고 있었던 것 같다.[34] 19세기의 좋은 사례는 1846년 영국 런던에서 복음주의 연맹(the Evangelical Alliance)이 결성된 것이다. 이 모임에는 개신교 각 교파에서 약 800여 명의 국내외 유명 지도자들이 모여서 명실상부한 개신교 연합 모임이 되었다. 개신교 각 진영의 연합 모임을 복음주의라는 이름으로 불렀다는 사실은 그 당시 복음주의라는 말이 당파적 편견이 없이 일반적으로 사용될 수 있는 용어임을 간접적으로 증명한다. 여기서 9개 항목으로 된 교리적 선언도 나왔다.[35]

그런데 19세기의 복음주의는 찰스 피니에 의해서 중요한 변화를 겪게 된다. 하나님 앞에서 인간의 의무와 자유가 크게 확대되었다. 인간 편에서 복음을 수용하려는 능동적인 의지의 결단이 강조되었다. 이미 18세기에도 웨슬리에 의해서 복음주의 운동 내에 알미니우스주의적인 흐름이 들어와 있었고 19세기에도 웨슬리안적 성결 운동이 일어나고 있었지만 찰스 피니에 의한 변화는 더욱 큰 것이었다. 18세기에서 19세기로 가면서 칼빈주의적 영향력이 줄어들고 알미니우스주의적 영향력이 커지게 되었다. 하지만 이러한 알미니우스주의적 경향은 19세기 말의 무디의 부흥 운동, 세대주의자들의 사경회 운동, 개혁파에 속하는 케직의 성결 운동 등을 통해서 다소 완화된다. 그 후에도 빌리 선데이와 빌리 그래함의 활동으로 복음주의는 피니

---

34) David Bebbington, 『영국의 복음주의』 이은선 역 (서울: 한들, 1998), 13.
35) John H. Gerstner, "Theological Boundaries: The Reformed Perspective," *The Evangelicals* eds. D. Wells & J. Woodbridge (Grand Rapids: Baker Book House, 1977), 25. 여기서 나온 9개 항목의 내용은 다음과 같다: ①성경의 영감 ②삼위일체 ③인간의 타락 ④그리스도의 중보 ⑤이신칭의 ⑥성령에 의한 회심과 성화 ⑦재림과 심판 ⑧말씀 선포의 직무 ⑨세례와 성찬.

의 왜곡으로부터 어느 정도 회복되긴 했지만 그 본연의 모습을 되찾지는 못했다.36)

이러한 여러 가지 흐름들이 뒤섞여서 복음주의 운동의 역사는 상당히 복잡하고 다양하게 흘러간다. 하지만 이러한 변화와 다양성에도 불구하고 거시적 안목에서 볼 때 복음주의는 여전히 일관성을 가지고 있었던 것 같다. 즉, 18세기와 19세기의 복음주의는 종교개혁 정신과 청교도 정신에 따라서 성경의 권위를 존중하며 이신칭의를 믿고, 경건주의와 부흥 운동의 정신에 따라서 개인적 회심 체험을 중시하고 복음 전도의 열정을 가지고 있었다.

정리하면, 적어도 본격적인 의미의 복음주의는 18세기에 조나단 에드워즈, 조지 휫필드 그리고 존 웨슬리 등의 사역과 더불어 시작되었다고 볼 수 있으며37), 종교개혁 운동과 청교도 운동 등의 기독교 전통을 충실하게 계승

---

36) Ibid., 27.
37) 복음주의가 18세기에 시작되었는가 아니면 사도 시대나 종교개혁 시대에 시작되었는가에 대해서는 학자들 간에 의견의 차이가 있다. 복음주의가 18세기보다 훨씬 이전에 시작되었다는 견해를 가진 학자들은 다음과 같이 주장한다: 로버트 웨버(Robert Webber)는 복음주의는 원시적 혹은 사도적 교회와 의심 없이 동일시할 수 있는 것이라고 하였다(Robert Webber, 『복음주의란 무엇인가』, 홍성국 역, 서울: 생명의말씀사, 1983, 17쪽.). 트리니티 복음주의 신학대학원의 케네쓰 칸쩌(Kenneth Kantzer) 교수에 따르면, 복음주의적 기독교는 루터, 멜랑톤, 칼빈, 쯔빙글리, 낙스, 크랜머, 후커, 켐니츠, 아르미니우스, 메노 시몬스, 및 가장 극단적인 재세례파를 제외한 모든 재세례파의 직접적 후예이다(Kenneth Kantzer, "Unity and Divesity in Evangelical Faith," The Evangelicals, eds. D.Wells & Woodbridge, Grand Rapids: Baker Book House, 1977, p. 58.). 복음주의의 사상적 원류는 종교 개혁이라는 것이다. 한철하 교수는 기독교는 시초부터 복음주의 신앙운동으로 전개되어 왔다고 주장하며, 복음주의라는 한마디로 기독교의 전 내용을 다 말할 수 있다고 하였다(힌칠하, "복음주의신학의 과제", 『성경과신학』 제7권 1989년, 10쪽, 12쪽.). 한편, 복음주의 운동이 18세기에 시작된 것으로 보는 학자들의 견해는 다음과 같다: 시드니 알스트롬(Sydney Alstrom)은 이렇게 말한다. "아마도 영어권 지역의 개신교에서 그 용어[복음주의]에 결정적인 의미를 부여한 것은 웨슬리와 휫필드에 의해 일어난 18세기의 체험적 종교로서의 부흥 운동일 것이다."(Sydney Alstrom, "From Puritanism to Evangelicalism : A Critical Perspective" The Evangelicals, p. 290.). 영국의 역사학자인 데이비드 베빙턴(David Bebbington)도 영국의 복음주의의 역사를 해석하면서 복음주의는 18세기의 새로운 현상이었다고 말하면서, 복음주의 운동에는 개혁주의 전통과 연속성도 있지만 불연속성도 있는데, 그것은 성공회의 고교회 운동의 영향, 모라비아 경건주의자들의 영향, 그리고 선교에 대한 새로운 강조 및 구원의 확신을 일반 회중 모두에게 적용하는 것이라고 주장했다(David Bebbington, 『영국의 복음주의 1730-1980』, 이은선 역, 서울: 한들, 1998, 14쪽, 65-75쪽.). 한편, 서부 웨스트민스터 신학교의 갓프리(W. R. Godfrey) 교수도 역시 "대부분의 복음주의 신학자들이 복음주의는 18세기 중엽부터 시작한다고 말한다"고

하고 있으며, 거기에 더하여 개인적인 회심 체험과 복음 전도라는 부흥 운동적인 특성을 가지고 있다. 이 부흥 운동적인 특성으로 인하여 복음주의에는 18세기적인 새로움이 덧입혀진 것이다.

이제는 부흥 운동에 대해서 간단하게 살펴보기로 한다. 가장 일반적인 의미에서 부흥(revival)이라는 말은 침체된 상태에서 회복된다는 의미이다. 하지만 부흥을 강조하고 주장하는 사람들은 부흥을 침체기에서의 회복이라는 의미로 제한시키지 않고, 정규적이고 일상적인 신앙생활 속에서의 신앙적 경험을 넘어서는 성령의 특별한 부어주심의 경험으로 간주한다. 부흥을 가장 많이 강조한 대표적인 20세기의 복음주의자는 로이드 존스(Lloyd Jones)와 제임스 패커(James Packer)이다. 이들의 정의에 따르면, 부흥은 성령의 강력한 부어주심이다. 부흥은 일상적이고 평범한 차원을 넘어서서 성령께서 아주 특별하게 부어주시는 은혜의 역사이다. 부흥은 개인적인 차원을 넘어서서 성령께서 한 교회 공동체 전체 혹은 특정한 한 지역이나 나라 전체에 아주 특별하게 부어주시는 은혜의 역사이다.[38] 싱클레어 퍼거슨(Sinclair Ferguson)에 따르면, 부흥은 성령의 권능과 임재를 광범위하게 의식하는 맥락에서 발생하는 사건이며, 부흥의 때에는 신앙을 고백하고 믿는 자들이 힘차게 일어나고 믿지 않던 자들이 자기 죄를 깨닫고 구원받을 필요성을 느끼고 하나님 나라에 들어오는 일이 대규모로 일어난다.[39]

지적한다(W. R. Godfrey, "현대 복음주의의 장점과 단점,"『신학정론』제20권 1993년4월, 74쪽.). 우리는 복음주의가 종교개혁과 청교도의 정신을 계승하지만 18세기적인 새로움을 가지고 있다는 면에서 18세기에 시작되었다고 본다.

38) Martin Lloyd Jones, *Revival* (London: Marshall Pickering, 1986), 50, 54. 이후부터는 Lloyd Jones, Revival로 약술함.; idem, *The Puritans: Their Origins and Successors*(Edinburgh: the Banner of Truth Trust, 1987), 1-2. 이후부터는 Lloyd Jones, *The Puritans*로 약술함.; James Packer, "The Glory of God and the Reviving of Religion: A Study in the Mind of Jonathan Edwards," *A God Entranced Vision of All Things: The Legacy of Jonathan Edwards* Eds. John Piper & Justin Taylor(Wheaton Ill.: Good News Publishers, 2004), 96. (이후부터 James Packer, "The Glory of God and the Reviving of Religion"로 약술함); James Packer, *A Quest for Godliness: The Puritan Vision of The Christian Life*(Wheaton, Ill.: Crossway Books, 1990), 318-319. (이후부터 James Packer, *A Quest for Godliness*로 약술함)

39) Sinclair Ferguson, *The Holy Spirit* (Downers Grove, Ill: InterVarsity, 1996), 90.

부흥에 대한 이러한 정의에 입각해서, 제임스 패커는 사도행전의 기록을 부흥의 원형적인 기록이라고 했고[40], 로이드 존스는 사도행전 2장의 오순절 성령 강림의 사건을 대표적인 부흥의 사건으로 본다.[41] 오늘날 부흥에 관심이 많은 사람들은 사무엘상 7장의 미스바 집회와 에스겔의 마른 뼈들의 소생 사건과 에스라와 느헤미야의 이스라엘 공동체의 회복 운동과 같은 구약의 여러 사건들도 부흥이라고 말하고 나아가서 종교개혁과 청교도 운동도 부흥 운동이라고 말한다.[42]

어느 시대에나 하나님께서 일상적인 차원을 넘어서서 특별히 크고 강력한 은혜를 베풀어주시는 일들은 있었다. 하지만 그러한 모든 일들을 부흥이라고 말하지는 않는다. 사실 엄밀한 의미에서 보자면 성경에는 부흥이라는 말이 없고, 종교개혁과 청교도 운동을 부흥 운동이라고 부르는 것도 통상적인 용법은 아니다. 부흥을 성령의 특별하고 강력한 부어주심으로 정의하고, 오순절의 성령 강림 사건뿐만 아니라 종교개혁 운동과 청교도 운동과 18, 19세기의 영적 대각성 운동 등을 모두 부흥의 사건으로 간주하는 것은, 부흥을 지나치게 확대해석하는 것이다.

사실 복음주의라는 말도 비슷한 경우에 해당한다. 복음주의라는 말을 조금 지나치게 확대해석하는 복음주의자들의 견해에 따른다면, 종교개혁 운동과 청교도 운동은 모두 참된 복음을 회복하자는 운동이기 때문에 복음주의 운동이라고 할 수 있고, 예수님과 사도들도 복음을 전파하셨기 때문에 복음주의 운동을 하신 복음주의자라고 할 수 있다. 이런 식으로 생각한다면, 청교도 운동은 교회 공동체와 개인의 내면적 영성을 더욱 철저하게 정화시키려고 했던 운동이기 때문에, 종교개혁자들도 청교도이고 초대 교회의 교부들도 청교도이고 예수님도 청교도인 셈이다. 기독교 역사에서 한 시대를 주도한 가장 대표적인 신학이나 운동들이 역사적 정통성 확보를 위해서 앞선 시대의 대표적인 신학이나 운동과 성경 자체로 돌아가서 역사적 계승의 증거를 찾는 작업은 매우 중요하고 반드시 필요하다. 하지만 당대의

---

40) James Packer, "The Glory of God and the Reviving of Religion," 100.
41) Lloyd Jones, *The Puritans*, 12.
42) 김명혁, 『한국교회 쟁점 진단』 (서울: 규장, 1998), 330.; Lloyd Jones, *Revival*, 98-99.; James Packer, *A Quest for Godliness*, 35-48에서 청교도주의를 부흥 운동으로 간주하고 있다.

주도적인 신학이나 운동의 기본 정신이 과거의 기독교 역사에 등장한 주요 신학이나 운동에 함축된 정신을 모두 포괄할 수 있는 것은 아니다. 그러므로 과거의 기독교 역사에 나타난 주요 신학과 운동을 당대의 사상으로 완전히 덧입혀버리려는 시도는, 역사적 지평의 한계를 전혀 고려하지 않고 그 당대의 사상을 절대적으로 올바른 것으로 보려는 무모한 입장으로서, 결코 성공할 수 없을 것이다. 과거에 일어났던 각종 기독교 신앙 운동들은 각각 자기들의 이름과 역사적인 위치가 있다는 사실을 기억해야 한다.

부흥을 일상적인 차원을 넘어서는 성령의 특별한 부어주심으로 간주하고 신구약 성경과 교회사 전체에 걸쳐서 부흥의 사건을 발견하고 그 의미를 탐구하는 작업을 우리가 무조건 거부하지는 않는다. 하지만 그렇게 할 때에도 부흥 운동이 가지는 역사적인 위치에 대한 기본적인 인식이 있어야 한다. 부흥 혹은 부흥 운동이라는 말은 미국에서 대각성 운동이 일어나고 영국에서 복음주의적 부흥 운동이 일어난 18세기 이후부터 비로소 대중적으로 사용되기 시작하였다.[43] 18세기에 대중적인 신앙 운동으로 전개된 부흥 운동은 그 이전의 각종 기독교 신앙 운동들과 구분되는 특징이 있다. 그것은 개인적인 신앙 체험과 복음 전도의 열정이다. 과거의 신앙 운동들은 주로 바른 교리를 확립하고 잘못된 교리를 바로잡고 교회를 개혁하고 정화시키는 운동이었다. 이에 반해 부흥 운동은 개인에 초점을 맞추는 경향이 있다. 개인이 영적으로 하나님을 만나고 회심 체험을 함으로써 마음의 변화가 일어나고 이러한 마음의 변화를 통해서 타인의 영혼 구원에 대한 관심이 생기고 복음 전도의 열정으로 이어진다. 이러한 개인의 회심 체험이 대규모로, 다시 말해서 한 공동체 전체의 지배적인 흐름으로 나타나는 것이 부흥의 사건이다.

복음주의 운동과 부흥 운동이 모두 18세기에 시작된 것이라면 양자의 관계는 무엇인가? 너무 정확하게 정의하려는 시도는 도식화의 위험에 빠질 우려가 있지만 그래도 쉽게 이해하는 데에는 도움이 된다. 복음주의는 종교

---

43) Iain Murray, 『성경적 부흥관 바로 세우기』 서창원 옮김, (서울: 부흥과개혁사, 2001), 24. 그리고 54-55쪽의 각주 4도 참조하라.

개혁의 역사적 전통에 입각하여 성경의 신적 권위 앞에 순종하고 이신칭의론을 받아들이며 경건주의 운동과 부흥 운동의 정신에 따라서 개인적 회심 체험을 중시하고 복음 전도의 우선권을 인정하는 것이다. 그리고 부흥 운동은 성령의 특별한 부어주심을 통해서 개인적인 신앙 체험과 복음 전도 사업이 대규모로 발생하는 것이다. 본장의 서두에서 우리는 복음주의 운동이라는 넓은 영역이 있고 그 한 측면으로서 부흥 운동이 있다고 했다. 복음주의 운동은 종교개혁의 역사적 정통성을 상당 부분 계승하면서 동시에 부흥 운동적인 차원에서의 체험적 신앙과 복음 전도의 열정이라는 18세기적인 새로움을 가지고 있는 신앙 운동이다. 그리고 부흥 운동은 18세기에 등장한 복음주의 운동에 18세기적인 새로움을 불어넣어준 가장 중요한 신앙 운동이다.

한편, 개인적인 신앙적 체험의 중시와 복음 전도의 강조 이외에도 18세기적인 새로움을 한 가지 더 지적할 수 있다. 그것은 개개인의 종교적 자유의 신장과 이로 인한 교구 제도의 쇠퇴이다. 부흥이 일어나고 개인적인 신앙적 체험이 강조되면서 개인적인 신앙의 자유도 신장되었다. 많은 성도들이 예전처럼 자기 교구의 교회에만 출석하지 않고 자유롭게 여러 집회들을 찾아다녔고, 부흥 운동가들도 다른 여러 교구 교회의 성도들을 모아서 거리낌 없이 설교를 했다. 예전에는 신앙생활의 반경이 자기가 소속된 교구 교회에만 국한되어 있었는데, 이제는 내가 듣고 싶은 목사의 설교와 가보고 싶은 집회를 선택할 수 있는 자유가 생겼다. 개개인의 종교적 자유와 선택이 중요해지기 시작하면서, 자신의 자유와 선택과 상관없이 의무적으로 특정 교구에 속해야만 했던 기존의 교구 제도가 약화되기 시작했다. 이러한 분위기 속에서 "국가 교회"(State Church)가 서서히 무너지고 "자유 교회"(Free Church)가 성장하게 된다. 시드니 미드(Sidney Mead)의 연구에 따르면, 1600-1789년 사이에 전통적인 교회가 가지고 있던 국가 교회(State Church)의 개념이 서서히 무너지고, 개개인의 종교적 자유가 점점 강조되면서 교파주의가 출현하고 자유 교회(Free Church)가 성장하게 되었는데, 국가 교회에서 자유 교회로의 이런 변화는 기독교 역사에서 매우 중요한 의미를 가진다.[44]

---

44) 더 자세한 내용을 알려면 다음을 참고하라: Sidney E. Mead, *The Lively Experiment* (New

복음주의 운동과 부흥 운동에 대해서 살펴본 이유는 조나단 에드워즈가 18세기 미국의 복음주의 운동과 부흥 운동의 중심인물이었기 때문이다. 이후 우리는 에드워즈와 관련해서 부흥 운동의 역사를 간략하게 고찰할 것이다. 에드워즈 자신의 회심 체험의 사건, 코네티컷 강 골짜기의 부흥의 불길, 제1차 영적 대각성 운동, 영적 대각성 운동의 찬반을 둘러싼 신학적 논쟁, 그리고 부흥의 열기가 가라앉은 이후에 노스햄턴 교회에서 일어난 성찬 참여 자격에 관한 논쟁을 살펴본다. 그런데 우리의 주된 관심은 신앙적 감정의 문제이기 때문에, 감정과 관련한 여러 신학적 주제들-특히, 중생과 회심, 새로운 영적 감각, 영적인 지식, 영적인 실천, 성화와 윤리 그리고 참된 신앙과 거짓 신앙의 분별 기준 등의 주제들-을 염두에 두고 역사적인 고찰을 할 것이다.

2. 코네티컷 골짜기의 놀라운 회심 이야기

1) 에드워즈의 개인적인 신앙 체험

코네티컷 골짜기에 자리 잡은 노스햄턴 교회의 놀라운 회심 이야기를 잘 이해하기 위해서 에드워즈의 개인적인 회심 이야기를 주목할 필요가 있다. 에드워즈의 개인적인 신앙 체험은 나중의 부흥 관련 사역과 저술들과 밀접한 관련이 있기 때문이다. 에드워즈의 일기와 결심문과 자서전을 중심으로 해서 그의 개인적인 신앙 체험을 살펴보도록 하자.[45]

에드워즈는 소년 시절에 아버지가 목회하시던 이스트윈저 교회에서 신앙적인 각성을 체험하고 크게 감동을 받고 신앙적인 일에 몰두했던 적이 있었다. 에드워즈는 그 당시의 일을 회상하면서 다음과 같이 말했다.

York: Harper & Row, 1976), 1-37.
45) 현재 우리가 찾아볼 수 있는 에드워즈의 일기는 거의 대부분 19세-22세(1722-25년) 때 쓴 것들이다. 다음으로 결심문은 19세(1722년) 되던 해 늦가을부터 쓰기 시작해서 다음 해 8월경에 완성했다. 그리고 자서전은 35세쯤(1738년경) 되었을 때 과거를 회상하면서 내면적이고 영적인 모습의 변화 과정을 기록한 것이다.

나는 하루에 다섯 번씩 남몰래 기도했고 다른 소년들과 만나서 신앙적인 대화를 나누고 함께 기도했다. 어떤 종류인지는 잘 모르겠지만 신앙적인 기쁨을 체험했다. 내 마음은 온통 신앙적인 일에 쏠려있었다. 자기-의에서 나오는 기쁨도 많이 있었다. 신앙적인 의무들을 잘 지키는 것이 나의 기쁨이었다. 학교 친구들과 함께 늪지에다가 작은 오두막을 짓고 기도 처소로 사용했다. 그리고 숲 속 깊숙이 나만의 비밀 장소를 만들어서 혼자 기도하기도 했다. 때때로 많은 감동을 받았다. 감정은 생생했고 쉽게 고무되었다. 신앙적인 의무를 수행할 때 나는 나의 체질에 맞는 일을 하고 있는 것 같았다. 그러나 지금 생각해보면 많은 것들이 기만적이었다. 내가 신앙에 대해서 가졌던 그러한 기쁨들과 다른 감정들은 기만적인 것이었는데, 나는 그것을 은혜로 오해했던 것이다.[46]

놀랍게도 에드워즈는 소년 시절의 영적 각성의 체험을 기만적인 것이라고 생각했다. 성실하게 신앙적인 의무들을 수행하고 열심히 기도하고 가슴이 뜨거워지는 체험을 했는데도, 그러한 일들은 참된 은혜의 본질에 속한 것이 아니라고 한다. 오해일 뿐이라고 한다. 다르게 말하면 가짜 은혜라는 것이다. 여기에서 우리는 에드워즈의 참된 은혜의 본질에 대한 이해의 일면을 엿볼 수 있다. 그렇다면 진짜 은혜를 체험하는 것은 어떤 것인가? 에드워즈는 자신의 회심 체험 사건을 자세하게 소개한다.

하나님과 하나님께 속한 일들에 대한 내적이고 달콤한 기쁨을 맨 처음 맛본 이후에는 그러한 경험을 많이 하게 되었다. 그러한 내적이고 달콤한 기쁨을 최초로 경험한 것은 디모데전서 1:17을 읽을 때였다. "영원하신 왕 곧 썩지 아니하고 보이지 아니하고 홀로 하나이신 하나님께 존귀와 영광이 영원무궁하도록 있을지어다 아멘" 그 말씀을 읽을 때, 하나님의 영광에 대한 감각이 나의 영혼 속에 들어왔고, 그 말씀을 통하여 점점 퍼져갔다. 그것은 이전에 경험했던 것과는 전혀 다른 새로운 감각이었다. 어떤 성경 말씀도 이 말씀처럼 나에게 다가온 적이 없었다. 나는 혼자서 이렇게 생각했다. 하나님은 얼마나 탁월한 분인가! 그리고 내가 하나님을 즐거워하고 하늘에 계신 하나님께

---

46) *WJE-Y*, 16:790-791.

집중할 수 있다면, 다시 말해서 그분 안에서 삼켜진바 된다면 얼마나 행복할까! …전혀 새로운 종류의 감정이었다. 거기에는 영적인 어떤 것, 즉 구원의 본질에 관한 어떤 것이 있었는데, 그것은 예전에는 결코 생각도 해보지 못했던 것이다.[47]

에드워즈가 자신의 회심 체험을 묘사하기 위해서 사용한 단어들과 표현들 중에서 눈에 띄는 것은 다음과 같다: "내적이고 달콤한 기쁨", "하나님의 영광에 대한 감각", "전혀 다른 새로운 감각", "전혀 새로운 종류의 감정" 이러한 것들은 분명히 구원의 본질과 관계있는 것이었다. 에드워즈는 이전에 한 번도 경험한 적이 없었던 "새로운 감각"을 느꼈다. 특별히 하나님의 영광에 대한 새로운 감각이 생겼다. 아마도 회심 체험 이전에도 하나님의 영광에 대한 감각이나 감정이 있었겠지만, 회심 체험 이후의 감각이나 감정은 이전과는 전혀 다르고 전혀 새로운 종류의 것이었다. 우리가 보기에, 에드워즈는 자신의 회심 체험을 충분히 묘사하지 못하고 있다. 그 체험이 이전과는 전혀 다르다거나 전혀 새롭다는 식의 설명은 주관적인 설명에 불과하고, 다른 사람에게 전달가능한 방식의 설명이 아니다. 어떤 면에서는 회심의 사건 자체가 속성상 설명 불가능하고 내용 전달 불가능한 것일 수도 있다. 에드워즈는 설명 불가능하고 내용 전달 불가능한 회심의 체험을 어떻게 해서든지 설명하고 내용을 전달하기 위해서 길고도 어려운 신학적 모험을 감행했다. 이 신학적 모험의 결실로서 1746년에 『신앙적 감정』이라는 책을 발표하게 된다. 신앙적 감정이라는 개념 속에는 중생과 회심과 새로운 영적 감각과 영적인 지식과 영적인 실천과 성화가 모두 함축되어 있다. 그래서 에드워즈는 감정 개념을 통해서 참된 신앙이 무엇이며 참된 중생과 회심이 무엇인지를 설명하려고 했다.

에드워즈가 처음 회심을 체험한 것은 1721년 초반이다.[48] 그런데 이 회심 체험 이후에도 가끔씩 자신의 회심에 대해서 의심을 가졌다. 자신의 회심 체험이 뉴잉글랜드 선배 신학자들이 설명하는 회심 체험과 달랐기 때문에 에드워즈는 자신의 회심이 혹시 가짜가 아닌가 하는 불안감을 가지고 있었

---

47) *WJE-Y*, 16:792-793.
48) Iain Murray, *Jonathan Edwards*, 35.

다.⁴⁹⁾ 뿐만 아니라 그리스도에 대한 믿음과 신뢰와 헌신의 기쁨과 같은 부분에 대해서도 다소간 의심을 했던 적이 있었다.⁵⁰⁾ 그리고 1725년 5월 28일 일기에서는 이렇게 말했다. "내가 지금 회심했든지 안 했든지 간에, 현재의 상태는 꽤 안정되어 있고, 이런 상태가 평생 계속될 것 같다. 그러나 내가 안정되어 있다고 하더라도, 회심의 문제에 대해서 속지 않고 불안정한 상태에서 잠들어버리지 않도록 계속해서 하나님께 기도할 것이다."⁵¹⁾ 그토록 강렬했던 첫 번째 회심 체험 이후에도 의심의 문제가 완전히 해결되지 않았다는 사실은 놀랍다. 그 의심이 어느 정도로 구원의 문제에 대한 근원적이고 본질적인 의심이었는지 확인할 수 있는 방법은 없다. 하지만 분명한 것은 어느 정도의 시기가 지난 이후에는 비록 의심이 있었을지라도, 영적 침체기에 찾아올 수 있는 종류의 의심이었지 근본적인 차원에 속하는 종류의 의심은 아니었다. 말스든에 따르면, 에드워즈는 신앙의 훈련을 계속해왔음에도 불구하고 영적인 무력감과 인간적인 불완전함 때문에 자주 갈등을 겪기는 했지만, 그는 결코 다시 뉴헤이븐에 있던 때처럼 그렇게 오랫동안 영적인 침체기에 빠지는 일은 없었던 것으로 보인다.⁵²⁾

한편, 에드워즈는 회심에 대해서 뿐만 아니라 성화에 대해서도 많은 관심과 노력을 기울였다. 그의 일기와 결심문과 자서전에는 회심에 대한 이야기보다 성화에 대한 이야기가 더 많은 내용을 차지하고 있다. 엄밀하게 말하자면, 성화라는 표현을 문자적으로 쓴 것은 아니다. 하지만 회심 체험 이후부터 지속적으로 거룩을 추구했고, 때로는 영적인 침체에 빠지기도 했으며, 다시 회복되는 은혜의 역사를 경험하기도 했던 에드워즈의 삶의 모든 과정들은 분명히 성화에 대한 이야기이다.

아마도 회심한 이후부터 약 2년에 걸쳐 조금씩 기록한 것으로 보이는 70개의 결심문은 에드워즈의 거룩 추구를 분명하게 보여준다.⁵³⁾ 그는 하나님

---

49) *WJE-Y*, 16:759.
50) *WJE-Y*, 16:787.
51) *WJE-Y*, 16:788.
52) Marsden, *Jonathan Edwards*, 113.
53) *WJE-Y*, 16:753-759.

의 영광과 자신의 행복을 위해서 최상이라고 생각되는 일들을 하기로 결심한다(결심문 1). 그리고 교만과 허영을 버리고(결심문 12), 복수심을 버리고(결심문 14), 분노를 버리고(결심문 15), 악한 행동을 버리기로 결심한다(결심문 24). 신실한 삶을 살고(결심문 32), 평화를 만드는 삶을 살기로 결심한다(결심문 33). 그리고 선하고 부드럽고 자비롭고 자족하고 관대하고 겸손하고 온유한 삶을 살기로 결심한다(결심문 47). 그리고 참된 빛을 비추고 모든 면에서 탁월하고 매력 있는 완벽한 그리스도인이 되기 위해서 노력할 것을 결심한다(결심문 63).

1722년 8월부터 약 8개월간 뉴욕에 머무르는 동안, 에드워즈는 "신적인 일들에 대해서 이전보다 훨씬 더 감각적인 느낌을 가졌다. 하나님과 거룩에 대한 갈망은 점점 커졌다. 순수하고 겸손하고 거룩하고 천상적인 기독교는 매우 사랑스럽게 느껴졌다. 모든 면에서 완벽한 그리스도인이 되고자 하는 불타는 열망을 가지고 있었고, 복되신 그리스도의 형상을 닮고자 했다."[54] 그래서 그는 "밤낮으로 영적 전투를 계속했고 또한 계속해서 다음과 같이 질문했다: 어떻게 하면 내가 더 거룩해질 수 있는가, 더 거룩하게 살 수 있는가 그리고 더욱 더 하나님의 자녀요 그리스도의 제자가 될 수 있는가?"[55]

에드워즈는 지속적으로 죄를 죽이고 자기를 부인하는 영적 전투의 삶을 살았다. 그는 끊임없이 죄죽임의 삶을 살겠다고 결심한다(1723년 1월 6일 일기).[56] 한편으로는 지나치게 지속적인 죄죽임의 삶과 지나치게 열정적인 신앙 적용의 삶이 건강을 해칠지 모른다고 걱정하기도 한다(1723년 1월 12일 일기).[57] 그리고 그는 죄죽임과 자기-부인의 체험이 없이 살아가는 사람들은 옛 자아가 그대로 남아 있다고 지적하면서, 자신의 경우에는 커다란 죄죽임을 한 이후에는 항상 커다란 위로를 얻는다고 말한다(1723년 1월 14일).[58] 그는 자신의 부패함 때문에 죄죽임의 삶이 쉽지 않음을 고백하면서도, 지속적

---

54) *WJE-Y*, 16:795.
55) *WJE-Y*, 16:795.
56) *WJE-Y*, 16:761.
57) *WJE-Y*, 16:763.
58) *WJE-Y*, 16:764.

인 죄죽임의 삶을 살고자 한다(1723년 8월 31일).[59]

에드워즈의 일기와 결심문이 거룩을 추구하고 경건을 훈련하는 측면을 주로 보여준다면, 에드워즈의 자서전은 자신의 내면적이고 영적인 상태와 영적인 체험의 측면을 주로 다루고 있다. 자서전의 후반부에서 에드워즈는 노스햄턴 시절 중 초기 10년 동안의 영적인 상태와 체험을 묘사한다. 그는 하나님의 거룩하심이 사랑스럽다고 느꼈고, 하나님의 절대주권과 무조건적 은혜의 교리가 달콤하고 영광스럽다고 느꼈으며, 그리스도에 의한 구원의 방법이 탁월하고 아름답다고 느꼈다.[60] 그가 가장 달콤한 기쁨을 체험한 것은 자신의 미래에 대한 소망 때문이 아니라 복음에 속한 영광스러운 일들을 직접 보았기 때문이다.[61] 1737년 어느 날 에드워즈는 숲 속을 걸으면서 묵상하고 기도하던 중에 "하나님의 아들의 영광과 그분의 놀랍고 위대하고 달콤한 은혜와 사랑과 온유하고 부드러운 겸손을 보았는데, 그것은 매우 특별한 것이었다." 이 은혜의 체험은 "평온하고 달콤했으며 하늘보다 더 큰 것이었다."[62] 에드워즈의 이 체험은 한 번으로 그치지 않았다. 그는 다른 때에도 몇 번 이처럼 하나님과 복음의 영광과 거룩과 은혜와 사랑을 특별히 크게 체험했다.[63]

에드워즈 전기 작가인 이안 머레이는 에드워즈가 성화를 중요하게 보았다는 점을 잘 지적했다. 에드워즈는 초기부터 거룩에 대해서 매우 큰 관심을 가지고 있었고, 이러한 관심은 그의 생애 후반부에까지 멈춤 없이 지속되었다.[64] 머레이에 의하면, 거룩을 추구하는 에드워즈의 노력은 도덕주의적인 것이 아니라 하나님과 그리스도를 사랑하는 마음에서 나오는 것이었다. 그리고 그는 성화를 하나님과 그리스도와의 교제에서 흘러나오는 개인적 체험으로 보았다.[65] 에드워즈가 성화를 개인적 체험으로 축소시켰다는 의미는 결코 아니다. 오히려 거룩을 추구하는 성화의 과정에서, 에드워즈의

---

59) *WJE-Y*, 16:780.
60) *WJE-Y*, 16:799.
61) *WJE-Y*, 16:800.
62) *WJE-Y*, 16:801.
63) *WJE-Y*, 16:801.
64) Iain Murray, *Jonathan Edwards*, 50.
65) Ibid., 44.

깊은 신앙적 체험이 상당한 작용을 했다는 의미로 보아야 할 것이다.

한편, 가장 최근의 에드워즈 전기 작가인 죠지 말스든은 에드워즈의 거룩 추구를 아주 명백하게 칼빈주의적 관점에서 해석한다. 에드워즈의 칼빈주의적 체계에 의하면 가장 위대한 성도일지라도 지속적으로 죄성이 남아 있기 때문에 죄와의 투쟁과 경건의 훈련을 통해서 성화에의 노력을 해야 한다.[66] 에드워즈는 회심 이후의 영적인 순례의 삶에서 매우 높은 수준과 거의 바닥에까지 침체되는 수준을 오르락내리락하는 과정을 겪었지만, 꾸준한 영적 훈련을 통해서 흔들리는 감정을 절제할 수 있었다.[67] 에드워즈는 데이비드 브레이너드의 일기를 편집하면서, 참 신앙의 특징에 대해서 비유적으로 말하기를 가끔씩 구름에 가릴지라도 변함없는 천국의 빛처럼 지속적인 빛의 원리라고 했다. 다르게 말하자면, 참 신앙은 영속적인 원리 혹은 경향성이라는 것이다.[68]

에드워즈는 자신의 개인적인 신앙 체험에 입각해서 부흥을 이해했고 부흥 관련 저서들을 썼다. 어떤 면에서는 에드워즈의 부흥 관련 저서들이 개인적인 신앙 체험을 확대 적용한 것이라고도 볼 수 있다. 그러므로 에드워즈가 자신의 개인적인 신앙 체험을 기록한 일기와 결심문과 자서전을 자세히 검토하는 것은 에드워즈 이해를 위해서 꼭 필요한 중요한 일이다.

2) 코네티컷 골짜기의 놀라운 회심 이야기

조나단 에드워즈는 1726년 외할아버지인 솔로몬 스토다드 목사가 목회하고 있는 노스햄턴 교회에서 부교역자로 사역하게 되었다. 1727년 2월에 목사 안수를 받았고, 같은 해 7월에 결혼했다. 2년 후인 1729년 2월 솔로몬 스토나드 목사가 소천한 이후, 에드워즈는 노스햄턴 교회의 담임 목사로서 본격적인 사역을 시작했다.

에드워즈는 목회 초기인 1731년 보스턴 목요 강좌의 강사로 초청을 받았

---

66) Marsden, *Jonathan Edwards*, 45, 108.
67) Marsden, *Jonathan Edwards*, 54.
68) *WJE-Y*, 7:91, 93.; Cherry, *The Theology of Jonathan Edwards*, 38-39.

다. 그 당시 보스턴 강좌의 강사로 초빙 받는 것은 명예로운 일이었다. 더구나 에드워즈가 강사로 초빙된 날은 하버드 대학 졸업식이 있는 주간이라서 평소보다 훨씬 더 많은 사람들이 모였다. 사람들이 에드워즈 목사에게 관심을 보였던 이유는 당대의 최정상급 목회자였던 솔로몬 스토다드의 후계자라는 점과 명문대인 하버드가 아니라 최근에 새로 생긴 대학인 예일 출신이라는 점 때문이었다. 에드워즈는 "인간의 의존을 통해서 영광 받으시는 하나님"이라는 제목으로 설교를 했다. 이 설교는 당시의 알미니우스주의 신학에 대항하여 하나님의 영광과 주권을 강조하는 칼빈주의적 내용을 담고 있었다. 그뿐만 아니라 삼위일체[69], 구속사[70], 기독론[71]과 성령론[72] 그리고 성도의 영혼이 느끼는 구원의 기쁨과 즐거움[73]과 같은 에드워즈의 신학 사상의 주요 요소들도 담고 있었다. 이 보스턴 강좌의 설교를 통하여 에드워즈는 뉴잉글랜드 지도층 인사들에게 강한 인상을 주었다. 당시의 유명한 목사들인 토마스 프린스와 윌리암 쿠퍼 등은 에드워즈의 이 설교를 칼빈주의적이고 개혁주의적인 신학을 잘 표현한 좋은 설교라고 생각했기 때문에, 출판될 수 있도록 도와주었다.

얼마 후 노스햄턴 교회에서는 놀라운 사건이 일어났다. 1734년부터 1736년까지 약 2년 동안 강력한 성령의 역사와 놀라운 회심의 사건이 일어난 것이다. 에드워즈는 이 놀라운 회심 이야기를 편지 형태로 기록했고 그 편지가 책으로 출판되었다. 그 책의 긴 제목은『뉴잉글랜드 메사츠추세츠만의 노스햄턴과 이웃 마을과 햄프셔군에 사는 수많은 사람들의 회심에서 드러나는 하나님의 놀라운 사역에 관한 자세한 이야기』이다(이후로는『놀라운 회심 이야기』로 줄여서 쓰겠다). 이제 우리는『놀라운 회심 이야기』를 중심으로 해서 에드워즈의 신학적 설명을 간략하게 살펴보려고 한다.

에드워즈의 보고에 따르면, 스토다드 목사가 죽은 후 이삼년 만에 청년들

---

[69] *WJE-Y*, 17:201, 210.
[70] 구속사(historia salutis) 개념 자체가 명시적으로 드러나지는 않는다. 하지만 설교 전편에 걸쳐서 함축되어있다.
[71] *WJE-Y*, 17:201-202, 207.
[72] *WJE-Y*, 17:209-210.
[73] *WJE-Y*, 17:208.

의 여러 가지 악습들이 눈에 띄게 개선되기 시작했고 공예배 태도도 좋아졌으며 신앙적인 일에 대한 관심도 많아졌다.[74] 영적인 분위기가 점차적으로 좋아지고 있었다. 얼마 후인 1734년 세 사람이 죽었다. 이 세 사람의 죽음이 노스햄턴의 영적 각성을 더욱 촉진시키는 계기가 되었다. 1734년 4월에 젊은 청년 한 명이 늑막염으로 갑작스럽고 충격적인 죽음을 당했다[75]. 에드워즈는 장례식 설교에서 시편 90:5-6을 본문으로 택하여 인생의 덧없음과 그리스도의 필요성에 대해서 설교했는데, 조문객들 중 일부 청년들이 이 설교에 큰 영향을 받고 회심하여 변화된 삶을 살게 되었다.[76] 거의 같은 시기에 갓 결혼한 젊은 여자가 죽었다. 이 여자는 병들기 전에 자신의 구원 문제에 대해서 관심이 많았고, 병이 들었을 때 그 문제로 인하여 매우 심각한 고민을 했지만, 병으로 죽기 전에 하나님의 구원의 은혜를 확신했기 때문에, 다른 사람들에게 진지하고 감동적인 경고와 조언을 주고 참된 평안 가운데서 죽음을 맞이했다. 이 여자의 죽음에서 나타난 기쁨과 평안은 다른 많은 청년들에게 큰 영향을 주어서 신앙적인 일에 더욱 더 큰 관심을 보이게 되었다.[77] 청년들에게서 처음 나타난 이런 신앙적인 각성의 결과로 일종의 평신도 소그룹 모임이 시작되어서 신앙적 활동을 하게 되었고, 나이 든 사람들도 이런 평신도 모임에 참여하게 되었다. 그리고 얼마 후 나이 든 한 분이 소천했을 때에는 특별한 일들이 많이 나타나서 많은 사람들이 감동받고 변화되었다.[78] 이때의 특별한 일이 무엇이었는지에 대해서 에드워즈는 자세하게 이야기하지 않았다. 아무튼 분명한 것은 이 세 사람의 죽음이 노스햄턴 교회 공동체 구성원들에게 큰 충격을 주었고, 이를 계기로 선포한 설교 말씀을 통해서 큰 영적 각성이 일어났다는 사실이다. 이 영적 각성은 처음에는 청년들 가운데서 먼저 일어났고 다음으로 장년들에게까지 번졌다. 교회의 예배는 점점 회복되었고 예배 참여자의 숫자도 늘어났다. 그리고 성경 공부와 기도와 신앙적인 교제를 위한 평신도 모임이 활성화되는 일이 일어

---

74) *WJE-Y*, 4:147.
75) *WJE-Y*, 4:147.
76) Marsden, *Jonathan Edwards*, 153.
77) *WJE-Y*, 4:148.
78) *WJE-Y*, 4:148.

났다. 이에 대해서 말스든은 이렇게 평가한다: 평신도 모임의 부활은 노스햄턴의 영적 각성을 옛 청교도주의뿐만 아니라 당대의 영국과 유럽 경건주의의 부흥과 연결시켜준다. 18세기 초 개신교 세계 전체를 뒤흔든 것은 평신도 기도 모임이었다.[79]

한편, 1734년 말 에드워즈는 알미니안주의[80] 때문에 일어난 시끄러운 일들[81]을 염두에 두면서, 이신칭의 교리에 관한 설교를 했다. 이 이신칭의 설교로 인해서 마을 사람들의 영혼은 큰 복을 누리게 되었고, 의심하고 염려하던 주요한 신앙적 문제들에 대해서 만족할 만한 해결책을 얻게 되었으며, 더욱 열심히 하나님의 용납하시는 은혜와 복음 안에 있는 구원의 길을 구하게 되었다.[82]

에드워즈에 의하면, 1734년 12월 후반에 하나님의 영이 비상하게 임하여 놀랍게 역사했다. 갑자기 대여섯 사람이 한 사람씩 차례대로 외견상 확실하게 구원에 이르는 회심을 체험했는데, 그들 중 일부에게는 아주 놀라운 역사가 일어났다. 특히 마을 전체에서 가장 사교적인 한 젊은 여자의 회심은 정말로 놀라운 일이었다. 그런데 아마도 이 젊은 여자는 행실이 좋지 못하여 나쁜 평판을 듣는 사람이었던 것 같다. 에드워즈는 이 젊은 여자가 회심한 사건이 혹시라도 다른 사람들에게 정반대로 나쁜 영향을 끼쳐서 그들

---

79) Marsden, *Jonathan Edwards*, 156.
80) 에드워즈 당시의 알미니안주의에는 두 가지 의미가 있다. 하나는 알미니우스라는 사람에게서 유래한 특정한 반칼빈주의적 가르침을 가리킨다. 다른 하나는 인간이 자신의 구원의 문제를 해결할 수 있는 능력을 가지고 있다는 가르침을 포함하는 광범위한 사상적 흐름을 가리킨다(Marsden, *Jonathan Edwards*, 138.). 그리고 알미니안주의의 자세한 의미에 대해서는 *WJE-Y*, 4:4-18을 참조하라.
81) 알미니안주의 때문에 일어난 시끄러운 일이란, 로버트 브레크를 둘러싼 일련의 신학적이고 목회적인 논쟁을 가리킨다. 이에 대해서는 Marsden, *Jonathan Edwards*, 175-182를 참조하라.
82) *WJE-Y*, 4:149.; 에드워즈의 이신칭의론에 대해서 자세히 알려면 다음을 보라.: Kevin Woongsan Kang, "Justified by Faith in Christ: Jonathan Edwards' Doctrine of Justification in Light of Union with Christ," (Ph. D. Diss., Westminster Seminary, 2003). 강웅산의 주요 논지는 "에드워즈가 그리스도와의 연합에 대한 이해를 통해서 구속사(historia salutis)의 빛 안에서 칭의 교리(ordo salutis)를 이해하고 구성하는 방법과 틀을 정립했다"는 것이다. 부연설명을 하자면, "에드워즈가 칭의를 다룰 때, 그리스도와의 연합 교리와 관련해서, 삼위일체적이고 구속사적인(언약사적인) 배경을 이루는 세 가지 영역은 (1)그리스도의 의의 전가 (2)오직 믿음의 의미 (3)칭의 이후의 그리스도인의 삶이다"라는 것이다. ibid., 8-9.

의 마음이 더 완고해지고 방탕한 삶을 살며 신앙적인 일들을 비난하는 일이 생길까봐 매우 걱정했다. 하지만 에드워즈의 걱정과 달리, 하나님께서는 이 일을 다른 사람들의 영혼을 각성시키는 계기로 삼으셨다. 이 젊은 여자의 회심 소식을 들은 청년들과 다른 많은 사람들은 크게 영적으로 각성되었고, 직접 그녀를 찾아가서 그녀의 체험에 대해서 이야기를 듣고 그녀의 변화된 모습을 보고 나서 많은 도전을 받았다. 점점 영적인 각성이 크게 일어나서 온 마을 사람들이 영적인 일에 크게 관심을 가지게 되었다. 이러한 영적인 각성의 분위기에 대해서 에드워즈는 이렇게 말하고 있다: "마른 뼈들이 연결되면서 나는 소리가 점점 커졌다."[83] "그들이 세상적인 일을 하는 것은 그 일이 좋아서가 아니고 의무의 한 부분이기 때문이다. 현재 그들은 [영적 각성 이전과는] 정반대의 유혹을 받는 것처럼 보인다. 그들은 세상적인 일을 너무 소홀히 하고 직접적인 신앙적 활동에 너무 시간을 많이 보내는 것 같다."[84] 이후로도 계속해서 하나님의 영광스러운 역사가 진행되었다. 1735년 봄과 여름에는 하나님의 임재가 온 마을에 가득 찬 것처럼 보였고, 온 마을 사람들이 사랑과 기쁨으로 가득 찼다. 예배는 생기가 넘쳤고 설교는 영혼을 일깨웠으며 찬양은 뜨거웠다.

에드워즈는 이러한 노스햄턴의 놀라운 회심의 역사가 주변의 다른 마을에도 영향을 미쳤다고 생각했기 때문에 다음과 같이 말했다. "드디어 동일한 역사가 그 지방 내의 몇몇 다른 마을에서도 분명하게 나타나서 널리 퍼지기 시작했다."[85] 실제로 코네티컷 골짜기에 있는 수많은 마을들이 하나님의 놀라운 부흥의 역사를 경험하게 되었다.

에드워즈는 노스햄턴에서 일어나서 코네티컷 골짜기 전 지역에까지 널리 퍼지게 된 하나님의 놀라운 회심 이야기가 통상적인 성격을 벗어난 아주 특별한 것임을 강조했다.[86] 신분과 재산과 학식과 나이와 무관하게 모든 사람들이 큰 은혜를 받았다. 구원 얻은 것으로 보이는 사람들의 숫자도 보통 때와는 비교할 수 없을 만큼 많았고[87], 하나님이 구원의 은혜를 베푸시는 속도

---

83) *WJE-Y*, 4:149.
84) *WJE-Y*, 4:150.
85) *WJE-Y*, 4:152.
86) *WJE-Y*, 4:157-159.
87) 1730년대의 노스햄턴은 약 200 가구로 이루어져 있었다(*WJE-Y*, 4:145). 한 가구 당

도 평소보다는 훨씬 빨랐다. 그리고 하나님의 성령의 영향력의 정도-죄의 각성과 구원의 빛과 사랑과 기쁨의 체험의 강도도 매우 강력했다.

이제 우리는 회심 체험의 과정을 에드워즈가 어떻게 관찰하고 분석하고 설명했는가에 대해서 좀 더 자세하게 살펴보기로 하겠다. 우리의 관심은 회심 사건의 개별적인 사례들이라기보다는 회심에 대한 에드워즈의 기본적 입장이다. 그러므로 회심에 대한 에드워즈의 기본적 입장을 잘 드러내주는 부분들에 대해서 좀 더 집중적으로 살펴볼 것이다.

영적인 각성이 일어나면(awakened), 사람들은 자신들이 본성적으로 비참한 상태에 놓여있다는 것, 그래서 영원히 멸망할 위험에 빠져있다는 것 그리고 빨리 그 위험을 피해서 안전한 곳으로 가야 한다는 것을 깨닫게 된다.[88] 각성한 사람들은 구원을 추구함에 있어서 대개 두 가지 모습으로 나타난다. 첫째로 사람들은 자신들의 죄악된 행실을 버린다. 둘째로 사람들은 구원의 수단-성경 읽기, 기도, 묵상, 교회 예배 및 사적인 모임 등-을 진지하게 사용한다.[89] 영적으로 각성하여 구원을 추구하는 사람들은 대체로 구원에 가까워질수록 자신의 비참함과 죄악됨을 더 잘 알기 때문에 하나님의 진노와 심판에 대한 두려움이 더 커진다.

처음 영적 각성이 일어나서 죄를 깨닫게 되었을 때, 그들은 보통 외적인 악행에 대해서 양심의 가책을 받지만, 그 후에는 내적인 죄-마음으로 지은 죄, 본성의 철저한 부패, 하나님을 미워하는 마음, 교만, 불신, 그리스도를 거부하는 것, 의지의 완고함 등-에 대해서 양심의 가책을 느끼게 된다.[90] 그래서 더욱 눈물로 회개하고 더욱 신앙적 의무들을 수행하면서 하나님의 자비와 은혜를 기대한다. 하지만 이런 감정은 짧게 지나가고, 상태가 더 나빠진다고 느낀다. 처음 기대와는 달리 회심으로 가까이 가는 것이 아니라 오

 평균 가족 수는 6-7명이었으므로 당시 노스햄턴의 인구는 약 1,200-1,300명 정도로 볼 수 있다(Murray, *Joanthan Edwards*, 89). 에드워즈는 약 반 년 동안 300명 이상이 구원의 은혜의 역사를 체험했으며, 이 중에서 40세 이상은 약 50명, 14세 미만은 약 30명이 회심했다고 한다(*WJE-Y*, 4:158).
88) *WJE-Y*, 4:160.
89) *WJE-Y*, 4:160-161.
90) *WJE-Y*, 4:164.

히려 더 멀어지는 것처럼 보인다. 하나님이 다른 사람들에게는 쉽고 빠르게 은혜를 베푸셨는데 자신에게는 무관심하다는 생각을 하게 된다. 이런 상태가 되면 때때로 하나님에 대한 반감이 생기고 신성모독적인 생각을 하게 되는 수도 있다.[91] 그러나 하나님에게 반감을 품었던 자신의 악한 마음을 반성하고 다시 하나님의 자비와 은혜를 바라보면서 위로와 소망을 얻는다. 그후 자기 힘으로 자신의 상태를 개선시키려고 새로운 방법을 모색한다. 그리고 얼마 후에는 그런 식으로 자기 힘과 자기 의를 너무 의지하는 것은 헛된 노력일 뿐이라는 충고를 듣게 되고, 그 후에는 자기 힘과 자기 의를 의지하는 마음을 버리고 하나님만 붙잡으려고 노력한다. 하지만 여전히 상황은 한밤중처럼 어둡다. 침체되고 부서지고 낮아진다. 영적인 절망감을 느끼게 된다. 그러한 절망적인 상황 속에서 하나님은 자신의 무력함과 부족함을 깨닫게 하시고 참된 치료책을 제시해주신다.[92] 즉, 회심을 체험한다.

  이것이 일반적으로 일어나는 회심 체험의 과정이다. 하지만 세부적인 차원에서 본다면, 영적으로 각성하고 죄인됨을 깨닫고 회심을 체험하게 되는 과정은 사람에 따라서 다양하다. 하나님은 율법적 깨달음 아래 있는 죄인들을 다룸에 있어서 어떤 특정한 방법에 매이지 않으신다.[93] 어떤 사람들은 큰 공포(terror) 없이 빨리 회심하고, 어떤 사람들은 고통의 시간을 겪는다. 고통을 겪는 시간도 사람마다 달라서, 어떤 이들은 불과 며칠밖에 안 걸리지만 다른 이들은 몇 달 혹은 몇 년이 걸리기도 한다. 한편, 고통 중이나 고통 이후에 나타나는 깨달음의 정도와 방식도 다양한 양상을 보인다. 어떤 이들은 자신의 죄와 하나님의 심판의 정당성에 대해서 강렬한 깨달음을 얻지만, 다른 이들은 희미한 깨달음만 있다. 물론 깨달음이 희미해도 죄인들을 정죄하고 심판하시는 하나님은 정의롭다는 내용을 분명하게 함축하고 있다.[94] 깨달음의 방식도 다양하다. 사람들은 어떤 특정한 부분을 다른 부분보다 훨씬 더 특별하게 깨달았다. 어떤 이들은 하나님의 능력에 대해서, 어떤 이들은 하나님의 신실하심에 대해서, 어떤 이들은 그리스도의 사랑에 대해서, 어떤

---

91) *WJE-Y*, 4:165.
92) *WJE-Y*, 4:166.
93) *WJE-Y*, 4:166.
94) *WJE-Y*, 4:169.

이들은 그리스도의 순종에 대해서, 그리고 어떤 이들은 하나님의 구원의 방법에 대해서 특별한 깨달음을 얻었다.[95]

　어떤 사람들은 회심했음에도 자신들이 회심되었다고 생각하지 않고 계속해서 열심히 회심을 추구했다. 그들은 회심에 대한 개념이 아주 불완전했기 때문에 회심한다는 것이 무엇인지를 잘 몰랐던 것 같다. 그들에게 있어서 이 회심은 이전에는 인식한 적이 없었던 완전히 새롭고 낯선 개념이었다.[96] 회심과 영적 체험에 대해서 이미 많이 배워서 알고 있었지만, 막상 자신들이 그러한 체험을 하게 되었을 때 모든 것들이 너무나 새롭게 느껴졌다. 이미 알고 있다고 생각했던 신앙적인 일들이 이제까지와는 너무나 다르게 다가왔다. 설교는 전에는 한 번도 들어본 적이 없는 내용인 것처럼 다가왔고, 성경은 한 번도 읽은 적이 없었던 책인 것처럼 보였다.[97] 또한 회심했음에도 불구하고 자기가 회심한 사실을 모르는 사람들은 많은 경우 자신의 죄악의 비참함에 대해서 더 많이 괴로워하기도 한다. 회심했기 때문에 은혜의 빛을 받아서 자신의 죄악된 모습을 더 생생하게 볼 수 있게 된 것임에도 불구하고 그것을 모르고 자신의 죄악된 모습이 생생하게 보인다는 사실 때문에 당황하고 괴로워하는 것이다. 이런 경우에는 그들을 잘 이끌 수 있는 안내자가 필요하다.[98]

　다른 많은 경우를 보면, 회심하고 은혜를 생생하게 맛본 사람들도 자기들 마음에 부패가 너무 많이 남아 있다는 사실을 느끼게 된다. 아마도 회심 이후에 영적인 감각이 훨씬 더 예민해졌기 때문일 것이다. 이들은 회심 이전보다 자기들 마음의 부패를 더 많이 느끼고 그것에 대해서 더 많이 아파하고 자신의 죄악된 상태에 대해서 두려워한다.[99] 물론 이런 상태가 지속되는 것은 아니고 얼마 후에는 다시 회복된다. 한편, 회심하고 분명하게 은혜를 맛본 사람들은 하나님과 그리스도에 대하여 마음은 사랑으로, 정신은 즐거운 묵상으로, 그리고 영혼은 갈망으로 충만했다.[100] 마음(heart)과 정신(mind),

---

95) *WJE-Y*, 4:171.
96) *WJE-Y*, 4:174.
97) *WJE-Y*, 4:181.
98) *WJE-Y*, 4:175.
99) *WJE-Y*, 4:187.
100) *WJE-Y*, 4:181.

즉 인간의 전 존재로서의 영혼(soul)[101]이 하나님 앞에서 새롭게 변화되었다. 그들은 하나님 앞에서 더욱 낮아지기를 소망했고, 영적인 기쁨으로 충만하여 식사도 잊어 버렸으며, 자신들의 체험이 너무 신비해서 말로 표현하기가 힘들다고 느꼈다.[102] 그리고 다른 영혼들의 회심에 대해서 과도할 만큼의 열망을 드러냈는데, 그들 중 일부는 보잘것없는 이웃이나 원수 같은 사람의 회심을 위해서도 기꺼이 죽을 수 있다고 생각했다.[103]

지금까지의 논의 이외에도 한 가지 더 명심해야 할 점이 있다. 에드워즈는 회심을 설명하기 위해서 "회심에 이르게 하는 빛", "기이한 빛", "하나님의 크신 자비에 대한 비범한 감각", "신앙에 속한 일들의 실재와 확실성에 대한 비범한 확신" 및 "신성이나 신적 탁월성에 대한 시각이나 미각" 등의 표현을 사용했다.[104] 이러한 표현들은 에드워즈의 핵심 사상에 속하는 "새로운 영적 감각"과 "영적인 빛"의 논점이 이미 『놀라운 회심 이야기』에서 나타난다는 사실을 잘 보여준다.

한편, 에드워즈는 회심 체험을 관찰하고 기록하면서 간간히 성화의 의미를 함축하는 언급도 하고 있다. 에드워즈에 따르면, 노스햄턴 교회 교인들 중에서 이미 회심했었던 사람들도 하나님의 영이 새롭고 특별하게 오셨을 때 크게 생기를 얻고 새롭게 되었다.[105] 어떤 경우에는 이러한 회복의 경험이 처음 회심했을 때의 경험과 비슷하게 나타나서 자신이 너무나도 헛되고 무가치하다는 사실을 깊이 깨닫게 되기도 한다.[106] 성령의 강력한 부으심이

---

101) 제랄드 맥더모트(Gerald McDermott)는 인간의 가장 깊고 본질적인 부분-성경이 마음(heart)이라고 부르는 것을 영혼(soul)이라고 말한다. 맥더모트는 오늘날 영어권에서 마음은 주로 느낌과만 관련되고 생각과는 분리되는 것으로 사용되는 말이라는 이유를 제시하면서 마음 대신 영혼이라는 말을 선택한다. 이 영혼이 호불호에 따라서 강하게 기울어지는 것(의향, inclination)이 감정(affection)이다. 감정은 지정의가 분명하게 나타나는 영혼의 강한 의향으로서, 느낌만 유발시키는 것이 아니라 생각도 유발시키는 것이다.; Gerald McDermott, *Seeing God: Jonathan Edwards and Spiritual Discernment* (Downers Grove, Il.: InterVarsity, 1995 ; reprint ed., Vancouver, Canada: Regent College Publishing, 2000), 31-32, & 244쪽의 각주 1번.
102) *WJE-Y*, 4:183.
103) *WJE-Y*, 4:184.
104) *WJE-Y*, 4:177-179.
105) *WJE-Y*, 4:152.
106) *WJE-Y*, 4:188.

제 2 장 역사적 배경   89

있을 때, 회심의 역사만 일어나는 것이 아니고 이미 회심한 신자들이 다시 회복되고 새롭게 되는 역사도 함께 일어난다. 에드워즈는 자신의 외할아버지이자 노스햄턴 교회의 전임 목회자였던 솔로몬 스토다드 목사의 목회 시절에 일어났던 부흥의 역사와 지금 일어난 부흥의 역사를 비교하는 중에 부흥의 역사가 이미 받은 은혜를 더 크게 해준다고 말하기도 했다. 에드워즈의 설명에 따르면, 스토다드 목사 당시에 회심했던 사람들이 지금 본질에서는 동일하지만 정도에서는 훨씬 더 큰 은혜의 소나기에 참여함으로써, 더욱 새로워지고 강해지고 깊이 있게 되었다.[107] 또한 에드워즈는 『놀라운 회심 이야기』의 마지막 부분에서 노스햄턴 교회의 교인들을 염두에 두고 이렇게 말한다. "우리는 [신앙의 모든 면에서] 순수한 것은 아니다. 우리에게는 겸손해야 할 이유와 순수하지 않음을 부끄러워해야 할 이유들이 많다. 또한 우리는 믿음이 부족하다. 그러므로 우리의 부족함을 지켜보는 사람들이 우리 안에서 책망할 만한 것들을 발견하게 될 수도 있다. 그러나 전반적으로 여기 있는 사람들 사이에는 크고 놀라운 회심과 성화의 사역이 있었다."[108] 에드워즈가 노스햄턴 교회의 부흥 사건의 기록에서 비록 회심의 이야기를 전면에 내세웠지만 그것은 넓게 보면 회심뿐만 아니라 회심 이후의 삶까지도 포함되기 때문에 성화의 이야기라고 말할 수도 있다.[109] 이 성화의 측면은 이후 에드워즈의 사상에서 지속적으로 중요한 위치를 차지한다.

---

107) *WJE-Y*, 4:190.
108) *WJE-Y*, 4:209.
109) 1740년에 시작된 대각성의 열기가 점차 식어가던 무렵인 1743년 말 보스턴의 토마스 프린스 목사에 보낸 에드워즈의 편지에서도 성화와 관련된 것으로 볼 수 있는 내용이 나타난다. 이 편지를 보면, 죄인들에 대해서는 '회심'이라는 말을 사용하고, 신앙고백자들에 대해서는 '회심'이 아니라 '부흥'이라는 말을 사용하는 경우가 서너 번 나타난다. 그리고 영적 침체에 빠졌던 성도들의 체험을 마치 제2의 회심을 체험한 것과 같다고 말한다. 또한 사람들이 과거의 체험과 첫 회심에 안주하지 않고 푯대를 향하여 달려가면서 지속적으로 수고하고 깨어있어야 함을 강조하고 있다. (*WJE-Y*, 4:544-557, Edwards to Thomas Prince, December 12, 1743. 특히 545, 547, 550, 548, 557을 보라.)

3) 세 편의 장편 연속 설교에 나타나는 사상

1734년에서 1735년에 걸쳐서 노스햄턴 교회에서 부흥의 불길이 뜨겁게 타오르고 있을 때 참으로 안타깝게도 몇 건의 자살 사건이 발생했다. 1735년 3월 25일 토마스 스테빈스라는 사람이 큰 영적 고통 가운데서 자기 목을 베려고 시도했다가 실패했다.[110] 하지만 이 사건은 부흥의 불길을 꺾지 못했다. 얼마 후인 6월 1일 에드워즈의 이모부인 조셉 홀리가 자기 목을 베고 자살했다.[111] 이 자살 소식으로 인해 온 마을 사람들이 큰 충격을 받았고, 그 후에는 수많은 사람들이 자살 충동을 느끼게 되었다. 대각성에 대해서 연구한 바 있는 고언(Goen)에 따르면, 이들의 자살 충동은 확신의 교리와 관련이 있었다. 구원의 확신이 없는 사람들이 심리적 불안감과 두려움 때문에 더 이상 죄를 짓지 않으려면 차라리 지금 죽는 편이 더 낫다는 이상한 생각에 휘말리게 되었다.[112] 에드워즈는 얼마나 많은 사람들이 자살을 시도했는지 또 실제로 자살에 성공했는지를 기록하지 않았다. 하지만 이러한 일이 생긴 이후 부흥의 역사는 현저하게 약화되었다. 사람들의 주요 관심 사항도 변했다. 사람들의 대화의 주된 내용은 영적인 일들에 대한 것이 아니라 총독의 방문, 인디언들과의 조약, 스프링필드 논쟁 그리고 마을의 새 예배당의 건축을 둘러싼 문제[113] 등이었다.[114] 부흥 당시 뜨거웠던 열정은 식어버리고 신앙은 점점 쇠락해졌다. 1737년 초에는 당파심과 시기심과 남을 험담하는 일들이 발생했기 때문에 에드워즈가 이런 문제에 대해서 강력하게 경고하는 설교를 하기도 했다.[115]

에드워즈의 노스햄턴 교회에서 일어난 영적 각성과 부흥에는 긍정적인

---

110) *WJE-Y*, 4:205-6; Marsden, *Jonathan Edwards*, 164.
111) *WJE-Y*, 4:206. 조셉 홀리가 자살한 날짜에 대해서는 *WJE-Y*, 4:46(Goen의 시편) 참조.
112) C. C. Goen, "Editor's Introduction," *WJE-Y*, 4:47.
113) 1737년 노스햄턴 교회는 예배당을 새로 건축했다. 그런데 예배당 내부의 좌석 배치를 둘러싸고 불화가 발생했다. 당시 뉴잉글랜드 사회에서 예배당 내의 좋은 좌석은 부와 권력의 상징이었다. 사회적 지위와 신분에 따라서 좌석을 배정했기 때문에 교인들 사이에는 심각한 불화가 발생하게 되었다. (Marsden, *Jonathan Edwards*, 187.)
114) *WJE-Y*, 4:208.
115) Marsden, *Jonathan Edwards*, 185-6.

측면만 있는 것이 아니라 어느 정도 부정적인 측면도 있었다. 성령의 임재의 참된 증거들도 있었지만, 그와 반대로 겉으로 보기에 분명히 진짜처럼 보이는 그 회심이 사실은 가짜 회심이었다는 증거들도 있었다.[116] 부흥 기간 중에 크고 강한 은혜를 받은 것처럼 보였던 수백 명 교인들의 마음은 식어버렸고, 노스햄턴 교회 회중들 중 상당수가 부흥 이전의 악행과 불경건의 상태로 되돌아갔다. 아마도 에드워즈는 자기 교회에서 일어난 영적 각성의 실상을 과대평가했던 것 같다. 그래서 에드워즈는 부흥에 대한 자신의 입장을 재고해야 할 필요성을 느꼈고,[117] 성도들을 바로 잡아 올바른 길로 인도해야 한다고 생각했다. 이런 상황 속에서 세 편의 장편 연속 설교를 했다. 장편 연속 설교를 하는 시기 동안, 에드워즈는 감정의 정서적 측면을 보다 더 강조하던 이전의 입장에서 벗어나서 인내와 지속적인 그리스도인의 행동도 함께 강조하는 방향으로 나갔다. 에드워즈에게 있어서는 성화도 칭의만큼 중요했기 때문이다.[118]

1737년 말부터 1739년까지 에드워즈는 세 편의 장편 연속 설교를 했다. 1737년 11월부터 1738년 3월까지 마태복음 25장의 열 처녀 비유에 대하여 19편의 연속 설교를 했고, 1738년 4-10월까지 고린도전서 13장을 본문으로 21회에 걸쳐 연속 설교를 했으며(이 설교는 훗날 『사랑과 그 열매』라는 제목으로 출판되었다), 1739년 3월부터는 이사야 51장 8절을 본문으로 택하여 하나님의 구원의 역사(歷史)에 관하여 30회의 연속 설교를 했다(이 설교는 나중에 『구속사』라는 이름으로 출판되었다). 1737년 11월 이전에 에드워즈는 7-8편의 연속 설교를 한 적은 있지만 위의 3개의 장편 연속 설교와 같이 긴 연속 설교를 한 적은 없었다. 이 3개의 장편 연속 설교는 신앙과 교리 문제의 탐구에 있어서 다른 설교들과 비교할 수 없을 정도 대단한 폭과 깊이를 보여준다. 1740년 이후에는 설교보다는 신학 논문들이 신학적 탐구의 자리를 차지하게 된다.[119]

---

116) Marsden, *Jonathan Edwards*, 189.
117) Kenneth Minkema, "Jonathan Edwards: A Theological Life," in *The Princeton Companion To Jonathan Edwards*, ed. Sang Hyun Lee (Princeton Univerity Press, 2005), 7.
118) Ibid., 8.
119) Ava Chamberlain, "Brides of Christ and Signs of Grace," in *Jonathan Edwards's Writings*:

열 처녀 비유 설교에서 에드워즈는 참 성도와 거짓 성도를 구별하는 법과 은혜의 참된 표지의 문제를 다루었다. 슬기로운 다섯 처녀와 어리석은 다섯 처녀는 둘 다 등불을 가지고 있었고 신랑을 기다리다가 깜빡 잠이 들었다는 점에서 동일하다. 에드워즈에 따르면, 등불은 참 성도와 위선자인 거짓 성도가 공통으로 가지고 있는 많은 종교적 신념과 행위들이다. 그 종교적 신념과 행위들은 외면적으로 관찰 가능한 것으로서, 예를 들면, 신앙고백, 다양한 신앙적 감정들, 체험들 그리고 율법의 준행 등이다. 그리고 잠이 든 것은 인간의 죄와 부패와 연약함을 나타낸다. 참 성도일지라도 그 안에 남아 있는 죄와 부패와 연약함 때문에 죄악된 길로 걸어갈 수도 있고, 종종 불경건한 사람처럼 보일 수도 있다. 그러므로 위선자는 등불 때문에 참 성도와 닮아 보이고, 참 성도는 잠이 드는 일 때문에 위선자와 닮아 보인다.[120]

하지만 참 성도와 위선자인 거짓 성도는 본질적인 차이가 있다. 어리석은 다섯 처녀는 기름이 없었지만 슬기로운 다섯 처녀는 기름을 가지고 있었다. 에드워즈는 이 기름을 참 성도의 마음속에 내주하는 영적인 원리 혹은 새로운 본성이라고 했다.[121] 위선자에게는 이 새로운 본성이 없다. 왜냐하면 그것은 자연적인 것에서 나오지 않고 초자연적인 것에서 나왔기 때문이다. 이 새로운 본성이 없다면 어떤 신앙고백도, 어떤 도덕성도, 어떤 신앙적 감정도, 어떤 조명도 다 소용없다고 에드워즈는 강조한다.[122] 하지만 이 새로운 본성은 내적인 것이기 때문에 참 성도와 거짓 성도를 구별하는 실제적인 원리로 작동할 수 있는가 하는 점에서 논쟁의 여지가 있을 수 있다. 그래서 에드워즈는 새로운 본성, 즉 영적인 원리는 단순히 비활동적인 상태로 머무는 것이 아니라 실천을 위한 뜨겁고 강력한 내적 원리로 작동한다고 주장했다. 더 쉽게 말하자면, 새로운 본성은 내적 원리이지만 마음속에만 머물지 않고 반드시 행동으로 나타나서 외부적인 효과를 산출한다는 말이다.

Text, Context, Interpretation, ed., Stephen J. Stein (Bloomington: Indiana University Presss, 1996), 3.
120) Ibid., 9.
121) Ibid., 10.
122) Ibid. 열 처녀 비유 연속 설교 중 6번째 설교와 7번째 설교에서 에드워즈는 이와 같이 말했다.

한편, 열 처녀 비유 연속 설교가 끝난 직후에 사랑을 주제로 한 또 다른 연속 설교가 행해졌다. 이 설교는 나중에 『사랑과 그 열매』라는 제목의 책으로 출판되었다. 이 설교는 적용 부분에서 성령의 가시적 사역이 진짜인지 가짜인지 구별하는 방법을 많이 다루고 있기 때문에, 열 처녀 비유의 속편과 같은 성격이 있다.[123] 에드워즈에 따르면, 참 성도와 거짓 성도를 구별하며 구원에 속하는 덕의 핵심은 신적인 사랑이다.[124] 참과 거짓을 구별하고 구원에 속하는 참된 기독교 정신이 사랑 안에 핵심적으로 포함되어 있다면, 그러한 사랑을 기준으로 삼아서 성도들은 자신들의 신앙적 경험이 참인지 거짓인지를 시험해볼 수 있다.[125] 참된 기독교 정신으로서의 사랑은 구체적으로 어떤 것인가? 에드워즈의 『사랑과 그 열매』에 나오는 설교의 제목들만 보아도 대략적으로 알 수 있다. 참으로 회심한 자들, 즉 참된 성도의 사랑은 시기심, 교만, 이기심, 분노 그리고 험담과 정반대되는 것이며, 거룩을 실천하고 고난을 감내하는 것이다.[126] 영적 침체에 빠져 있는 노스햄턴 교회의 교인들에게 참된 성도의 표지로서의 사랑을 기준으로 삼아서 자신들의 신앙을 반성적으로 살펴보고 천국과 사랑을 추구하는 삶을 살기를 바라는 마음으로 에드워즈는 이러한 사랑의 설교를 전했다. 이러한 에드워즈의 마음은 『사랑과 그 열매』의 마지막 설교인 '천국은 사랑의 나라입니다'의 제일 마지막 부분에서 잘 나타난다. 그 내용을 대략 요약하면 다음과 같다: "사랑의 나라인 천국을 마음에 두고 천국을 향해 나아가라. 이 세상에 속한 것들을 추구하지 말고 천국에 속한 것을 추구하라. 많은 고난이 있겠지만 기쁨으로 감내하면서 우리보다 먼저 천국으로 가신 예수님을 바라보라. 이 세상에서 하나님과 사람을 사랑하는 사랑의 삶을 추구하라. 사랑의 삶을 산다면 천국으로 가는 길에 있는 것이다. 천국이 사랑의 나라이듯이 천국으로 가는 길도 사랑의 길이다."[127]

한편, 1739년 3월부터 6개월에 걸쳐 행해졌던 구속사 설교는 위의 두 장

---

123) Marsden, *Jonathan Edwards*, 190.
124) *WJE-Y*, 8:131.
125) *WJE-Y*, 8:145.
126) *WJE-Y*, 8:vii.
127) *WJE-Y*, 8:394-6.

편 연속 설교와는 성격이 약간 다르다. 열 처녀 비유에 관한 설교와 사랑과 열매에 관한 설교는 비교적 선명한 교리적 내용과 실천적 권면-참 신앙과 거짓 신앙을 구별하는 법과 거룩을 추구하고 실천하는 삶을 살아야 한다는 것 등-을 포함하고 있었지만, 구속사 설교는 그렇지 않았다. 구속사 설교에서 에드워즈가 말하는 모든 이야기들은 하나님이 구원의 역사 속에서 택한 백성들을 구원하신다는 큰 주제와 사탄이 그것을 대적한다는 작은 주제를 다양하게 표현하는 것이었다.[128] 에드워즈는 노스햄턴 교인들이 이웃 마을에까지도 미치지 못하는 좁은 시야를 가지고 옹졸함과 이기심과 당파심에 갇혀 있는 것을 안타까워하면서 하나님의 거대한 구속사적 전망을 가져야 한다고 역설했다. 그들이 노스햄턴의 최근의 부흥을 단지 지역적인 현상만이 아니라 그리스도와 사탄 사이의 전쟁이라는 대서사적 이야기들 중의 일부라는 관점에서 본다면, 정말로 사소한 최근의 지역적인 사건들-시기, 분열, 싸움, 그리고 영적 침체 등-때문에 큰 어려움을 겪지는 않았을 것이다.[129]

뿐만 아니라 코네티컷의 부흥의 물결이 한차례 휩쓸고 지나가버리고 계속 이어지지 못한 점에 대해서 실망하고 있던 노스햄턴 교인들에게, 에드워즈는 하나님의 거대한 구원 계획을 설명하고,[130] 이 구원 계획이 실행되는 과정에서 부흥의 사건이 반복적으로 일어날 수 있다고 주장했다. 에드워즈의 생각에 의하면, 부흥은 하나님의 구속사가 진전되기 위한 수단 내지는 과정이었다. 선택된 사람들을 구원하는 역사의 과정 중의 특별한 시점에서 하나님이 성령을 부어주셔서[131] 부흥을 일으키신다. 구속사 설교의 내용에 따르면, 에노스 시대, 가나안 정복, 사사 시대의 죄악으로부터의 회복, 히스기야 시대, 에스라 시대 그리고 신약 오순절 사건 등이 성령을 부어주신 중요한 부흥의 사건들이다.[132] 하나님은 부흥이라는 방법을 통해서 선택한 백

---

128) Marsden, *Jonathan Edwards*, 194.
129) Ibid.
130) Stephen J. Stein, "Eschatology," in *The Princeton Companion To Jonathan Edwards*, ed. Sang Hyun Lee (Princeton Univerity Press, 2005), 232.
131) 에드워즈는 부흥을 성령의 부으심(outpouring of the Spirit)으로 보았다. 특히 로이드존스 목사가 이 점을 강조했다. Martin Lloyd Jones, *Puritans; Their Origins and Successors* (Edinburgh: Banner of Truth Trust, 1987), 368.
132) *WJE-Y*, 9:141, 189, 192, 195, 233, 265-266, 365, 376-377.

성들의 영혼을 구원하신다. 그러므로 이런 거대한 구속사의 관점을 염두에 두다면, 모든 성도들은 부흥이 임하기를 간절히 기대하고 열심히 간구해야 한다.

3. 대각성 운동의 진행 과정

1) 대각성의 시작 - 휫필드와 테넌트

식민지 대륙 전체를 뒤흔든 영적 대각성은 1740년부터 시작되었다. 우리는 이 대각성의 진행 과정 전체를 상세하게 묘사하려는 생각이 없다. 다만 개략적인 흐름과 전반적인 분위기를 정확하게 포착하기 위해서 노력할 것이다. 우리의 주된 관심은 대각성의 진행 과정 속에서 에드워즈가 어떤 생각을 했는가, 어떤 문제에 직면했는가, 그리고 당면 문제를 어떻게 풀어나갔는가 하는 점이다. 이런 관점에서 대각성의 진행 과정을 살펴보기로 하겠다.

식민지 대륙의 대각성은 영국의 위대한 순회 전도자 조지 휫필드(George Whitefield, 1714-1771)의 순회 전도 설교 사역에서 시작되었다. 휫필드는 미국을 7번 방문했다. 1738년 5월에 웨슬리가 사역하고 있던 조지아 주에 가서 복음 사역을 한 것이 1차 방문이었다. 1739년 8월에는 2차 방문을 해서 약 1년 반 동안 미국에 머물렀다. 그는 필라델피아에서 시작해서 남쪽 조지아 주의 사바나까지 순회하며 복음 전도 사역을 했다. 그리고 1740년 9월 북쪽 지역인 뉴잉글랜드를 향해 출발했다. 이 뉴잉글랜드 순회 여행이 대각성의 직접적인 기폭제가 되었다.

그 당시 휫필드는 25세의 청년이었지만 이미 영국과 미국에서 순회 설교자로서 상당한 명성을 가지고 있었다. 또한 그는 당대의 상업적 기술을 신앙적인 목적에 유효적절하게 사용하는 방법을 알았다. 예를 들자면, 매사추세츠 주를 방문하기 전에 보스턴 브래틀 스트리스 교회의 벤저민 콜먼 목사를 비롯한 부흥 찬성파들의 도움으로 엄청난 광고를 함으로써 많은 군중들이 집회 장소로 오도록 만들었다.[133] 횟필드는 로드 아일랜드의 뉴포트에서 시작하여 보스턴과 주변 마을들, 메인주의 여러 마을들, 노스햄턴 그리고 코네티컷 강 주변 마을들 등 거의 뉴잉글랜드 전 지역을 순회했다. 45일 간 40여 곳을 순회하면서 거의 100회에 걸쳐 설교했다.[134] 어떤 때는 교회에서 설교했고 어떤 때는 들판에서 설교했다. 횟필드가 가는 곳마다 많은 수의 회중들이 그의 설교를 들으려고 몰려왔다. 들판에서 설교할 때는 5천명-8천명의 회중들이 모이기도 했다. 그리고 보스턴을 떠나기 전의 고별 설교 때는 보스턴 광장에 약 2만 명에 달하는 회중들이 모였다.[135]

1740년 10월 17일 금요일 횟필드는 에드워즈의 노스햄턴 교회에 도착해서 월요일까지 머물렀다. 횟필드의 일기에 따르면, 금요일 오후 예배 설교에서 그가 "이전의 노스햄턴의 부흥의 경험을 상기시켰을 때 많은 사람들이 눈물을 흘렸다." 그리고 "주일 아침 예배 설교를 했을 때, 선한 에드워즈 목사는 예배 시간 내내 눈물을 흘렸다. 성도들도 똑같이 감동을 받았다. 오후에는 더 큰 능력이 임했다." 횟필드는 그들을 위해서 이렇게 기도했다: "노스햄턴 사람들이 첫사랑을 회복하고 주께서 역사하사 그들의 영혼이 새 힘을 얻고 그들이 처음 행실로 돌아갔다는 기쁜 소식으로 나의 영혼을 새롭게 하옵소서!"[136] 에드워즈가 눈물을 흘린 것은 지난 5년간 간절히 기도해온 것, 즉 1734 - 1735년의 부흥의 감격이 회복되는 것을 보았기 때문이다.[137] 횟필드가 붙여놓은 부흥의 불길은 이전보다 더 강력하게 온 마을을 휩쓸었다. 온 마을을 뜨겁게 달군 열기는 노스햄턴의 첫 번째 각성을 능가했고, 2년 이상 지속되었다.[138]

횟필드는 노스햄턴을 떠나서 남쪽으로 방향을 잡고 웨스트필드와 스프

---

133) Marsden, *Jonathan Eswards*, 205.
134) Goen, "Editor's Introduction," *WJE-Y*, 4:49.
135) Marsden, *Jonathan Eswards*, 205.; *WJE-Y*, 4:48.
136) George Whitefield, *George Whitefield's Journals*, October 17-19, 1740, (Pennsylvannia: The Banner of Truth Trust, 1978), 475-477.
137) Marsden, *Jonathan Edwards*, 207.
138) *WJE-Y*, 16:115-27. (Edwards to Thomas Prince, December 12, 1743.) 이 편지의 전반에 걸쳐서 에드워즈는 1740-42년 사이의 기간 동안 노스햄턴 교회의 전반적인 상황을 설명하고 있다.

링필드를 거쳐 서필드로 갔다. 서필드의 집회에서 그는 "중생의 교리와 목사가 그리스도를 바르게 설교하기 전에 회심할 필요가 있다"는 사실을 강조했다. 그는 길버트 테넌트의 설교집 『회심하지 않은 목사의 위험』(The Danger of an Unconverted Ministry)을 거론했으며, 회심하지 않는 목사의 사역은 교회에 해를 끼친다고 주장했다.[139] 이러한 주장은 대각성 기간 동안 주요한 논쟁점들 중의 하나가 되었다.

에드워즈는 휫필드를 배웅하려고 이스트 윈저까지 동행했기 때문에 서필드 집회 때 그의 설교를 들었다. 에드워즈는 휫필드에게 진심에서 우러난 충고를 해주었다. 목사들이 회심해야 한다는 설교 내용에 동의하지만, 그런 설교를 들은 젊은 사람들이 특정한 목사의 회심 여부를 경솔하게 판단할 위험성이 있기 때문에 조심스럽게 접근해야 한다고 권면했다.[140] 그러나 휫필드와 다른 많은 순회 설교자들은 자신들이 위로부터 오는 감동을 받아서 하나님의 영이 직접 인도하시는 대로 따라가고 있다고 확신했다. 하지만 에드워즈는 일종의 황홀한 영적 체험과 감동을 분명히 인정하고 지지했음에도 그것이 지성적인 측면을 포함하고 있어야 하고, 성경적인 근거를 가지고 있어야 한다는 점을 강조했다.[141] 즉, 지성과 감정의 통합적 성격을 강조했다. 하지만 휫필드는 에드워즈의 권면을 진지하게 받아들이지 않고 사소한 것으로 간주했던 것 같다. 훗날 에드워즈는 휫필드에 대해서 이렇게 말했다: "내 생각에 휫필드 씨는 나를 별로 좋아하지 않는 것 같다. 왜냐하면 내가 이런 것들[위로부터의 직접적인 감동 등]을 반대했기 때문이다. 그는 나에게 많은 친절을 베풀었지만, 다른 사람들만큼 나와 친해지지는 않았다."[142]

휫필드는 길버트 테넌트에게 보스턴으로 가서 부흥의 불길을 더욱 타오르게 해달라고 부탁했다.[143] 그래서 1740년 12월 길버트 테넌트가 보스턴에

---

139) George Whitefield, *George Whitefield's Journals*, October 21, 1740, (Pennsylvannia: The Banner of Truth Trust, 1978), 478-479.
140) *WJE-Y*, 16:157. (Edwards to Thomas Clap, October 29, 1744.)
141) Marsden, *Jonathan Edwards*, 212.
142) *WJE-Y*, 16:157. (Edwards to Thomas Clap, October 29, 1744.)
143) Goen, "Editor's Introduction," *WJE-Y*, 4:49.

왔다. 길버트 테넌트는 스코틀랜드계 아일랜드인 장로교 목사로서 프린스턴 대학교의 전신인 통나무 대학(Log College)에서 공부했고 뉴저지 주 뉴브런스윅에서 목회하며 부흥 운동의 지도자로 활약한 인물이다. 1740년 겨울에는 지독한 한파가 몰아닥쳤다. 해변에서 16km에 이르는 곳까지 바닷물이 얼어버릴 정도로 추웠고, 또 눈이 너무 많이 와서 마차가 다닐 수도 없었다. 하지만 이런 혹독한 추위에도 불구하고 길버트 테넌트의 설교의 열기는 미국 동부 지역을 후끈하게 만들었다. 그는 회중들의 죄와 영적 빈곤을 지적하고 회심의 긴급성과 성화의 필요성을 역설하였다. 많은 사람들이 몰려와서 테넌트의 설교를 듣고 마음의 감동을 받고 회심을 체험하였다.

길버트 테넌트의 순회 사역 이후 대각성의 불길은 보스턴에서부터 뉴잉글랜드 전 지역을 휩쓸고 지나갔다. 테넌트가 떠나고 봄이 와서 날씨가 따뜻해지면서 수많은 교회에 수많은 회중들이 몰려와서 설교를 듣고 자신들의 영혼의 문제에 대해서 상담하고 성경을 공부하고 기도했다. 어떤 목사는 보스턴의 이 대각성 기간 동안 천 명이 넘는 교인들이 영혼의 문제에 대해서 상담하기 위해서 자기를 찾아왔다고 했고, 또 다른 어떤 목사는 지난 24년의 목회 기간 동안 자기를 찾아온 교인들의 수보다 더 많은 수의 교인들이 상담을 요청했다고 말했다.[144]

2) 엔필드의 설교

이때쯤부터 설교에 대한 대중들의 요구가 점증하기 시작했기 때문에 휫필드와 테넌트처럼 순회 설교를 하는 목사들이 많아졌다. 그리고 그들이 집회를 인도할 때 집회의 분위기가 감정적으로 고조되는 경향이 많아졌다. 설교 도중에 회중들이 울고 탄식하고 고함을 치며 흥분했기 때문에 설교자들이 말을 이어가지 못하고 멈추는 일이 흔해졌다.[145] 아마 에드워즈도 1741년 봄 이후 순회 설교를 많이 다녔던 것 같다. 그 중 가장 널리 알려진 것은 엔필드에서의 설교이다. 에드워즈가 엔필드를 방문했을 때, 그곳에는 아직도

---

144) Marsden, *Jonathan Edwards*, 216.
145) Goen, "Editor's Introduction," *WJE-Y*, 4:51.

부흥의 불길이 영향을 미치지 못하여 냉랭한 분위기가 감돌고 있었다. 에드워즈는 신 32:35를 본문으로 삼고 "진노하시는 하나님의 손 안에 있는 죄인들"이라는 제목으로 설교했다. 이 설교는 에드워즈의 설교 중 가장 널리 알려진 설교이기 때문에 설교의 내용 중 일부를 직접 인용하기로 한다.

악한 사람은 어느 순간이라도 지옥에 떨어질 수 있습니다. 이 악한 사람을 어느 한순간이라도 지옥에 떨어지지 않도록 붙잡을 수 있는 것은 오직 하나님의 뜻 이외에는 없습니다. …회심하지 않은 사람은 지옥 구덩이의 썩은 지붕 위를 걷고 있는 것입니다. 이 썩은 지붕 위에는 사람의 무게를 감당할 수 없을 만큼 약한 곳이 너무 많습니다. 하지만 그곳이 어디인지는 눈에 보이지 않습니다. 죽음의 화살이 대낮에 눈에 보이지 않게 날아옵니다. 가장 시력이 좋은 사람도 그것을 볼 수 없습니다. …거미나 혐오스러운 벌레를 불 위에서 손끝으로 쥐고 있는 사람처럼, 하나님은 여러분을 지옥의 구덩이 위에서 붙잡고 계십니다. 하나님은 여러분을 혐오하시며 극도로 화가 나셨습니다. 하나님은 여러분을 불 속에 던져져야 마땅한 존재로 간주하십니다. 하나님은 정결한 눈을 가지고 계시기 때문에 여러분의 더러운 죄를 참고 보실 수 없습니다. 마치 징그러운 독사가 우리 눈에 혐오스럽게 보이는 것처럼 여러분들은 하나님의 눈에 수만 번도 더 혐오스럽게 보입니다. 어떤 완고한 반역자가 왕을 반대하는 것 이상으로 여러분은 하나님께 무한하게 대적해왔습니다. 매순간 여러분이 지옥에 떨어지지 않는 것은 하나님의 손이 여러분을 붙잡고 있기 때문입니다. 여러분이 어젯밤 지옥에 가지 않은 데에는 다른 이유가 없습니다. 여러분이 눈을 감고 잠든 후에 이 세상에서 다시 눈을 뜬 데에는 다른 이유가 없습니다. 오직 하나님의 손이 여러분을 붙잡고 있기 때문입니다. 여러분이 지금 여기 하나님의 집에 앉아서 죄악된 방식으로 예배를 드림으로써 하나님의 진노를 불러일으키고 있음에도 여러분이 지옥에 가지 않는 데는 다른 이유가 없습니다. 바로 이 순간 여러분이 지옥에 떨어지지 않는 데는 다른 어떤 이유도 없습니다. 오, 죄인들이여! 여러분들이 처해 있는 무서운 위험을 깊이 생각해보시기를 바랍니다.[146]

---

146) Wilson Kimnach, Kenneth Minkema, and Douglas Sweeney eds., *The Sermons of Jonathan*

이 당시 에드워즈는 준비된 설교 원고를 읽는 방식으로 설교했다. 하지만 설교 원고에 완전히 얽매여서 그대로 읽은 것은 아니고 자유롭게 설교 원고 본문을 떠났다가 다시 돌아오는 경우도 있었다.[147] 이 엔필드의 설교를 할 때, 그는 몸동작을 전혀 사용하지 않고 예배당 뒤편을 똑바로 바라보면서 거기에 걸려있는 시계를 보는 듯한 모습으로 말했다. 그는 휫필드나 테넌트처럼 웅변적이고 우렁찬 목소리를 가지고 있지도 않았고 큰 몸동작을 사용하지도 않았다. 하지만 그의 설교는 쉽고 논리적으로 분명했고 설득력이 있었으며 뜨거운 열정이 있었기 때문에 회중들은 크게 감동했다. 에드워즈의 설교를 통하여 온 회중들에게 성령의 특별한 부어주심의 은혜가 강력하게 임했다. 회중들은 자신들에게 닥친 끔찍한 지옥불의 운명을 깨닫고 두려워하며 구원을 얻기 위해서 내가 어찌 할꼬 하며 울부짖고 탄식했다. 그 날 엔필드에서 일어난 일은 영적 혁명이었다.[148]

그런데 에드워즈는 이 설교를 엔필드에서 처음 한 것은 아니다. 한 달 전에 노스햄턴 교회에서 이 설교를 한 적이 있었고, 이후 다른 지역을 순회 여행했을 때에도 여러 번 이와 동일한 내용의 설교를 했다.[149] 동일한 내용의 설교를 여러 곳에서 여러 번 선포했음에도 불구하고 엔필드에서 특별히 놀라운 영적 대각성이 일어난 이유를 어떻게 설명할 수 있을까? 어떤 면에서는 엔필드의 회중들이 은혜를 받아들일 영적 준비가 잘 되어 있었기 때문이라고 말할 수 있다. 하지만 그보다는 하나님께서 하나님의 자유롭고 선하신 뜻에 따라서 하나님의 때에 하나님의 방법으로 특별한 부흥의 역사를 허락하셨기 때문이라고 보아야 할 것이다.

3) 열광주의자 데이븐포트의 등장

이 무렵 참으로 불행하게도 제임스 데이븐포트(James Davenport, 1716-1757)

Edwards: A Reader (New Haven: Yale University Press, 1999), 50, 53, 57-58. 이후부터는 약어표에 따라서 SJE로 약술함.
147) Murray, *Jonathan Edwards*, 189-190.
148) *SJE*, xxxi.
149) Marsden, *Jonathan Edwards*, 224.

목사가 등장했다. 그는 소위 상류층 사람이었고 16세의 어린 나이에 예일 대학을 졸업했고 22세에 목사가 되어 롱아일랜드 교구를 맡게 되었다.[150] 그는 대각성의 뜨거운 열기 속에서 휫필드와 테넌트를 만나서 교제를 나눈 이후 교구 사역에 매이지 않고 순회 설교자가 되기로 결심했다. 하지만 그는 지나치게 열광주의적인 태도를 보임으로써 오히려 대각성을 파괴시키는 극단적인 방향으로 나아갔다. 1741년 여름 그는 코네티컷의 해안가를 따라서 순회 여행을 했다. 그는 과도한 감정적 충동에 사로잡혀서 자신이 하나님으로부터 직접적인 계시를 받았다고 확신했다. 자기가 보기에 회심했다고 판단되는 사람은 형제라고 불렀고 나머지 사람들은 이웃이라고 불렀다.[151]

그는 집회 시간 내내 머리를 뒤로 젖히고 하늘을 응시하며 찬송을 불렀고, 회중들을 감정적 흥분의 극한으로 몰아갔으며, 예배에서 갖추어야 할 최소한의 질서조차도 무시하고 혼란을 가중시켰다. 그는 여러 교구를 돌아다니면서 교구 목사들에게 자신의 영적 체험을 진술하게 하고 그들이 참으로 회심한 자인지 아닌지를 판단하려고 하였다. 자신의 요구와 판단을 거부하거나 비판하는 목사들에게는 '회심하지 않은 위선자'라고 저주했으며, 회중들에게 그런 목사 밑에서 나오라고 촉구했다.[152]

데이븐포트의 열광주의적 행동은 부흥의 역사에 심각한 장애물이 되었다. 데이븐포트의 등장 이전까지는 부흥 반대론자들이 적어도 공개적으로는 매우 조심스럽게 반대 의견을 제시했다. 그러나 열광주의의 등장으로 인하여 부흥 반대론자들은 부흥을 반대할 좋은 구실을 얻게 되었고 점점 세력을 넓혀갔다. 결국 1742년 5월 뉴잉글랜드에서는 순회 설교를 금지하는 법률이 제정되었다.[153] 바로 그 직후 데이븐포트는 다시 남부 코네티컷에 나타나서 순회 설교를 했다. 그래서 그는 스트랫퍼드에서 체포되었고 하트포트 의회가 재판을 하여 정신의 이성적 기능에 장애가 있는 자로 판결하고 그의 원래 교구인 롱아일랜드로 돌려보냈다. 그러나 데이븐포트는 6월에 다시 보스턴에 나타나서 충동적이고 격정적인 행동을 일삼고 보스턴의 모든 목

---

150) Ibid., 232.
151) Goen, "Editor's Introduction," *WJE-Y*, 4:51.
152) Ibid., *WJE-Y*, 4:52.
153) Ibid., *WJE-Y*, 4:60.; Marsden, *Jonathan Edwards*, 271, 277.

사들을 회심치 않은 자들이라고 비난했으며 교인들에게 그런 목사들을 몰아내고 다른 사람을 데려오라고 선동했다. 즉각 보스턴의 당국자들이 개입하여 그를 체포해서 재판을 했고, 정신 이상이기 때문에 무죄라고 판결하고 다시 추방하였다.

하지만 데이븐포트는 1743년 3월에 다시 코네티컷 남쪽의 뉴런던에 나타나서 자기의 추종자들을 불러 모아서 집회를 열고 광신적인 행태를 멈추지 않았다. 타락한 뉴잉글랜드 기성 교회로부터 자신들의 신앙적 순수성을 지킨다는 표시로 신앙 서적들-청교도 및 회중교도의 작품들-을 불태우게 했고, 세상의 것들을 우상으로 삼는 마음을 정화시키기 위해서 회중들의 보석과 가발과 좋아하는 옷들을 모두 불태우게 했다.[154] 정말 다행스럽게도 약 2주 후 데이븐포트는 제 정신이 돌아와서 자신의 잘못을 고백하고 자신의 주장을 철회하는 글을 출판했다. 하지만 너무 늦었다. 데이븐포트의 정신병적인 이상 행동은 부흥 반대파 진영에 너무나 많은 공격용 무기를 제공했기 때문에 부흥 찬성파 진영은 막대한 타격을 입게 되었다.[155]

데이븐포트 목사의 경우는 영적 대각성의 시기에 나타난 열광주의의 극단적인 모습이었다. 그래서 가장 널리 알려졌다. 데이븐포트 목사만큼 강렬하지는 않더라도 그와 비슷한 열광주의적 모습이 대각성 기간 동안 여러 곳에서 나타났다. 이러한 부정적인 모습들이 하나님이 일으키신 부흥의 역사를 방해하고 있었음에도 불구하고, 적어도 1743년 초반까지는 부흥의 큰 흐름이 여전히 식민지 대륙 전 지역을 뒤덮고 있었다. 그리고 에드워즈를 비롯한 부흥 찬성파 세력은 부흥 반대파 세력의 공격을 효과적으로 방어하면서 부흥을 진전시키기 위해서 지속적으로 노력했다.

4) 성령의 역사를 구별히는 표지들

뉴잉글랜드가 영적 대각성의 열기로 점점 뜨거워지고 있던 1741년 9월에 에드워즈는 예일대 졸업식 설교자로 초청을 받았다. 과거 1740년 10월

---

[154] Marsden, *Jonathan Edwards*, 275.
[155] Goen, "Editor's Introduction," *WJE-Y*, 4:61.

에 횟필드가 예일대를 방문하여 "회심 없는 목회 때문에 생기는 엄청나게 나쁜 결과들"에 대해서 강력하게 설교했다. 그리고 1741년 3월에는 길버트 테넌트도 예일대를 방문하여 회심하지 않은 목사의 위험성에 대해서 매우 신랄하고 비판적으로 설교했다. 이들의 각성시키는 설교를 통해서 예일대의 많은 학생들이 회심을 체험하고 부흥의 강력한 지지자가 되었다. 그런데 문제가 있었다. 전통적으로 학생들이 은혜를 받고 회심하면 학교에는 영적인 생기가 넘치고 질서가 더욱 확립되었다. 그런데 지금은 정반대로 회심을 체험한 학생들이 자신들의 지도자인 교수들과 목사들의 회심을 의심하고 공격함으로써 권위와 질서를 무너뜨리고 있었다. 예일대 교수들은 횟필드와 테넌트와 다른 많은 순회 설교자들이 적어도 권위와 질서의 측면에서 학생들에게 부정적인 영향을 주었다고 생각했다.[156] 게다가 1741년 7월 제임스 데이븐포트가 나타나서 영적 대각성의 흐름을 열광주의적 극단으로 몰고 갔고 9월에는 뉴헤이븐에 도착하여 예일대 학생들에게까지 열광주의적 정신을 감염시켰다.

이런 분위기 속에서 에드워즈가 예일대 졸업식 설교자로 온 것이다. 예일대의 토마스 크랩 학장과 교수들은 에드워즈가 진정한 대각성과 정통주의적 질서의 지지자로서 학생들에게 적절하게 경고를 해서 열광주의적인 분위기를 가라앉히고 학교 당국의 권위와 학내 질서를 바로잡아주기를 기대했다. 하지만 에드워즈의 설교는 그들의 기대와 달랐기 때문에 몹시 실망했다.[157] 이 설교는 나중에 『성령의 역사를 구별하는 표지들을 최근에 이 땅의 많은 사람들에게 나타난 저 비상한 작용에 적용함: 이 역사에 수반된 비범한 상황들을 특별히 염두에 두면서』(이후부터는 『성령의 역사를 구별하는 표지들』로 줄여 쓴다)[158]라는 제목으로 출판되었다. 이 책의 기본적인 주장을 요약하면 다음과 같다.[159]:

---

156) Marsden, *Jonathan Edwards*, 231.
157) Ibid., 233.
158) 영문 원제목은 다음과 같다: *Distinguishing Marks Of a Work of the SPIRIT of GOD. - Applied to that uncommon Opreration that has lately appeared on the Minds of many of the People of this Land : With a patricular Consideration of the extraordinary Circumstances with which this Work is attended.*
159) *WJE-Y*, 4:226-288.

성경을 기준으로 삼아서 참된 성령의 사역이 무엇인지 구별할 수 있는 증거를 찾고자 한다. 먼저, 성령의 역사일 수도 있고 아닐 수도 있는 것 혹은 현상적으로는 분명히 부정적인 모습으로 보이더라도 성급하게 성령의 역사가 아니라고 단정짓지 말아야 할 것들이 있다.

(1)어떤 일이 일상적으로 쉽게 경험할 수 없는 매우 희귀한 방식으로 일어났다는 사실.
(2)울음, 몸의 떨림, 신음, 큰 소리로 부르짖음, 육체적 고통 그리고 기력의 소진과 같은 신체적인 현상이 나타났다는 사실.
(3)신앙적인 문제에 대해서 많은 소란이 생긴다는 사실.
(4)사람들이 상상력을 통해서 강한 자극을 받았다는 사실.
(5)어떤 사람들의 영적 체험의 본보기가 다른 사람들에게 영향을 주었다는 사실.
(6)사람들이 무례하고 비상식적으로 행동한다는 사실.
(7)어떤 일을 판단할 때 실수가 있고 또한 사탄의 망상이 뒤섞여있다는 사실.
(8)은혜를 체험했다고 생각되는 사람들이 중대한 실수를 했거나 추문을 일으켰다는 사실.
(9)율법의 공포를 대단히 감정적이고 열정적으로 강조하는 목사들에 의해서 부흥이 진전되어가는 것처럼 보인다는 사실.

이런 아홉 가지 부정적인 표지들(negative signs)은 부흥의 기간에 일어날 수도 있고 일어나지 않을 수도 있는 일들이다. 다르게 말해서, 성령의 사역의 본질적인 표지라고 말할 수 없다. 그러면 성령의 사역임을 주장할 수 있는 성경적인 증거와 표지(evidences and marks)는 무엇인가?

(1)동정녀에게 태어나시고 십자가에 못 박히신 예수님을 높이고, 그분이 하나님의 아들이시고 사람들의 구주시라는 것을 믿게 만든다면,

(2)죄 짓게 하고 세상 욕망을 좇게 하는 사탄의 왕국의 이익에 반대하게
    만든다면,
(3)사람들에게 성경에 대한 존경심을 불러일으키고 성경의 진리와 신성을
    더욱 확고하게 한다면,
(4)사람들을 진리로 인도하여 참된 것을 확신하게 한다면,
(5)하나님과 사람을 사랑하게 한다면,

바로 그 때의 성령의 역사는 참된 성령의 역사이다. 물론, 사탄이 광명의 천사를 가장하여 사람들을 속일 수도 있겠지만, 이 다섯 가지의 성경적인 표지들에 대해서 속일 수는 없다.

이와 같은 관점에서 우리는 다음과 같이 주장한다.

(1)최근에 이 땅에서 많은 사람들에게 신앙에 대한 비상한 관심과 열정을
    불러일으킨 일은 일반적으로 하나님의 성령으로부터 나온 것이다.
(2)그러므로 이 땅에서 진행된 일들을 조금이라도 반대하거나 방해하지
    말고, 최선을 다해서 그것을 진전시켜나가야 한다.
(3)이 부흥의 역사를 진전시키는 일에 동참하고 있는 사람들은 이 역사를
    어둡게 만들 수 있는 여러 가지 실수와 잘못들-교만, 열광주의적 행동,
    직접 계시 주장 등-을 피하기 위해서 매우 조심해야 한다.

성령의 역사의 부정적인 표지들과 긍정적인 증거들을 구별하고자 하는 에드워즈의 시도는 『신앙적 감정』의 논점을 미리 보여준다는 점에서 의미가 있다. 뿐만 아니라 부정적 표지들과 관련된 내용들은 『신앙적 감정』뿐만 아니라 『부흥론』에서도 언급되고 있다는 점도 중요하다.[160]

아무튼 에드워즈는 이 설교를 통해서 대각성에 대해서 분명한 지지의 입장을 밝혔다. 부흥 찬성과 사람들에게도 교만과 과도한 감정적 충동 등에 대해서 약간의 주의를 주었지만, 전반적으로 볼 때 대각성은 분명히 참된

---

160) *WJE-Y*, 4:385-408을 보라.

성령의 역사라고 주장했다. 에드워즈는 이 예일대 설교를 당시의 논란에 대한 중재안으로 생각했겠지만, 상황은 정반대로 흘러서 부흥에 대한 태도가 양극화되는 발단이 되었다.[161] 이후 예일 대학 당국은 부흥 반대파(옛빛파)로 돌아섰고, 하버드 대학 당국을 비롯한 일부 목사들도 부흥을 반대하는 입장을 견지했다. 그러나 아직은 부흥 찬성파가 우세했기 때문에 부흥 반대파 진영은 수면 아래에서 때를 기다리고 있었다.

5) 교회 언약 갱신 의식

에드워즈는 예일대 설교 이후에도 11월과 12월 동안 많은 순회 설교 여행을 했다. 그리고 1742년 1월 말에는 2주 동안 매사추세츠와 코네티컷의 8개 지역을 돌며 순회 설교 사역을 했다.[162] 에드워즈가 출타한 2주 동안 에드워즈 대신 25세의 젊은 순회 설교자인 새뮤얼 뷰얼이 노스햄턴 교회의 사역을 담당했다. 새뮤얼 뷰얼의 설교는 노스햄턴 교인들에게 큰 도전을 주었다. 많은 사람들이 성령의 임재하심에 압도당했고 사랑과 은혜의 충만함을 체험했다.

특히 에드워즈의 부인인 사라 에드워즈가 놀라운 체험을 했다. 영적인 일들에 완전히 압도되어 온 몸에 힘이 빠지고 일종의 신앙적인 황홀경의 상태에 들어가게 되었다. 이런 상태가 며칠 간 계속되었다. 그러나 사람들과 만나서 교제하고 손님들을 접대하고 집안일을 돌보는 등의 일상적인 생활은 평상시처럼 했다. 겉으로 볼 때에는 사라의 엄청난 영적 체험이 어떻게 지속되고 있는지를 쉽게 알아챌 수 없었다.[163]

새뮤얼 뷰얼의 사역을 통해서 다시 한번 노스햄턴은 부흥을 체험하게 되었다. 순회 설교 여행을 마치고 돌아온 에드워즈는 부흥을 계속 지원함과 동시에 부흥의 과도함을 가라앉히기 위해서도 노력했다. 수 년 전에 부흥의 격정적 흥분이 쉽게 날아가 버린 경험을 했던 에드워즈는 부흥의 때에 발생

---

161) Goen, "Editor's Introduction," *WJE-Y*, 4:56.
162) *WJE-Y*, 16:98, 각주 1번을 보라.
163) *WJE-Y*, 4:331-342.

하는 변덕스러운 흥분의 감정을 통제 가능한 안정적인 영성으로 변화시키고 싶었다. 그래서 교회 언약을 만들고, 그것을 교회 지도자들과 도시에 있는 몇 개의 신앙 단체들에 보내서 동의를 얻고, 언약 갱신 예식을 갖기로 했다. 1742년 3월 16일 화요일 예배당에서 14세 이상의 모든 사람들이 모인 가운데서 장문의 언약 내용이 낭독되고 언약 갱신 의식이 거행되었다.[164] 이 의식은 성도다운 삶을 살겠다는 결단을 하는 의식으로서, 그 내용은 정의, 정직, 이타심, 험담과 복수심과 당파심과 세상 정욕을 버림 그리고 기도와 사랑의 정신으로 나아감 등이다.[165]

에드워즈는 언약 갱신 의식을 거행함으로써 부흥의 정신을 제도화하기를 원했다.[166] 그러나 에드워즈의 소망은 이루어지지 않았다. 부흥이 하나님의 자유롭고 선하신 뜻에 따라서 일어나는 은혜의 사건이라면, 아마도 부흥의 정신을 제도화하는 것은 매우 어려운 일일 것이다. 그리고 제도화를 통해서 현실적으로 지속되게 하는 것은 더욱 어려운 일일 것이다.

6) 『부흥론』

앞서 살펴본 바와 같이, 열광주의적 부흥주의자인 제임스 데이븐포트가 1742년 5월과 6월에 코네티컷 강 유역과 보스턴에 나타나서 집회장을 무절제한 흥분과 열광의 도가니로 만들어서 한바탕 영적 소동을 벌이고 난 이후부터, 부흥 반대파 진영에서는 본격적으로 반대의 목소리를 내기 시작했다. 부흥 반대파의 중심인물은 보스턴 제일 교회의 부목사인 찰스 촌시(Charles Chauncy, 1705-1787)였다. 촌시는 설교를 통해서, 그리고 편지와 출판물을 통해서 부흥 찬성파 진영을 맹공격했다. 촌시는 데이븐포트를 일종의 종교적 광기에 사로잡힌 인물이라고 비난하고, 부흥 찬성파 사람들도 데이븐포트와 같은 열광주의자들이라고 매도했다. 대표적인 예를 들자면, 길버트 테넌트를 데이븐포트와 같은 부류의 무절제한 열광주의자로 규정하고 맹비난

---
164) Marsden, *Jonathan Edwards*, 260.
165) *WJE-Y*, 16:121-125. (Edwards to Thomas Prince, December 12, 1743.); 동일한 내용이 *WJE-Y*, 4:550-554에도 있다.
166) Marsden, *Jonathan Edwards*, 262.

한 것이다.[167] 부흥에 대한 입장 차이는 점점 극단적으로 갈라지고 있었다. 서로의 견해 차이가 너무 커서 절충점을 찾기가 어려웠다. 이러한 상황 속에서 에드워즈는 부흥을 옹호하면서 부흥 비판자들을 설득하기 위해서 378페이지에 달하는 방대한 분량의 책을 1743년 초에 출판하였다.[168] 이 책의 제목은 『뉴잉글랜드의 현재 신앙 부흥에 대한 소고: 부흥을 증명하고 촉진시키는 방법』(이후부터는 『부흥론』으로 줄여 쓴다)[169]이다.

『부흥론』은 총5부로 구성되어 있다.[170] 근본적으로 이 책의 목표는 『성령의 역사 분별 방법』과 동일하다. 부흥을 옹호하고 부흥 반대자들의 부흥에 대한 오해를 풀고 열광주의적 경향을 보이는 부흥 찬성자들에게 경고함으로써, 부흥을 촉진시키고 지속적으로 이어지도록 하려는 것이었다. 목표와 주요 내용이 『성령의 역사 분별 방법』과 비슷하기 때문에 이 책의 내용을 전반적으로 다 살펴볼 필요는 없을 것이다. 다만 세부적인 내용 중에서 중요하게 생각되는 몇 부분에 대해서 간단히 검토하기로 한다.

첫째, 에드워즈는 부흥을 반대하는 합리주의자들이 감정을 영혼의 저급한 원리로 보는 것을 거부하고, 모든 참된 종교의 생명과 혼은 신앙적 감정에 있다고 주장하였다.[171] 하나님에 대한 사랑과 기쁨과 갈망과 죄에 대한 미움과 같은 것들은 분명히 감정이다. 둘째, 에드워즈는 부흥 반대자들이 부분으로 전체를 판단하고 있다고 비판한다.[172] 전체 부흥 중 어떤 부분은 인간의 부패와 연약함 때문에 오류가 생길 수 있다. 종교개혁시대나 사도

---

167) Goen, "Editor's Introduction," *WJE-Y*, 4:63.
168) 이 책의 저술 시기에 대한 자세한 설명에 대해서는 *WJE-Y*, 4:65, 각주 9번을 보라.
169) 영문 원제목은 다음과 같다: *Some Thoughts Concerning the Present Revival of Religion in NEW ENGLAND, And the Way in which it ought to be acknowledged and promoted.*
170) 『부흥론』의 내용을 간략히 개관하면 다음과 같다. 1부에서는 현재 뉴잉글랜드에서 진행되고 있는 부흥은 하나님의 영광스러운 역사라는 사실을 주장하고, 2부에서는 이 부흥에 반대하지 않고 부흥을 추구하기를 촉구하고, 3부에서는 부흥 반대자들의 주요 비판들에 대해서 답변하고, 분량이 가장 많은 4부에서는 부흥을 지지하고 찬성하는 자들의 오류와 약점을 지적하고, 5부에서는 부흥을 촉진시키기 위해서 정부 당국자와 목사와 평신도들이 적극적으로 해야 할 일들을 제시한다.
171) *WJE-Y*, 4:297.
172) *WJE-Y*, 4:314.

시대에도 일탈적 행동과 혼란스런 모습이 있었다.[173] 하지만 그런 부분적인 것을 가지고 전체를 판단해서는 안 된다. 셋째, 에드워즈는 설교자들이 회중들의 감정을 고양시키는 방식으로 설교하는 것은 정당할 뿐만 아니라 설교자의 의무라고 주장했다. 설교자는 회중들에게 기독교의 위대한 일들을 지성적으로 올바르게 이해하게 만들어야 한다. 하지만 그것이 전부가 아니다. 무엇보다도 설교자는 회중들의 감정을 높이 고양시키기 위해서 최대한 노력해야 한다. 교인들은 머리에 지식을 채우는 것보다 마음에 감동을 받는 것이 더 필요하다.[174] 넷째, 에드워즈는 부흥의 때에 사람들이 신앙 집회에 너무 자주 참석하고 신앙적인 일에 너무 시간을 많이 쏟음으로써 십계명의 두 번째 돌판의 의무들(도덕적 의무들)과 세상일을 제대로 감당하지 못한다는 비판에 대하여, 그런 일들도 소홀히 해서는 안 되지만 신앙적인 일들을 가장 중요한 일로 삼고 열심을 내는 것이 하나님께 더욱 영광이 된다고 대답한다. 세상일을 소홀히 해서는 안 되지만, 영원한 일들이 무한히 더 중요한 것이라면 그 영원한 부요함과 영광을 구하기 위해서 기꺼이 세상적인 관심사와 세상적인 일들에서 얻는 유익을 포기할 수 있어야 한다.[175] 다섯째, 에드워즈는 부흥에 만연한 오류 세 가지를 지적했다. 먼저, 최악의 오류는 영적 교만이다. 영적 교만은 다른 모든 오류들의 원천이다. 이 영적 교만의 병이 치료되지 않으면 다른 어떤 영적 질병도 제대로 치료할 수 없다. 교만한 사람은 자신의 다른 오류들을 인정하지 않고 변명한다. 그는 자신을 고쳐주고 회복시켜줄 수 있는 빛을 거부하고 받아들이지 않는다. 교민한 사람들은 자신이 이미 빛으로 충만하기 때문에 충고가 필요없다고 생각한다.[176] 다음으로, 부흥의 중요한 오류들 중의 하나는 직접 계시이다. 일부 부흥 지도자들은 자신들이 하나님의 성령을 통하여 직접 계시를 받는다고 확신했다. 사람이 하늘로부터 오는 직접적인 명령에 의해서 인도함을 받는다고 생각하게 되면, 자신이 실수나 잘못을 했다는 것을 결코 인정하지 않을 것이며, 어떤 권위에도 순종하려고 하지 않을 것이다. 연약하고 죄 많은 보통 사

---

173) *WJE-Y*, 4:319.
174) *WJE-Y*, 4:387-388.
175) *WJE-Y*, 4:395-396.
176) *WJE-Y*, 4:414.

람들이 어떻게 감히 하나님과 직통하는 사람을 설득해서 그를 바로잡겠는가?[177] 끝으로 부흥의 중요한 오류들 중의 하나는 체험에 관한 것이다. 참된 그리스도인들일지라도 그들의 영적 체험에 불순물-인간의 자연적 열정, 상상력, 그리고 영적 교만 등-이 섞여있을 수 있다.[178] 이 불순물 때문에 잠시 동안은 영적 체험이 오히려 강렬해지는 것처럼 느껴질 수도 있지만, 결국에는 체험을 변질시키고 부패하게 만든다.[179]

7) 찰스 촌시와 부흥 반대파의 공격

에드워즈의 『부흥론』이 나온 지 두 달 후인 1743년 5월 매사추세츠주 보스턴에서 목사들이 일종의 관례적인 회합을 가졌다. 매사추세츠주에 있는 목사의 전체 숫자는 수백 명에 달했지만, 이 회합에 참석한 사람은 70명이었다. 그런데 70명 중에서 부흥 반대파의 숫자가 과반수가 조금 넘는 38명이었다. 부흥 반대파(옛빛파)는 이 기회를 이용해서 부흥 반대 결의안을 통과시켰다. 이들은 "충동에 의존하는 것(반율법주의와 유사한 것), 초청받지 않은 순회 설교, 평신도 설교, 분리주의, 누가 회심하지 않은 자인가에 대한 검열관식의 단정적 판단 그리고 열광주의적 무질서" 등등에 대해서 부흥 찬성파들을 비난했다.[180] 뒤늦게 이 소식을 알게 된 부흥 찬성파(새빛파)는 즉시 7월 7일 보스턴에서 회합을 가지고, 110명이 넘는 목사의 이름으로 부흥이 하나님의 영광스러운 역사임을 선언하는 결의안을 통과시켰다.[181] 이 사건은 부흥 찬반 양편의 목사들이 공식적으로 대립했다는 점에서 중요한 의미가 있다. 이제 뉴잉글랜드의 신앙 상황의 양극화는 점점 심해지고 있었다.

이런 상황에서 찰스 촌시는 부흥 반대파의 입장을 대변하며 1743년 9월에 『뉴잉글랜 종교 상황에 대한 합리적인 생각』이라는 책을 발표했다. 이 책의 주장을 한마디로 말하면, 현재의 부흥은 너무 감정적이기 때문에, 합

---

177) *WJE-Y*, 4:432-433.
178) *WJE-Y*, 4:459.
179) *WJE-Y*, 4:467.
180) Marsden, *Jonathan Edwards*, 279.
181) Goen, "Editor's Introduction," *WJE-Y*, 4:79.

리적 이성으로 적절하게 통제를 받아야 한다는 것이다. 그에 따르면, 사탄은 감정(passion)을 통해서 이성(reason)에 역사하지만, 성령은 이성을 통해서 감정에 역사한다.[182] 그러나 에드워즈의 생각에, 격정적 흥분이 아닌 올바른 감정은 신앙의 본질에 속한 것이었다.

촌시와 에드워즈는 둘 다 현재의 부흥 속에 과도한 감정적 흥분과 무질서와 일탈과 같은 부정적인 모습이 있다는 사실을 잘 알고 있었다. 촌시는 현재의 부흥 속에 일부 긍정적인 측면이 있다는 사실을 인정하지만, 부정적인 모습이 훨씬 더 많다고 주장한다. 그는 그러한 부정적인 모습들을 자세하게 나열하면서 현재의 부흥은 하나님의 일이 아니라고 주장했다. 하지만 에드워즈는 그러한 부정적인 모습에도 불구하고 전반적으로 볼 때 현재의 부흥은 하나님의 일이라고 주장했다. 사실 이 두 사람의 본질적인 차이는 신앙에 있어서 감정의 역할의 차이이다. 두 사람은 모두 영적인 사람은 철저하게 성경과 이성으로 인도받아야 한다는 것에 동의했고, 감정적인 부분도 필요하다는 것에도 동의했다. 하지만 촌시는 감정이 이성에 의해서 통제를 받아야 한다고 생각했다. 에드워즈는 감정이 이성의 동반자로 작동해야 한다고 생각했다. 촌시는 감정이 보조적인 역할을 하는 것으로 생각하지만, 에드워즈는 감정이 본질적인 역할을 하는 것으로 생각한다. 얼핏 보기에 작은 차이로 보이지만, 이 작고 미묘한 차이가 신앙을 표현하는 서로 다른 방법에 따라 서로 다르게 형성된다면, 실천적인 생활 영역에서 거대한 차이를 만들어내게 된다.[183]

찰스 촌시 이후 부흥 반대파(옛빛파)와 부흥 찬성파(새빛파)의 분열이 고착화되고 부흥의 열기는 점점 식어갔다. 이 무렵 에드워즈는 한 편지에서 부흥 지지자들의 경솔한 처신과 감정의 부패와 여러 가지 죄악들로 인해서 성령을 근심하게 하고 소멸시켰기 때문에 뉴잉글랜드 내에서 부흥을 둘러싸고 분열이 일어났다고 탄식했다.[184] 에드워즈는 지속적으로 부흥이 다시 한 번 임하기를 소망함과 동시에 부흥의 때에 가장 중요한 문제로 다가왔던

---

182) Ibid., *WJE-Y*, 4:83.
183) Marsden, *Jonathan Edwards*, 283.
184) *WJE-Y*, 16:108-109. (Edwards to James Robe, May 12, 1743.)

것, 즉 참된 신앙과 거짓된 신앙을 어떻게 구별할 수 있는가 하는 문제에 대해서 신학적으로 정리하는 작업을 하게 된다. 이 작업이 1746년에 『신앙적 감정』이라는 책으로 발표된다.

8) 두 개의 전선 - 부흥을 반대하는 이성주의자와 부흥을 왜곡하는 열광주의자

에드워즈는 부흥이 진행되는 과정에서 두 부류의 사람들과 대립했다. 한 부류는 부흥을 반대하는 이성주의자들이었고, 다른 부류는 부흥을 왜곡하는 열광주의자들이었다. 전자의 대표적 인물은 찰스 촌시이고, 후자를 대표하는 인물은 제임스 데이븐포트이다. 이성주의자들과 열광주의자들의 견해가 무엇인지 그리고 에드워즈는 어떤 반대 입장을 가지고 있었는지에 대해서 이미 살펴보았다. 하지만 에드워즈의 입장을 분명하게 드러내기 위해서 이미 살펴본 것들에 몇 가지 더 덧붙일 것이 있다.

첫째로, 이성주의자들이나 열광주의자들이나 모두 공통적으로 인간의 이성과 감정을 분리시켰다. 이성주의자들은 이성이 열정을 통제해야 한다고 생각했고, 열광주의자들은 이성과 무관하게 감정이 자신의 열정을 표출할 수 있다고 생각했다. 하지만 에드워즈에 따르면, 이성과 감정은 통합된 것이다. 이성과 감정은 함께 간다. 빛만 있고 열은 없는 것이나 열만 있고 빛은 없는 것은 올바른 신앙이 아니다. 올바른 신앙을 가진 사람은 이성이 열정적이고 감정이 이성적인 사람이다.[185]

다음으로, 이성주의자들이나 열광주의자들은 부흥을 일방적으로 반대하거나 찬성하는 경향을 가지고 있었다. 이성주의자들은 부흥에 나타나는 감정의 생생한 뜨거움을 무조건 비정상적인 것으로 간주했고, 열광주의자들은 부흥에 나타나는 격정의 과도한 흥분과 무질서한 혼란스러움까지도 순수한 것으로 정당화시켰다. 에드워즈는 부흥의 긍정적 측면과 부정적 측면을 모두 공정하게 평가하고자 했다. 전반적으로 볼 때, 부흥은 분명히 하나님의 위대하신 일이라는 것을 증명하고자 했으며, 그럼에도 불구하고 인간

---

185) Cherry, *The Theology of Jonathan Edwards*, 167.

속에 잔존하는 부패와 연약함 때문에 부흥의 역사 속에도 부패와 연약함이 스며들어왔다는 사실을 솔직하게 인정하고자 했다.

끝으로, 윤리의 측면에서 본다면, 이성주의자들이나 열광주의자들은 하나님에 대한 사랑과 이웃에 대한 사랑을 균형있게 강조하지 못했다. 이성주의자들은 하나님에 대한 사랑을 말하지만 그것을 충분하게 강조하기보다는 오히려 추상화시키고 사람에 대한 사랑을 강조하려고 한다. 반면에 열광주의자들은 하나님을 사랑하는 마음으로 너무 충만해서 사람을 사랑하는 마음이 자리를 잡을 여지가 별로 없다. 양자 모두 하나님에 대한 사랑과 이웃에 대한 사랑을 분리시키고 있다. 하나님에 대한 사랑이 신앙이고 이웃에 대한 사랑이 실천이라고 한다면, 이성주의자들과 열광주의자들은 신앙과 실천을 분리했다고 말할 수 있다. 하지만 에드워즈는, 신앙은 실천 속에서 역동적으로 살아 움직이고, 실천은 신앙 안에서 자기 표현의 근거와 가능성을 얻게 된다고 생각했다.[186]

에드워즈는 이성주의와 열광주의라는 두 개의 전선에 대항하여 올바른 신학을 정립하고 부흥을 올바른 방향으로 진전시켜나가기를 원했다. 비록 부흥의 역사는 에드워즈의 소망처럼 지속되지 못했지만, 부흥의 역사를 직접 체험하고 이 역사를 통합적인 인간관의 관점에서 바라보면서 올바른 신학을 정립하고자 했던 그의 노력은 아무리 높은 평가를 받아도 지나침이 없을 것이다.

4. 성찬 논쟁

1) 신학적 문제

뉴잉글랜드 청교도들은 회심 체험을 한 자에게만 성찬 참여 자격을 허락했다. 그러나 시간이 지나면서 이 자격 요건은 점점 완화되었다. 에드워즈의 외할아버지인 솔로몬 스토다드는 회심 체험 여부가 분명하지 않더라도

---
186) Cherry, *The Theology of Jonathan Edwards*, 185.

신앙고백에 동의하고 도덕적 신실함을 갖춘 사람이면 누구나 성찬 참여 자격이 있다고 주장했고, 노스햄턴 교회는 이러한 스토다드 목사의 견해에 따라서 성찬 참여 자격을 부여했다.[187]

에드워즈는 적어도 외견상으로는 약 20년 동안 스토다드 목사의 성찬 참여 자격에 관한 입장을 따르고 있었다. 하지만 오랫동안 이 문제로 인해서 양심의 가책을 느껴왔다. 성찬 논쟁에 관한 책인『겸허한 탐구』에서 에드워즈는 이렇게 말했다: "나는 그분[스토다드]의 관행에 따랐다. 비록 내가 보기에는 해결할 수 없는 일부 어려움이 있었지만 말이다. 그러나 내가 올바로 이해하고 있는가에 대한 의심, 그리고 그분의 여러 가지 면모에 대한 존경심-오랜 권위와 목회 사역의 성공에서 입증되는 기존 주장의 장점들과 위대한 명성과 영향력에 대한 존경심-이 오랫동안 내 마음을 사로잡고 양심의 가책을 억눌렀다."[188]

에드워즈의 '양심의 가책'의 흔적은 1728년까지 거슬러 올라간다. 1728년 여름 그는『신학 비망록』의 한 항목에서 지역 교회의 회원 자격은 오직 참된 그리스도인으로 보이는 사람들에게만 해당된다고 썼고, 1730년 봄에는 자기 자녀가 세례를 받을 수 있는 교회적 권리, 즉 가시적인 그리스도의 교회에 속한 것으로 인정받는 교회적 권리는 주의 성찬에 참여하는 자들 이외의 누구에게도 허락할 수 없다고 기록했다.[189] 에드워즈는 분명히 오랫동안 스토다드의 성찬에 대한 견해인 스토다드주의를 거부하지 않았다. 하지만 위와 같은 내용 속에는 스토다드주의나 중도 언약에 대한 반대의 흔적이 엿보인다. 또한 1737년 겨울에 행한 열 처녀 비유에 대한 연속 설교에도 그런 흔적이 희미하게 나타난다. 참된 신앙과 거짓된 신앙의 차이를 밝히고 참된 신앙의 본질을 자세하게 해명하려는 시도는 자연스럽게 참된 신앙을 가진 그리스도인에게만 성찬을 허락해야 하다는 입장과 연결될 수 있다. 이러한 입장은 1746년에 출판한『신앙적 감정』에서도 비교적 분명하게 나타난다.

---

187) 스토다드 목사의 성찬에 관한 견해에 대해서는, 본서 제2장 1.의 2)(중도언약과 스토다드주의)를 보라.
188) *WJE-Y*, 12:169.
189) Douglas Sweeney, "The Church," *The Princeton Companion to Jonathan Edwards*, 182.

스토다드 목사를 존경했던 교인들 사이에서 그리고 스토다드주의가 이미 굳게 자리를 잡은 상황에서, 에드워즈가 다른 견해를 가진다는 것은 매우 위험한 일이었다. 하지만 에드워즈의 견해는 여러 가지 개인적인 갈등을 겪으면서 서서히 변해갔다. 결국 1744년경, 에드워즈는 기독교적인 은혜와 경건에 상응하는 신앙고백과 외형적 모습이 없다면 어떤 사람도 교회의 정회원 후보로 받아들일 수 없다는 확신에 도달했다.[190] 사라 에드워즈의 한 편지[191]에서도 에드워즈의 입장 변화를 읽을 수 있다. 이 편지에서 사라는 1746년경에 에드워즈와 대화한 내용을 소개한다. 그녀의 말에 따르면, 에드워즈는 확실한 신앙고백을 하지 않는 사람들에게는 교회 회원권을 허락하지 않을 것이며, 곧 발표될 책인 『신앙적 감정』에서 이에 대한 자신의 입장을 밝힐 것이라고 했다. 그리고 공개적으로 스토다드 목사에 대한 반대를 표명하기보다는 서서히 자연스럽게 퍼져가는 것이 좋겠다고 했다.

그리고 드디어 1748년 말 성찬 논쟁이 본격적으로 일어나고 결국에는 에드워즈가 해임되는 비극적인 사태로 결말을 맺는다. 성찬 논쟁의 본질은 스토다드와 에드워즈 사이의 신학적인 입장의 차이이다. 이 신학적인 문제는 성찬 논쟁의 진행과 결말을 다룰 때 다시 한번 자세히 살펴보도록 할 것이다. 그렇지만 신학 외적인 문제도 상당한 영향력을 가지고 있었다. 노스햄턴 교인들의 입장에서는 신학적인 문제보다 신학 이외의 문제들이 더 중요했을지도 모른다. 왜냐하면 그것은 자녀 문제와 집안의 명예 문제, 돈 문제, 그리고 인간관계의 문제였기 때문이다.

2) 신학 이외의 문제

성찬 논쟁이 해임의 비극으로 이어지는 일련의 과정을 폭넓게 이해하기 위해서는 신학 이외의 문제, 즉 교회 안의 사회적이고 정치적 문제에 대해서도 잘 알아야 한다. 이런 신학 외적인 문제들 중 가장 중요한 것으로 나쁜

---

190) Murray, *Jonathan Edwards*, 275.
191) Murray, *Jonathan Edwards*, 485-487(1750년 6월에 사라 에드워즈가 자기 남편인 에드워즈 목사의 해임에 관한 문제를 다루기 위해 소집된 목사협의회 앞으로 보낸 편지가 Murray의 책 부록3에 실려 있다).

책 사건, 사례비 문제, 친척들과의 갈등 그리고 존 스토다드 대령의 죽음이 있다.

먼저, 나쁜 책 사건이다.[192] 이 사건의 전모는 대략 다음과 같다. 1744년 초 노스햄턴 교회의 20대 남자 청년들이 여성의 출산에 관한 의학 서적들을 돌려 읽고 그 책에서 얻은 정보를 가지고 자기들끼리 음담패설을 주고받으며 젊은 여자들을 성적으로 희롱하고 있었다. 에드워즈는 이 문제를 심각한 것으로 간주하고 교회적으로 해결하려고 했다. 교인들에게 사건의 큰 윤곽을 알려서 문제의 해결을 요청했고, 교회의 지도적 인사들이 그 일을 담당하기로 했다. 이것은 일반적으로 비공개적으로 일을 처리하는 과정이었다. 그런데 에드워즈는 중대한 실수를 범했다. 교회 위원회가 모였을 때, 에드워즈는 이 문제의 해결을 위해서 출석해야 할 사람들의 명단을 발표했는데, 증인과 용의자를 구분하지 않고 전체 명단을 읽어 내려갔다. 이 명단에 포함된 청년들 가운데 일부는 소위 유력한 집안의 자녀이거나 그 집안과 밀접하게 관련 있는 청년들이었다. 에드워즈는 이 부주의한 행동으로 인해서 지도적 인사들의 비난을 받았고, 마을 전체는 갑자기 큰 소란에 휩싸이게 되었다. 이런 소란에도 불구하고 에드워즈는 이 문제를 엄정하게 처리하려고 했다. 에드워즈의 입장에서 보자면, 이 문제는 단순히 청년들의 성적인 문제가 아니고, 청년들이 은밀하게 조직을 만들어서 다른 청년들까지 유혹받게 함으로써 공동체를 오염시키는 심각한 문제였다. 또한 이 청년들은 문제의 출산 관련 서적을 자기들끼리 '젊은이 성경'(young folks' Bible)이라고 불렀다고 하는데, 이것은 매우 심각한 신성모독에 해당하는 일이었다. 그러나 일은 이미 꼬여있었다. 교인들은 이미 마음이 상해있었다. 그래서 이 사건의 결과와 상관없이 에드워즈 목사의 영적인 권위는 매우 약해졌다.

다음으로 사례비 문제이다.[193] 에드워즈가 받는 사례비는 물가 상승률에 따라서 조정되었다. 그런데 영적 대각성이 한창 진행되던 때인 1742년에는 인플레이션으로 인하여 사례비가 조금 부족하여 교회에 증액을 요청했다. 그런데 이 사례비 인상은 마을에 큰 물의를 일으켰다. 사람들이 에드워즈

---

192) Marsden, *Jonathan Edwards*, 292-301.; Murray, *Jonathan Edwards*, 276-277.
193) Marsden, *Jonathan Edwards*, 301-305.; Murray, *Jonathan Edwards*, 277-281.

목사와 그 가족들이 사치스러운 생활을 한다고 불평했다. 이에 에드워즈는 1743년에 자기 가정의 생활비 내역을 공개했지만 그다지 좋은 결과를 얻지 못했다. 1744년에도 사례비 인상 문제가 부각되었다. 이때는 '나쁜 책 사건'으로 목사와 마을 사람들의 관계가 손상을 입은 상태였다. 사람들은 자기 목사의 사례비를 인상해주었지만, 자기 목사와 그 가족들은 필요 이상으로 고급스러운 생활을 하고 있다는 생각을 숨기지 않았다. 이런 식의 사례비에 관한 마찰은 해마다 계속되었고 마침내 1748년에 물가 상승률을 넘어서는 액수의 사례비를 지급하기로 함으로써 외형상 문제는 봉합되었다. 말스든은 이 사례비 문제를 다루면서 공정한 시각에서 이렇게 평가한다. "1740년대에 마을 사람들은 에드워즈를 사례비 인상 요구를 관철시키려는 사람으로 보려고 했다. 반면에 에드워즈는 많은 마을 사람들을 탐욕스럽고 뻣뻣해서, 권위를 가진 자들이 마땅히 자기 몫을 받아야 한다는 모범 사회의 근본 원리를 인정하지 않는 사람들로 보았다."[194]

셋째로, 친척들과의 갈등 관계도 상당한 영향을 끼친 요인이다.[195] 특히 윌리엄스 가문과의 갈등 관계가 큰 비중을 차지했다. 윌리엄 윌리엄스는 에드워즈의 이모부로서 에드워즈를 좋게 보았다. 그의 아들들인 일라이셔 윌리엄스와 솔로몬 윌리엄스는 대각성 기간 동안 에드워즈와 같이 부흥 찬성파(새빛파)였지만, 에드워즈가 성찬 논쟁과 관련하여 스토다드 집안의 전통을 부정하는 것에 대해서 화가 났다. 그리고 또 다른 아들인 이즈리얼 윌리엄스와 윌리엄스 집안의 딸인 도로시 윌리암스와 결혼한 조나던 애슐리 목사는 오랫동안 에드워즈와 사이가 좋지 않았다. 그리고 1735년의 부흥 기간에 자살했던 에드워즈의 다른 이모부 조셉 홀리의 아들인 조셉 홀리 3세도 처음에는 에드워즈의 편이었다가 동생에 관련된 재판 문제 이후 돌아섰다. 이러한 친인척들과의 갈등은 성찬 논쟁에서 에드워즈의 입장을 더욱 어렵게 했다.

마지막으로, 존 스토다드 대령의 죽음이다.[196] 존 스토다드는 에드워즈의

---

194) Marsden, *Jonathan Edwards*, 304.
195) Marsden, *Jonathan Edwards*, 357-359.; 365-369.; Murray, *Jonathan Edwards*, 314-316.
196) Marsden, *Jonathan Edwards*, 343-345.; Murray, *Jonathan Edwards*, 313-314.

외삼촌이었고 군대 사령관이었고 마을의 각종 사회정치적 문제에 대해서 영향력 있는 마을 유지였고 에드워즈와 비슷한 신학적 입장을 견지하고 있었다. 그는 에드워즈의 가장 강력한 후견인이었다. 나쁜 책 사건이 있었을 때도 사례비 문제로 논란이 일어났을 때도 그는 에드워즈의 편을 들어주었다. 존 스토다드 대령은 1748년 6월 보스턴에서 군사 작전을 위한 회의를 마치고 떠나기 직전에 쓰러져서 숨을 거두었다. 스토다드의 죽음으로 인해서 에드워즈는 막강한 배경을 잃어버렸다. 이 일이 얼마 후에 벌어진 성찬 논쟁에 대해서도 눈에 보이지 않게 영향을 주었을 것이라고 추측할 수 있다.

3) 성찬 논쟁의 진행과 결말

1744-46년 사이에 에드워즈는 성찬 참여 자격 문제에 대해서 스토다드주의를 거부해야 한다는 확신을 가졌다. 그러나 자신의 새로운 견해를 교인들이 받아들이기 쉽지 않을 것이라고 생각하고 공개적으로 발표하기보다는 주변 사람들에게 사적으로 조금씩 이야기하면서 자연스러운 기회가 오기를 기다렸다. 그러나 1744년 이후 거의 4년 이상 교회 회원권을 신청하는 사람이 없었다.

드디어 1748년 12월 어느 날 에드워즈가 기다리던 기회가 왔다. 결혼을 앞둔 한 남자 청년이 교회 회원권을 청원했다. 에드워즈는 그에게 스토다드 목사의 방식이었던 교리적 기준과 도덕적 신실성의 조사에 덧붙여서 자신의 말로 신앙고백문을 작성할 것을 요구했다. 몇몇 사람들이 이 일을 알게 되었고, 에드워즈 목사가 성찬 참여 자격에 대한 전통적인 견해를 거부하고 새롭게 개혁하려고 한다는 소문이 온 마을에 퍼졌다. 그 청년은 부담을 느껴서 청원을 취소했다.

교회는 점점 시끄러워졌고 사태는 진정될 기미가 보이지 않았다.[197] 그래

---

197) *WJE-Y*, 16:271(Edwards to John Erskine, May 20, 1749). 얼스킨에게 보내는 편지에서 에드워즈는 다음과 같이 쓰고 있다: "성찬 참여 자격 문제로 저와 교인들 사이에 큰 어려움이 생겼습니다.··· 이 일로 인해 교인들 사이에 불만이 생겨났고, 마을 전체가 소란스러웠습니다. 그래서 저는 그 주제에 관해서 책을 쓰게 되었고, 그 책은 이제 곧 출판될 것입니다."

서 1749년 2월 에드워즈는 교회 회원 자격의 문제에 대해서 설교를 하겠다고 교회위원회에 제안했다. 교회위원회는 그 제안을 거부하고 책으로 출판하는 것은 좋다고 결정했다. 에드워즈는 책을 쓰기 시작했다. 1749년 8월에 출판된 이 책의 제목은 『가시적 기독교회에서 완전한 회원 자격과 성찬 참여 자격을 얻는 일에 관한 하나님의 말씀의 규칙에 대한 겸허한 탐구』[198](이하에서 『겸허한 탐구』로 줄여 쓴다)이다.

1749년 4월에 메리 헐버트라는 젊은 여자가 에드워즈가 제안한 방식으로 교회 회원권을 얻겠다고 청원했다. 이 당시에는 교회의 분위기가 이미 에드워즈를 반대하는 쪽으로 흘러가고 있었기 때문에, 교회위원회는 그녀의 청원을 받아들이지 않았다. 사태는 심각했고, 에드워즈는 최후의 카드를 꺼냈다. 현재 자신이 쓰고 있는 책을 교인들이 다 읽은 후에도 여전히 자신의 견해를 반대한다면 교회를 사임하겠다는 진술서를 제출했다.[199]

지난 몇 년간 여러 가지 문제들로 인해서 이미 신뢰가 깨진 상황이었기 때문에 사람들은 에드워즈의 진의를 의심했다. 왜 에드워즈는 사례비가 인상될 때까지 기다렸다가 지금 새로운 견해를 발표하는가? 왜 에드워즈는 존 스토다드 대령이 살아 있는 동안에는 새로운 견해를 발표하지 않았는가? 존 스토다드 대령이 살아 있었다면 자기 아버지의 견해를 뒤집는 에드워즈의 견해를 반대했을 것이기 때문에, 그가 세상을 떠난 다음에 새로운 견해를 발표하는 것이 아닌가?[200] 사태가 이쯤 되면 교인들이 에드워즈의 책을 진지하게 읽어보지 않으리라는 것을 쉽게 짐작할 수 있다.

이후에도 사건은 복잡하게 진행된다.[201] 에드워즈의 반대자들은 이 교회 내의 문제를 지역위원회에서 논의하게 했고, 에드워즈는 교회 일을 지역위원회가 관여해서는 안 된다고 이의를 제기했다. 반대자들은 에드워즈의 해임을 위해서 이웃 교회의 목사들로 구성된 목사협의회를 소집하고자 했고, 에드워즈는 아직 교인들이 자신의 견해에 대해서 책으로 읽지도 않고 설교

---

198) 영어 원 제목은 *An Humble Inquiry into the Rules of God Concerning The Qualifications Requisite to a Complete Standing and Full Communion in the Visible Christian Church*이다.
199) Marsden, *Jonathan Edwards*, 347.; Murray, *Jonathan Edwards*, 316-318.
200) Marsden, *Jonathan Edwards*, 348.
201) Marsden, *Jonathan Edwards*, 357-362.; Murray, *Jonathan Edwards*, 318-329. 이 부분은 Murray의 책이 훨씬 더 자세하게 설명되어 있다.

를 듣지도 않았으므로 목사협의회의 소집은 시기상조라고 생각했다. 하지만 목사협의회의 소집은 이루어질 수밖에 없었는데, 이 목사협의회의 구성을 어떻게 할 것인가에 대해서도 양자 간에 논란이 오갔다. 어쨌든 복잡한 과정을 거쳐서 목사협의회가 구성되었고, 그들은 최종적으로 노스햄턴 교인들이 투표를 하도록 했다. 1750년 6월 약 230명의 남자 교인들이 모였고 그 중에서 23명만이 에드워즈의 편을 들어주었다. 투표 결과에 따라서 에드워즈는 23년간 목회했던 교회에서 공식적으로 해임되었다. 이후 에드워즈는 1750년 7월 1일에 고별 설교를 했고, 1751년 스톡브리지로 이주하여 약 7년 동안 인디언 선교 사역에 헌신하였다.

그런데 성찬 논쟁의 진행과 결말의 과정에서는 에드워즈의 입장이 무엇인가 하는 점이 별로 선명하게 드러나지 않는다. 교인들이 에드워즈의 신학적 견해에 별로 관심을 가지지 않았다는 사실은 참으로 불행한 일이었다. 에드워즈에게 있어서 성찬 참여 자격의 문제는 23년간 목회한 교회에서의 해임을 불사할 만큼 매우 중대한 문제였으므로, 우리는 이 문제를 분명하게 이해할 필요가 있다.

에드워즈에 따르면,

> 신앙고백에 있어서 그리고 교회의 판단에 있어서, 경건하고 은혜롭다고 간주되는 사람들 이외에는 아무도 가시적 교회의 회원 자격과 성찬 참여 자격을 허용해서는 안 된다.[202]
> 다시 말해서 어떤 사람이 기독교 교리를 잘 이해하고 도덕적으로 올바르고 성실할 뿐만 아니라 자신의 말로 진지하게 공적인 신앙고백을 하고 거기에 합당한 삶을 산다면, 그의 신앙고백의 내용이 약간 부족할지라도 교회에 의해서 가시적 성도(visible saints)로 받아들여질 수 있다.[203]

가시적 성도란 어떤 사람들인가? 한 사람이 진짜 성도인지 아닌지는 중심을 보시는 하나님만 판단하실 수 있다. 사람들은 그런 최종적 판단을 할 수

---

202) *WJE-Y*, 12:182.
203) *WJE-Y*, 12:179.

없다. 하지만 사람들이 겉으로 보기에 저 정도면 진짜 성도라고 판단해도 괜찮겠다 싶은 수준의 성도가 있다. 그런 성도가 가시적 성도이다. 다르게 표현하면, 가시적 성도는 사람들의 눈에 중생의 증거를 가지고 있는 것처럼 보이는 성도이다. 가시적 성도의 가시성은 하나님의 구원의 은혜와 관련된 것이고 일반적인 도덕성과 관련된 것은 아니다. 가시적 성도는 참된 중생의 은혜나 참된 신앙적 거룩함이 드러나 보이는 사람이지 구원과 무관한 일반적인 도덕적 신실함이 드러나 보이는 사람이 아니다.[204]

가시적 성도는 가장 높은 수준의 은혜의 증거를 보여주는 사람이 아니고 단지 참된 신앙에 속해 있다는 증거를 확실히 보여주는 사람이다. 에드워즈는 성찬 참여 자격으로 높은 영적 수준을 요구하는 것이 아니라 많은 면에서 부족하더라도 정말로 은혜를 체험했다는 확실한 외적 증거, 즉, 자신의 내면의 양심을 외적으로 드러내 보여줄 수 있는 모종의 증거를 요구했다는 사실을 알아야 한다. 다르게 말해서, 내적인 신앙고백과 외적인 실천이 통합되어 있다는 증거,[205] 혹은 참으로 은혜롭고 거룩한 감정이 참된 신앙을 표현하고 있다는 증거를 요구했다는 말이다.

그런데 가시적 성도의 가시성을 정확하게 판단할 수 있는가? 알곡과 가라지를 정확하게 구분할 수 있는가? 에드워즈는 지상의 교회에는 알곡과 가라지가 함께 섞여 있고 이 양자를 완전히 구분해낼 수 없다는 사실을 인정한다. 하지만 가능한 한 정확하게 구별하기 위해서 최선을 다해야 한다는 입장을 견지한다. 이런 식으로 알곡을 정확하게 골라내려고 하면 당연히 성찬 참여 자격의 기준이 높아진다. 그리고 이 기준이 높아지면 교인들 사이에는 불만이 생기게 된다.

아마도 에드워즈는 자신이 제시한 성찬 참여 기준이 높은 것이 아니고 오히려 스토다드주의나 중도 언약의 기준이 성경적 기준에 미치지 못한다고 생각했을 것이다. 에드워즈의 입장이 너무 과도하다고 생각한 사람들은 에드워즈를 분리주의자라고 비난했다. 하지만 그러한 비난은 부당하다. 에드워즈는 교회 회원 자격 신청자에게 약 15분간의 회심 체험 진술을 요구했던

---

204) *WJE-Y*, 12:185.
205) *WJE-Y*, 2:416.

초기 뉴잉글랜드 청교도들의 관행으로 돌아가려고 하지 않았다. 뉴잉글랜드 청교도들을 분리주의자라고 할 수 없다면 그들보다 덜 엄격한 방안을 제시한 에드워즈에 대해서도 당연히 분리주의자라고 할 수 없다. 에드워즈는 신앙고백자가 형식적인 신앙고백이 아니라 진실하고 체험적인 신앙고백을 하기를 원했을 뿐이다.

그러나 에드워즈는 성찬 논쟁의 과정에서 자신의 원칙을 현실에 적용시키는 데 성공하지 못했다. 에드워즈의 원칙이 틀린 것은 아니지만, 여러 가지 면에서 현실적인 상황들에 잘 대처해나가지 못했던 것이다. 그는 원칙에 충실하려다가 목회에 실패했다. 말스든의 다음과 같은 인상적인 분석은 성찬 논쟁에서 에드워즈의 태도를 이해하는 데 도움을 준다.

> 에드워즈는 신학적으로 칼빈주의자였지만 성격적으로 완벽주의자였다. 그는 사람들에게서 기대할 수 있는 것 이상을 요구하면서 자신이 지켰던 훈련 규칙을 마을 사람들에게 적용했다. 1742년의 노스햄턴 언약은 아마도 가장 명백한 사례일 것이다. 그것은 전체 마을 사람들에게 방대하게 쓰인 자신의 결심문에 따라서 살라고 요구하는 것처럼 보였다.[206]

> 1734-35년의 영적 각성 이후, 에드워즈는 너무 많은 기대를 하고 있다는 것을 깨달았다. 그럼에도 불구하고 그는 대각성의 절정기 때 교인들이 약속했었던 것을 이행할 것을 요구하고 있었다. 이것이 에드워즈의 문제였다. 그는 본래부터 불안정했던 부흥의 토양 위에서 그 도시가 오랫동안 영적인 힘을 유지할 것이라는 거의 완벽주의적인 소망을 키워가고 있었던 것이다.[207]

에드워즈가 자기 교인들에게 너무 높은 기대감을 가지고 다소 무리한 요구를 한 것은 사실이다. 그러나 그것은 에드워즈의 원칙이 옳은가 틀리는가 하는 것과는 다른 차원의 문제이다. 에드워즈는 교회의 순수성에 대한 강한 열망을 가지고 있었기 때문에 진심에서 우러나오는 신앙고백을 하고 진심

---

206) Marsden, *Jonathan Edwards*, 350.
207) Marsden, *Jonathan Edwards*, 370.

으로 하나님의 말씀에 순종하여 살고자 하는 참된 신앙인들에게만 성찬이 베풀어져야 한다고 생각했다. 참된 신앙과 거짓된 신앙을 가능한 한 분명하게 구별함으로써 교회의 순수성을 지키고자 했던 에드워즈의 신앙적 감정은 오늘날도 여전히 우리에게 강력한 도전이 된다.

A Study on the Religious Affections

in the Theology of Jonathan Edwards

Jonathan Edwards

제 3 장

『신앙적 감정』의 구조와 내용

지금 우리는 신앙적 감정의 개념을 연구하고 있기 때문에, 이 주제에 대한 에드워즈의 대표적 저술인 『신앙적 감정』을 깊이 있게 살펴보아야 한다. 하지만 모든 내용들을 요약하는 식으로 살피기보다는 『신앙적 감정』에 나타나는 에드워즈의 문제의식, 전체적인 구조, 인간적인 판단의 한계 그리고 표지의 의미에 초점을 맞출 것이다. 그뿐 아니라 감정 개념과 에드워즈 사상의 다른 측면들과의 관계에 대해서도 간략하게 살펴볼 것이다.

1. 기본적인 문제의식

에드워즈의 문제의식은 『신앙적 감정』의 저자 서문에서 선명하게 드러난다. 서문의 첫 부분에서 에드워즈는 다음과 같이 말한다. "하나님의 마음에 들어서 영원한 상급을 받을 자격이 생긴 사람을 다른 사람들과 구별하는 기준이 무엇인가 하는 문제보다 더 중요하고 더 해결이 필요한 문제는 없다. 다른 말로 하면, 참된 신앙의 본질은 무엇인가, 하나님이 받으실 만한 덕과 거룩의 구별되는 특징은 어디에 있는가 하는 문제보다 더 중요한 것

은 없다."¹⁾

에드워즈는 "처음 신학에 입문한 이후부터 특별히 이 문제-참된 신앙의 본질은 무엇인가라는 문제-에 관심을 가지고 오랫동안 열심히 연구해왔다."²⁾ 이 말에 따르면 에드워즈는 부흥 이전부터 이 문제에 대해서 공부를 했다. 이 사실은 중요하다. 왜냐하면 참된 신앙의 본질은 무엇인가에 대한 연구는, 부흥과 관련한 복잡한 논쟁들이 현실적인 계기가 되었지만 부흥의 맥락 안에 제한되는 것이 아니고 기독교 신앙 일반의 지평으로 확장될 수 있기 때문이다. 하지만 부흥이 이 연구를 촉발시킨 직접적인 계기이기 때문에 에드워즈는 부흥이라는 당대의 배경을 염두에 두고 논의를 진행시킨다.

에드워즈는 놀라운 부흥의 역사가 일어났음에도 불구하고 거짓된 신앙 혹은 위선적 신앙이 많이 나타나는 현상에 주목하고, 참된 신앙과 거짓된 신앙을 구별하는 일의 중요성을 강조했다. "참된 신앙이 크게 부흥하는 때에 많은 거짓된 신앙이 성행하고, 참된 성도들 가운데서 많은 위선자들이 나타나는 것은 새로운 일이 아니다."³⁾ 요시야 왕 때에도, 세례 요한의 시대에도, 예수님이 오셨을 때도, 오순절의 역사가 있었을 때에도 그리고 종교개혁 시대에도, 참된 성도들 가운데서 많은 위선자들이 나타났다.⁴⁾ "지금까지 마귀는 거짓된 신앙을 참된 신앙에 섞어서 구별할 수 없게 하는 방법으로 그리스도의 나라에 대항하여 우세를 보여왔다." 그래서 "사도들의 서신에서도 교회가 당하는 핍박보다 교회 안에 들어온 거짓 신앙의 위협에 더 많은 관심을 기울였다."⁵⁾ 그러므로 "우리가 할 수 있는 힘을 다해 참된 신앙과 거짓된 신앙을 분명하게 구별하고 참된 신앙이 무엇인지를 바르게 정립하는 것은 매우 중요한 일이다."⁶⁾

한편 한 가지 더 주목해야 할 점이 있다. 에드워즈에 따르면,『신앙적 감정』은 이전의 부흥에 관한 책들과는 출판 목적이 다소 다르다.

---

1) *WJE-Y*, 2:84.
2) *WJE-Y*, 2:84.
3) *WJE-Y*, 2:85.
4) *WJE-Y*, 2:85-86.
5) *WJE-Y*, 2:86.
6) *WJE-Y*, 2:89.

이 책에서 나의 목적은 이전에 출판된 책들과는 다소 다르다. 이전의 책들에서는 하나님의 성령의 일반적 사역과 구원적 사역을 둘 다 포함해서 하나님의 성령의 역사의 구별된 표지를 보여주고자 했다. 그러나 여기서 나의 목적은 하나님의 성령의 은혜의 사역의 본질과 표지들을 보여주는 것이다. 그럼으로써 사람들의 마음을 사로잡지만 구원의 본질이 아닌 모든 것들을 참된 구원의 본질과 표지들과 구별하려는 것이다.[7]

이전의 책들, 즉 『성령의 역사를 구별하는 표지들』과 『부흥론』은 성령의 일반적 사역과 구원적 사역을 구별하지 않았다. 왜냐하면 전체적으로 볼 때 부흥이 성령의 사역으로 말미암았다는 사실을 증명하는 것이 주요 목적이었기 때문이다. 그러나 이 책에서는 개인의 영혼에 관심을 집중한다. 한 개인의 신앙이 구원과 관련이 있는지 없는지를 증명하는 것이 주요 목적이기 때문에, 성령의 일반적 사역이 아니라 구원하는 사역의 본질과 표지들에 초점을 맞춘다.

이미 언급한 바와 같이, 에드워즈는 부흥의 과정에서 놀라운 성령의 부으심에도 불구하고 여전히 남아있는 인간의 연약하고 부패한 모습을 많이 보았다. 그리고 사탄이 그러한 인간의 약점을 교묘하게 파고들어서 참된 신앙의 모조품을 만들어냄으로써 부흥을 방해하는 것도 발견했다. 부흥을 반대하는 자들에게는 이 부흥이 전반적으로 볼 때 참된 하나님의 성령의 역사라는 사실을 증명하기만 하면 되었지만, 부흥을 찬성하는 일부 사람들의 경우는 달랐다. 부흥을 찬성하지만 너무나 열광주의적이고 혼란스러운 방식으로 일을 진행함으로써 오히려 부흥에 해를 끼치는 사람들에게는 부흥의 과정 속에서 사람들에게 임한 하나님의 성령의 역사가 구원에 이르게 하는 은혜의 역사라는 것을 증명하는 기준이 필요하다는 사실에 대해서 경고해야 했다. 은혜를 체험한 개인의 신앙이 진짜 신앙인지 가짜 신앙인지 구별하는 방법이 필요했다. 이것은 결국 참된 신앙의 본질이 무엇인가라는 문제와 연결된다. 에드워즈는 부흥이라는 맥락에서 진짜 신앙과 가짜 신앙을 구별하는 문제를 연구했지만, 이 문제는 부흥의 차원을 넘어서서 참된 신앙의 본

---
7) *WJE-Y*, 2:89.

질을 밝히는 포괄적인 문제이다. "참된 신앙의 본질과 표지들은 무엇인가?" 이것이 에드워즈의 근원적인 문제의식이다.

2. 본문 구조 분석

『신앙적 감정』의 본문 구조는 단순하다. 전체가 3부로 구성되어 있다. 제1부는 감정의 본질과 중요성을 다룬다. 제2부는 감정과 관련하여 참된 신앙인지 거짓된 신앙인지 구별하는 데 별로 소용이 없는 소위 불확실한 표지들 12개를 제시한다. 그리고 제3부는 감정과 관련하여 참된 신앙과 거짓된 신앙을 구별하고 참된 신앙이라는 것을 보여주는 확실한 표지들 12개를 다룬다.

제1부에서 에드워즈는 『신앙적 감정』 전체를 관통하는 신학적 명제를 다음과 같이 제시한다: "참된 신앙은 대체로 거룩한 감정 안에 있다."[8] 이 명제를 논의의 출발점으로 삼고, 다음으로 감정이 무엇인지 정의하고, 감정이 얼마나 중요한지 강조한다.

감정이란 무엇인가?[9] 에드워즈의 감정 개념을 정확하게 알기 위해서는 에드워즈가 인간 영혼을 어떻게 보고 있는가를 먼저 알아야 한다. 영혼에는 두 가지 기능이 있다. 지성(understanding)과 의향(inclination)이다. 지성은 지각하고 인식하고 판단하는 기능이다. 의향은 어떤 사물에 대해서 좋아하거나 싫어하도록 혹은 찬성하거나 반대하도록 기울어지게 하는 기능이다. 이 기능이 행동과 연관될 때 의지(will)라고 부른다. 그리고 이 기능이 정신(mind)과 관련될 때, 정신을 마음(heart)이라고 부른다. 그리고 영혼의 의향과 의지의 활기차고 생생한 활동을 감정(affection)이라고 부른다. 한편, 에드워즈가 말하는 감정은 격정(passion)과는 다르다. 격정은 매우 갑작스럽게 나

---
8) *WJE-Y*, 2:95.
9) 감정(affection)의 개념에 대한 더 자세한 설명을 보려면, 서론 제2장 용어의 설명을 참조하라.

타나고 인간의 동물적 본능에 미치는 효과가 격렬하며 정신이 압도당하여 통제력을 잃는 경우에 나타난다. 하지만 감정은 갑작스럽거나 제어되지 않는 방식으로 작동하지 않으며, 오히려 정신과 조화를 이루는 방식으로 활발하고 생생하게 활동한다.

감정은 얼마나 중요한가? 참된 신앙은 실천적 본성을 가지고 있으며, 감정은 인간의 행동의 근원이다. 하나님께서 그렇게 만드셨다. 그러므로 참된 신앙은 감정 안에 존재해야 한다.[10] 신앙에 속한 일은 너무 중요하기 때문에 우리 마음에 생생하고 강력한 감정을 불러일으킬 수밖에 없다.[11] 신앙에 속한 일이 사람의 영혼을 사로잡았는데 감정이 움직이지 않을 수는 없다. 감정이 움직이지 않는 곳에는 신앙의 사건이 발생하지 않는다. 성경의 모든 곳에는 신앙이 감정과 연결된다. 성경에는 경건한 두려움, 소망, 사랑, 죄에 대한 미움과 슬픔, 갈망, 기쁨, 감사, 긍휼 그리고 열정과 같은 감정들로 가득하다.[12] 성경에 나오는 많은 고귀한 성도들의 신앙은 거룩한 감정 안에 존재했다. 그들은 신앙적 감정으로 충만한 사람들이었기 때문에 자신들의 신앙과 경건을 감정적으로 풍성하게 표현했다.[13] 하나님이 정하신 은혜의 수단들도 감정을 움직이게 하는 것들이다. 기도, 찬양, 성례 그리고 설교 등은 우리의 마음을 감정적으로 고양시키기 위해서 그리고 우리의 감정을 적절한 방식으로 표현하게 하기 위해서 만든 것이다.[14]

하지만 감정이 중요하다고 해서 감정적 뜨거움을 무조건 인정하는 것은 올바른 입장이 아니다. 반대로 감정적 뜨거움을 무조건 거부하는 것도 잘못이다.[15] 모든 감정을 찬성하거나 반대하는 극단적인 두 입장을 배제하고, 감정들을 잘 구별하여 참된 감정을 승인하고 거짓된 감정을 거부해야 한다. 그리고 분명하게 참된 감정이라고 구별되고 승인되었다면, 그런 감정을 자극하여 더욱 활발하게 움직이게 만들 수 있는 수단들을 효과적으로 사용하

---

10) *WJE-Y*, 2:101.
11) *WJE-Y*, 2:100.
12) *WJE-Y*, 2:102-106.
13) *WJE-Y*, 2:108-111.
14) *WJE-Y*, 2:114-116.
15) *WJE-Y*, 2:119.

기 위해 힘써야 한다.[16] 왜냐하면 참된 신앙이 대체로 감정 안에 존재하기 때문이다.

감정은 신앙과 관련하여 매우 중요하다. 에드워즈는 이러한 감정의 중요성에 대해서 길게 설명하지 않고 간명하게 처리한다. 감정이 참된 신앙의 중심이라는 사실에 대해서는 증명하려고 노력하지 않는다. 물론 아예 무관심한 것은 아니지만 어느 정도는 당연한 사실로 전제하고 들어간다. 이렇게 하는 이유는 『신앙적 감정』이라는 책의 주요 대상이 감정의 중요성을 인정하는 사람들이기 때문일 것이다. 『신앙적 감정』에서 에드워즈는 이성주의적 부흥 반대자들의 입장도 충분히 염두에 두지만, 감정의 중요성을 인정하는 부흥 찬성자들을 향해서 더 많이 말하는 것처럼 보인다. 자신들의 신앙적 감정을 공적인 차원에서 공적인 검증의 대상으로 삼아서 잘 살펴보고 시험함으로써, 자신들의 신앙이 성령의 구원의 역사인지 아닌지, 혹은 진짜 신앙인지 가짜 신앙인지를 구별해야 한다고 역설한다.

제2부에서 에드워즈는 신앙적 감정이 참으로 은혜로운 것인지 아닌지를 확실하게 구별해줄 수 없는 표지들 12개를 다룬다. 이 표지들은 진짜 신앙에서 나온 진짜 감정일 가능성도 있고 가짜 신앙에서 나온 가짜 감정일 가능성도 있어서 기준으로 삼을 수 없는 불확실한 표지에 불과한 것이다. 이 12개의 표지들은 아래와 같다.[17]

(1) 신앙적 감정이 매우 강하거나 높이 고양되는 것은, 그 신앙적 감정이 은혜로운 것이라는 표지도 아니고 은혜로운 것이 아니라는 표지도 아니다.
(2) 감성이 몸에 큰 영향을 미치는 것은, 그 감정이 참된 신앙의 본질을 가지고 있다는 표지도 아니고 가지고 있지 않다는 표지도 아니다.
(3) 사람들이 신앙적인 일에 관하여 말할 때 유창하고 열정적이며 풍부

---

16) *WJE-Y*, 2:121.
17) *WJE-Y*, 2:127(표지 1), 131(표지 2), 135(표지 3), 138(표지 4), 142(표지 5), 146(표지 6), 147(표지 7), 151(표지 8), 163(표지 9), 165(표지 10), 167(표지 11), 181(표지 12).

제 3 장 『신앙적 감정』의 구조와 내용   131

하게 말한다는 것은, 그 감정이 참으로 은혜로운 감정이라는 표지도 아니고 그렇지 않다는 표지도 아니다.
(4) 사람들이 자신의 힘과 생각으로 감정을 자극하여 끌어내거나 만들어 내지 않았다는 것은, 그 감정이 은혜로운 것이라는 표지도 아니고 그렇지 않다는 표지도 아니다.
(5) 신앙적 감정이 성경 본문과 함께 와서 선명하게 마음에 떠오른다는 것은, 그 신앙적 감정이 참으로 은혜롭고 영적이라는 표지도 아니고 그렇지 않다는 표지도 아니다.
(6) 사람들 속에 사랑의 겉모습이 나타난다는 것은, 그 신앙적 감정이 구원에 이르게 하는 것이라는 증거도 아니고 그렇지 않다는 증거도 아니다.
(7) 여러 종류의 신앙적 감정을 동시에 가지고 있는 사람들이라고 할지라도, 그들이 참으로 은혜로운 감정을 가지고 있는지 아닌지를 결정하기에는 충분하지 않다.
(8) 특정한 순서에 따라서 양심의 각성과 죄에 대한 깨달음이 있고 난 다음에 위로와 기쁨이 오는 것처럼 보인다는 사실로써는, 감정의 본질에 대해서 어떤 것도 확실하게 판정할 수 없다.
(9) 감정이 일어나서 사람들이 신앙적인 일에 시간을 많이 보내고 예배의 외형적 의무들에 열심히 참여한다는 것은, 그 사람들이 가지고 있는 신앙적 감정이 참된 신앙의 본질을 포함하고 있다는 확실한 표지도 아니고 그렇지 않다는 확실한 표지도 아니다.
(10) 신앙적 감정으로 인해서 사람들이 입으로 하나님을 찬양하고 하나님께 영광을 돌린다는 사실로는, 신앙적 감정의 본질에 대한 어떤 것도 확실하게 알 수 없다.
(11) 감정으로 인해서 사람들이 자신들이 체험한 것은 신령하고 자신들은 지금 좋은 상태에 있다고 과도하게 확신하는 것은, 그 감정이 옳다는 표지도 아니고 틀리다는 표지도 아니다.
(12) 사람들이 겉으로 표현한 감정과 그 감정에 연관된 것들에 대하여 참으로 경건한 자들이 감동을 받고 기뻐하고 소중하게 여기고 진심으

로 받아들인다는 사실로는, 신앙적 감정의 본질에 관하여 어떤 것도 확실하게 결론지을 수 없다.

제2부에서 에드워즈가 제시한 이 12가지 표지들에는 특별한 구조적 특징이 나타나지 않는다. 하지만 대체적으로 볼 때 표지 (1)~(8)은 소위 체험과 관련되는 표지들이고(단, 표지 (6)은 체험보다는 행동에 관련된 것이다), 표지 (6)과 (9)~(10)은 신앙적 행동에 관련되는 표지들이고, 표지 (11)~(12)는 구원의 확신에 관련되는 표지들이다.

아마도 에드워즈는 열광주의자들을 염두에 두고 이 12가지 불확실한 표지들을 제시했을 것이다. 여기에서 언급되는 체험들, 신앙의 행동들 그리고 구원의 확신과 같은 것들은 인간의 지성을 무시하고 과도하게 격정(passion)으로 기울어지는 열광주의자들이 부흥 기간 중에 보여준 부정적인 모습들과 밀접하게 관련이 있다. 예를 들어서, 예배나 기도 중에 갑자기 감정이 고양되고 마음이 뜨거워지고 더 나아가서 몸에 어떤 가시적 변화가 일어나는 것은 진짜 은혜일 수도 있고, 가짜 은혜일 수도 있고, 그냥 단순히 통상적인 차원에서 인간의 심리적 경험일 수도 있다. 기도하던 중에 혹은 신앙적인 대화 중에 어떤 성경 본문이 마음에 갑자기 떠오르는 현상도 마찬가지이다. 그것은 진짜 은혜에서 나왔을 가능성도 있지만 가짜 은혜에서 나왔을 가능성도 있다. 신앙적인 일에 관하여 유창하고 열정적으로 말하고, 신앙적인 일을 하기 위하여 많은 시간을 보내 열심히 하나님을 찬양하는 말을 하며, 교회와 관련된 신앙적 의무를 잘 감당한다고 할지라도 그러한 종교적 현상들은 참된 신앙임을 입증하는 확실한 기준이 아니다.

그런데 한 가지 질문이 생긴다. 참된 신앙과 참된 신앙적 감정이 있는데도 여러 가시 신잉적 의무들-예배, 기도, 찬양 및 구제 등-을 열정적으로 수행하지 않을 수 있는가? 에드워즈의 명시적인 대답은 없지만, 그가 12가지 불확실한 표지들을 논하면서 상당 부분을 긍정적으로 언급하는 경향을 보여준다는 사실에서 그의 대답을 추측할 수 있다. 아마도 에드워즈는 이렇게 대답할 것이다: 참된 신앙 감정이 있어도 여러 가지 신앙적 의무들을 열정적으로 수행하지 않는 경우가 있을 수 있겠지만, 참된 신앙 감정은 그러한 신앙적 의무들을 열정적으로 수행하는 것을 좋아하는 경향을 가지고 있다. 다른 불확실한 표지를 예로 들어서 좀 더 간명하게 말하자면 다음과 같다: 참된 신앙이 있어도 신앙 감정이 강하게 고양되지 않을 수 있지만, 참된 신앙은 신앙 감정이 강하게 고양되는 것을 좋아하는 경향을 가지고 있다.

제3부에서 에드워즈는 참으로 은혜롭고 거룩한 감정을 구별해주는 표지들 12가지를 다룬다. 우리는 앞으로 편의상 제2부의 12가지 표지들을 "불확실한 표지"라고 부르고, 제3부의 12가지 표지들을 "확실한 표지"라고 부를 것이다. 확실한 구별 기준이 되는 이 12가지의 표지들은 아래와 같다.[18]

(1) 참으로 영적이고 은혜로운 감정은 마음에 미치는 영적이고 초자연적이고 신적인 영향력과 작용으로부터 생긴다.
(2) 은혜로운 감정의 첫 번째 객관적인 근거는 신적인 일들의 형언할 수 없이 탁월하고 사랑스러운 본질 그 자체이지 그 일들과 관련된 자기 이익이 아니다.
(3) 참으로 거룩한 감정은 신적인 일들의 도덕적 탁월성의 사랑스러움에 근본적으로 토대를 두고 있다. 혹은 (다르게 표현자면) 신적인 일들의 도덕적 탁월성의 아름다움과 달콤함에 대한 사랑은 모든 거룩한 감정의 시작이요 기원이다.
(4) 은혜로운 감정은 정신이 조명을 받아서(the mind's being enlightened) 신적인 일들을 올바르게 그리고 영적으로 이해하고 파악할 때 생긴다.
(5) 참으로 은혜로운 감정은 신적인 일들의 실재와 확실성을 판단함에 있어서 합리적이고 영적인 확신을 수반한다.
(6) 은혜로운 감정은 복음적 겸손을 수반한다.
(7) 은혜로운 감정이 다른 감정과 구별되는 또 다른 점은 그것이 본성의 변화를 수반한다는 점이다.
(8) 참으로 은혜로운 감정은 예수 그리스도의 양 같고 비둘기 같은 영과

---

18) *WJE-Y*, 2:197(표지 1), 240(표지 2), 253(표지 3), 266(표지 4), 291(표지 5), 311(표지 6), 340(표지 7), 344(표지 8), 357(표지 9), 365(표지 10), 376(표지 11), 383(표지 12).

기질을 지향하고 그런 영과 기질을 수반한다는 점에서 거짓되고 기만적인 감정과는 다르다. 다른 말로 하면, 참으로 은혜로운 감정은 그리스도에게서 나타난 것과 같은 사랑, 온유, 평온, 용서 그리고 자비의 영을 자연스럽게 낳고 기른다.
(9) 은혜로운 감정은 마음을 부드럽게 하며, 기독교적인 부드러움(tenderness)의 영을 수반한다.
(10) 참으로 은혜롭고 거룩한 감정이 거짓된 감정과 다른 점 또 한 가지는 아름다운 균형(symmetry)과 비례(proportion)이다.
(11) 은혜로운 감정과 다른 감정 사이의 또 다른 매우 크고 뚜렷한 차이점은, 은혜로운 감정은 높이 고양되면 될수록 영혼의 욕구와 갈망이 더 커진다는 점이다. 일정한 영적인 성취를 얻은 이후에도 여전히 영혼의 욕구와 갈망은 더 커진다. 반면에, 거짓된 감정은 그 자체로 만족한 채로 머무른다.
(12) 은혜롭고 거룩한 감정은 기독교적 실천 속에서 발휘되고 열매를 맺는다. 내가 말하고자 하는 의미는 다음과 같다. 은혜롭고 거룩한 감정은 감정의 주체인 사람에게 힘과 영향력을 미쳐서 실천하게 만든다. 기독교적 규칙에 전반적으로 순응하고 그 규칙에 의해 나아갈 방향을 제시받는 실천은 그리스도인이 일평생 해야 할 실천이요 과업이다.

제3부의 12가지 확실한 표지들 사이의 관계나 구조에 대해서 에드워즈는 아무런 언급도 하지 않는다. 예를 들자면, 이 12가지 표지들이 중요도에 따라서 배열되었는지 어떤지에 대해서, 다시 말해서 덜 중요한 표지부터 시작해서 점점 더 중요한 표지의 순서로 배열되었는지 혹은 정반대로 가장 중요한 표지부터 시작해서 점점 덜 중요한 표지의 순서로 배열되었는지에 대해서 에드워즈는 아무런 암시도 주지 않는다. 또한 이 12가지 표지들 중에서 어떤 표지들이 다른 표지들보다 더 중요한지 혹은 더 근원적인지에 대해서도 명시적인 진술을 하지 않는다. 더 나아가서 이 12가지 표지들이 전부 다 나타나야 참된 신앙이라고 판단할 수 있는 것인지, 아니면 12가지 표지들

중 한두 가지의 표지들만 나타나도 참된 신앙이라고 판단할 수 있는 것인지에 대한 지침을 제시하지도 않는다. 그럼에도 불구하고 한 가지 분명한 것은 모든 표지들의 배후에 성령의 내주가 있다는 것이다.[19] 성령의 내주가 없다면 참되고 확실한 12가지 표지들은 나타날 수 없다.

12가지 확실한 표지들의 구조의 분석을 시도한 학자들은 거의 없지만, 에드워즈의 감정론에 대한 올바른 이해를 위해서 필요한 일이라고 생각한다. 우리들의 견해를 제시하기 전에 먼저 이 구조를 철학적으로 분석한 로저 와드(Roger Ward)의 견해를 소개한다.[20] 그는 『신앙적 감정』에서 에드워즈가 회심의 개념을 탐구하고 있고, 회심을 이해하는 것이 에드워즈의 신학과 철학을 포괄적으로 설명하는 데 가장 본질적인 것이며, 회심이야말로 미학적 감각, 지성과 의지의 통합, 성경적 증거의 진실성 그리고 공적이고 도덕적인 삶을 모두 통합하는 핵심적 개념이라고 주장한다.[21] 이런 기본적인 입장 속에서 그는 『신앙적 감정』 제3부의 12가지 확실한 표지와 1734년 대각성 직전에 에드워즈가 행한 설교인 "신적이고 영적인 빛"의 결론 부분 마지막에 나오는 네 가지 고려 사항 사이에는 놀라운 유사성이 있다고 지적하고, 이 네 가지 고려 사항을 구조 분석의 기본틀로 삼는다. "신적이고 영적인 빛"의 결론부의 해당 내용은 다음과 같다:

> 첫째, 이것[신적인 빛을 추구하는 것]은 피조물이 소유할 수 있는 가장 탁월하고 신적인 지혜이다.…둘째, 이 지식은 특별히 달콤하고 기쁘다.…셋째, 이 빛은 실질적으로 성향에 영향을 미치고 영혼의 본성을 변화시킨다.…넷째, 이 빛만이 전반적인 거룩의 삶 속에서 열매를 맺을 수 있다….[22]

와드는 이 네 가지 고려 사항의 초점은 각각 ①은혜 없이는 알 수 없는 하나님의 영광, ②이 새로운 지식의 최고의 특징, ③그리스도를 닮게 하는 성

---

19) John Smith, "Editor's Introduction," *WJE-Y*, 2:24.
20) Roger Ward, "The Philosophical structure of Jonathan Edwards's Religious Affection," *Christian Scholar's Review* 29/4. (2000) : 745-768.
21) Ibid., 745, 746, 766.
22) Ibid., 751.; *SJE-Y*, 139-140.

향의 실질적 변화, 그리고 ④전반적인 거룩의 추구라고 했다. 그리고 12가지 확실한 표지를 순서대로 3개씩 4개 그룹으로 묶으면, 이 네 가지 고려 사항과 매우 유사한 구조가 된다고 주장했다. 네 가지 고려 사항의 첫 번째와 상응하는 첫 번째 그룹(표지 1, 2, 3)은 신적인 것 자체와 신적인 것의 도덕적 탁월성의 사랑스러움에 관한 것이다. 두 번째 고려 사항과 연결되는 두 번째 그룹(표지 4, 5, 6)은 지성의 특징에 관한 것이다. 세 번째 그룹(표지 7, 8, 9)은 성향의 실질적인 변화로서의 개인적 회심을 다룬다. 즉, 한 개인을 죄로부터 하나님께 향하게 하는 것으로서의 개인적 회심을 다룬다. 마지막 네 번째 그룹(표지 10, 11, 12)은 거룩의 추구에 관한 것인데, 와드는 이것을 조금 더 확장된 측면에서 이해하여, 회심한 개인의 영혼의 성향이 밖으로 뻗어나가서 공적인 영역에서 도덕적 삶을 추구하는 것으로 간주한다.

하지만 이런 식의 구조 분석에는 약간의 무리가 있어 보인다. 우선, 지성의 특징에 여섯 번째 표지인 복음적 겸손을 포함시킨 것은 논리적 비약이다. 복음적 겸손은 오히려 성향의 실질적인 변화라고 보는 것이 자연스럽다. 다음으로, 표지 7, 8, 9를 개인적 영역으로, 표지 10, 11, 12를 공적인 영역으로 보는 것도 정당한 근거가 부족하다. 오히려 확실한 표지 12가지 전부가 기본적으로는 개인적 차원에서 참된 신앙을 구별하는 표지로 제시되고 있다고 보아야 한다. 마지막으로, 와드의 분석을 자세히 보면 회심을 하나님께로 돌아서서 하나님을 향하여 가는 것, 즉 회심과 성화를 다 포함하는 넓은 의미로 사용하는 것 같다. 예컨대, 그는 표지 7, 8, 9에 대해서 성향의 실질적 변화로서의 개인적 회심이라고 했는데, 사실 이 부분은 성품의 변화에 관한 것이기 때문에 회심이 아니라 성화라고 보아야 한다. 에드워즈가 표지 7에서 회심과 성품의 변화를 연결시키고 있기는 하지만, 그것은 회심의 효과 내지 결과가 성품의 변화로 나타나야 한다는 당위성을 역설하는 맥락에서의 설명이다. 그럼에도 회심을 중심에 두고 12가지 확실한 표지들의 구조를 분석하려니까 오히려 회심의 자리가 분명하게 설정되지 않는 것처럼 보인다.

우리는 에드워즈가 회심 자체보다는 참된 신앙의 본질에 더 관심을 가지고 있다고 생각한다. 『신앙적 감정』의 저자 서문에서 에드워즈는 "참된 신앙의 본질은 무엇인가?"를 가장 중요한 문제라고 분명하게 말하고 있고, 제1부 앞부분에서는 "참된 신앙은 대체로 거룩한 감정 안에 있다"는 기본 명제를 제시한다. 그러므로 에드워즈는 참된 신앙의 본질을 탐구하기 위해서 참된 신앙이 존재하는 곳인 거룩한 감정을 탐구한다고 추론할 수 있다. 『신앙적 감정』의 근본 목적은 참된 신앙의 본질에 대한 탐구이지만, 참된 신앙의 본질을 탐구하기 위해서는 감정 및 감정과 관련한 표지들을 분석하고 검토해야 하기 때문에, 우리는 12가지 확실한 표지의 구조를 감정의 관점에서 분석할 필요가 있다. 우리의 구조 분석은 다음과 같다.

첫째 부분은 감정의 원천이나 토대에 관한 것이다. 신앙적 감정은 초자연적이고 신적인 영향력과 작용이라는 원천으로부터 생기고(표지 1), 신적인 일들의 탁월하고 사랑스러운 본질(표지 2)과 신적인 일들의 도덕적 탁월성의 아름다움이라는 토대 위에서 발생하며(표지 3), 영적인 빛으로 조명을 받은 지성으로부터 나온다(표지 4).

둘째 부분은 감정이 수반하는(attended) 것들에 관련된 표지들이다. 신앙적 감정은 영적인 확신을 수반하고(표지 5), 복음적 겸손을 수반하고(표지 6), 본성의 변화를 수반하고(표지 7), 양 같고 비둘기 같은 영과 기질을 수반하며(표지 8), 부드러움의 영을 수반한다(표지 9). 이 표지들은 대체로 성도의 성품에 관련된 것들이다.

마지막 부분은 감정 자체가 가지는 속성을 설명한다. 신앙적 감정은 균형과 비례라는 속성(표지 10), 높이 고양될수록 더욱 갈망하게 되는 속성(표지 11), 그리고 반드시 실천으로 자기를 표현하는 속성을 가진다(표지 12).

이러한 분석에 따른다면, 12가지 확실한 표지들은 세 부분으로 나누어진다. 그러나 우리는 본 논문의 목적상 이 12가지 확실한 표지들의 구조를 두 부분으로 나누어지는 것으로 보려고 한다. 한 부분은 신앙적 감정의 근원이다. 다른 한 부분은 신앙적 감정에 수반되는 성도의 성품의 변화와 신앙적 감정 자체의 특성인데, 이 둘은 신앙적 감정의 작용과 결과라는 점에서 하나로 묶을 수 있다.

에드워즈의 12가지 확실한 표지들에 대한 이러한 분석은 앞으로 우리가 다룰 신앙적 감정의 근원과 작용이라는 구도의 토대가 된다. 표지 1 ~ 표지

4는 신앙적 감정의 원천 혹은 근원이다. 여기에 해당하는 신앙적 감정의 근원은, 구원론적 관점에서는 성령의 내주에 의한 중생과 회심이고, 인간론적인 관점에서는 새로운 영적 감각과 영적인 지식이다. 한편 표지 5 ~ 표지 12는 신앙적 감정의 작용과 결과에 관한 것으로 볼 수 있다. 아주 단순하게 생각하자면, 표지 12인 영적인 실천은 신앙적 감정의 인간론적 측면에 해당하고, 표지 6 ~ 표지 11에 있는 성도의 성품의 변화와 신앙의 균형과 조화와 같은 것들은 구원론적인 측면에서의 성화에 해당한다. 특별히 영적인 실천에 대해서는 한마디 덧붙이고자 한다. 영적인 실천은 신앙적 감정의 가장 중요한 속성이다. 영적인 실천을 통하여 비로소 신앙적 감정이 확실한 표지의 역할을 하게 된다. 그리고 신앙적 감정은 영적인 실천 속에서 작용하여 성화의 원리에 따라서 영적인 열매를 맺는다.

한편, 이미 말한 바 있지만 다시 한 번 강조하고 싶은 점이 있다. 에드워즈의 논의에는 참된 신앙과 거짓된 신앙을 구별하는 표지들에 관한 논의, 참된 신앙의 본질에 관한 논의 그리고 신앙적 감정에 관한 논의가 섞여 있다. 부흥의 맥락에서 참된 신앙과 거짓된 신앙을 구별해야 하는 필요성이 생겼고, 이러한 구별의 작업을 하려니까 자연히 참된 신앙의 본질을 규명해야 했고, 참된 신앙은 대체로 신앙적 감정에 존재하니까 감정에 관해서 탐구하게 되었다. 물론 이러한 논의들은 서로 밀접하게 관련이 있는 것들이기 때문에 서로 분리해서 연구하는 것은 별로 좋지 않다. 그뿐만 아니라 에드워즈가 이러한 것들을 섞어서 논의를 전개시켰기 때문에 우리도 에드워즈의 방법을 그대로 따를 것이다. 하지만 우리가 본 연구를 진행해나갈 때, 참된 신앙과 거짓된 신앙을 구별하는 것보다는 참된 신앙의 본질을 규명하는 것이 더 중요하고 기초적인 연구이며, 참된 신앙(혹은 참된 구원)의 본질과 신앙적 감정과의 밀접한 관련성이 적절하게 고려되어야 한다는 입장을 분명하게 견지할 것이다.

3. 참 신앙과 거짓 신앙의 구별의 한계

에드워즈는 『신앙적 감정』 제3부에서 12가지 확실한 표지를 제시하기 전에 서론적으로 세 가지 기본적인 사항을 말한다. 이 세 가지는 참 신앙과 거짓 신앙의 구별의 한계에 관한 언급이라고 볼 수 있다.

첫째, "다른 사람들 안에서 참된 신앙적 감정과 거짓된 신앙적 감정을 확실하게 구별할 수 있게 해주는 충분한 표지들, 즉 이웃이 참된 신앙고백자인지 위선자인지를 분명하게 결정할 수 있게 해주는 충분한 표지들을 제시하는 것은 결코 나의 의도가 아니다."[23] 다른 사람들의 신앙이 참인지 거짓인지 확실하게 알 수 있다거나, 혹은 다른 사람들이 구원을 받았는지 못 받았는지 확실하게 알 수 있다고 말하는 것은 교만의 죄를 짓는 것이다. 모든 그리스도인들이 각자 자신의 안전을 위해서 필요한 한도 내에서 다른 신앙고백자들을 판단할 수 있는 규범들, 그리고 목회자들이 성도들의 영적 상태를 돌볼 때 도움이 되는 규범들을 주님께서 성경을 통해서 주셨다. 그래서 참 신앙과 거짓 신앙을 어느 정도까지는 구별할 수 있지만, 완벽하게 구별할 수는 없다. 백퍼센트 완벽하게 양과 염소를 구별하는 것은 오직 하나님의 특권이다.[24]

둘째, 은혜를 매우 적게 받은 성도들이나 하나님으로부터 멀리 떠나서 영적으로 죽어 있고 세속적이며 비기독교적인 틀 속에 빠져 있는 성도들의 경우에는 표지들이 정상적으로 작동하기 힘들다. 최고최선의 표지가 있어도, 은혜가 매우 적은 성도들이나 세속에 물든 성도들은 구별의 대상이 되기도 힘들고 구별의 주체가 되기도 힘들다. 왜냐하면 그들에게는 이중적인 결함이 있기 때문이다.[25] 첫째 결함은 구별의 대상으로서의 결함이다. 그들 속에 있는 은혜가 너무 작아서 다른 사람들이 확실하게 그 은혜를 인식하거나 구별할 수 없다. 인간의 배아와 어떤 다른 짐승의 배아는 분명히 다르지만, 우리가 자궁 속에 있는 그 배아들을 육안으로 본다면, 그 대상이 너무

---

23) *WJE-Y*, 2:193.
24) *WJE-Y*, 2:183.
25) *WJE-Y*, 2:194-196.

작기 때문에 도저히 차이점을 구별할 수 없을 것이다.[26] 물론 성장하면 당연히 그 차이점은 점점 분명하게 드러난다. 한편 또 다른 측면에서 대상의 결함을 말할 수 있는데, 그것은 그들이 가지고 있는 은혜에 너무 많은 부패함이 섞여있고 그 부패함이 은혜를 가리기 때문에, 그들 속의 은혜를 분명하게 구별할 수 없다는 점이다. 둘째 결함은 구별의 주체로서의 결함이다. 그들에게는 은혜가 너무 적고 부패함이 너무 많이 섞여 있다. 그들은 죄와 부패로 인해 영적으로 병이 들어 있기 때문에 표지들을 올바로 판단하고 검증할 수 있는 능력이 없다. 눈에 병이 나서 잘 보이지 않으면 사물을 잘 구별할 수 없게 된다. 입에 병이 나면 좋은 음식과 나쁜 음식을 구별하지 못하고 모든 음식이 다 쓰게 느껴진다. 병 때문에 눈이나 입이 잘 구별하지 못하는 것처럼 죄 때문에 영적인 감각이 영적인 일들을 잘 판단하고 구별하지 못하게 된다. 이와 같이 육신적인 삶을 살고 있는 성도들에게는 확실한 표지를 제공해주어도 별로 도움이 되지 않는다.[27]

여기서 에드워즈는 은혜를 매우 적게 받은 성도들이나 세속적인 일에 깊이 물든 성도들을 염두에 두고 말했지만, 우리는 보통 성도들에게까지 범위를 더 확대시켜서 적용할 수 있을 것이라고 생각한다. 일반적으로 볼 때, 보통 성도들 속에도 죄와 부패가 섞여 있기 때문에 그들의 신앙적 감정이 참된 신앙적 감정인지 거짓된 신앙적 감정인지를 구별하는 것은 쉽지 않은 경우가 많다. 그리고 특히 보통 성도들도 죄의 영향으로 인해서 영적 감각이 완전히 건강하게 작동하고 있지 않다는 사실이 중요하다. 그래서 그들이 구별의 대상일 때이건 구별의 주체일 때이건 간에, 참된 신앙적 감정과 거짓된 신앙적 감정을 확실하게 구별하는 것은 결코 쉽지 않다. 참으로 참 신앙과 거짓 신앙을 완벽하게 구별하는 것은 오직 하나님께만 속한 일이다. 성도들에게는 여러 가지 크고 작은 결함들이 있기 때문에 구별의 대상으로서나 구별의 주체로서나 완벽한 구별은 불가능한 일이다. 하지만 이러한 여러 가지 결함에도 불구하고 우리 눈으로 비교적 분명하게 확인하고 구별할 수 있는 표지를 찾아야 한다. 여기서 에드워즈는 자기 점검(self-examination)보

---

26) *WJE-Y*, 2:194.
27) *WJE-Y*, 2:195.

제 3 장 『신앙적 감정』의 구조와 내용   141

다는 실천(action)을 제안한다.[28] 에드워즈에 따르면, 인간적인 여러 가지 한계를 감안할 때, 가장 확실한 표지는 실천이다. 이후에 제시하는 12가지 확실한 표지들 중에서도 실천에 관한 부분이 압도적인 분량[29]을 차지하는 사실을 통해서도, 에드워즈의 실천 강조 입장을 확인할 수 있다.

셋째, "현재나 과거의 경험으로 볼 때, 크고 거짓된 깨달음과 감정들 때문에 [자기 자신에게] 속아서 한때 거짓된 확신을 가지고 자신들의 큰 체험과 특권에 대해 매우 자만했던 수많은 위선자들을 깨우치려는 희망을 가지고, 참된 감정과 거짓된 감정을 구별하는 규칙이나 표지를 제시하는 것은 별로 소용이 없다."[30] 위선자들은 자신들이 가장 지혜롭고 가장 의롭다는 생각으로 가득 차 있기 때문에, 어떤 방법을 동원하더라도 그들을 깨우칠 수 있는 가능성은 거의 없다. 이러한 한계에도 불구하고 구별하는 표지들에는 유익한 점이 있다. 이러한 위선자들이 생기는 것을 미연에 방지할 수도 있고, 하나님의 능력을 통해서 다른 위선자들을 깨우칠 수도 있으며, 참된 성도들이 참된 신앙적 감정 속에 뒤섞여 있는 거짓된 신앙적 감정을 골라내서 자신들의 신앙을 불 속에서 단련된 금처럼 순수하게 만드는 수단으로 삼을 수도 있다.[31]

하나님처럼 완전하게 참된 신앙과 거짓된 신앙을 구별할 수 없는 인간의 세 가지 한계를 다시 한번 정리해보자. 첫째는 인간 자체의 유한성 때문에 완전하게 구별할 수 없다. 둘째는 인간의 타고난 죄와 부패 때문에 완전하게 구별할 수 없다. 셋째는 위선 때문에, 다른 말로 바꾸면, 거짓된 확신 때문에 완전하게 구별할 수 없다. 아마도 어떤 면에서는 이러한 한계가 하나님 앞에서 성도를 겸손하게 만들고 타인을 함부로 판단하고 정죄하지 않게 하는 안전장치의 역할을 하는 것 같다. 그런데 아무리 이러저러한 설명을 들어도 여전히 의문을 가지는 사람이 있을 수도 있다. 오직 하나님만 완전하게 구별할 수 있다면 왜 굳이 성도들이 구별하려고 노력해야 하는가? 우

---

28) *WJE-Y*, 2:195.
29) 제3부의 12 가지 확실한 표지들에 대한 전체 설명 중 실천에 관한 부분은 거의 1/3에 가까운 분량을 차지한다.
30) *WJE-Y*, 2:196.
31) *WJE-Y*, 2:197.

리는 이미 에드워즈의 대답을 들었다. 그리스도께서 성경을 통하여 그러한 구별 기준을 주심으로써 그리스도인들이 자신의 신앙의 안전을 확보할 수 있게 하고 목회자들이 성도들의 영혼을 잘 돌볼 수 있게 하셨다. 완벽하게 구별할 수 없어도 구별하려는 시도 자체는 현실적으로 필요한 일이다.

4. 표지의 역할

표지의 개념과 역할에 대해서도 살펴볼 필요가 있다. 참된 신앙은 대체로 거룩한 감정에 있다. 그러므로 참된 신앙과 거짓된 신앙을 구별하기 위해서는 어떤 사람의 감정이 참된 감정인지 거짓된 감정인지를 구별해야 한다. 참된 감정인지 거짓된 감정인지를 구별하기 위해서는 불확실한 표지들을 기준으로 삼지 않고 확실한 표지들을 기준으로 삼아야 한다. 이로 보건대 에드워즈의 구도 안에서 참된 신앙, 참된 감정 그리고 확실한 표지는 밀접하게 연결된다.

에드워즈는 참된 신앙과 거짓된 신앙을 구별할 수 있는 확실한 표지들 12가지를 제시했다. 그런데 이 12가지 표지들을 자세히 살펴보면 엄밀한 의미에서 표지라고 할 수 없는 것들이 많다. 1번째 표지-4번째 표지의 설명을 보면, 감정의 원천 혹은 토대로서 성령의 내주, 새로운 감각 및 영적인 지식 등을 언급한다. 이것들은 표지라기보다는 신앙의 본질이라고 보아야 한다. 물론 최대한 표지 개념을 부각시키는 입장에서 이해한다면, 성령의 내주, 새로운 감각 및 영적인 지식 등의 신앙의 본질에서 신앙적 감정이 표현된 것을 표지라고 말할 수 있다. 그렇지만 에드워즈는 이에 대해서 분명하게 말하지 않고 모호한 입장을 보여준다. 다른 표지들도 사정이 비슷하다. 5번째 표지-9번째 표지의 설명을 보면, 감정에 수반되는 본성의 변화이다. 이것들도 표지라기보다는 인간 성품의 내면적 변화라고 보아야 할 것 같다. 예를 들어서 6번째 표지인 복음적 겸손을 보자. 복음적 겸손 그 자체가 표지의 기능을 하는 것은 아니다. 다만 중생한 성도의 복음적 겸손이 구체적인 삶의 현장에서 표현될 때에는 표지라고 말할 수 있다. 그래도 문제는 남는다. 어떤 사람이 참된 복음적 겸손을 가지고 있다면, 그는 분명히 참된 신앙과 참된 신앙적 감정을 가지고 있는 사람이겠지만, 그가 보여주는 삶의 모습이 정말로 참된 복음적 겸손의 모습인지 아닌지에 대해서 확실하게 판단하는 것은 거의 불가능하다.[32] 복음적 겸손은 실제로 가시적으로 실천될 때 비로소 표지로서 기능한다. 한편, 10번째-12번째 표지는 감정 자체의 속성이다. 그러므로 이것들은 참된 신앙을 구별하는 표지라고 말할 수 있을 것 같다.

그런데 에드워즈는 이상하게도 『신앙적 감정』 제3부에서는 표지(sign)라는 말을 잘 사용하지 않는다. 제3부의 서론 부분에서 표지라는 말을 언급하고, 이후에는 거의 언급하지 않다가 12번째 표지인 실천을 다룰 때 다시 표지라는 말이 등장한다.[33] 아마도 그 이유는 1번째-11번째 표지들이 12번째 표지인 실천을 통해서 비로소 가시적으로 표현될 수 있기 때문일 것이다.[34] 이 단락에서 우리가 말하고자 하는 바는 두 가지이다. 첫째는, 에드워즈의 표지에 대한 입장이 모호하다는 것이고, 둘째는 그러한 모호함에도 불구하고 표지론이라고 부를 만한 요소를 찾을 수 있다는 것이다. 에드워즈의 표지론은 무엇인가? 지금까지의 논의를 참고하여 다음과 같이 정리할 수 있을 것 같다: "확실한 표지는 참된 신앙과 참된 감정의 실재를 가리키기 때문에 우리는 확실한 표지를 기준으로 삼아서 감정을 공적으로 시험해야 한다." 표지는 참된 신앙의 실재를 가리킨다는 것 그리고 표지는 공적 시험의 판단 기준이라는 것이 표지의 중요한 두 가지 역할이다. 표지의 이러한 역할들에 대해서 좀 더 살펴보자.

첫째, 표지(sign)는 참된 신앙과 참된 감정의 실재를 가리키는 표식(mark)이다. 확실한 표지가 있는 곳에 참된 감정이 있다. 감정은 마음의 중심이기도 하고 마음의 중심의 자기 표현이기도 하다. 그러므로 어떤 의미에서는

---

32) Wayne Proudfoot, "Perception and Love in Religious Affection," in *Jonathan Edwards's Writings : Text, Context, Interpretation* (Bloomington: Indiana University Press, 1996), 127-128의 논의를 참조하라.
33) Ibid., 136, 각주 10번.
34) *WJE-Y*, 2:392-397에서, 에드워즈는 1번째 표지-11번째 표지를 실천의 맥락에서 재조명한다.

참된 성도의 영혼의 표면에 표현되는 참된 감정의 움직임이 확실한 표지라고 볼 수 있다. 참된 감정이 있는 곳에는 성령의 내주 혹은 성령의 임재가 있다. 그러므로 표지는 거기에 성령의 활동이 있음을 가리키는 역할을 한다. 존 스미스는 좀 더 강력하게 주장한다. "증거의 효과를 별도로 친다면, 표지는 신자의 마음속에 있는 신적 은혜의 작용이기 때문에 성령의 임재 그 자체로 이해되어야 한다."[35] 하지만 표지가 성령의 임재 그 자체로 이해되어야 한다는 주장은 조금 지나친 것 같다.[36] 에드워즈는 표지가 성령의 임재를 표현하는 역할을 한다고 생각했다. 표지가 성령의 임재 그 자체인 것은 아니지만 성령의 임재의 실재를 드러내준다. 그러나 신앙생활의 현실 속에서 어떤 특정한 표지가 성령의 임재의 실재라고 확실하게 판단하는 것은 불가능하다. 우리는 이미 위에서 복음적 겸손의 예를 통해서 확실한 판단이 왜 불가능한지를 살펴보았다. 그러나 표지가 참된 신앙의 실재를 가리키는 표식 내지 기준으로 작동할 때, 확실한 판단이 불가능할지라도, 현실적이고 공적인 판단은 가능하다. 이것이 표지의 두 번째 역할이다.

둘째, 표지는 공적인 시험의 판단 기준이다. 에드워즈는 성도들의 개인적인 신앙고백이 공적인 영역에서 시험을 받고 검증되어야 한다고 생각했다. 성도들의 내적인 삶이 공적인 테스트를 거쳐야 한다고 요구했다는 말이다.[37] 에드워즈가 제안한 12가지 확실한 표지들은 감정을 시험하기 위한 기준이다. 12가지 확실한 표지들은 감정의 근원과 감정이 수반하는 성품의 변화와 감정이 스스로를 외적으로 표현하는 실천으로 범주화할 수 있다. 아무튼 이 확실한 표지들을 기준으로 삼아서 해당자의 개인적인 신앙고백을 공적인 영역에서 시험해야 한다. 그런데 에드워즈의 표지론에 입각해서 볼 때 이 공적인 시험은 사실상 해당자의 실천을 시험하는 것이다. 실천은 나머지

---

35) John Smith, "Editor's Introduction," *WJE-Y*, 2:23.
36) 존 스미스는 다른 글에서는 다음과 같이 말한다: "이 표지들은 실재 그 자체가 아니고 실재의 표식이다. 이는 우리가 하는 말과 쓰는 말이 우리가 그 말로써 의미하는 것의 표지일 뿐이지 의미 그 자체는 아닌 것과 같다."; "Edwards : Piety and Practice in the American character," *Journal of religion* 54/2 (April, 1974) : 174.
37) John Smith, "Editor's Introduction," *WJE-Y*, 2:43.; idem, "Edwards : Piety and Practice in the American character," *Journal of religion* 54/2 (April, 1974) : 175.

11가지 표지들을 함축하고 있을 뿐만 아니라 많은 사람들이 경험적으로 관찰할 수 있기 때문이다.[38] 비록 실천이라는 표지를 통해서도 완벽한 구별을 해내는 것은 불가능한 일이지만, 공적인 영역에서 시험을 한다면 상당한 정도로 건전하게 구별할 수 있다고, 에드워즈는 믿었다.[39]

5. 감정과 다른 신학 주제들과의 관계

에드워즈의 신앙적 감정 개념을 포괄적으로 이해하기 위해서는 다른 신학적 주제들과의 관계에 대해서도 살펴보아야 한다. 우리는 이미 에드워즈의 역사적 배경을 논하면서 감정 개념과 다른 신학 주제들과의 관계에 대해서 직간접적으로 조금씩 다루었다. 그리고 앞으로의 논의를 통해서도 다른 신학 주제들과의 관계를 다루게 될 것이다. 그러므로 지금 여기서 감정과 다른 신학 주제들과의 관계에 대해서 집중적으로 살펴보는 것은 중복된 논의를 하는 것일 수도 있지만, 전체적으로 조망하고 정리하는 작업을 통해서 더욱 쉽고 분명하게 이해를 할 수 있다면 나름대로의 유익은 있다고 생각한다. 이제 감정 개념을 중심으로 해서 에드워즈의 주요 작품들과 주요 신학 주제들을 살펴보기로 하자.

1731년 7월 주로 목회자를 대상으로 하는 보스턴 목요 강좌에서 28세의 젊은 에드워즈는 "인간의 의존을 통해서 영광 받으시는 하나님"이라는 제목의 설교를 했다. 이 설교의 핵심은 "구속받은 자들이 하나님에게 절대적이고 전적으로 의존할 때, 하나님은 구속 사역을 통해 영광 받으신다"는 것이다. 이 설교는 칼빈주의 신학의 전통을 반영하는 하나님의 주권과 영광, 삼위일체 하나님 및 하나님의 구속 사역에 대한 강조로 가득 차 있다.[40] 이

---

38) Wayne Proudfoot, "Perception and Love in Religious Affection," 131.
39) 이와 관련한 더 자세한 논의에 대해서는 제6장의 3. 자기-기만으로서의 위선, 제7장의 1. 실천은 표지들 중의 표지이다, 2. 실천은 영혼의 행동을 표현하는 몸의 행동이다를 보라.
40) 예를 들자면, 설교 내용 중 삼위일체론에 관한 중요한 부분은 다음과 같다. "우리는 성자 그리스도에게 의존해야 한다. 그는 우리의 지혜와 의로움과 거룩함과 구속함이시기 때문이다. 우리는 성부에게 의존해야 한다. 그는 우리에게 그리스도를 주셨으며 그리스도가

설교는 우리의 관심 주제인 감정과 직접적으로 관련되는 내용은 없다. 하지만 모든 신학적 주제들은 큰 틀에서 서로 관련이 없을 수 없다. 우리 인간의 영혼에 성령께서 내주하심으로써 감정의 영적이고 초자연적인 변화가 일어나고 믿음으로 그리스도를 붙잡게 되는 구원의 사건이 일어나고, 이러한 개인 구원의 사건들을 통해서 구속사가 이루어지고, 구속사의 성취를 통해서 하나님의 영광이 드러난다는 거대한 구조 속에서, 인간의 영적 감정과 구속사와 하나님의 영광은 서로 연결된다.

1733년 여름에 에드워즈는 "신적이고 초자연적인 빛"이라는 설교를 했다. 성도의 영혼에 신적이고 영적인 빛이 비춰지면, 하나님의 말씀에 계시된 일들의 신적인 탁월성에 대한 실제적인 감각과 이해(real sense and apprehension)가 생기고, 이 일들의 진리와 실재에 대한 영적인 구원의 확신을 갖게 된다.[41] 은혜의 빛이 비춰지면, 지적으로 이해하기만 하는 것이 아니라 감각적으로 느끼고 보고 확신하게 된다. 에드워즈는 빛에 감각적 요소를 도입한 것이다. 다르게 말하면, 은혜의 빛 안에서 지성과 감정이 통합적으로 작용한다고 주장했다.

1739년 3월부터 약 6개월간 에드워즈는 구속사에 관하여 30여 편의 시리즈 설교를 했다.[42] 에드워즈는 구속을 "인간의 타락에서 세상의 종말까지 하나님이 지속적으로 행하시는 활동"으로 본다.[43] 그런데 이 구속 활동은 하나님의 목적인 하나님의 영광을 성취하기 위한 수단이다. "하나님은 영원 전부터 자신을 영화롭게 하실, 즉 삼위 각각을 영화롭게 하실 계획을 세우셨다. …그리고 [그 계획의 성취를 위해서] 하나님이 정하신 수단은 지

우리의 지혜와 의로움과 거룩함과 구속함이 되게 하셨다. 우리는 성령에게 의존해야 한다. 우리가 그리스도 안에 있는 것은 성령 때문이다. 하나님의 성령께서 우리에게 그를 믿는 믿음을 주셨기에 우리가 그를 영접하고 그와 가까워지게 되었다." (*WJE-Y*, 17:201.)

41) *SJE-Y*, 127.

42) 에드워즈의 구속사에 대하여 자세히 알기 위해서는 다음을 보라.; John Wilson, "Editor's Introduction," *WJE-Y*, 9:1-109.; idem, "History," *The Princeton Companion to Jonathan Edwards*, ed. Sang Hyun Lee (Princeton, NJ : Princeton University Press, 2005), 210-225.; Avihu Zakai, *Jonathan Edwards' Philosophy of History: The Reenchantment of the World in the Age of Enlightenment* (Princeton: Princeton University Press, 2003).

43) *WJE-Y*, 9:116.

금 우리가 말하고 있는 이 위대한 구속 사역이다."⁴⁴⁾ 한편, 하나님의 구속 활동은 두 가지 관점에 따라서 실행되는데, 하나는 개인 영혼들의 구원이고, 다른 하나는 하나님의 거대한 계획과 관련한 구속 사역인 구속의 역사이다.⁴⁵⁾ 하나님의 거대하고 지속적인 구속의 활동의 역사는 개인의 영혼 구원의 사건과 부흥의 사건을 모두 포함한다. 개인 영혼 구원의 사건과 부흥을 통한 대규모의 구원의 사건⁴⁶⁾을 통하여 구속사가 전개되고 마침내 구속의 목적을 성취하면 하나님의 영광이 더욱 드러나게 된다.⁴⁷⁾ 이 구속사 설교와 관련한 우리의 주요 관심은 구속의 역사(historia salutis)와 구속의 적용(ordo salutis) 사이의 관계이다. 구속의 역사의 거대한 흐름 속에서 개인 영혼의 구원이 참된 구원인지 아닌지를 구별해주는 표지의 역할을 하는 것이 바로 감정이다. 에드워즈의 구속사 설교는 구속의 역사와 관련되고, 에드워즈의 감정 개념과 관련한 통합적 인간 이해는 구속의 적용과 관련된다고 말할 수 있다.⁴⁸⁾

1736년의 『놀라운 회심 이야기』, 1741년의 『성령의 역사를 구별하는 표지들』, 1743년의 『부흥론』 그리고 1746년의 『신앙적 감정』은 이른바 부흥 관련 저서들이다. 에드워즈가 부흥 관련 저서들의 종합적 결정판이라 할 수 있는 『신앙적 감정』에서, 감정의 개념을 제목으로 내세웠다는 사실 자체에 중요한 의미가 있다. "회심"은 감정이 초자연적이고 영적으로 새롭게 바뀌는 것이다. "성령의 역사를 올바로 구별"하기 위해서는 감정을 살펴보아야

---

44) *WJE-Y*, 9:125.
45) *WJE-Y*, 9:120-121. 에드워즈는 분명히 구원의 역사(historia salutis)와 구원의 순서(ordo salutis) 사이의 관계에 대해서 인식하고 있었다.
46) 에드워즈는 부흥이 구속사의 전개에서 특별한 역할을 한다고 말한다. "하나님의 성령이 하나님의 법에 따라서 항상 지속적으로 역사하고 있음에도 불구하고, 구속 사역을 이루어 가시는 데 있어서 가장 중대한 방법은 특별한 은혜의 때에 성령을 놀랍게 부어주시는 것이다." *WJE-Y*, 9:143. 부흥과 구속사와 하나님의 영광과의 관계에 대한 에드워즈의 다른 언급을 보려면, *WJE-Y*, 4:344를 보라.
47) 존 윌슨(John Wilson)은 다음과 같이 말한다. "결과적으로 에드워즈의 주장은, 말하자면, 만약 창조가 구속의 드라마가 완전히 펼쳐지도록 허용된 무대라면, 그 드라마의 결과(따라서 창조의 이유)는 하나님의 자기-영광이다."; *WJE-Y*, 9:31-32.
48) 존 윌슨(Johhn Wilson)은 구속사 설교가 부흥과 직접 관련이 있었다고 말한다. 그뿐만 아니라 에드워즈가 구속의 적용과 구속의 객관적 측면 둘 다에 관심을 가지고 있었다고 생각한다. *WJE-Y*, 9:11, 29-31을 참고하라.

한다. "뉴잉글랜드의 부흥의 역사"는 기본적으로 참되고 거룩한 감정의 증거가 나타나는 역사이기 때문에, 부분적으로 인간의 부패성과 연약함의 모습이 나타날지라도, 전체적으로는 참된 하나님의 성령의 역사이다. 『신앙적 감정』은 이전의 부흥 관련 저서들보다 한걸음 더 나아가서 부흥보다 참된 신앙의 본질을 규명하는 데 강조점을 두었다. 그리고 참된 신앙의 본질은 참된 성도의 마음의 중심인 신앙적 감정에 있다고 보고 신앙적 감정에 대해서 자세히 연구했다.

1750년 에드워즈가 노스햄턴 교회에서 해임된 이후부터 약 7년간 스톡브리지에서 인디언 사역을 하던 시기에 매우 훌륭한 저술들이 쏟아져 나왔다: 『의지의 자유』, 『원죄론』, 『천지창조의 목적』, 『참된 덕의 본질』이 유명한 책들도 감정 개념과 직간접적으로 관련이 있다.

에드워즈는 의지가 영혼의 다른 기능과 별도로 독자적인 기능을 가진다고 생각하지 않았다. 지성과 감정의 작용이 없으면 의지의 행동도 없다. 에드워즈에게 있어서 "의지의 행동은 선택의 행동과 같은 것이다."[49] 그런데 의지가 선택할 때 완전히 중립적인 상태에서 자유롭게 선택하는 것이 아니고 선택에 앞서는 호불호의 동기가 있다. "의지는 항상 가장 강한 동기에 의해서 결정된다."[50] "정신과 관련해서 볼 때, 동기(motive)는 가장 강한 것이기 때문에 의지를 결정한다. …동기란 정신을 움직이고 자극하고 유도하여 의욕하게 만드는 모든 것이다."[51] 여기서 동기가 감정의 작용을 가리키는 말인 것처럼 보인다. 에드워즈는 이렇게 말한다. "의지(will)의 모든 행동 안에는 선택의 행동이 있다. 모든 의욕(volition) 안에는 선호(preference) 혹은 영혼의 지배적 의향이 있다. 이때 영혼은 의욕의 직접적 대상에 대하여 완전한 무관심의 상태가 아니다. 그러므로 모든 행위나 의지의 발현 안에는 정신

---

49) *WJE-Y*, 1:137.
50) *WJE-Y*, 1:142.
51) *WJE-Y*, 1:141. 휴 맥캔(Hugh J. McCann)은 동기를 다음과 같이 설명한다: "동기는 욕망(desire)이 아니다. 오히려 그것은 이해되었을 때(apprehended) 우리 안의 욕망을 일깨우는 것의 총합이다." Hugh J. McCann, "Edwards on Free Will," *Jonathan Edwards: Philosophical Theologian*, eds. Paul Helm and Oliver Crisp (Alsershot, Hants/Burlington, Vt,: Ashgate, 2003), 35.

(mind)이나 의향(inclination)의 기울어짐(preponderation)이 있다."[52] 이러한 배경적 사고를 바탕으로 해서, 에드워즈는 의지 자체로는 자유롭지 않다는 사실, 그리고 의지에 관한 칼빈주의적 견해는 의지의 행동에 대한 보상과 처벌 혹은 칭찬과 책망을 무의미하게 만들지 않는다는 사실을 논증했다.

에드워즈의 원죄론도 의지의 자유론처럼 인간 전존재에 대한 포괄적이고 통합적인 이해를 기반으로 한다. 물론 원죄론의 주요 주장은 아담 안에서 온 인류가 하나로 연합되어 있다는 것과 아담의 첫 범죄에 온 인류가 연루되었다는 것이다. 특히 로크의 인격의 동일성 이론을 비판적으로 차용하고, 지속적인 창조(혹은 매순간 무로부터의 창조)의 사상을 적용함으로써, 아담과 인류의 연대성을 강조한 것은 에드워즈의 원죄론의 특징이다.[53] 이 문제는 이 정도로 하고, 현재 우리의 관심인 원죄와 감정의 관계를 생각해보자. 에드워즈에 따르면, "하나님이 맨 처음 인간을 창조하셨을 때 두 종류의 원리를 심어두셨다."[54] 그 원리는 하위 원리와 상위 원리이다. "하위 원리는 단순한 인간 본성의 원리로서 자연적인 것인데…성경은 이를 때때로 육신이라고 부른다. …상위 원리는 영적이고 거룩하고 신적인 원리로서 초자연적인 것인데…성경은 이를 신적인 본성이라고 부른다."[55] 인간의 마음에는 이 상위 원리가 절대적인 지배권을 가지고 있었다. 그런데 "인간이 범죄하고 하나님의 언약을 깨뜨림으로써 저주 아래 떨어지게 되었을 때, 이 상위 원리는 인간의 마음을 떠나갔다. 정말로 하나님이 인간을 떠나갔다. …내주하시던 성령께서 집을 버리셨다."[56] 감정의 관점에서 말하자면, 상위 원리의 지배를 받지 않는 독자적인 하위 원리는 원죄로 인하여 부패하고 타락한 자연인의 감정이다. 그리고 성령의 내주하심으로 말미암아 거듭남으로써 다시 회복된 상위 원리와 하위 원리의 결합이 중생한 성도의 감정이다.

에드워즈는『천지창조의 목적』과『참된 덕의 본질』이 서로 밀접한 관계[57]

---

52) *WJE-Y*, 1:140.
53) *WJE-Y*, 3:397-402를 보라.
54) *WJE-Y*, 3:381.
55) *WJE-Y*, 3:381.
56) *WJE-Y*, 3:382.
57) 마크 놀(Mark Noll)은 이 두 논문의 밀접한 관계에 대해서 다음과 같이 말한다. "에드워즈의 위대한 모든 저술들 가운데,『두 논문들』은 아마도 하나님의 영광의 놀라운 비전과 그

가 있기 때문에 함께 출판하려고 했었다.[58] 예일판 에드워즈 전집 제8권『윤리적 저술들』을 편집한 폴 램지(Paul Ramsey)에 따르면, "하나는 다른 하나의 거울이다. 하나님이 세상을 창조하신 목적은 참으로 덕스럽고 거룩한 삶의 목적이다."[59] 하나님이 세상을 창조하신 목적은 하나님의 영광이다. "성경에서 하나님의 사역의 궁극적 목적으로 제시되는 것은 모두 '하나님의 영광'이라는 한 구절에 포함되어 있다. 하나님의 영광은 성경에서 하나님의 사역의 최종 목적을 일컫는 가장 일반적인 이름이고, 가장 적절한 이름인 것 같다."[60] 그뿐 아니라 하나님의 구속 사역의 목적도 하나님의 영광이다. "성경을 통해 볼 때, 분명한 것은 위대한 섭리 사역, 즉 예수 그리스도에 의한 구속 사역의 최종 목적은 하나님의 영광이다."[61] 한편, 참된 덕의 본질은 존재 일반(Being in general)에 대한 호의(benevolence)에 있다.[62] 에드워즈에 있어서 존재 일반은 하나님을 가리키는 철학적 표현이기 때문에, 참된 덕의 본질은 근본적으로 하나님에 대한 사랑에 존재한다고 말할 수도 있다.[63] 이 참된 덕은 하나님의 영광을 목적으로 삼는다. "참으로 덕스러운 정신은, 말하자면 하나님을 향한 사랑을 가지고 주권적 지배 아래 있으면서, 무엇보다도 하나님의 영광을 구하고, 그것을 최고 최상의 궁극적 목적으로 삼는다."[64] 한편, 참된 덕은 "칭찬이나 책망을 받을 만한 도덕적 본성에 속한 정신의 자질과 행동의 아름다움이다." 참된 덕은 "단지 사색에만 속한 것이 아니고, 성향과 의지(disposition and will)에 속한 것이다. 더 쉽게 이해할 수 있도록 일반적인 말을 사용하자면, 마음에 속한 것이다."[65] 참된 덕은 성향과 의지와 마음에 속한 것이기 때문에, 감정에 속한 것이라고 말할 수도 있다. 성령의 내주하

비전을 받아들이기 위해서 요구되는 인간 편에서의 강한 노력, 둘 다를 만날 수 있는 가장 좋은 사례이다." Mark Noll, "God at Center," 858.
[58] 에드워즈의 제자인 새뮤얼 홉킨스가 에드워즈의 사후인 1765년에 이 두 논문을 실제로 함께 출판했다.
[59] Paul Ramsey, "Editor's Introduction," *WJE-Y*, 8:5.
[60] *WJE-Y*, 8:526.
[61] *WJE-Y*, 8:485.
[62] *WJE-Y*, 8:540.
[63] *WJE-Y*, 8:550.
[64] *WJE-Y*, 8:559.
[65] *WJE-Y*, 8:539.

심을 통해서 중생한 성도의 참된 감정이 성화의 과정을 통해서 도달해야 하는 목적이 참된 덕이다. 그리고 참된 덕의 목적이 하나님의 영광이다.

사실 이러한 간략한 요약으로는 에드워즈의 심오한 신학적 철학적 통찰력을 제대로 포착하기 어렵다. 우리는 단지 에드워즈의 주요 신학 주제들이 감정 개념과 어떻게 연관되어 있는가를 보여주기 위해서 과감하게 의도적인 단순화의 방법을 택했을 뿐이다.

6. 소결론

"참된 신앙의 본질은 무엇인가?" 에드워즈에 따르면, 참된 신앙은 신앙적 감정 안에 존재한다. 신앙에 속한 일은 너무 중요하기 때문에 우리 마음에 생생하고 강력한 감정을 불러일으킬 수밖에 없다. 신앙에 속한 일이 사람의 영혼을 사로잡았는데 감정이 움직이지 않을 수는 없다. 감정이 생기지 않는 곳에는 참된 신앙이 없다. 하지만 모든 감정을 무조건 좋은 것으로만 생각해서는 안 된다. 신앙에 속하지 않았음에도 불구하고 마치 신앙에 속한 것처럼 보이는 가짜 감정이 있다. 그래서 신앙적 감정이 진짜인지 가짜인지를 구별해야 할 필요가 있다.

감정은 한 사람의 신앙과 인격의 중심이기 때문에 어떤 사람이 참된 성도인지 아닌지를 알려면 그 사람의 신앙적 감정이 진짜인지 가짜인지를 구별해야 한다. 에드워즈는 참된 신앙적 감정과 거짓된 신앙적 감정을 구별할 수 있는 12가지 확실한 표지들을 제시했다. 이 12가지 확실한 표지들의 구조를 분석해보면, 신앙적 감정의 근원, 신앙적 감정에 수반되는 성품의 변화, 그리고 신앙적 감정 자체의 특성으로 이루어져있다. 이 구조를 다시 크게 두 부분으로 나눌 수 있다. 하나는 신앙적 감정의 근원이고, 다른 하나는 신앙적 감정의 작용과 결과(신앙적 감정에 수반되는 성품의 변화와 신앙적 감정 자체의 특성)이다. 그런데 에드워즈의 설명을 자세히 들여다보면, 구원론적인 측면과 인간론적인 측면이 서로 밀접하게 연결되어있음을 발견할 수 있다. 신앙적 감정의 근원은 구원론적인 측면에서 성령의 내주에 의한 중생과 회심이고, 인간론적인 측면에서 새로운 영적 감각과 영적인 지식이며, 신앙적 감정의 작용과 결과는 인간론적인 측면에서 영적인 실천이고 구원론적인 측면에서 성화이다. 이것은 본서의 논지인데, 여기서 다시 반복 언급하는 이유는 이제부터 본격적으로 이 논지와 관련되는 내용들을 다룰 것이기 때문이다.

한편, 에드워즈는 이러한 분석을 통해서 참된 신앙과 거짓된 신앙을 구별하고 참된 신앙의 본질을 밝히려고 했다. 그러나 인간은 죄와 부패로 인해서 참된 신앙과 거짓된 신앙을 확실하게 구별할 수 없다. 어떤 형태로든 확실하게 구별할 수 있다고 생각하는 것은 교만의 죄이다. 양과 염소를 확실하게 구별하는 것은 오직 하나님만 하실 수 있는 일이다. 우리 인간들은 주어진 한계 안에서 최선을 다할 수 있을 뿐이다.

제 4 장

성령의 내주와 중생과 회심

성령께서 내주하면서 은혜를 주입하고 은혜의 빛을 조명하시면 성도의 영혼은 중생과 회심의 은혜를 받는다. 성령께서 내주하면서 성도의 영혼에 미치는 작용과 영향력은 본질상 영적이고 신적이고 초자연적이다. 신앙적 감정은 일차적인 근원의 관점에서 볼 때 이러한 성령의 내주에 의한 영적이고 신적이고 초자연적인 영향력과 작용에서 생긴다. 그리고 이차적인 근원의 관점에서 볼 때 신앙적 감정은 은혜로 말미암아 중생과 회심을 통하여 전인적 변화를 체험한 성도의 마음에서 흘러나온다.

1. 성령의 내주

에드워즈의 사상에서 성령의 내주는 중심적인 위치를 차지한다. 에드워즈는 성령의 내주가 있는 성도와 성령의 내주가 없는 자연인은 완전히 다른 차원의 사람이라고 생각한다. 영으로 난 자와 육으로 난 자는 그 본질에 있어서 전혀 다르다.[1] "자연인은 영적인 일들에 대해서 어떠한 체험도 없다.

---

1) *WJE-Y*, 21:153-165를 보라. 에드워즈는 일반 은혜와 구원 은혜가 얼마나 다른 것인지를 매우 강조하면서 길게 논증한다.

사도는 우리에게 다음과 같이 가르쳐준다. 자연인은 영적인 일들로부터 멀리 떨어져있고, 아무것도 모르는 완전한 이방인이고, 그런 영적인 일들에 대한 이야기를 우습고 말도 안 되는 것으로 생각하며, 그 의미도 전혀 모른다(고전 2:14). 마찬가지로 그리스도께서도 세상은 하나님의 영을 전혀 모른다고 말씀하신다(요 14:17)."[2] 물론 성령이 내주하지 않으면서도 여러 가지 방법으로 자연인에게 영향을 줄 수 있다.[3] 하지만 성령이 내주하시면서 성도에게 영향을 주는 것과 내주하시지 않으면서 자연인에게 영향을 주는 것은 본질적으로 다르다.

에드워즈에게 있어서, 성령의 내주는 성도와 자연인(신자와 불신자)를 구분하는 결정적인 근원이다. 성령이 내주하시면 중생과 회심의 역사가 일어나고 마음의 감각과 영적인 지식이 생기며 성령께서 영혼의 기능과 연합하여 생명과 행동의 원리로서 작용한다. 이러한 에드워즈의 기본적인 생각은 그의 저술들의 여러 곳에서 분명하게 나타난다. 그런데 에드워즈는 신학비망록의 한 곳에서 이 모든 신학적 개념들을 포괄적으로 함축하는 인상적인 진술을 다음과 같이 제시한다.

> 회심 시에 이루어지는 것은 다른 것이 아니라 하나님의 성령을 주시는 것이다. 하나님의 성령은 영혼 속에 내주하면서 생명과 행동의 원리가 되신다. 이것은 새로운 본성이요 신적인 본성이다. 영혼의 본성이 변화되고 신적인 빛을 받아들인다. 이제 신적인 것들이 탁월하고 아름답고 영광스럽게 보인다. 영혼이 변화되기 전에는 그렇게 보이지 않았다.
> 참으로 하나님의 성령의 첫 행위 혹은 이 신적인 성향(temper)이 발휘되는 첫 행위는, 영적인 지식 안에서 혹은 정신의 감각(sense of the mind) 안에서 일어나는 것으로써, 신적인 것들에 대한 관념 속에 있는 영광과 탁월함과 같은 것들에 대한 지각이다. 참으로 영혼의 의향은 정신의 감각 안에서 즉각적으로 발휘된다. 왜냐하면 그것은 관념이 정신 속의 단순한 존재일 뿐만 아니라 신적인 것들의 탁월함, 영광, 및 기쁨에 대한 정신의 감각이기도 하기 때문이다.

---

2) *WJE-Y*, 2:204.
3) *WJE-Y*, 2:201.; *WJE-Y*, 21:179도 함께 보라.

이 정신의 감각 혹은 미각이 생생하다면, 정신은 많은 것들 가운데서 참과 거짓을 구별한다.[4]

한편, 우리의 관심 주제인 감정과 관련해서 말하자면, 성령의 내주는 참으로 거룩하고 영적인 감정의 근원이다. 확실한 12가지 표지들 중 첫 번째 표지는 성령의 내주에 관한 내용이라고 말할 수 있다. 에드워즈는 첫 번째 표지에 대해서 이렇게 말했다. "참으로 영적이고 은혜로운 감정은 마음에 미치는 영적이고 초자연적이고 신적인 영향력과 작용으로부터 생긴다."[5] 그런 후에 "영적이고 초자연적이고 신적인"이라는 말은 성령의 내주를 가리킨다고 말한다.[6] 하나님의 성령이 성도의 영혼 안에 내주하시면서 새로운 본성과 생명의 원리로서 연합하시고 자신의 거룩과 아름다움의 본성을 전달하신다. 바로 이 성령의 내주가 영적이고 초자연적이고 신적인 영향력과 작용이다. 그리고 여기서 참된 신앙적 감정이 생긴다.

다시 한번 강조한다. 성령께서는 성도의 영혼 속에 지속적으로 내주하시면서 새로운 본성의 원리로서 혹은 생명의 원리로서 자기 자신을 발휘하시고 전달하신다.[7] 성령의 자기 전달은 거룩의 전달이다.[8] 에드워즈는 성령이 곧 은혜라는 말을 여러 곳에서 했다.[9] 성령이 곧 은혜이므로 성령의 내주는 은혜의 임재이다. 그러므로 성령의 내주는 성도와 자연인(신자와 불신자)을 구분하는 결정적인 근원이다. 성령의 내주는 성도의 영혼의 중심인 감정에 표지를 새긴다. 이 감정에 나타나는 표지를 보고 성령의 내주 여부를 구별할 수 있다.

성령이 내주는 참된 신앙적 감정의 기초일 뿐만 아니라, 이후에 자세히 연구하게 될 여러 신학 주제들-주입과 조명, 중생과 회심 그리고 새로운 영적 감각과 영적 지식 등-의 기초이기도 한다. 성령의 내주는 중생, 곧 거듭

---

4) *WJE-Y*, 13:462-463. (Misc., no. 397)
5) *WJE-Y*, 2:197.
6) *WJE-Y*, 2:197-204까지 계속해서 성령의 내주를 언급한다.
7) *WJE-Y*, 2:201, 202.
8) *WJE-Y*, 2:296.
9) 바로 다음 장인 제4장의 2.(주입과 조명)을 참고하라.

남의 근거이다. 성령께서 성도의 영혼 속에 지속적으로 내주하시면서 은혜를 주입하시고 신적인 생명의 빛을 비추시고 새로운 영적 감각을 주신다. 이것이 중생이다. 그리고 이 새로운 영적 감각으로 영적인 눈을 뜨고 영적인 맛을 보게 되는 사건이 바로 회심이다. 이제 이러한 주제들을 살펴보기로 하자.

2. 주입과 조명

주입이라고 할 때 무엇이 주입된다는 말인가? 가장 기본적으로는 은혜가 주입된다는 말이다.[10] 에드워즈는 다음과 같이 말한다: "은혜가 주입되는 하나님의 역사인 중생은 실천과 직접적인 관계가 있다."[11] "하나님에 의해서 주권적이고 효력 있는 역사를 통해서 은혜가 주입된다."[12] 다른 곳에서 에드워즈는 초자연적인 원리 혹은 영적 지식의 원리가 주입된다고도 말한다. "회심 시에 영적 지식과 영적 실천(action)의 원리가 주입되는데, 이것은 하늘이 땅보다 높은 것처럼 사람이 과거에 가지고 있던 어떤 원리보다도 더 고차원적이다. … 과거의 원리는 제어되지 않고 불규칙했기 때문에 주입된 초자연적인 원리와는 완전히 정반대가 된다."[13] 또 다른 곳에서 에드워즈는 경향성(habit)[14]의 주입이라는 표현도 쓴다. 경향성의 주입에 대한 에드워즈

---

10) 에드워즈는 주입된 은혜의 개념을 설명하기 위해서 이교도들의 전통에서 비슷한 개념을 찾아본 것 같다. 그는 플라톤의 대화편에 나오는 소크라테스의 말을 인용한다: "덕은 본성으로 배우거나 기예(技藝, art)로 획득할 수 있는 것이 아니라 신적 영감의 산물이다." 그리고 "신에 대한 모든 참된 지식은 신적 주입에서 나온다." (*WJE-Y*, 20:250. (Misc. no. 967.)) 한편, 크세노폰, 세네카, 에픽테투스 등의 작품에 나오는 내용도 언급한다. 그 내용은 대개 인간의 힘으로는 도무지 어쩔 수 없고 신의 영향력이나 신의 섭리적인 보살핌이나 신의 도움으로만 해결이 가능한 일들이 있다는 것이다(*WJE-Y*, 20:365-366. 〔Misc. no. 1028.〕) 에드워즈의 이러한 진술은 주입된 은혜에 대한 그의 생각을 이해하는 데 어느 정도 도움을 준다.
11) *WJE-Y*, 2:398.
12) *WJE-Y*, 20:366. (Misc. no. 1029.)
13) *WJE-Y*, 17:187-188.
14) 경향성(habit)에 대해서는 본서 제8장 1. 1) 경향성을 보라.

의 진술은 좀 길지만 그대로 인용하겠다.

> 선하게 된 사람의 경우, 그가 악했던 마지막 순간과 선해진 첫 순간이 있다. 저주의 상태에 있던 마지막 순간과 구원의 상태에 있는 첫 순간이 있다. 그러므로 그가 그 이전에 죽었다면 지옥에 갔을 것이고, 그 이후에 죽었다면 천국에 갔을 한 순간이 있다. 이것은 분명하다. 한 마디로 말해서, 그는 어떤 한 순간에 과거보다 엄청나게 선한 사람이 된다. 그러므로 획득된 경향성(acquired habits)의 개념은 잘못되었음이 분명하다. 이것이 형이상학적 증명으로서 분명해지려면, 선하게 된 사람은 다음의 경우들 중 하나에 해당되어야 한다: 그가 죽었을 때 천국에도 가지 않고 지옥에도 가지 않는, 즉 최고의 행복도 없고 최고의 불행도 없는 그런 순간이 있는 경우, 그렇지 않으면 미래의 상태가 이 세상에서의 선함과 악함에 따라서 결정되지 않는 경우, 그렇지 않으면 주입된 경향성(infused habits)이 있는 경우이다.[15]

에드워즈가 언급하고 있는 초자연적인 원리의 주입, 경향성의 주입 그리고 은혜의 주입과 같은 용어는 로마 가톨릭의 주입 개념[16]과는 다르다.[17] 로마 가톨릭에서는 주입된 은혜를 인간의 내면적이고 본성적인 자질로 간주하는 경향이 강하다. 그러나 개혁주의자들과 에드워즈는 주입된 은혜를 인간의 본성과 혼합되지 않는 것으로 간주한다. 루터 식으로 표현하자면, 그것은 인간의 외부에서 들어온 "낯선 것"이다. 이와 관련하여 에드워즈가 은혜를 어떻게 설명하고 있는가를 살펴볼 필요가 있다.

에드워즈에 있어서 은혜는 주로 성령의 역사이다. 에드워즈는 이렇게 말

---

15) WJE-Y, 13:168-169. (Misc. no. 1.)
16) 로마 카톨릭의 주입 개념에 대해서는 다음을 참고하라: Alister E. McGrath, *Iustitia Dei: A History of the Christian Doctrine of Justification*, 2 Vols. (Cambridge: Cambridge University Press, 1986), 2:68-86.; Reinhold Seeberg, 『기독교 교리사: 중·근세편』 (서울; 엠마오, 1992), 172-173.
17) 앙리 모리모토(Anri Morimoto)는 에드워즈의 주입 개념을 구원의 순서(ordo salutis)의 관점과 연결하여 존재론적으로 읽음으로써 로마 가톨릭의 주입 개념과 유사한 것으로 해석하려고 한다. Anri Morimoto, *Jonathan Edwards and the Catholic Vision of Salvation* (University Park: Pennsylvania Stste University Press, 1995), 13-22, 44-50. 특히 46을 보라.

했다. "영혼 속에 있는 은혜는 영혼 속에서 행동하시면서 자신의 거룩한 본성을 전달하시는 성령이다."[18] "모든 복음적인 의와 덕과 거룩함은 은혜라고 불린다. 그 이유는 이것이 전적으로 하나님의 값없는 선물일 뿐만 아니라 인간 안에 계시는 성령이기 때문이다. 우리가 말했듯이, 성령은 은혜 혹은 사랑이다. 히브리어와 일부 다른 언어에서 은혜와 호의와 아름다움은 한 단어이다. 이 은혜는 성령이다. 왜냐하면 우리가 그리스도의 충만함 가운데서 은혜 위에 은혜를 받기 때문이다.(요 1:16)"[19] "은혜는 성도의 마음속에 내주하면서 활동하시는 하나님의 성령 그 자체와 다르지 않다."[20] "생명의 원리로서 영혼 안에 거하시고 활동하시는 성령 이외에 별도의 다른 은혜의 원리는 없다."[21] 이러한 에드워즈의 진술들에 의하면, 은혜는 성령의 역사이다. 어떤 면에서 은혜는 성령 그 자체이다. 그러므로 은혜의 주입은 성령의 내주이고 성령의 자기 전달이다. 성령은 성도의 마음속에 지속적으로 내주하시면서 자신의 거룩한 본성을 성도들에게 전달하신다.[22]

  은혜가 곧 성령이고 성령은 내주하시면서 자기를 전달하신다는 생각은, 에드워즈가 "삼위일체론"에서 은혜의 삼위일체적 특성을 말하면서 성령의 역할을 강조한 것과 밀접하게 관련이 있다. 에드워즈는 그리스도께서 값 주고 사신 것이 성령이라고 주장하면서 성령을 산 것(the thing purchased)이라고 말한다. 에드워즈의 생각에 따르면, 성령을 산 것으로 보지 않으면 구원 사역에서 성령을 올바로 이해하지 못하는 것이다. 성부와 성자가 인간을 위해서 사신 것이 성령이 아니라면, 그래서 성령은 단지 성부와 성자가 이루어 놓은 구원의 은혜를 적용하기만 하는 것이라면, 성령은 성부와 성자와 동등하다고 볼 수 없다. 구원의 사역에 관해서는, 성령을 산 것으로 봐야 삼위일체 안에 동등성이 존립한다. 이와 관련해서 에드워즈가 "삼위일체론"에서 제시한 중요한 진술들을 직접 들어보자.

---

18) *WJE-Y*, 8:332.
19) *WJE-Y*, 13:345. (Misc. no. 220)
20) *WJE-Y*, 21:192.
21) *WJE-Y*, 21:196.
22) *WJE-Y*, 2:200-201.

아버지는 구속자를 임명하고 보낸다. 그리고 대가(代價)를 받고 산 것을 주신다. 아들은 구속자로서 자신을 희생 제물로 드렸다. 아들은 대가(price)이다. 그리고 성령은 자신을 전달함으로써 직접적으로 산 것을 우리에게 전달하신다. 성령은 산 것(the thing purchased)이다. 그리스도께서 인간을 위해서 [대가를 지불하고] 사신 모든 것의 총합이 성령이다.[23]

만약 우리가 성령에 대해서 과거에 알고 있던 것들만 생각한다면, 구속 사역에서 성령은 성부와 성자와 동등한 일을 하지 않은 것이 되고, 동등한 몫의 영광을 받지 못한다. [구원의] 복을 산 후에 단지 그 복들을 우리에게 적용하기만 하는 것이나 혹은 즉시 넘겨주는 것은(다른 두 인격에 종속되는 것이므로), 그리스도께서 자신을 희생 제물로 드림으로써 무한한 대가를 지불하고 산 것에 비하면 아무것도 아니다. 그리고 성부 하나님께서 무한히 귀한 아들을 보내사 우리를 위해서 희생 제물이 되게 하시고 아들이 대가를 지불하고 산 모든 복들을 우리에게 주시는 것에 비한다면, 구원의 단순한 적용은 아무것도 아니다.[24]

이 세상에 대한 하나님의 사랑이라는 것은 아버지와 아들이 사랑으로 이 세상에 행하는 것과 같다. 산 것은 대가만큼의 가치를 가지고 있다. 대가와 그 대가를 지불하고 산 것은 동등하다. 그것은 산 것을 그만한 가치로 인정하는 것이다. 그것을 사게 한 자에게 속한 영광은, 그가 사게 한 것의 가치에서 나온다. 그러므로 그것은 동일한 영광이고 동등한 영광이다. 그것 자체의 영광이 그만한 가치가 있다. 게다가 그 영광은 그것을 허락한 자의 영광이기도 하다.[25]

이러한 진술을 통해서 에드워즈가 말하고자 하는 기본적인 의도는 단순하고 분명하다. 아버지가 아들의 십자가의 피값으로 성령을 샀고, 이 성령

---

23) *WJE-Y*, 21:136.
24) *WJE-Y*, 21:137.
25) *WJE-Y*, 21:137-138.

을 성도들에게 주셨다. 이것이 은혜이다. 그러므로 에드워즈에게 있어서 은혜의 주입은 성령의 내주와 성령의 자기 전달이라고 할 수 있다. 성령은 성도의 영혼 안에 내주하시면서 자기를 전달하신다. 에드워즈는 『신앙적 감정』에서도 산 것이 되시는 성령에 대해서 거의 유사한 내용을 언급한다.

> 은혜는 마음속에 있는 영광의 씨앗이요 영광의 여명이다. 그러므로 은혜는 미래에 받을 기업의 보증이다. 영혼 속에 있는 영생의 시작이나 보증이 영적인 생명이 아니라면 무엇이겠는가? 그것이 은혜가 아니고 무엇이겠는가? 그리스도께서 택한 자들을 위해서 사신 기업(inheritance)은 성령이다. 그것은 어떤 특별한 은사들 속에 있는 것이 아니라 마음속에서 생명력 있게 내주하면서 자신의 고유하고 거룩하고 신적인 본성에 따라서 자신을 전달하신다. 이것이 그리스도께서 택한 자들을 위해서 사신 기업의 총체이다. 우리를 구원하시는 사역은 이러한 일들로 이루어진다. 아버지는 구세주 혹은 사는 자(purchaser)를 보낸다. 아들은 사는 자이면서 사는 대가(price)이다. 그리고 성령은, 갈라디아서 3:1-13에서 암시한 것처럼, 대가를 지불하고 산 최고의 축복이자 기업이다. 그래서 성령은 종종 성경에서 약속된 축복의 총합으로 간주된다.[26]

은혜의 주입이 성령의 내주하심이라는 것 그리고 성령이 성도의 영혼 속에 내주하시면서 자기를 전달하신다는 것은 은혜의 초자연적이고 주권적인 성격을 잘 드러내준다. 그런데 이상현에 따르면, 에드워즈는 구원하는 은혜를 성령과 동일시하는 설명을 훨씬 더 많이 하지만, 가끔 은혜를 중간 매개적 원리인 것처럼 또는 중생한 사람의 성품으로서 성령에 의해 만들어졌고 그렇기 때문에 성령과 구별되는 것처럼 설명하는 경우도 있다고 한다.[27] 콘라드 체리도 이와 비슷한 견해를 가지고 있다. 에드워즈는 기본적으로 은혜를 인간의 영혼 속에 내주하시는 성령으로 보기 때문에 그 은혜가 결코 인간의 본성 속으로 흡수되어버리지 않는다고 분명하게 주장했지만,

---

26) *WJE-Y*, 2:236.
27) Sang Hyun Lee, "Editor's Introduction," *WJE-Y*, 21:49.

때때로 하나님에 의해 주입된 은혜를 인간 영혼의 자질로 말했다는 사실을 인정해야 한다는 것이다.[28]

이상현과 체리의 말처럼, 에드워즈는 내주하는 성령이신 은혜 그 자체를 은혜라고 불렀을 뿐만 아니라 성령에 의해서 이루어진 인간의 본성적 성품의 변화도 은혜라고 불렀다. 은혜와 은혜의 결과들을 모두 은혜라고 말하는 것은 별로 이상한 일이 아니다. 에드워즈는 특별 은혜 또는 구원 은혜가 성령의 도움을 의미하기도 하고 성령의 도움으로 맺은 열매를 의미하기도 한다고 말했다.[29] 또한 에드워즈는 이렇게 말한다. "하나님의 성령의 다양한 은혜들이 서로 다른 수많은 거룩의 원리들인 것처럼 말하고, 그 은혜들을 회개, 겸손, 복종, 및 감사와 같은 구별된 이름으로 부르는 것은 일반적인 일이다."[30] 또한 에드워즈는 "모든 은혜들이 동일한 원천에서 나오며, 같은 것의 다양한 작용들과 조건들"이고, "모든 은혜들이 하나의 공통적인 본질, 곧 모든 것의 근본적인 원리를 가지고 있고, 결과적으로 하나"라고 주장했다.[31] 이러한 에드워즈의 진술들은 상식적이고 자연스럽다. 그런데 이상현과 체리는 은혜와 은혜의 결과들에 관한 논증을 너무 지나치게 극한까지 몰아붙이는 것처럼 보인다. 그들의 의도는 이해할 수 있다. 만약 은혜가 본성의 변화라면, 본성의 변화 때문에 구원받는다고 해석할 가능성이 있다는 것을 염려한다. 단적으로 말해서, 공로에 의한 구원으로 오해될 가능성을 염려한다. 그러나 은혜의 결과인 본성의 변화를 일반적인 용법에 따라서 단순히 그냥 은혜로 부른다고 해서 그것이 이신칭의 교리를 위협하는 것으로 볼 필요는 없다. 은혜의 결과인 본성의 변화를 일상적인 용법에서 은혜라고 부른다고 할지라도, 은혜 그 자체인 성령의 내주하심의 은혜로 말미암아 구원을 받는다는 사실이 조금도 약화되지 않는다.

좀 더 잘 이해하기 위해서 다른 방식으로 문제를 제기하고 다른 방식으로 대답해보기로 하자. 두 가지 문제를 제기할 수 있다. 첫째, 은혜는 초자연적인 것이고 본성의 변화는 자연적인 것인데, 만약 본성의 변화가 은혜라면 초

---

28) Cherry, *Jonathan Edwards*, 37.
29) *WJE-Y*, 21:153.
30) *WJE-Y*, 21:166.
31) *WJE-Y*, 21:166.

자연과 자연의 구별이 없어진다. 둘째, 만약 본성의 변화가 은혜라면, 본성의 변화가 구원의 조건이 된다. 본성의 변화라는 말은 기본적으로 인간 편에서의 자발적 반응과 점진적인 성숙의 과정을 함축한다. 그래서 본성의 변화가 은혜라면, 그 은혜에는 인간의 점진적인 노력이 포함되기 때문에, 그 은혜는 하나님의 주권적인 역사하심으로 값없이 주시는 선물일 수가 없게 된다. 그렇다면 에드워즈는 왜 인간의 본성적 성품의 변화를 주입된 은혜로 간주하는 말을 했는가? 왜냐하면 내주하시는 성령께서 중생한 자의 영혼 속에 새로운 본성과 생명의 원리 또는 원천으로써 거하시면서 중생한 자와 결코 분리할 수 없는 친밀한 방식으로 연합하여 행동하시기 때문이다. "성령께서 사람을 성전으로 삼고 거하시면서 생명력 있는 원리의 방식으로 그 사람의 본성적 기능과 연합하여 활동한다. …참으로 하나님의 성령은 인간의 기능과 연합하여 본성적인 원리나 경향성의 방법대로 행동한다. 그래서 하나의 행동이 다른 행동을 낳는다. 말하자면 영혼을 안정시켜서 거룩한 행동에의 성향(disposition)을 갖도록 한다. 그러나 그것은 은혜와 언약에 의해서이지 본성적 필연성에서 나오는 것은 아니다."[32] 성령의 행동이 중생한 자의 행동이고 중생한 자의 행동이 성령의 행동이 된다. 하지만 중생한 자의 본성의 변화는 자기 자신에게서 나온 것이 아니라 성령의 행동에서 나온 것이기 때문에, 성령이 없다면 그것은 결코 자신의 것이 될 수 없다. 이와 관련해서 에드워즈는 아주 명쾌하게 다음과 같이 말했다. "만약 하나님이 성령을 그 영혼에게서 거두어 가신다면, 방 안에서 촛불이 없어지면 빛이 사라지듯이, 은혜의 모든 경향성과 행동들은 즉시 저절로 멈추게 된다."[33]

주입에 관한 지금까지의 이야기를 간단하게 정리해보자. 주입은 기본적으로 은혜의 주입이다. 에드워즈에게 있어서 은혜와 성령은 자주 동의어로 사용된다. 은혜는 성령이고, 은혜의 주입은 성령의 내주이다. 그러므로 주입은 성령의 내주를 가리키는 표현이며, 중생의 사건의 맥락에서 성령의 임재와 작용을 가리키기 위해서 사용되는 용어이다.[34]

---

32) *WJE-Y*, 21:196-197.
33) *WJE-Y*, 21:196.
34) Kevin Woongsan Kang, "Justified by Faith in Christ : Jonathan Edwards' Doctrine of Justification in Light of Union with Christ" (Ph.D. Dissertation, Westminster Theological

이제 조명에 대해서 살펴보자.[35] 에드워즈의 조명에 대한 견해를 살펴보기에 가장 적합한 글은 "신적이고 초자연적인 빛"이라는 설교이다. 이 설교에서 에드워즈는 이 신적이고 초자연적인 빛을 하나님의 빛으로 말하기도 하고 인간의 빛으로 말하기도 한다. 하나님의 빛으로 말하는 부분은 다음과 같다. "하나님이 영혼에 직접 분여하시는(imparted) 영적이고 신적인 빛이 있는데, 그것은 자연적 수단으로 얻어질 수 있는 것들과는 본질적으로 다르다"라고 말한다.[36] 초자연적인 빛이 인간의 영혼 속에 들어오는 것이다.

그러나 한편으로 이 빛은 인간의 빛이기도 하다. 에드워즈의 표현대로 하자면, 이 빛은 "하나님의 말씀에 계시된 일들의 신적인 탁월성에 대한 참된 감각"이다.[37] 다시 말해서, 이 빛은 하나님의 빛이 아니라 인간의 영혼 속에 새롭게 생긴 새로운 영적 감각이다. 이것은 빛을 메마른 지성의 차원에서의 조명으로만 보지 않고 감각의 차원까지 포함시키는 에드워즈의 사상을 잘 보여준다. 즉, 조명은 지성만 밝히는 것이 아니고 의향과 의지까지도 일깨우는 것이라는 말이다. 신적이고 초자연적인 빛은 인간의 통합적 자아 전체를 일깨워서 참된 신앙의 길, 참된 구원의 길로 나아가게 한다. 이 설교의 마지막 부분에서 에드워즈는 이렇게 말한다.

이 빛 그리고 오직 이 빛만이 영혼을 그리스도께 가까이 인도하여 구원을 얻게 해줄 것이다. 그것은 마음이 복음에 순응하게 하고, 복음에 계시된 구원의 계획에 대적하는 마음을 굴복시킨다. 그것은 그리스도가 우리의 구주라는 기쁜 소식을 마음이 받아들이고 진적으로 붙잡으며 인정하게 한다. 그것은 온 영혼이 복음과 조화를 이루게 하고, 신뢰와 존경심으로 복음을 인정하게 하며, 온전한 의향과 감정(inclination and affection)으로 복음을 붙잡게 한다. 그리고 그것은

Seminary, 2003), 316. 또한 같은 페이지의 각주 49번에서, 강웅산은 에드워즈에 있어서, 성향(disposition), 경향성(habit) 및 원리(principle)와 같은 용어들도 성령께서 성도 안에 내주하신다는 것을 나타내기 위한 표현이라고 한다.

35) 조명에 대해서는 콘라드 체리의 논의에 많이 의존했다: Cherry, *Jonathan Edwards*, 27-33. 그러나 조명과 주입을 동일시하는 체리의 견해에 완전히 동의하는 것은 아니다.
36) *SJE-Y*, 123.
37) *SJE-Y*, 126.

영혼이 자기 자신을 전적으로 그리스도께 드릴 수 있게 한다.[38]

한편 『신앙적 감정』에서도 하나님의 빛과 인간의 빛을 함께 이야기하는 구절이 있다. 에드워즈는, 성령이 생명의 원리로 성도들 안에 내주하면서 성도들과 연합하신다는 맥락에서, 의의 태양의 빛의 비유를 이렇게 말한다. "의의 태양의 빛이 성도들을 비출 뿐만 아니라 전달되기 때문에, 그들도 의의 태양의 작은 형상이 되어서 빛을 비춘다.…빛이 매우 어둡고 검은 물체[거듭나지 않은 자]를 비출 수도 있다. 그런데 그 물체는 빛을 받았음에도 빛이 그 안에서 빛의 원리가 되지 않기 때문에 발광체(lightsome body)라는 이름을 얻을 수 없다."[39] 성도의 영혼이 의의 태양으로부터 빛을 받으면 그 본성이 변화되어서 본질상 발광체(luminous thing)가 된다. 즉, 태양이 성도들을 비출 뿐만 아니라 성도들이 작은 태양이 되어서 빛의 원천의 본성에 참예하게 된다.[40]

하나님의 빛이 인간의 영혼을 비추고 인간의 본성을 변화시킬 때, 이 빛의 조명과 변화된 인간의 본성적 능력 사이의 관계에 대한 문제는 해명되어야 한다. 사실 이 문제는 우리가 앞서 주입을 논하면서 다루었던 문제와 유사한 논의 구조를 가진다. 즉, 주입된 은혜는 내주하는 성령이면서 동시에 성령에 의해서 이루어진 인간의 본성적 성품의 변화라는 점과 조명된 빛은 하나님의 빛인 동시에 인간의 빛이라는 점에서 논의 구조가 유사하다.

인간 존재 안에 놓인 새로운 기초로서의 하나님의 빛과 그 빛에 참여함으로써 변화되고 새롭게 된 인간의 본성적 능력으로서의 인간의 빛은 도무지 알 수 없는 신비한 방식으로 견고하게 연합되어 있다. 하지만 양자는 결코 동일하지 않고 구별된다. 성도가 하나님의 본질에 참여함으로써 신화(神化, deification)되는 것이 아니다.[41] 성령은 성도의 영혼 속에 빛으로, 마음의 새로운 기초로 그리고 초자연적인 원리로 존재하신다. 성령은 어떤 형태로든지 인간의 자연적 본성과 혼합되지 않고 다만 인간의 본성이 새롭게 작용

---

38) *SJE-Y*, 139-140.
39) *WJE-Y*, 2:200-201.
40) *WJE-Y*, 2:343.
41) *WJE-Y*, 2:203.

하게 해주는 새로운 토대나 원리로 존재하신다. 성령은 결코 인간이 소유할 수 없으며 인간의 주체적 행위에 맡겨져 있지 않다.[42] 그렇다고 할지라도 성도의 영혼 속에 일어나는 새로운 본성의 변화는 내주하시는 성령의 조명과 영향력과는 독립적으로 존재하는 것이 아니다. 인간의 영혼 속에서 일어난 새로운 본성의 변화는 성령의 빛이 그 영혼에 내주하면서 비추고 있을 때에만 가능하다. 다르게 말해서, 성령의 빛이 비추어서 새로운 본성의 변화가 생기고 난 이후에 성령의 빛이 계속해서 비추지 않고 빛을 거두어 가버린다면 거기에는 성도의 영혼의 새로운 본성의 변화는 존재하지 않는다. 우리가 주입의 문제를 다루면서, 결론으로 삼은 에드워즈의 말이 여기서도 동일하게 적용된다. "만약 하나님이 성령을 그 영혼에게서 거두어 가신다면, 방 안에서 촛불이 없어지면 빛이 사라지듯이, 은혜의 모든 경향성과 행동들은 즉시 저절로 멈추게 된다."[43]

이상의 논의로 판단할 때, 주입과 조명은 사실상 같은 것으로 볼 수 있다. 콘라드 체리는 주입과 조명을 같은 것이라고 보고 다음과 같이 말했다. "새로운 단순 관념이나 거룩한 원리의 기원은 주입이나 조명으로 설명된다. 주입과 조명은 동일한 실재에 대한 두 개의 다른 묘사이지 두 개의 구별되는 작용이 아니다. 에드워즈에게 있어서, 성령의 일상적인 작용이나 구원적 작용은 조명으로 묘사되든지 주입으로 묘사되든지 간에 그 종류에 있어서는 동일하다."[44] 우리는 체리의 견해에 대체로 동의한다. 일반적으로 조명은 지성을 비추는 것이고 주입은 의지에 들어오는 것으로 간주되지만, 에드워즈에게 있어서 지성과 의지는 밀접한 관계를 가지고 있기 때문에, 조명은 영혼 전체를 비추는 것이고 주입도 마찬가지로 영혼 전체에 은혜가 들어오는 것으로 보아야 한다. 조명과 주입은 모두 성령의 내주와 밀접하게 관련되어있다. 성령은 빛으로 성도의 영혼 속에 들어와 있고, 또 은혜로 성도의 영혼 속에 들어와 있기도 하다. 그러므로 조명과 주입은 성령의 동일한 작용의 두 가지 측면 혹은 두 가지 효과이다.

---

42) Cherry, *Jonathan Edwards*, 31.
43) *WJE-Y*, 21:196.
44) Cherry, *Jonathan Edwards*, 26-27.

성령의 조명은 성도의 영혼 속에 빛이 비춰어서 영적인 지식을 일깨운다. 성령에 의한 은혜의 주입은 성도의 영혼 속에 경향성 혹은 원리로서의 은혜가 들어와서 본성의 변화를 일으킨다. 에드워즈의 사상 체계에서 영적인 지식은 단순한 이론적 지식이 아니고 지성과 감정 혹은 의지가 통합적으로 작용하는 전인격적이고 실천적인 지식이기 때문에, 영적인 지식이 생기면 필연적으로 본성의 변화를 경험한다. 단순하게 말하면, 성령이 내주하면서 조명과 주입의 작용을 하는데, 조명을 통해서 영적인 지식을 일깨운다는 점에서는 지성적 측면이 좀 더 강조되고 주입을 통해서 본성의 변화를 경험하게 한다는 점에서는 실천적 측면이 좀 더 강조된다.

3. 중생과 회심의 관계

중생과 회심은 다르다. 중생은 하나님이 새 생명을 주시는 것이고, 회심은 인간의 마음이 그러한 은혜에 반응하는 것이다. 중생은 하나님 편에서의 일하심이고 회심은 인간 편에서의 반응이다. 이상현에 의하면, 중생은 성령의 주입을 통해서 인간 존재에 일어나는 근본적 변화이고, 회심은 이런 변화가 믿음의 행위를 통해서 실제적으로 효력을 발하는 것이다.[45] 하지만 한 편으로 중생과 회심은 비슷한 측면이 있다. 중생은 인간 영혼의 근본적 변화를 일으키신 하나님의 행동이고 회심은 인간 영혼의 근본적 변화를 영적으로 지각하는 인간 전존재의 통합적 반응이지만, 인간 영혼의 근본적 변화라는 동일한 영적 실재를 가리킨다는 점에서, 중생과 회심은 비슷하다. 에드워즈의 다음과 같은 말 속에 중생과 회심의 차이점과 유사점이 다 포함되어 있다.

우리가 한 성경을 다른 성경과 비교해보면, 중생(regeneration), 회생(being begotten), 혹은 거듭남(born again)이라는 말은 정신의 상태에 관한 동일한

---

[45] Sang Hyun Lee, "Editor's Introduction," *WJE-Y*, 21:39. (참고. *WJE-Y*, 13:357-358; 462-463.)

변화를 가리키는 용어라는 사실이 명백하다. 성경이 말하는 그 변화는 참된 회개와 회심 시에 효력이 발생하는 것이다. 성경이 회개와 회심을 함께 언급하며(행 3:19) 이 둘은 분명히 같은 것을 의미하기 때문에, 나도 이 둘을 함께 언급한다. μετανοια(회개)라는 말은 정신의 변화를 의미한다. 마찬가지로 회심이라는 말은 죄에서 하나님에게로 돌이키는 변화를 의미한다. 또한 이것은 중생이라고 부르는 것과 같은 변화이다(이 후자의 용어가 특히 정신이 수동적일 때의 변화를 의미한다는 것을 제외한다면).[46]

위 인용문에 따르면, 중생은 수동적인 측면에서의 정신의 변화이고 회심은 능동적인 측면에서의 정신의 변화라고 함으로써 중생과 회심을 동일한 것으로 보지 않는다. 하지만 중생과 회심을 같은 변화라고 말한다. 실제로 에드워즈는 중생과 회심을 엄밀하게 구분하지 않고 혼용하는 경향이 있었다. 이러한 사실은 그의 저술들의 여러 곳에 나타난다.

잠시 시선을 과거로 돌리자. 16세기와 17세기에 활동한 에드워즈의 선배 신학자들은 중생과 회심을 엄밀하게 구분하지 않았다.[47] 이와 관련하여 가장 잘 알려져 있는 사실은 칼빈의 중생 개념이다. 칼빈의 중생은 아주 폭넓은 의미의 중생으로서 회심과 성화를 다 포함한다. 이와 관련해서 칼빈의 몇 가지 진술을 살펴보자. "믿음에 의한 우리의 중생: 회개."[48] "나는 회개를 중생으로 해석하는데, 회개의 유일한 목적은 아담의 범죄로 말미암아 손상되고 거의 파괴된 하나님의 형상을 우리 안에 회복시키는 것이다."[49] "중생의 목적은 성도들의 삶 속에서 하나님의 의와 성도들의 순종 사이의 조화와 일치를 나타내며, 그럼으로써 그들이 받은 양자됨의 자격을 확고하게 하는 것이다."[50] 한편, 1619년의 도르트 신조에는 회심과 신생과 중생이라는 말이 나오기는 하지만, 정확한 개념 정의 없이 느슨하게 사용된다.[51] 1648년의

---

46) *WJE-Y*, 3:361-362.
47) Anthony A. Hoekema, *Saved by Grace* (Grand Rapids: Eerdmans Publishing Company, 1989), 93-94. 이후에는 Hoekema, *Saved by Grace*로 약술함.
48) *Inst.*, III부 iii장의 인상적인 제목이다.
49) *Inst.*, III. iii. 9.
50) *Inst.*, III. vi. 1.
51) 이장식 편역, 『기독교신조사』 전2권 (서울: 컨콜디아사, 1992), 제2권: 21.; 회심과 신생과

웨스트민스터 신앙고백서에서는 중생과 회심의 구별이 별로 중요하게 다루어지지 않는다.[52] 윌리엄 에임스는 『신학의 정수』의 부르심에 관한 부분에서 중생과 회심을 어느 정도 구분해서 설명하기는 하지만 그 구분이 분명하지는 않다.[53] 전반적으로 영국의 청교도 전통과 뉴잉글랜드의 청교도 전통은 중생과 회심을 날카롭게 구분하지 않았던 것 같다. 중생한 성도가 곧 회심한 성도다. 뉴잉글랜드 청교도들의 경우 중생한 자들 혹은 회심한 자들만으로 이루어진 교회를 세우고 그들에게만 투표권을 주어서 진정한 공화국을 만들려고 했는데, 이를 위해서 성도들의 개인적인 회심 체험을 면밀히 조사하는 것을 중요하게 생각했다.[54] 성도의 회심 체험을 조사한다는 것은 그가 참된 신앙인인지 아닌지, 혹은 그가 참으로 중생한 성도인지 아닌지, 혹은 그가 참으로 회심한 성도인지 아닌지를 조사하는 것이었다.

이러한 사실들로 볼 때 에드워즈가 중생과 회심을 엄밀하게 구분하지 않는 것은 아마도 자신이 물려받은 개신교 전통에 기인했을 것이다. 그리고 그가 중생보다 회심에 대해서 더 많이 언급한 것은 영적 각성과 부흥이 일어나는 목회 현장에서 실천적으로 사역했기 때문이다. 이 부분에 대해서는 조금 후에 다시 논하기로 하겠다. 이제 에드워즈가 중생과 회심에 대해서 어떤 말을 했는지 살펴보도록 하자.

에드워즈에 따르면, 중생은 무에서 유를 만드는 창조의 사역이고, 초자연

중생에 관한 언급이 나오는 부분은 제 3, 4 교리 인간의 타락과 하나님에게로 향하는 인간의 회심 및 그 방법, 제11조와 제12조이다.

52) Ibid., 72-83. 구원론에 해당하는 부분인 10장에서 18장까지에 걸쳐서 효과적인 부르심, 칭의, 양자됨, 성화, 구원에 이르는 신앙, 생명에 이르는 회개, 선행, 견인 및 구원의 확신을 다룬다. 구원론과 관련한 이 장들의 제목에는 중생과 회심이 없다. 10장의 효과적인 소명에서 중생(renewed)을 언급하고, 13장의 성화에서 효과적인 소명을 통해 중생한 사람들의 성화를 말한다. 그렇지만 회심에 대한 언급은 없다. 한마디로 웨스트민스터 신앙고백서는 중생과 회심의 구별에 대해서는 큰 관심이 없다.

53) William Ames, *The Marrow of Sacred Divinity* 『신학의 정수』 서원모 옮김 (서울: 크리스찬다이제스트, 1993), 212-213.; 에임스는 그리스도의 수동적 영접과 능동적 영접을 구분해서 설명하는데, 그 내용을 보면 전자는 중생에 해당하고 후자는 회심에 해당한다. 하지만 명시적으로 전자를 중생, 후자를 회심이라고 규정하지는 않는다. 전체적인 분위기로 말하자면, 부르심이라는 큰 주제 안에 중생과 회심과 회개와 믿음을 다 포함시켜서 하나로 연결된 은혜의 국면인 것처럼 설명한다.

54) C. C. Goen, "Editor's Introduction," *WJE-Y*, 4:25.

적인 변화의 원리가 주입되는 것이다. "창조주가 이 신적인 감각을 영혼에 부여하시는 사건인 중생은 소경이 눈을 뜨게 하는 것, 죽은 자를 다시 살리는 것, 그리고 사람을 새로운 세계로 데리고 가는 것으로 묘사되어지는 것이 당연하다."[55] "중생은 은혜를 주입하는 하나님의 역사[이다.]"[56] 중생은 "한 사람이 죄에서 돌이켜 하나님을 향해가는 회심에서, 하나님의 크신 능력에 의해 사람 속에서 일어난 위대한 변화, 즉 사악한 사람에서 거룩한 사람으로의 변화"이다.[57] 중생은 죄인에서 성도로 변화되는 것이다. 그런데 "죄인에서 성도가 되는 변화는 태도의 변화가 아니라 본성의 변화이다. 도덕적 변화가 아니라 물리적 변화이다." 도덕적 변화는 인간의 교육과 결단과 노력에 의해서 일어나는 것이고, 물리적 변화는 인간의 힘에 의해서 일어나지 않는 어떤 것이다.[58] 그리고 "죄인이 성도로 변화될 때, 지각과 행동의 새로운 원리를 갖게 되는데, 그 원리는 옛 사람의 것과는 완전히 다른 것이다."[59] 에드워즈는 중생을 생물학적 출생과 비교하면서 비록 거의 느낄 수 없다고 할지라도 새로운 일이 시작되는 순간에 실제적인 큰 변화가 일어난다는 것을 강조한다. "신생(new birth)은 첫 출생과 같다. … 신생의 경우에 분명히 영혼 안에 일어난 매우 큰 변화가 있다. 첫 출생에서 영혼이 주입될 때 매우 큰 변화가 있다. 왜냐하면 생명이 없던 배아가 그 즉시 생명체, 즉 사람이 되기 때문이다. 그러나 느낄 수 있는 변화는 매우 점진적이다. … 생명체에 있는 최초의 새로운 것은 어느 정도 실제적인 변화임에 틀림없다. 그러므로 첫 출생에서, 힘과 경향성에 본질이 있는 영혼의 존재의 시작은 움직임이나 감각에서 새로운 종류의 변화와 함께 한다.[60]"

---

55) *WJE-Y*, 2:274-275.
56) *WJE-Y*, 2:398.
57) *WJE-Y*, 17:186.
58) "물리적(physical)"이라는 말에 대한 더 자세한 설명을 보려면 다음을 보라: Cherry, *Jonathan Edwards*, 36-37. 또한 "물리적"이라는 말의 사용과 관련해서, 이상현의 성향적 존재론과 앙리 모리모토(Anri Morimoto)의 성향적-존재론적 구원론에 대한 비판 및 체리의 입장에 대한 비판을 보려면 다음을 보라: Kevin Woongsan Kang, "Justified by Faith in Christ : Jonathan Edwards' Doctrine of Justification in Light of Union with Christ," 314-316.
59) *WJE-Y*, 17:187.
60) *WJE-Y*, 13:357-358. (Misc. no. 241)

한편, 회심에 대해서 에드워즈는 다음과 같이 설명한다. "회심은 위대하고 영광스러운 하나님의 능력의 역사이다. 마음을 변화시키고 죽어있던 영혼에 생명을 주입하는 역사이다."[61] "회심은 종종 소경이 눈을 뜨는 것과 죽은 자가 다시 살아나는 것과 창조의 역사(피조물이 완전히 새롭게 되는 역사)와 갓난아기가 태어나는 것에 비유된다."[62] "회심은 성경에서 특히 창조의 사역으로 묘사된다. 하나님이 무엇을 창조하신다면, 그분은 이미 존재하는 사물을 견고하고 완전하게 만드시는 것이 아니라 무로부터 어떤 것을 전체적으로 즉시 새롭게 만드신다. 마치 흙으로 사람을 만드신 것처럼 그렇게 만드신다."[63] 또한, 회심 시에는 인간의 전 존재를 바꾸어놓는 변화의 원리가 생긴다. 회심이 일어나는 즉시 변화가 일어나는 것은 아니지만 그 변화의 원리는 반드시 삶 속에서 표현된다. "회심 시에 영적 지식과 영적 행동의 원리가 주입되는데, 그것은 하늘이 땅보다 높은 것처럼 인간이 이전에 가졌던 어떤 원리보다 더 고차원적인 것이다."[64] "인간은 어머니 뱃속에서 생명이 시작되는 순간 인간의 본성에 속한 모든 것들을 받는다. 거기서 영혼과 육체가 함께 시작되고 영혼의 모든 능력들이 부여된다. 몸의 지체들, 모든 혈관, 힘줄, 모든 감각들이 생긴다. 이와 마찬가지로 인간이 죄인에서 성도로 변화할 때, 인간 전 존재는 새롭게 만들어진다. … 여기에 의지와 의향(inclination)의 새로운 원리가 있다."[65] "회심에 대한 성경의 묘사는 본성의 변화를 강하게 암시한다. 그러한 묘사로는 거듭남, 새로운 피조물이 됨, 죽은 자 가운데서 살아남, 마음이 새롭게 됨, 죄에 대하여 죽고 의에 대하여 살게 됨, 옛사람을 벗고 새사람을 입음, 새로운 줄기에 접붙임을 받음, 마음에 신적인 씨앗이 심겨짐, 신의 성품에 참예하는 자가 됨 등이 있다."[66] 한편, 회심과 성령의 내주와 본성의 변화를 하나로 묶어서 설명하는 밀도 있다. "모든 것의 시초이자 근원인 회심 시에 생기는 최고의 변화는 정

---

61) *WJE-Y*, 4:177.
62) *WJE-Y*, 2:204.; *WJE-Y*, 21:159-160에서도 회심을 창조 사역, 부활, 소경이 눈을 뜨는 것으로 설명한다.
63) *WJE-Y*, 21:159.
64) *WJE-Y*, 17:187.
65) *WJE-Y*, 17:188
66) *WJE-Y*, 2:340.

신(mind)의 기질과 성향과 성품(spirit)의 변화이다. 회심 시에 이루어진 것은 다른 것이 아니라 하나님의 성령을 주신 것이다. 하나님의 성령은 [성도의] 영혼에 내주하며 생명과 행동의 원리가 되신다. 이것은 새로운 본성이요 신적인 본성이다."[67]

한 걸음 더 나아가서 에드워즈는 회심(conversion)과 회개(repentance)와 신앙(faith)이 매우 밀접한 관계를 가지고 있다고 말하기도 한다. "[여러 성경 말씀에 따르면,] 회개는 회심을 의미한다. 자, 분명히 회심이 죄용서와 칭의의 조건이다. 그렇다면 회심과 신앙이 따로 구별되어 평행을 이루는 조건인 것처럼, 회심이 칭의의 한 조건이고 신앙은 또 다른 조건이라고 말하는 것은 얼마나 터무니없는 말인가?"[68] "게다가 적극적 회심인 복음적 회개는, 어떤 사람들이 그래왔던 것처럼, 신앙과는 완전히 다른 특별한 은혜로 취급되지 않는다. 죄악되고 소외된 영혼이 그리스도와 가까워지는 것, 혹은 죄인이 그리스도를 믿게 되는 것 이외에 무엇이 회심이겠는가? 죄와 관련해서 회심이라는 영혼의 작용은 그리스도를 믿는 신앙의 본질에서 배제될 수 없다. 신앙, 즉 그리스도와 가까워지는 것에는 죄와 관련된 무엇인가가 있다. 성경에서 죄사함을 위한 회개라고 불리는 회개는, 죄와 관련되어 있는 한에서, 신앙이라고 불리는 정신(mind) 그 자체의 원리나 작용이다."[69] "의롭다 함을 얻는 회개(justifying repentance)가 신앙의 본질을 가지고 있다는 것은 분명하다."[70]

에드워즈의 중생과 회심에 관한 설명은 그 내용이 매우 비슷하다. 앞서 말한 바와 같이, 그 이유는 에드워즈 자신이 물려받은 개신교 전통과 자신이 처한 부흥이라는 상황 때문일 것이다. 에드워즈가 중생과 회심을 대체로 엄밀한 구분 없이 교환가능한 말인 것처럼 함께 사용하고 있기 때문에 우리도 에드워즈의 용법을 따르기로 한다. 하지만 에드워즈가 중생과 회심을 완전히 같은 말로 사용하지는 않는다. 우리는 중생을 하나님 편에서 일하심으로써 일어나는 영혼의 수동적 변화의 측면을 나타내고, 회심을 인간 편에서

---

67) *WJE-Y*, 13:462. (Misc. no. 397.)
68) *WJE-Y*, 19:223.
69) *WJE-Y*, 19:224.
70) *WJE-Y*, 19:224.

의 반응으로서 영혼의 능동적 변화의 측면을 나타낸다는 사실을 늘 염두에 두는 것이 에드워즈 이해에 좀 더 유익하다고 생각한다. 아무튼 에드워즈가 중생보다는 주로 회심을 말하고, 회중들에게 회심을 추구하라고 촉구한 것은 영적 각성과 부흥이라는 상황에서의 목회적 관심과 실천적 관심 때문이었다.[71] 다음 장의 회심의 추구를 다루는 항목에서 이와 관련된 내용을 좀 더 자세히 다루게 될 것이다.

이제 정리를 하자. 사실 어떤 맥락에서든지 중생과 회심은 수학적 엄밀성의 차원에서 정의를 내릴 수 있는 것이 아니다. 하나님이 인간을 구원하시는 과정을 소위 구원의 순서(ordo salutis)로 도식화하는 것은 하나님의 구원 사역을 이해하는 데 일정 부분 도움이 된다. 하지만 구원의 순서가 정말로 일련의 연속적인 단계로 전개되는지, 즉 하나의 과정이 끝나고 다음의 과정이 시작되는 식으로 전개되는지에 대해서는 약간의 의문이 있다. 예를 들어서 중생(거듭남)은 새로운 생명을 얻게 되는 순간만 가리키는지 아니면 새로운 생명으로 거듭나서 새롭게 사는 삶을 포함하는지가 항상 분명한 것은 아니다. 실제로 에드워즈는 중생 혹은 회심을 구원의 시작부터 성화의 전 과정을 가리킨다고 말하기도 한다. "1. 이 사역은 때때로 그들이 최초로 구원의 부르심을 받고 그리스도 예수를 믿고 성도가 되는 순간에 이루어지는 것으로 언급된다.… 2. 이 사역은 종종 그들이 성도가 된 이후에 계속해서 추구하고 기도하는 것으로 언급된다."[72] 또 다른 예로서, 구원의 순서가 믿음, 칭의, 성화의 순서로 전개된다고 할 때, 믿음으로 칭의를 얻은 이후, 성화의 삶 속에서는 믿음의 행동이 없다고 이해하는 사람은 아마도 없을 것이다. 그러므로 구원의 순서(ordo salutis)는 하나님이 인간을 구원하시는 과정 혹은 하나님과 인간 사이의 구원적 관계를 다양한 측면에서 보여주는 것으로 이해하는 것이 좋다.[73] 구원이란 하나님이 인간을 자기 백성으로 부르시는 것이고, 구원이란 하나님이 택한 자녀에게 새로운 생명의 원리를 주입하는 것이고, 구원이란 하나님이 자기 자녀들에게 믿음을 선물로 주시는 것이고,

---

71) 강웅산, "조나단 에드워즈의 칼빈주의 부흥 이해," 『조직신학연구』 제8호 (2006) : 93-94.
72) *WJE-Y*, 20:68-69. (Misc. no. 847.)
73) Hoekema, *Saved by Grace*, 14-17.

구원이란 죄인들의 죄를 아무런 조건 없이 용서해주시는 것이고, 구원이란 그리스도의 십자가를 붙잡는 죄인들을 의롭다 판단해주시는 것이고, 구원이란 인간이 죄에서 돌이켜서 하나님을 향하고 하나님만 신뢰하는 것이고, 구원이란 하나님의 초청에 응답하여 하나님의 나라에 들어가는 것이며, 구원이란 문을 두드리며 말씀하시는 그리스도의 음성을 듣고 문을 열어 그분을 맞이하는 것이다.

에드워즈의 용어를 사용해서 말하자면, 구원은 성령의 내주를 통해서 새로운 영적 감각 혹은 새로운 마음의 감각이 영혼에 생기는 것이고, 하나님의 거룩함의 아름다움을 맛볼 수 있는 능력을 받는 것이고, 신적이고 영적인 빛이 마음에 비추어지는 것이고, 그리스도의 십자가의 보혈의 대가로 사신 바 된 성령이 내주하시는 것이고, 하나님이 경건치 않은 자들을 의롭다고 판단해주시는 것이며, 하나님의 크신 능력으로 사람의 본성에 초자연적인 변화가 일어나는 것이다. 회심은 이러한 구원의 여러 국면들 중의 한 부분으로 이해되어야 한다.

4. 회심

1) 회심의 단계론 혹은 회심의 형태론

잉글랜드와 뉴잉글랜드 청교도들은 회심의 단계론 혹은 회심의 형태론을 주장했다. 이들의 주장에 따르면, 회심에 이르기까지의 준비 단계가 있고 회심 이후 영적으로 성장하는 단계가 있다. 그리고 각각의 단계들에는 어느 정도 정형화된 형태가 있다.[74]

에드워즈는 선배 청교도들의 이러한 회심의 단계론을 일정 부분 수용하고 일정 부분 비판한다. 에드워즈는 선배 청교도들이 말하는 그런 단계로 회심을 체험하지 않았기 때문에 자신의 회심 체험이 진짜인지 아닌지에 대

---

74) 청교도의 회심론에 대한 더 자세한 내용은 본서 제2장 1의 1) 청교도의 회심론에서 다루었다.

해서 고민하면서 깊이 연구했다.[75] 1734-35년에 노스햄턴 교회에서 일어난 수많은 회심의 실례들을 직접 경험한 후, 에드워즈는 회심 이전에 준비의 단계가 있다는 사실을 경험적으로 인정했다. 하지만 준비의 단계가 필연적으로 있어야 한다는 사실에 대해서는 반대했다.

에드워즈는 『신앙적 감정』 제 2부에서 참으로 은혜로운 감정인지 아닌지 구별하는 기준이 될 수 없는 불확실한 표지들 중 여덟 번째 표지에서 회심의 단계의 문제를 자세하게 다룬다. "특정한 순서에 따라서 양심의 각성과 죄에 대한 깨달음이 있고 난 다음에 위로와 기쁨이 오는 것처럼 보인다는 사실로써는, 감정의 본질에 대해서 어떤 것도 확실하게 판정할 수 없다."[76] 에드워즈는 회심의 순서나 단계나 방법을 중요한 것으로 생각하지 않았다. "단계와 방법을 뚜렷하게 따르는 것처럼 보인다고 해도 그것이 회심했다는 확실한 표지는 아니다. 마찬가지로 단계와 방법을 따르지 않았다고 할지라도 그것이 회심하지 않았다는 확실한 표지인 것도 아니다."[77] 참된 신앙 혹은 참된 회심은 정해진 단계와 방법을 따를 수도 있고 따르지 않을 수도 있다. 에드워즈는 회심 이전에 어떤 준비의 과정이 있다는 사실을 인정한다. 하지만 그것은 아주 큰 틀에서 볼 때 죄와 비참을 깨닫는 일이 먼저 있고 그 다음에 그리스도를 구주로 영접한다는 기본적인 사항에 대한 인정이다. 이 기본적인 사항 이외에는 회심이 복잡한 단계와 방법들에 따라서 일어나야 할 필연성은 없다. 그는 다음과 같이 말한다.

> 자신의 죄와 비참, 허무함과 무기력함, 그리고 마땅히 받아야 할 영원한 심판에 대한 깨달음이 없다면 그 죄인은 그리스도를 진심으로 구세주로 영접할 수 없다는 것과, 그렇기 때문에 그러한 깨달음은 그의 영혼에 일어난 일 속에 반드시 어느 정도 내포되어 있어야 한다는 것은 성경의 원리로 분명하게 증명할 수 있다. 하지만 증명할 수 없는 것도 있다. 연속석이지만 제각기 [단계에 따라] 분리된 성령의 사역들이 진실로 회심한 모든 사람들에게 분명하고 확실한

---

75) *WJE-Y*, 16:759, 779.
76) *WJE-Y*, 2:151.
77) *WJE-Y*, 2:160.

것이라고 할지라도, 그리스도를 믿는 신앙 행위 속에 함축되거나 전제된 모든 것이 영혼 속에서 분명하고 뚜렷하게 일어난다는 주장은 필연성을 증명할 수 없다.[78]

그럼에도 어떤 사람들은 끝까지 회심의 단계를 고집한다. 하지만 성경에서는 회심의 단계에 대한 증거를 찾을 수 없다. "우리는 율법적인 깨달음이나 이 깨달음을 뒤따르는 위로가 은혜의 확실한 표지로서 혹은 성도에게 특별한 것으로서 특정한 방법이나 순서에 따라서 일어난다는 것을 성경에서 한 번도 보지 못했다. 은혜의 작용과 효과에 대해서 언급된 것은 수천 번이나 보았지만 말이다."[79] 뿐만 아니라 성령께서도 그런 단계와 방법에 따라서 행하시지 않는다. "어떤 사람들은 [단계를 강조하는 일에] 너무 지나쳐서 주의 성령을 지도하여 그분의 발걸음을 정하고 특정한 단계와 방법에 그분을 제한하였다. 경험을 통해서 알 수 있는 바와 같이, 하나님의 성령이 그리스도인들의 회심에서 역사하시는 방법은 헤아릴 수 없고 측량할 수 없다. 하나님의 성령은 특별하게 정해진 단계에 따라서 사람들이 알아볼 수 있도록 행하시지 않는다."[80] 그러므로 단계의 문제는 하나님께 맡겨두는 것이 좋다. 중요한 것은 하나님의 성령이 영혼에 역사하셔서 일으키시는 효과들의 본질이다. 성경에서도 성령의 열매의 본질로 우리 자신을 시험하라고 말씀하시지 성령께서 열매를 만드는 방법으로 시험하라고 말씀하시지 않는다.[81]

한편, 에드워즈는 실천이 모든 표지 중의 으뜸이고 표지 중의 표지이고 증거 중의 증거라고 역설하는 과정에서 회심의 방법의 문제를 이렇게 언급한다. "나의 회심의 방법과 관련해서 내가 체험한 것을 가장 정확하고 비판적으로 검토함에 있어서, 지난 수천 년간 살았던 현명하고 건전하고 경험 많은 모든 신학자들의 판단과 완전한 승인보다 나의 지고한 심판주께서 나의 편에 서서 '나의 계명을 가지고 지키는 자라야 나를 사랑하는 자니'(요

---

78) *WJE-Y*, 2:160-161.
79) *WJE-Y*, 2:160.
80) *WJE-Y*, 2:162.
81) *WJE-Y*, 2:162.

14:21)라고 말씀하신다는 사실을 나의 양심의 증거로 삼고자 한다."[82] 회심의 문제에 대해서도 실천이 가장 좋은 표지요 가장 본질적인 증거임을 강조하는 것이 주된 맥락이지만, 어떤 면에서는 회심의 형태론이나 단계론에 대한 에드워즈의 입장이 가장 선명하게 드러나는 곳인 것 같다.

에드워즈는 회심을 세부적인 단계로 정형화시키는 것에 대해서 부정적인 입장을 가지고 있다. 그러나 자신의 죄와 비참을 깨닫는 단계와 그리스도를 구주로 영접하는 단계라는 두 가지의 단계가 있다는 사실은 인정한다.[83] 그러므로 선배 청교도들의 회심의 단계론 혹은 형태론을 수정하여 비판적으로 수용한다고 볼 수 있다.

2)회심의 추구

에드워즈는 인간이 자신의 힘과 노력으로 스스로 회심하는 것은 불가능하다고 주장한다.[84] 회심은 죽은 자가 다시 살아나는 것이나 무에서 유를 만드는 창조와 같은 하나님의 주권적인 역사이다. 이처럼 회심은 하나님의 전적인 주도권 아래 일어나는 위대하고 영광스러운 일이라고 선언하면서도, 에드워즈는 회심의 추구를 열심히 강조한다. 회심이 하나님의 전적인 은혜라면 인간이 추구한다고 해서 얻을 수 있는 것이 아닌데 왜 그렇게 회심의 추구를 강조하는가? 교리적으로 엄격하게 판단하려고 하면 아마 답이 쉽게 나오지 않을 것이다. 순전히 논리적인 차원에서 보면, 하나님이 모든 것을 다 하신다면 인간 편에서는 아무것도 할 일이 없으니까 "회개하라", "믿으라"라고 촉구할 수도 없을 것이다.

이 문제에 대한 대답은 신학적 차원이 아니라 목회적 차원에서 찾아야 한다. 다시 말해서, 회심의 추구는 신학적 차원에 속한 일이라기보다는 목회적 차원에 속한 일로 간주하는 것이다. 에드워즈가 회심의 추구를 강조한

---

82) WJE-Y, 2:443.
83) WJE-Y, 2:152.; 양낙흥,『조나단 에드워즈: 생애와 사상』(서울: 부흥과개혁사, 2003), 275-276, 465-466. 이후로는 양낙흥,『조나단 에드워즈』로 약술함.; Sam Storm, *Signs of the Spirit*, 25-26도 참고하라.
84) WJE-Y, 21:164.

것은 주로 설교를 통해서였다. 신학적 차원에서 회심을 추구해야 할 당위성을 강조한 것이 아니라 목회 현장에서 청중들을 향해서 회심을 추구해야 한다고 역설했다.

에드워즈의 설교들 중에서 몇 부분을 살펴보자. 에드워즈는 청중들에게 "죄와 비참함을 깨닫기를 힘써 추구하라. 서둘러서 이 일에 착수하라"고 역설한다.[85] 그리고 "하나님께서는 부지런히, 지속적으로, 끈기 있게 회심을 추구하는 사람들에게는 대체로 성공을 주신다"고 하면서 격려한다("하나님은 인간들로 하여금 자신들의 비참함을 깨닫게 한 후에 자비와 사랑을 보여주신다"라는 설교).[86] "끈질긴 노력과 상당한 고통을 감내함이 없다면, 중생의 위대한 변화를 성취할 수 있는 가능성은 별로 없다"고 단언하기도 했다("중생"이라는 설교).[87] 어떤 설교에서는, "모든 사람들이 이 영적인 빛을 열심히 추구하기를 권면합니다"라고 말한다("신적이고 초자연적인 빛"이라는 설교).[88] 그런데 이 설교의 앞부분의 주된 내용은 신적이고 영적인 빛은 자연적인 수단으로는 얻을 수 없으며 하나님이 직접 주실 때만 얻을 수 있다는 것이었다. 앞부분의 이런 내용과는 논리적으로 잘 연결되지 않는 것처럼 보이는데도 모든 사람들이 이 영적인 빛을 추구할 것을 권면하는 것은 이채롭다.

한편, "하나님의 나라로 침입하라"는 설교는 전체적으로 회심의 추구 혹은 구원의 추구에 대한 내용을 담고 있다. 하나님의 나라로 침입하는 것이 회심을 추구하는 것이다. 에드워즈는 갈망의 힘과 단호한 결단과 엄청난 노력을 통해서 갖가지 어려움들을 뚫고 하나님의 나라로 침입하라고 촉구한다.[89] 조지 휫필드가 1740년 노스햄턴에 오기 직전에 한 설교인 "회심의 실재"에서는 성경적으로, 경험적으로, 그리고 이성적으로 판단할 때도 세상에서 가장 중요한 일인 회심은 분명히 존재한다는 사실을 강조하면서, 적용 부분에서 회심을 진지하게 추구할 것을 권면한다.[90] 한편, 이 설교에서

---

85) *WJE-Y*, 17:164.
86) *WJE-Y*, 17:169.
87) *WJE-Y*, 17:193.
88) *SJE-Y*, 139.
89) *WJE-Y*, 19:276-280.
90) *SJE-Y*, 92.

는 회심을 추구하기 위해서 사용해야 할 은혜의 수단에 대해서도 비교적 자세하게 설명해준다. 그것은 성경 읽기, 기도하기, 설교 듣기, 예배 참석 그리고 사람들에 대한 정의와 자비의 의무, 부모 공경의 의무, 형제 사랑의 의무, 남편과 아내와 자녀에 대한 의무, 이웃에 대한 온유와 정의와 자비의 의무 등이다.[91] 이러한 내용을 보면, 구원을 받기 위하여 해야 할 일이 아니라 구원을 받은 자가 해야 할 일이 아닌가 하는 생각이 들기도 하지만, 여기서는 에드워즈가 이런 정도까지 회심의 추구에 대해서 강조하고 있다는 사실을 확인하는 정도에서 멈추도록 하겠다.[92]

논리적으로 생각할 때, 인간 자신의 힘과 노력으로 스스로 회심하는 것이 불가능하다면 회심을 추구하는 노력은 결코 구원에 이를 수 없다. 하나님의 주권과 인간의 회심 추구 노력은 양립할 수 없다. 그런데 에드워즈는 모순되고 역설적인 이 두 가지 측면을 동시에 주장하고 있다. 하나님이 모든 것을 다 하시고, 인간도 모든 것을 다 한다는 것이다. 앞에서 말한 바와 같이, 이러한 주장은 매우 목회적이고 실천적인 주장이다. 그러나 이러한 목회적이고 실천적인 주장을 할 때도 에드워즈는 신학적인 측면을 충분히 고려한다. 이와 관련한 에드워즈의 언급은 길지만 인용할 가치가 있다.

> 효과적인 은혜: 우리는 단순히 수동적인 것이 아니다. 하나님이 어떤 일을 하시고 우리가 나머지를 하는 것이 아니다. 하나님이 모든 것을 하시고 우리도 모든 것을 한다. 하나님이 모든 것을 만들어내시고 인간이 모든 것을 행한다. 하나님이 유일하게 적합한 창시자이고 우리는 유일하게 적합한 행위자이다. 이런 면에서 우리는 전적으로 수동적이고 전적으로 능동적이다.
> 성경은 같은 일에 대해서 하나님과 우리를 동시에 언급한다. 하나님에 대해서는 회심케 하신다고 말하고 사람에 대해서는 회심한다고 말한다. 하나님은 새로운 마음을 만드시고, 우리는 마음을 새롭게 하라고 명령을 받는다. 하나님은 마음에 할례를 주시고, 우리는 마음에 할례를 받으라고 명령을 받는다. 단지

---

91) *SJE-Y*, 97-98.
92) 에드워즈가 회심의 추구를 매우 강조했다는 사실에 대해서 더 자세히 알려면 다음을 보라: 양낙홍, 『조나단 에드워즈』, 251-288.

우리가 결과를 위해서 수단을 사용해야 하기 때문이 아니라, 결과 그 자체가 우리의 행동이고 우리의 의무이다. 이러한 일들은 다음의 본문과 잘 어울린다. "하나님이 너희 안에 소원을 두고 행하게 하신다."(빌 2:13)[93]

3)회심 체험의 성격

오직 하나님에 의해서만 이루어질 수 있는 위대한 변화인 회심을 얻기 위해서 인간들은 가능한 모든 은혜의 수단을 사용하여 열심히 추구해야 한다. 그런데 에드워즈는 하나님의 은혜를 주로 감각적인 언어로 묘사한다. 하나님과 하나님의 은혜를 영적으로 보고 듣고 맛보고 느낀다는 표현들을 수없이 많이 사용한다. 하나님의 은혜인 성령이 내주하시고 하나님의 고유한 본성의 자기 전달이 일어나고 새로운 영적 감각 혹은 마음의 감각이 생기며 본성의 원리가 새로워져서 하나님의 거룩의 아름다움을 영적으로 보고 듣고 맛보고 느끼게 된다. 그러므로 당연히 에드워즈에게 있어서 회심은 체험적인 성격을 가지게 된다.

회심은 소경이 눈을 떠서 빛을 처음으로 보고 느끼는 것과 같은 사건이고, 날 때부터 미각이 전혀 없던 사람이 처음으로 꿀의 달콤함을 맛보는 것과 같은 사건이다. 이전에 한 번도 경험해본 적이 없는 전혀 새로운 종류의-완전히 다른 차원의 사건을 영적으로 체험하는 것이다. 특히, 새로운 영적 감각으로 하나님의 거룩하심의 아름다움과 달콤함을 느끼고 맛본다는 표현과 같은 것들은 회심이 굉장히 강렬하고 감각적으로 깊은 인상을 주는 사건인 것처럼 생각하게 만든다. 회심을 체험한 사람은 누구나 새로운 영적 감각으로 하나님의 은혜를 생생하게 감각적으로 느낀다면, 그는 회심의 순간에 자신의 회심을 알 수 있을 것이고, 심지어 자신의 회심의 시간을 정확히 기억할 수도 있을 것이다.

하지만 실제로는 모든 회심자가 다 자신의 회심을 그렇게 생생하고 감각적으로 느끼고 기억하는 것은 아니다. 왜 그럴까? 소경이 눈을 뜨는 것과 같이 감각적으로 강렬한 체험적 역사인데 왜 회심의 순간을 모르는 경우도 있

---

93) *WJE-Y*, 21:251.

을까? 에드워즈는 회심의 첫 순간에는 영적 감각이 아주 작고 불완전할 수도 있다고 말한다. "영적인 사람은 신적이고 매우 독특한 탁월함을 인식하는 영적 감각이나 미각을 가지고 있지만, 처음에는 그 영적 감각이나 미각이 아주 작고 매우 불완전할 수도 있다."[94] 회심의 첫 순간에 대한 체험의 강도는 사람들마다 다르다. 어떤 사람들은 강렬한 체험을 하고 또 다른 사람들은 거의 의식하지 못한다. 『놀라운 회심 이야기』에서 에드워즈는 이렇게 말한다.

> 회심은 위대하고 영광스러운 하나님의 능력의 역사이다. 마음을 변화시키고 죽어있던 영혼에 생명을 주입하는 역사이다. 물론 어떤 사람들에게는 다른 사람들보다 받은 은혜가 더 점진적으로 나타나기도 한다. 은혜의 최초의 작용이 시작된 정확한 때를 확정하는 일에 대해서는 사람들마다 차이가 크다. 어떤 사람들에게 있어서는 그때가 언제였는지 쉽게 식별할 수 있는 것처럼 보인다. 그러나 다른 사람들은 전혀 그때를 몰라서 당황한다. 이 점에 있어서는 (이미 관찰한 바와 같이) 그 시간을 모르는 사람들이 많이 있다. 처음 은혜를 체험했을 때 그것이 회심의 은혜인지를 모르는 것이다. 때로는 오랜 시간이 흐른 후까지도 계속 그것이 회심의 은혜인지를 모르는 수도 있다.[95]

다시 한번 질문한다. 회심이 놀라운 체험의 역사인데 왜 어떤 사람들은 회심의 순간을 분명하게 인식하지 못하는 것인가? 에드워즈는 회심의 순간을 분명하게 인식하지 못하는 경우도 있다는 사실을 인정하지만, 더 이상 이 문제에 대해서 직접적인 대답은 하지 않는다. 하지만 우리는 에드워즈의 몇 가지 진술을 통해서 나름대로의 대답을 추론해볼 수 있다. 두 가지의 답변이 가능하다.

첫째, 회심의 순간에 대한 인식이 매우 미약한 이유는 영적으로 새롭게 태어나는 순간에 시작되는 은혜가 너무 작기 때문일 수도 있다. 이에 대해서는 추가적인 설명이 필요하다. 에드워즈는 고후 5:17의 새로운 피조물이

---

94) *WJE-Y*, 2:209.
95) *WJE-Y*, 4:177.

되었다는 말씀을 설명하면서 이렇게 말한다. "모든 은혜가 서로 사슬처럼 연결되어 있기 때문에, [회심의 순간에] 모든 은혜가 주입된다. 한 은혜가 주입될 때, 다른 모든 은혜도 주입된다. 부족한 은혜는 하나도 없다. 그가 회심하는 순간에 모든 거룩한 원리와 모든 은혜로운 성향(dispositions)을 소유하게 된다. 이것은 하나님과 인간을 향한 모든 거룩한 행동의 씨앗이다."[96]

인간이 죄인에서 성도로 변화할 때 인간 전 존재는 새롭게 만들어진다. 에드워즈는 "중생"이라는 설교에서 중생 혹은 회심의 사건을 육체적 생명의 시작에 비유한다. 인간은 어머니 뱃속에서 생명이 시작되는 순간 인간의 본성에 속한 모든 것을 받는다. 몸의 모든 지체들(눈, 코, 입 등)과 혈관과 힘줄과 감각들이 그 안에 내포되어 있다. 이와 마찬가지로 인간이 죄인에서 성도로 변화할 때 은혜 안에서 영적 생명에 속한 모든 것을 받는다.[97] 그런데 어떻게 해서 회심의 순간에 대한 인식이 거의 없을 가능성도 있는 것일까? 같은 설교에서 에드워즈는 계속해서 이렇게 말한다. "이 변화는 즉각적인 창조물이라기보다는 출생과 같은 것이다.…그들은 어린 아이와 같은 상태로(마 18:3), 즉 불완전한 상태로(벧전 1:23-25)로 태어났다."[98] 그래서 아직 성인처럼 영적인 일들을 인식하지 못한다. 이와 비슷하게 『신앙적 감정』제3부의 도입 부분에서 에드워즈는 인간의 배아의 비유를 말하고 있다. "인간의 배아와 어떤 다른 짐승의 배아는 분명히 다르지만, 우리가 자궁 속에 있는 그 배아들을 육안으로 본다면, 그 대상이 너무 작기 때문에 도저히 차이점을 구별할 수 없을 것이다."[99] 이 말의 원래 의미는 새생명의 씨앗이 처음 시작 때에는 너무 작아서 남들이 구별할 수 없다는 것이지만, 한편으로는 자기 자신조차도 그 새생명의 시작을 인식하지 못할 수 있다는 의미도 함축되어있다. 처음 회심의 순간에 모든 은혜를 다 받지만, 그것들은 모든 은혜를 다 포함하고 있는 은혜의 작은 씨앗이다. 너무 작기 때문에 남들도 모를 수 있고, 자기 자신도 모를 수 있다. 이 은혜의 씨앗이 자라는 과정에서 자신의 회심을 분명하게 확인할 수 있는 강력한 체험들이 나온다. 에드워즈의

---

96) *WJE-Y*, 8:334.
97) *WJE-Y*, 17:188.
98) *WJE-Y*, 17:189.
99) *WJE-Y*, 2:194.

말에 따르면, 회심은 해야 할 일의 시작일 뿐이다. "성경은 모든 곳에서 그리스도인의 찾음과 구함과 수고함을 회심 이후의 일로 묘사한다. 그리고 회심은 단지 그가 해야 할 일의 시작이라고 묘사한다."[100]

둘째, 회심의 순간에 대한 감각적인 인식이 매우 흐릿한 이유는 회심자에게 남아 있는 죄와 부패가 너무 크게 영향을 미치기 때문이다. 에드워즈는 『신앙적 감정』 제3부의 도입 부분에서 신앙적 감정을 구별하는 일이 어려운 이유를 설명하는 과정에서 성도들 속에 남아 있는 죄와 부패의 문제를 지적한다. 그들이 비록 은혜 아래 있다고 할지라도 죄와 부패로 인해 영적으로 병이 들어 있기 때문에 다른 사람들의 영적 상태를 올바로 구별할 만한 영적인 능력이 없다는 것이다.[101] 이 말의 맥락은 참된 신앙과 거짓된 신앙을 구별하는 방법에 관한 것이지만, 회심의 순간을 강하게 의식하지 못하는 사람들의 경우에 대해서도 좋은 설명이 된다. 어떤 사람들이 죄와 부패로 인하여 영적으로 병이 들었다면, 회심의 사건이 일어나는 순간에도 죄와 부패가 영적인 시야를 가려버림으로써 회심 체험에 대한 의식이 거의 없을 수 있다. 조금 다른 경우일 수도 있지만, 『놀라운 회심 이야기』를 보면, 회심을 체험한 당사자가 회심에 대한 개념이 매우 불완전했기 때문에 회심의 체험을 했음에도 불구하고 그것을 올바로 인식하지 못하고 오히려 혼란스러워하는 경우들이 많이 있었다고 한다.[102] 회심이란 전적으로 낯설고 새로운 차원의 체험이기 때문에, 죄와 부패로 하나님과의 관계가 단절되어 있던 사람들은 실제로 회심 체험을 한다고 하더라도 그것을 올바로 인식하지 못할 수도 있다.

에드워즈는 분명히 회심을 위대하고 영광스러운 하나님의 역사이며, 소경이 눈을 뜨는 것과 같은 강렬한 체험의 역사이며, 하나님의 거룩의 아름다움을 딜큼히게 맛보는 역사라는 점을 강조했다. 분명히 체험적 측면을 강조했다. 하지만 회심의 순간에 대한 인식의 미약함도 존재한다는 사실을 인정함으로써 무게의 중심을 잡는다. 인간의 죄와 부패의 심각성에 대한 에드

---

100) *WJE-Y*, 2:382.
101) *WJE-Y*, 2:195.
102) *WJE-Y*, 4:174-175.

워즈의 견해를 무시하고 회심의 체험적 측면만 강조하면 에드워즈의 신학을 균형 있게 이해할 수 없다.

5. 소결론

성령의 내주는 신앙적 감정의 일차적인 근원이다. 가장 기본적인 의미에서 본다면, 신앙적 감정은 성령의 내주에서 나온다. 성령께서 내주하시면 은혜의 주입과 조명의 역사가 일어남으로써 성도는 중생과 회심을 체험한다. 중생과 회심은 인간 존재 전체의 변화이기 때문에, 구원론적인 측면에서 신앙적 감정의 근원이라고 말할 수 있다. 신앙적 감정은 중생한(거듭난) 성도의 감정이기 때문에 거듭난 감정이다. 거듭난 자는 새로운 마음과 새로운 눈으로 세상과 사물을 바라보게 된다. 거듭난 성도는 하나님과 하나님께 속한 일들에 대해서 감정이 활발하고 생생하게 움직인다.

한편, 은혜가 주입된다는 것 그리고 은혜의 빛이 조명된다는 것은 성령께서 성도의 영혼 속에 영적 생명의 원리로 내주하신다는 것이다. 성도의 영혼 속에서 역사하시는 거룩한 감정의 영[103]이신 성령께서 성도들의 마음과 연합하여 활동하시면, 성도들의 신앙적 감정은 생명의 영적 원리를 따라서 움직이게 되어 있다.

성령의 내주와 주입과 조명을 통하여 인간 존재는 근본적으로 완전히 새로운 차원으로 변화한다. 이 변화의 수동적 차원-하나님이 하신 일-은 중생이고, 능동적 차원-인간의 체험과 반응-은 회심이다. 중생과 회심은 엄밀하게 말하자면 다르지만 목회적인 면에서나 신앙생활의 실천적인 면에서는 거의 같은 의미로 보아도 무방하다. 다만 구원의 추구와 체험을 강조할 때는 회심이라는 말을 사용하는 것이 더 자연스럽다.

회심은 소경이 눈을 떠서 빛을 처음으로 보고 느끼는 것과 같은 사건이고, 날 때부터 미각이 전혀 없던 사람이 처음으로 꿀의 달콤함을 맛보는 것과 같은 사건이다. 이전에 한 번도 경험해본 적이 없는 전혀 새로운 종류의-

---

103) *WJE-Y*, 2:100.

완전히 다른 차원의 사건을 영적으로 체험하는 것이다. 회심한 사람은 하나님의 거룩의 아름다움과 달콤함을 느끼고 맛본다. 이러한 결정적인 체험을 하면서 거룩하고 영적인 감정이 생겨나지 않는다면 그것이 오히려 이상한 일이다. 회심은 인간의 전존재의 삶의 방향을 바꾸어 놓는 사건이기 때문에, 회심한 사람의 감정도 방향 전환이 이루어진 삶의 토대에서부터 흘러나온다.

제 5 장

새로운 영적 감각

성령이 내주하시면 성도는 중생과 회심을 체험한다. 중생과 회심의 체험은 존재 전체가 변화하는 체험이다. 에드워즈는 이러한 인간 존재 전체의 변화를 새로운 영적 감각이 생긴 것으로 간주한다. 이것은 인간론적 관점에서 보는 것이다. 새로운 영적 감각은 기존의 지성과 의지 혹은 감정이 새롭게 작용할 수 있게 해주는 토대이며, 새로운 본성의 원리이다. 이 새로운 영적 감각은 영적인 지식이 채워지는 기초이다. 그리고 이 새로운 영적 감각과 영적인 지식에서 신앙적 감정이 흘러나온다.

1. 감각, 마음의 감각 그리고 새로운 마음의 감각

마음의 감각(sense of heart), 새로운 마음의 감각(new sense of heart), 영적 감각(spiritual sense), 새로운 영적 감각(new spiritual sense) 그리고 새로운 감각(new sense)은 에드워즈 사상의 핵심 개념들이다. 이 핵심 개념들을 정확히 파악하려면 감각, 마음의 감각 그리고 새로운 마음의 감각의 차이를 알아야 한다.

먼저, 감각에 대해서 알아보자. 감각에 대해서 말하려면 로크의 관념

(idea)이라는 개념에서 출발하는 것이 좋다. 로크는 다음과 같은 유명한 말로 관념을 정의한다: "[관념이라는 말은] 인간이 사고할 때 오성의 대상이 되는 것을 가장 적합하게 나타내주는 말이라고 나는 생각한다. 따라서 나는 그 말을 심상(phantasm), 개념(notion), 종(species), 또는 어떤 것이든지 그것을 생각할 때 정신이 작동되는 것을 의미하는 것으로 사용하였다."[1] 그런데 정신은 어떻게 이러한 관념들을 얻는가? 경험으로부터 얻는다. "우리의 모든 지식은 경험에 기초하고 있으며, 궁극적으로 경험에서 나온 것이다."[2] 경험이 정신에 관념을 공급하는 원천은 두 가지인데, 곧 감각(sense)과 반성(reflection)이다. 로크는 감각에 대해서 이렇게 말한다: "우리는 노랑, 흼, 뜨거움, 차가움, 부드러움, 딱딱함, 씀, 달콤함 등 우리가 감각적 성질이라고 부르는 모든 것에 대한 관념을 갖게 된다. 내가 감각 기관이 그것들을 정신에 전달한다고 말할 때 의미하는 것은, 그것들이 외부 대상으로부터 정신 안에 그러한 지각 내용을 산출한 것을 전달한다는 뜻이다."[3] 로크는 반성에 대해서 다음과 같이 설명한다: "정신이 이미 얻은 관념들에 대해서 작용할 때 우리 안에 일어나는 정신 작용들에 대한 지각이다. … 이후의 논의에서 반성이라는 말은 정신이 그 자신의 작용과 그 작용 방식에 대해서 알아차리는 것을 의미한다."[4] 간단하게 우리의 현재 관심사인 감각에만 초점을 맞추어 말하자면, 감각은 오감(五感)을 통하여 외부의 자극을 감지하는 것이다. 이러한 의미에서, 로크의 감각은 에드워즈의 감각과 같은 의미이며[5], 우리가 일상적으로 감각이라고 말할 때의 그 감각과 같은 의미이다. 이 감각이 반성과 더불어서 우리의 경험 전체를 구성한다.

한편, 마음의 감각과 새로운 마음의 감각에 대해서는 함께 살펴보는 것이 좋겠다. 결론을 미리 말하자면, 마음의 감각은 자연인과 성도 모두에게 해당되는 중립적인 용어이고, 새로운 마음의 감각은 성도에게만 해당하는 신

---

1) *Essay*, I. i. 8.
2) *Essay*, II. i. 2.
3) *Essay*, II. i. 3.
4) *Essay*, II. i. 4.
5) 감각에 대한 에드워즈의 언급에 대해서는, *WJE-Y*, 6:283, 369; 18:458-459(Misc. no. 782)를 참고하라.

앙적인 용어이다.[6] 그렇다면 성도가 가지고 있는 마음의 감각이 바로 새로운 마음의 감각인 것이다.

마음의 감각은 지정의의 통합적 작용의 토대 혹은 통합적 작용 자체이다. 에드워즈는 "우리가 반성이나 의식에 의해서 받아들이는 개념들 중 특히 영적이거나 정신적인 것들을 이해하는 방식에는 두 가지가 있다"고 말했다. 하나는 해당되는 사물들의 "관념의 실제적인 현존(actual presence of ideas)"을 보지 못하고 "간접적으로 기호(sign)에 의해서만 보는 것"인데, 이것은 "단순한 인식(mere cogitation)"이다. 다른 하나는 "정신이 해당되는 사물들의 관념을 직접 보는 것"인데, 이것은 "포착(apprehension)"이라고 말할 수 있다.[7] 후자가 바로 마음의 감각이다. 사물의 관념을 직접 본다는 것은 지성과 감정 혹은 의지가 통합적으로 참여해서 사물을 포착하는 것이다. "의지나 마음의 기능과 관련해서 정신적인 것들을 보는 것은 대체로 동의와 거부의 감각이거나, 혹은 기뻐함과 불쾌함의 마음의 감각이나 느낌이다."[8] 그런데 이러한 마음의 감각이 성령의 내주하심을 통해서 완전히 새로워지고, 마음의 감각의 대상이 하나님과 영적인 일에 대한 것일 때, 그 마음의 감각은 새로운 마음의 감각이다. 이 새로운 마음의 감각(new sense of heart)은 새로운 감각(new sense), 영적 감각(spiritual sense) 그리고 새로운 영적 감각(new spiritual sense)과 같은 의미이다.[9]

---

6) Michael J. McClymond, "Spiritual Perception in Jonathan Edwards," *Journal of Religion* 77/2 (April, 1997) : 195-197, 특히 196쪽 각주 3번을 보라. 이하의 논의의 내용은 마이클 맥클리몬드의 통찰력에서 도움을 받았다.
7) *WJE-Y*, 18:458. (Misc. no. 782)
8) *WJE-Y*, 18:459. (Misc. no. 782); 에드워즈는 계속해서 단순한 이론적 지식과 마음의 감각의 지식을 다음과 같이 설명한다. "따라서 정신적인 것이나 영적인 일에 속하는 것을 이해하는 방식에는 또 다른 큰 차이점이 있다. 그것은 앞서 언급했던 이론적인 것과 감각적인 것의 차이점과는 다소 다르다. (1)단순한 이론이나 머리의 이해에 존재하는 지식, (2)마음의 감각에 존재하는 지식. 전자는 적절한 관념적 파악(apprehension)이나 관찰이 없는 모든 지식을 포함한다. 즉 단지 표지에 의해서 정신적인 것을 아는 지식이다. 또한 단지 지적이거나 지성의 능력에만 속하는 것들에 대한 관념적 관찰이다. 즉, 의지의 어떤 움직임 혹은 다른 말로(비유적으로 말해서) 마음의 어떤 느낌을 함축하고 있지 않은 사물에 대한 이해이다. 이러한 지식은 그것이 관념적인 파악이든지 아니든지 간에 단순한 이론적 지식이다. 그러나 그러한 감각이나 느낌에 존재하거나 관련되어있는 사물에 대한 모든 지식은 이론적일뿐만 아니라 감각적인 지식이다" (강조는 원저자의 것임).
9) 새로운 마음의 감각과 관련하여 에드워즈가 사용하는 다양한 표현들 중 일부를 든다면,

지금까지 자연인의 마음의 감각과 성도의 새로운 마음의 감각의 같은 점과 다른 점을 살펴보았다. 그런데 얼마나 같고 얼마나 다른가? 이 질문을 조금 바꾸면 조금 더 쉽게 논의할 수 있다. 자연인의 마음의 감각은 인간의 오감의 기능이나 일상적인 감각 경험과 연속성을 갖는다. 그런데 성도의 새로운 마음의 감각은 기존의 마음의 감각이 완전히 새로워진 것이기 때문에 문제가 된다. 그러므로 이렇게 질문할 수 있다. 새로운 마음의 감각(새로운 영적 감각)은 인간의 일상적인 감각 경험과 연속성을 갖는가 불연속성을 갖는가? 좀 더 극단화시켜서 말한다면, 새로운 마음의 감각은 인간의 일상적인 다섯 가지 감각의 새로운 변화인가, 그와는 전혀 무관한 제6의 감각인가?[10] 이런 문제와 관련하여 에드워즈 학자들의 여러 견해를 간단하게 살펴보면서 우리의 입장을 정리할 것이다.

페리 밀러가 1948년에 "조나단 에드워즈의 마음의 감각"이라는 논문[11]을 발표한 이후부터 마음의 감각(sense of heart)이라는 개념에 대한 학문적 논의가 활발하게 전개되었다. 밀러는 에드워즈가 로크의 감각 심리학의 영향을 받았지만 그 한계를 극복하기 위해서 노력했고 어느 정도 성공했다고 본다. 로크의 언어 이론에 따르면 말이 감각과 분리되어서 실제적인 관념을 담아내지 못하는 결과에 이르게 된다는 것을 에드워즈는 심각하게 생각했고, 결국에는 로크의 언어 이론을 떠나서 머리의 이해와 마음의 감각을 구별하는 자신의 길을 간다.[12] 밀러는 에드워즈의 마음의 감각은 "지성(intellect)뿐만 아니라 감정(emotion)도 받아들이는 것"임을 강조한다. 그러나 "마음의 감각

다음과 같다: 정신의 새로운 내적 지각이나 감각, 새로운 영적 감각, 새로운 종류의 지각과 영적 감각의 원리(*WJE-Y*, 2:205); 새로운 감각, 새로운 영적 감각, 새로운 성향(*WJE-Y*, 2:206); 영적이고 초자연적인 감각(*WJE-Y*, 2:275) 등.
10) Michael J. McClymond, "Spiritual Perception in Jonathan Edwards," 195-216. 이 논문에서 맥클리몬드는 "마음의 감각"의 해석을 둘러싸고 벌어진 학문적 토론의 경과를 자세히 설명한다. 그런데 마음의 감각을 일반적인 차원에서의 마음의 감각과 영적인 차원에서의 새로운 영적 감각으로 구분하지 않은 채로 인간의 일상적인 감각 경험과의 연속성과 불연속성의 문제를 다루고 있기 때문에, 논의의 전개가 좀 복잡미묘하게 보인다.
11) Perry Miller, "Jonathan Edwards on the Sense of the Heart," *Harvard Theological Review* 41 (1948) : 123-145. 이 소논문의 전반부 6쪽은 에드워즈의 "Miscellany 782"에 대한 페리 밀러의 해설이고, 후반부 16쪽은 "Miscellany 782" 본문을 수록하고 있다.
12) Perry Miller, "Jonathan Edwards on the Sense of the Heart," 125-127.

은 감각 작용의 메커니즘으로부터 생기고, 영원한 구원은 시간 속에서 가능하게 된다"[13]고 말함으로써, 분명한 자연주의적 입장을 견지한다.

그러나 밀러의 이러한 자연주의적 해석은 이후 많은 학자들의 비판을 받는다. 콘라드 체리는 마음의 감각을 신적 조명의 교리와 연결시킨다.[14] 성령의 조명을 통해서 마음의 감각은 영적인 일들에 대한 실제적인 관념을 얻는다. 그런데 "이 마음의 감각은 새로운 기능(faculty)이 아니다. 그것은 기존의 감각 능력들(powers)에 초자연적으로 덧붙여진 새로운 능력도 아니다. 신앙의 지식 안에서 작동하는 이 능력은 인간에게 본성적으로 혹은 심지어 신앙과는 별개의 차원에서 주어진 기능 혹은 능력이다."[15] 체리가 말하는 마음의 감각은 새로운 마음의 감각(새로운 영적 감각)이다. 체리에 의하면, 새로운 영적 감각은 성령의 조명으로 가능해지는 것이지만, 인간의 기존의 오감과 완전히 불연속적이지는 않다. 폴 헬엄(Paul Helm)은 체리의 견해보다 더 불연속성을 강조한다. 헬엄에 따르면, 에드워즈의 새로운 영적 감각은 "하나님이 주신 것"이고, "인간의 오감과는 질적으로 다른 것"이다. 에드워즈가 신앙 체험의 특징을 설명하기 위해서 로크의 용어를 사용하지만, 그 용어는 감각 경험의 차원으로 축소될 수 없다. 즉, 새로운 영적 감각은 인간의 경험의 차원을 넘어서는 것이다.[16] 이런 입장을 따른다면, 에드워즈의 새로운 감각은 우리가 오감이라고 부르는 통상적인 감각 경험과는 완전히 다른 것이기 때문에, 제6의 감각이 된다. 제임스 훕스(James Hoopes)도 헬엄의 견해에 대체로 동의했다. 훕스에 따르면, 에드워즈는 청교도보다 더 청교도적이며, 전적으로 새로운 신앙 지식에는 새로운 감각(new sense)이 요구된다는 주장을 시속적으로 제기했다.[17]

에드워즈의 영적 감각 개념에 대해서 포괄적인 연구를 수행한 마이클 맥클리몬드(Michael J. McClymond)의 견해의 핵심은 다음과 같다: "에드워즈에

---

13) Ibid., 128.
14) Cherry, *Jonathan Edwards*, 19-24; 27-33도 참조하라.
15) Ibid., 20.
16) Paul Helm, "John Locke and Jonathan Edwards: A Reconsideration" *Journal of the History Philosophy* 7 (1969) : 54, 57-58.
17) James Hoopes, "Jonathan Edwards's Religious Psychology," *Journal of American History* 69 (1983) : 859.

있어서, 영적 감각과 일상적 감각의 연속성은 둘 다 이성과 감정을 사용한다는 점이고, 불연속성은 양자의 감각 내용이 다르다는 점이다. 영적 감각은 신적인 탁월성을 지각하지만 일상적 감각은 그렇지 못하다. 이러한 연속성과 불연속성의 상호작용은 에드워즈가 신학적이고 변증적인 목적을 성취하는 데 필수적이다. 여기서 변증적인 목적이란 새로운 영적 감각을 얻는 신앙 경험이 일상적 감각 경험을 무효화하지 않는다는 것을 보여주는 것이다."[18] 맥클리몬드는 연속성의 차원을 염두에 두고 에드워즈가 변증적인 목적을 가지고 있었다는 점을 강조하고 싶어 한다. 그러나 우리의 눈에는 에드워즈가 새로운 영적 감각의 초자연적이고 신적이고 영적인 차원을 더욱 강조하는 것으로 보인다. 자연인의 마음의 감각과 성도의 마음의 감각(새로운 영적 감각)은 모두 지성과 감정 혹은 의지가 통합적이고 불가분리적으로 작용한다는 점에서는 동일하다. 하지만 성도의 새로운 영적 감각은 하나님의 탁월하심(거룩)과 하나님의 탁월하심(거룩)의 아름다움을 알지만, 자연인의 마음의 감각은 그것을 모른다. 이 새로운 영적 감각은 위로부터 오는 은혜를 통해서만 생긴다.

  이 장에서 강조하고 싶었던 것은 마음의 감각과 새로운 마음의 감각의 차이가 가지고 있는 성격이었다. 성령의 내주를 통하여 참된 성도의 영혼에 일어난 근본적 변화의 중심인 새로운 마음의 감각은 초자연적이고 신적인 변화라는 점에서 자연인의 마음의 감각과는 본질적으로 전혀 다르지만, 자연인의 마음의 감각의 자연적 측면과 완전히 무관하거나 그것을 완전히 무효화시키는 것은 아니라는 점에서 기본적인 연속성은 유지된다. 마음의 감각과 새로운 마음의 감각의 차이의 이러한 성격은 자연인의 감각적 지식과 성도의 감각적 영적 지식의 차이와 비슷한 구도를 가진다.[19] 또한 성령의 일반적 작용과 성령의 내주와의 차이와도 비슷한 구도를 가진다. 우리의 주요 관심 주제인 감정에 대해서도 동일하게 말할 수 있다. 자연인의 일반적 감정과 성도의 신앙적 감정은 본질적인 면에서는 전혀 다르지만 기본적인 연속성은 가지고 있다.

---

18) Michael J. McClymond, "Spiritual Perception in Jonathan Edwards," 213-214.
19) 제6장에서 지식의 종류를 다룰 때, 이 문제를 자세하게 살펴볼 것이다.

2. 새로운 감각 - 새로운 영적 감각 혹은 새로운 마음의 감각

앞에서 말한 바와 같이, 새로운 감각, 영적 감각, 새로운 영적 감각 및 새로운 마음의 감각은 모두 같은 의미이다. 이 여러 가지 용어들 중에서 새로운 영적 감각을 대표적인 표현법으로 사용하려고 한다. 새로운 영적 감각은 에드워즈의 신학을 이해하는 데 매우 중요한 개념이다. 그러므로 우리는 이 장에서 새로운 영적 감각에 초점을 맞추어서 자세하게 연구하고자 한다. 새로운 영적 감각은 성도의 영혼에 성령께서 내주하심으로 인하여 생긴 영적인 힘을 감각적 언어로 표현한 것이다. 혹은 기존 감각을 완전히 새로운 방향과 차원에서 작동하게 만드는 영적 원리 내지 힘이라고 할 수도 있다. 신앙이 없는 사람들은 영적인 일들을 보아도 보지 못하고 들어도 듣지 못한다. 신앙이 있는 사람들은 과거에는 없었던 새로운 영적 감각이 생겨서 영적인 일들을 보고 듣고 느끼게 된다. 성경에서 마음은 하나님과 관련하여 인격의 영적 중심을 상징하기 때문에, 새로운 영적 감각은 새로운 마음의 감각이라고 부를 수도 있다.

에드워즈는 1733년의 설교인 "신적이며 영적인 빛," 1745년경에 쓴 신학비망록 782번, 그리고 1746년에 출판한 『신앙적 감정』 등에서 새로운 영적 감각이라는 개념을 다양한 측면에서 다양한 방식으로 자세하게 설명한다. 에드워즈 연구가들 중 한 명인 존 스미스(John Smith)는 [새로운] 마음의 감각이라는 개념이 다채로운 측면을 가진 것을 인정하지만 영적인 지식의 측면을 보다 더 강조하는 경향이 있다.[20] 하지만 우리는 위의 자료에 나타나는 에드워즈의 설명을 기준으로 삼아서 새로운 영적 감각의 다양한 측면을 두루 살펴볼 것이다.

---

[20] John Smith, "Religious Affections and the 'Sense of the Heart'," *The Princeton companion to Jonathan Edwards*, ed. Sang Hyun Lee (Princeton, NJ : Princeton University Press, 2005), 106. (이후로는 John Smith, "Religious Affections and the 'Sense of the Heart'"로 약술한다.)

1)영적이고 초자연적이고 신적인 감각

첫째, 새로운 영적 감각은 영적이고 초자연적이고 신적인 감각이다. 참되고 은혜로운 감정을 구별하는 확실한 표지들 중 첫 번째 표지의 내용은 다음과 같다: "참으로 영적이고 은혜로운 감정은 마음에 미치는 영적이고 초자연적이고 신적인 영향력과 작용으로부터 생긴다." 이 진술을 새로운 영적 감각과 관련시켜서 표현한다면 다음과 같을 것이다: 영적이고 초자연적이고 신적인 감각이 마음에 작용하고 영향력을 미쳐서 참으로 영적이고 은혜로운 감정을 불러일으킨다. 그러므로 영적인 것과 초자연적인 것과 신적인 것이 무엇을 의미하는지 알아야 새로운 영적 감각을 잘 이해할 수 있다. 다행스럽게도 에드워즈는 확실한 첫 번째 표지에서 영적인 것과 신적인 것과 초자연적인 것에 대해서 자세하게 설명해주고 있다.

영적이라는 말은 사람들이나 사물들이 하나님의 성령과 그분의 영향력과 관련될 때 사용된다. 그런데 하나님의 성령의 영향을 받는 모든 사람들을 영적이라고 부르지는 않는다. 하나님의 성령의 일반적인 영향만 받은 사람들을 영적인 사람이라고 부르지 않고, 하나님의 성령의 특별하고 은혜롭고 구원하는 영향을 받은 사람들만을 영적인 사람이라고 부른다.[21] 육에 속한 사람 혹은 자연인도 성령의 일반적인 영향을 받을 수 있다. 이러한 성령의 일반적인 영향과 구별되는 성령의 특별하고 구원하는 영향의 특징은 무엇인가? 가장 중요한 특징은 "성령의 내주"이다. 성령이 지속적으로 내주하시면서 새로운 본성의 원리로서 혹은 생명과 활동의 신적이고 초자연적인 원천으로서 성도들의 마음에 영향을 미친다는 것이다.[22] 또 다른 하나의 특징은 성도들의 영혼 속에 생명의 원리로 내주하시는 성령께서 자신의 고유한 본성(nature)대로 역사하시고 자신을 전달하심으로써 거룩의 효과를 산출하신다는 것이다.[23] 하나님의 영이 자신을 전달하신다거나 자신의 고유한 본성을 주신다는 말은 "성도가 하나님의 본질(essence)에 참예하는 자가 되어

---

21) *WJE-Y*, 2:199.
22) *WJE-Y*, 2:200.
23) *WJE-Y*, 2:201.

서 하나님과 함께 하나님화되고(Godded), 그리스도와 함께 그리스도화된다는(Christed) 의미가 아니다."[24] 그것은 신성모독적이다. 성경의 표현대로 하자면, 하나님의 충만하심에 참예하는 자가 되는 것이다(엡 3:17-19, 요 1:16). 피조물의 능력과 한계를 따라서 하나님의 아름다우심과 복되심에 참예하는 것이다.

신적이라는 말은 하나님의 고유한 본성의 선하심을 전달하시는 것과 관련이 있다. 성도들의 마음속에 있는 은혜는 하나님의 가장 영광스러운 사역인데, 이 은혜로써 하나님은 자신의 본성의 선하심을 전달하신다. 이것은 의심할 여지없이 모든 피조물의 능력을 뛰어넘는 탁월한 방식으로 이루어지는 하나님의 특별한 사역이다. 하나님의 성령의 영향력은 하나님께 속한 특별한 것이다. 이러한 성령의 영향력을 통해서 하나님은 가장 뛰어난 방식으로 자신을 전달하시고 피조물을 신적 본성의 참여자로 만드신다.[25] 신적이라는 말을 이렇게 이해한다면, 사실상 영적이라는 말과 거의 같은 의미가 된다. 성령께서 특별한 역사로써 성도의 영혼에 내주하시고 새로운 본성의 원리가 되심으로써(영적인 것) 성도에게 하나님의 본성의 성품을 전달하신다(신적인 것). 그럼으로써 결국 성도를 신의 성품에 참여하는 자로 만드는 것이다.

초자연적이라는 말은 성도들이 체험하는 성령의 은혜로운 역사와 효과가 자연을 완전히 초월해있다는 사실, 즉 인간의 본성(nature)이나 본성적인 원리의 작용과는 완전히 다르다는 사실을 가리킨다. 본성적인 자질이나 원리들을 아무리 계발하고 고양시키고 다양하게 결합시키더라도 결코 초자연적인 것에 이를 수는 없다. 초자연적인 것은 자연적인 것과 다르다. 영적인 것과 신적인 것은 초자연적인 것이다.

에드워즈는 영적인 것과 신적인 것과 초자연적인 것이라는 말의 의미를 설명한 직후에 새로운 영적 감각이라는 개념을 제시한다. "하나님의 성령의 역사(influences)를 통해서 성도들의 정신(mind) 속에 작용하는 은혜로운 역사와 감정에는 새로운 내적 지각(perception) 혹은 감각(sensation)이 있다.

---

24) *WJE-Y*, 2:203.
25) *WJE-Y*, 2:203.

이 새로운 내적 지각 혹은 감각은 거듭나지(sanctified) 못한 사람들의 정신 속에 있는 것들과는 본성과 종류에 있어서 완전히 다르다." 거듭나지 못했을 때는 결코 보지 못하고 느끼지 못하던 것을 보고 느끼게 되었다면, 이제까지와는 전혀 다른 새로운 영적 감각이 생긴 것이다. 이 새로운 감각은 "기존의 지각이나 감각들을 고양하거나 변경하거나 결합함으로써 산출해낼 수 있는 것이 아니다. 그러므로 이 새로운 감각은 어떤 형이상학자들이 새로운 단순 관념(a new simple idea)[26]이라고 부를 만한 것이다." 반복해서 말하자면, 이 새로운 영적 감각은, "꿀의 달콤함을 맛볼 때의 감각이 꿀을 눈으로 볼 때의 감각과 다른 것처럼," 인간의 본성적인 감각(시각, 청각, 후각, 미각, 촉각)과는 전혀 다르다. 에드워즈는 이 새로운 영적 감각이 생긴 것을 중생과 동일시한다. "중생 시의 성령의 사역은 성경에서 종종 새로운 감각을 주는 것에 비유된다. 다르게 말하자면, 날 때부터 소경된 자의 눈을 뜨게 하고 귀머거리의 귀를 열어서 볼 눈과 들을 귀를 주어서 어두움에서 빛으로 나아가게 하는 것으로 비유한다. …이 새로운 감각과 그에 따른 복된 효과들을 주는 것은 죽은 자를 살리는 것과 새로운 창조에 비유되기도 한다." 이러한 에드워즈의 설명에 따른다면, 새로운 영적 감각[27]은 분명히 영적이고 신적이고 초자연적인 감각이고, 이 새로운 영적 감각에서 참으로 은혜로운 신앙적 감정이 흘러나온다.[28]

2)본성의 새로운 원리

둘째, 새로운 영적 감각은 영혼의 새로운 기능이 아니고 본성의 새로운

---

26) 로크의 단순 관념은 마음이 능동적으로 만들어낼 수 없는 것이다. 그것은 외부에서 주어질 수밖에 없는 철저하게 수동적인 것이다. 에드워즈 자신이 새로운 감각을 새로운 단순 관념과 같은 것이라고 비유적으로 표현했을 때 아마도 로크의 단순 관념의 이런 성격을 염두에 두었을 것이다.
27) 새로운 감각과 관련해서 에드워즈가 사용하는 다양한 표현들을 주목해보라: 새로운 내적 지각 혹은 감각(a new inward perception or sensation), 새로운 종류의 지각 혹은 영적 감각(new kind of perception or spiritual sensation), 새로운 영적 감각(a new spiritual sense), 그리고 새로운 감각(new sense).
28) *WJE-Y*, 2:205-206.

원리이다. 새로운 영적 감각이 인간의 본성적인 다섯 가지 감각과는 전혀 다른 것이라고 해서, 새로운 여섯 번째 감각인 것처럼 생각해서는 안 된다. 그것은 영혼의 기능이 아니다. "이 새로운 영적 감각과 거기에 수반되는 새로운 성향들(dispositions)은 본성의 새로운 기능이 아니고 본성의 새로운 원리이다." 에드워즈는 본성의 원리라는 말이 무엇을 의미하는지 정확하게 아는 것이 중요하다고 생각해서 좀 더 자세하게 설명한다. 본성의 원리는 "옛 본성이든 새 본성이든 간에 본성 안에 놓여 있는 근원적인 토대로서, 영혼의 기능을 작동시키는 특정한 방식이나 종류이다. 다시 말하자면, 그러한 특정한 방식이나 종류를 따라서 기능들을 발휘할 수 있는 능력과 성향을 부여해주는 본성적인 경향성(habit)이나 행동의 근원적인 토대(foundation)가 본성의 원리이다. 그리고 그런 방식으로 기능을 발휘하는 것은 그 사람의 본성이라고 말할 수 있다." 에드워즈의 설명은 약간 복잡해보이지만 기본적인 생각은 분명하다. 본성의 원리는 본성이나 영혼의 개별적 기능들(다섯 가지 감각, 지성, 감정 그리고 의지와 같은 것들)의 배후에서 작용하는 원리를 가리킨다. "그러므로 이 새로운 영적 감각은 지성의 새로운 기능이 아니고 지성의 기존 기능이 새로운 원리를 따라 새롭게 작용할 수 있게 해주는 토대이며, 이 새로운 감각에 수반되는 마음(heart)의 새로운 성향(disposition)은 의지의 새로운 기능이 아니고 의지의 기존 기능이 새롭게 작용할 수 있게 해주는 토대이다."[29] 에드워즈의 이 진술은 새로운 영적 감각과 영혼의 두 기능인 지성과 의지 혹은 감정과의 관계를 분명하게 나타내주는 중요한 진술이다. 새로운 영적 감각은 기존의 지성과 의지가 새롭게 작용할 수 있게 해주는 새로운 원리이자 토대이다. 새로운 영적 감각이 하나님과 신적인 일들에 대한 감각을 가질 때 지성과 의지가 함께 작용한다. 그러므로 영적인 감정(신앙적 감정)이 새로운 영적 감각에서 생기는 것처럼 영적인 지식도 새로운 영적 감각에서 생긴다. 이후에 영적인 지식을 다룰 때 살펴보게 되겠지만, 에드워즈는 이 영적인 지식 안에 지성과 의지 혹은 감정이 분리되지 않고 함께 작용한다고 말한다. 이로 보건대 영적인 감각과 영적인 지식과 영적인 감정은 매우 밀접한 관계를 맺고 있다고 생각할 수 있다.

---

29) *WJE-Y*, 2:206.

새로운 영적 감각이 없는 거듭나지 못한 자연인은 단지 본성의 원리에 따라 움직인다. 하나님의 영이 그들에게 일반적인 영향을 미칠 때에는 본성적인 원리를 강화하고 고양시키는 방식을 사용한다. 하나님께서 발람에게 환상을 보여주시고 말씀을 들려주셨을 때, 그것은 본성적인 원리를 따라서 발람의 시각과 청각을 강화하고 고양시킨 것뿐이다. 하나님께서 발람에게 새로운 본성의 원리를 주신 것이 아니기 때문에, "거기에는 영적이거나 신적이거나 초자연적인 것이 전혀 없다."[30] 그러므로 거듭나지 못한 사람들은 새로운 영적 감각 혹은 새로운 본성의 원리를 결코 인식할 수도 없고 체험할 수도 없다.

그러나 거듭남으로써 새로운 영적 감각을 가진 사람의 신앙적 감정이 거듭나지 못한 사람의 감정과 비교해서 모든 면에서 완전하게 다르기 때문에 공통점이 하나도 없는 것은 아니다. 핵심적인 면에서는 완전히 달라도 주변적인 면에서는 공통점이 있다. 예를 들어서, 하나님에 대한 사랑과 친구에 대한 사랑은 사랑이라는 면에서는 공통점이 있다. 하나님을 사랑하는 사람은 하나님께 영광을 돌리고 하나님을 기쁘게 해드리고 싶은 갈망이 있고, 친구를 사랑하는 사람은 친구가 명예를 얻게 하고 친구를 기쁘게 해주고 싶은 갈망이 있다. 전자는 하나님의 함께 하심을 즐거워하고 후자는 친구와 함께 있는 것을 즐거워한다. 하지만 양자의 사랑은 그 핵심적인 면에 있어서는 전혀 다르다. 이와 관련해서 에드워즈는 꿀을 맛보는 비유를 든다. 한 사람은 정상적으로 미각이 있고, 다른 한 사람은 날 때부터 미각이 없다고 하자. 전자는 꿀의 달콤한 맛을 알기 때문에 꿀을 좋아하지만, 후자는 꿀의 색깔이나 촉감을 좋아한다. 둘 다 꿀을 좋아한다는 것은 공통점이지만, 꿀을 좋아하는 감각의 근원적인 토대는 전혀 다르다. 새로운 영적 감각도 이와 같다. 영적이고 신앙적인 일에 속한 것의 본래의 맛을 아는 사람이 하나님과 하나님에 속한 모든 것을 사랑하는 것과 영적인 감각이 전혀 없는 사람이 하나님과 하나님에 속한 모든 것을 사랑하는 것은 전혀 다른 차원에 속한 일이다.[31]

---

30) *WJE-Y*, 2:207.
31) *WJE-Y*, 2:208-209.

새로운 영적 감각이 없는 거듭나지 못한 자연인에게 하나님의 영이 일반적인 영향을 주셔서 본성의 원리들을 다양하게 결합시키고 고양시키고 특이하게 자극하실 때, 그 사람은 새로운 영적 감각을 가지고 있지 않음에도 불구하고 아주 새롭고 놀라운 영적 체험을 한 것처럼 생각할 수 있다.[32] 에드워즈는 『신앙적 감정』의 여러 곳에서 성경 말씀이 저절로 떠오르는 체험이나 십자가에 달려서 피를 흘리는 사람이나 빛나는 보좌에 앉은 어린 양의 환상을 보는 체험에 대해서 부정적으로 언급한다. 그러한 체험은 영적이고 초자연적인 것 없이 본성적인 원리의 특이하고 강도 높은 작용만으로도 얼마든지 있을 수 있는 일이라는 것이다. 그렇다면 새로운 영적 감각이나 새로운 본성의 원리의 구체적이고 현실적인 내용은 무엇인가 하는 의문이 생길 수 있다. 하지만 아직까지 에드워즈의 설명을 다 살펴보지 못했기 때문에 이 의문에 대한 해답은 조금 뒤로 미루는 것이 좋겠다.

3) 하나님의 도덕적 거룩함의 아름다움을 맛보는 감각

셋째, 새로운 영적 감각은 하나님의 도덕적 거룩함의 아름다움을 맛보는 감각이다. 새로운 영적 감각에 대한 이 진술은 참되고 은혜로운 감정을 구별하는 확실한 표지들 중 두 번째와 세 번째 표지와 관련이 있다. 두 번째 표지는 다음과 같다: "은혜로운 감정의 첫 번째 객관적인 근거는 신적인 일들의 형언할 수 없이 탁월하고 사랑스러운 본질 그 자체이지 그 일들과 관련된 자기 이익이 아니다." 신적인 일들의 탁월하고 사랑스러운 본질 그 자체를 맛보고 느낌으로써 생생한 감정이 생긴다면, 그 감정은 참으로 신앙적 감정이라고 할 수 있지만, 하나님을 신뢰함으로써 내가 얻게 될 여러 가지 복들과 이익들에 마음이 더 많이 끌려서 어떠한 감정이 생긴다면, 그 감정은 신앙적 감정이 아니라는 말이다. 세 번째 표지는 여기에 도덕적 거룩함의 아름다움이 포함된다. 세 번째 표지는 다음과 같다: "참으로 거룩한 감정은 신적인 일들의 도덕적 탁월성의 사랑스러움에 근본적으로 토대를 두고 있다." 신적인 일들 중에서 특별히 도덕적 탁월성 혹은 도덕적 거룩함의 아

---

32) *WJE-Y*, 2:209.

름다움을 맛보고 느낄 때 신앙적 감정이 생긴다. 에드워즈는 이 말의 의미를 분명하게 하려고 본성적 선과 도덕적 선, 그리고 하나님의 본성적 완전성과 도덕적 완전성에 대해서 자세하게 설명한다.

본성적 선이란 거룩이나 덕과는 전적으로 다르다. 그것은 "다만 본성을 완전하게 해주거나 본성에 적합한 것으로써, 거룩하거나 거룩하지 못한 자질과는 상관없는 것이고 옳고 그름의 규범이나 척도와도 관계가 없다." 예를 들어서, 한 사람의 신체적 능력이나 지적 능력이 뛰어난 것은 그 사람이 좋은 사람이냐 나쁜 사람이냐에 상관없이 본성적 선에 해당한다. 도덕적 선은 "죄에 반대되는 것 혹은 의지와 선택 능력을 가지고 있는 존재자 안에 있는 선이며, 그 존재자가 자발적 주체로서 가장 적합하고 사랑스럽게 존재하고 행동하는 것이다." 이러한 정의는 하나님의 본성적 완전성과 도덕적 완전성에도 동일하게 적용된다. 하나님의 본성적 속성이나 완전성은 하나님의 위대하심을 뜻한다. 즉, 하나님의 전지전능하심, 무소부재하심, 영원하심 그리고 두려운 위엄이 있으심 등이다. 이에 반해 하나님의 도덕적 속성이나 완전성은 하나님이 도덕적 주체로서 행동하실 때 드러나는 탁월함으로써 사랑, 선하심, 의로우심, 신실하심 그리고 자비하심 등을 뜻한다. "한 마디로 말하면, 하나님의 도덕적 완전성은 하나님의 거룩하심이다."[33]

그렇지만 하나님의 본성적 완전성과 도덕적 완전성은 한 하나님의 속성이기 때문에 분리되지 않는다. 하나님의 모든 속성은 서로를 전제한다. 참된 성도는 하나님의 본성적 완전성-전지전능하심이나 영원하심 등-도 사랑하고, 도덕적 완전성-사랑과 의로우심과 신실하심 등-도 사랑한다. 하지만 하나님의 도덕적 완전성, 즉 "하나님의 거룩하심을 사랑하는 것이 더 근본적이고 본질적이다." "하나님의 도덕적 거룩함의 아름다움을 사랑한다면, 하나님의 다른 모든 속성들을 사랑하고 기뻐하게 된다. 왜냐하면 하나님의 도덕적 속성은 하나님의 본성적 속성 없이는 존재할 수 없기 때문이다. 다시 말하면, 무한한 거룩은 무한한 지혜와 무한한 능력과 위대함을 전제로 하기 때문이다." 이와 관련해서 에드워즈가 마귀의 예를 든 것은 이 문제를 이해하는 데 도움이 된다. "마귀는 강한 힘과 대단한 본성적 지식을 가지

---

[33] *WJE-Y*, 2:254-255.

고 있지만, 사랑스럽기보다는 무시무시하고 호감을 주기보다는 혐오감을 준다." 능력과 지식이 있어도 거룩함이 없다면 어떤 존재라 할지라도 사랑스럽지 않고 오히려 혐오스럽다. 거룩함이 있어야 능력과 지식이 아름답고 사랑스러울 수 있다. 거룩함, 즉 도덕적 탁월성이 본성적 탁월성을 아름답고 사랑스럽게 만든다. 그래서 "도덕적 탁월성은 본성적 탁월성의 탁월성이다." 이러한 에드워즈의 논의를 보면, 본성, 완전성, 탁월성, 거룩 그리고 덕과 같은 신학 용어와 철학 용어가 뒤섞여서 사용되고 도덕적 거룩함이 아름답다는 독특한 이해가 바탕에 깔려 있기 때문에 처음 볼 때는 상당히 낯설다. 하지만 그 속에는 굉장한 정교함과 일관성과 분명한 의도가 있다. 에드워즈는 참된 성도라면 하나님의 전지전능하심보다 하나님의 거룩하심에 더 마음이 끌리고 더 예민한 감각을 가지게 된다고 주장하고 있다.[34]

이제 우리는 왜 새로운 영적 감각이 하나님의 도덕적 거룩함의 아름다움을 맛보는 감각인지에 대해서 이야기할 수 있는 단계에 이르렀다. 앞서 논한 바와 같이 "중생한 사람에게는 초자연적인 감각, 말하자면 신적이고 영적인 것을 맛보는 감각이 주어져 있다." "마치 꿀의 달콤한 맛을 느끼는 감각이 꿀을 바라보거나 만짐으로써 느낄 수 있는 감각과 전혀 다른 것처럼, 참된 성도가 정신의 새로운 감각(new sense of mind)으로 영적이고 신적인 것을 지각하는 것은 거듭나지 못한 자연인이 바로 그 영적이고 신적인 것을 본성적인 감각으로 지각하는 것과 전혀 다르다." 현재 우리의 주요 논제인 거룩함의 아름다움은 영적이고 신적인 일들에 속한 것이다. 자연인이 이 거룩의 아름다움에 대해서 얻을 수 있는 어떤 감각이 있을 수는 있지만, 그것은 영적이고 신적인 일들을 참되게 지각하는 것과는 전혀 다르다. 영적이고 신적이고 초자연적인 감각이 있어야 거룩의 아름다움을 참되게 맛볼 수 있다. "이러한 종류의 아름다움은 이 영적 감각의 직접적 대상으로서의 자질을 갖추고 있다. 그리고 그 자질이란 영적인 미각에 알맞은 대상으로서의 달콤함이다. 성경은 종종 거룩함의 아름다움과 달콤함을 영적인 미각과 식욕을 만족시킬 수 있는 훌륭한 대상으로 묘사한다."[35]

---

34) *WJE-Y*, 2:256-257.
35) *WJE-Y*, 2:259-260.

에드워즈는 성도들이 이 기준으로 자신의 감정(affections)을 시험하고 점검해볼 수 있다고 말한다. 성도들이 참으로 초자연적이고 가장 고상하고 신적인 감각을 가지고 있다면, "하나님과 예수 그리스도와 하나님의 말씀을 사랑하고 기뻐할 것이고, 하나님의 백성들을 사랑할 것이고, 천국을 간절히 소망할 것이다." 그리고 영적인 일에 속한 모든 것들에서 거룩함의 아름다움을 맛보고 느끼고 기뻐할 것이다. 성도들은 최우선적으로 하나님께 받을 모종의 이익에 대한 기대감 때문에 감정이 흥분되는지, 아니면 도덕적 거룩함의 아름다움 자체에 대한 기쁨과 즐거움으로 감정이 뜨거워지는지에 대해서 자신의 내면을 살펴보아야 한다. "거룩의 향취는 전혀 없으면서도 높이 고양되어서 대단한 사랑처럼 보이거나 황홀한 기쁨처럼 보이는 감정들이 많이 있다."[36]

한편, 에드워즈는 시험하고 점검해야 할 또 한 가지 측면을 제기한다. "많은 사람들은 하나님의 도덕적 거룩의 아름다움이 아니라 하나님의 본성적 완전성에 대해서 강력한 느낌을 받고 크게 감동을 받아서 하나님에 대해서 이제까지와는 다른 시각이나 감각을 가지게 될 때가 있는데, 그것은 결코 은혜의 확실한 표지가 아니다." 하나님의 위대하심, 즉 전능하심과 두려운 위엄을 보고 크게 감동을 받았다고 할지라도, 거룩함의 아름다움에 대한 감각과 감동이 없다면, 새로운 영적 감각은 전혀 발휘되지 않은 것이다. "느부갓네살 왕은 하나님의 무한한 위대하심, 두려운 위엄, 절대적인 통치, 불가항력적인 능력, 그리고 그분의 주권에 대해서 크고 감동적인 느낌을 받았고, 자신과 땅에 거하는 모든 사람들이 하나님 앞에서는 아무 것도 아니라는 사실에 대해서도 크게 깨달았다(단 4:1-3, 34-35, 37). 다리오 왕이 하나님의 완전성에 대해서 가졌던 감각도 이와 매우 비슷했다(단 6:25)." 하나님의 완전하심과 위대하심은 사람의 본성적 원리에 작용하여 큰 체험과 감동을 주고, 그런 체험을 한 사람들은 스스로 하나님의 사랑을 받는다고 느끼고 기뻐하고 찬양한다. 에드워즈는 대각성 당시에 많은 사람들이 진정한 영적인 체험이 아니라 바로 이러한 종류의 체험-하나님의 두려운 위엄과 본성적 완전성에 대한 체험을 지나치게 강조했다는 사실을 암시적으로 비판한

---

36) *WJE-Y*, 2:262.

다. 에드워즈에 따르면, 그러한 체험과 감동만 있는 사람들은 대체로 기독교적인 정신과 성품에 입각한 모습과는 거리가 멀었고 삶의 실천에 있어서도 좋은 열매를 맺지 못했다. 사실 그들은 자기 자신에게 속고 있었던 것이다. "하나님의 두려운 위대하심은 사람의 능력을 압도하여 견디지 못하게할 수 있지만, 하나님의 도덕적 아름다움이 숨겨져 있다면, 그 사람의 마음속의 적대감은 그대로 남을 것이고 어떠한 사랑도 생기지 않을 것이며 의지는 항복하지 않고 완고한 상태로 남을 것이다."[37] 참된 마음의 감각, 즉 새로운 영적 감각을 소유한 자만이 영적인 차원에서 성품의 변화를 이루어내고 삶의 실천 속에서 열매를 맺을 것이다.

4) 신적이고 초자연적인 빛

넷째, 새로운 영적 감각은 신적이고 초자연적인 빛이다. "신적이고 초자연적인 빛"이란 설교에서 에드워즈는 다음과 같은 교리를 제시한다: "영적이고 신적인 빛은 하나님에 의해서 영혼에 직접 주어졌으며(imparted), 자연적 수단에 의해서 획득되는 것과는 다른 본성을 가지고 있다."[38] 설교의 제목에는 신적이고 초자연적이라는 말을 사용하고, 교리 부분에서는 영적이고 신적이라는 말을 사용했다. 아마도 에드워즈는 이 빛이 영적이고 신적이고 초자연적인 것이라고 생각했고, 이 표현들을 자유롭게 바꾸어가면서 사용한 것 같다.[39]

한편, 에드워즈가 신적이고 조자연적인 빛이 무엇인가를 설명하기 시작하는 부분은 자세히 살펴볼 필요가 있기 때문에 좀 길게 인용한다. 에드워즈의 말은 다음과 같다.

> 둘째로, 긍정적인 측면에서 이 영적이고 신적인 빛이 무엇인지 말하겠다. 그것은 다음과 같이 정의할 수 있다: 하나님의 말씀에 계시된 일들의 신적인 탁월성에

---

37) *WJE-Y*, 2:263-265.
38) *SJE-Y*, 123.
39) 은혜로운 감정을 구별하는 확실한 표지들 중 첫 번째 표지에서도 동일한 내용을 확인할 수 있다.

대한 참된 감각 그리고 그 감각에서 생기는 것으로써 하나님의 말씀에 계시된 일들의 진리와 실재에 대한 확신. 이 영적인 빛은 우선적으로 이들 중의 전자, 즉 하나님의 말씀에 계시된 일들의 신적인 탁월성에 대한 **실제적인 감각과 이해**(real sense and apprehension) 안에 존재한다. 이 일들의 진리와 실재에 대한 영적인 구원의 확신은 신적인 탁월성과 영광을 봄으로써 생기게 된다. 그러므로 이 진리의 확신은 신적인 영광을 보았기 때문에 생기는 자연적인 결과이다.

1. 이 영적인 빛 안에는 신앙에 속한 일들의 신적이고 초자연적인 탁월성에 대한 참된 감각, 즉 하나님과 예수 그리스도 그리고 구속 사역과 복음에 계시된 하나님의 방법의 탁월성에 대한 실제적인 감각이 있다.[40]

이 인용문에는 신적이고 영적인 빛이 무엇인가를 모호하게 만드는 부분이 있다. 자세히 살펴보면 세 가지 다른 진술이 있다: (1)영적인 빛은 신적인 탁월성에 대한 감각과 거기에서 생기는 확신이다. (2)영적인 빛은 신적인 탁월성에 대한 감각과 이해 안에 존재한다. (3)영적인 빛 안에 신적인 탁월성에 대한 참된 감각이 있다. 에드워즈 자신이 이처럼 서로 모순되는 것처럼 보이는 말을 했기 때문에 의문이 생긴다. 영적인 빛과 영적인 감각은 같은가 다른가? 영적인 빛이 영적인 감각 안에 있는가, 영적인 감각이 영적인 빛 안에 있는가? 단적으로 말해서, 영적인 빛과 영적인 감각은 같은 것의 다른 측면을 가리킨다고 볼 수 있을 것 같다. 영적인 빛이 곧 영적인 감각이다. 그렇기 때문에 영적인 빛이 영적인 감각 안에 있기도 하고, 동시에 영적인 감각이 영적인 빛 안에 있기도 한 것이다. "신적이고 초자연적인 빛"이라는 설교의 다른 부분에서 에드워즈는 영적인 빛은 형식상(formally) 마음의 감각(sense of heart) 안에 존재한다고 말했다.[41] 이러한 진술로 미루어볼 때 아마도 에드워즈의 생각은 다음과 같을 것이다: 영적인 빛과 영적인 감각(혹은 마음의 감각)은 동일한 것이지만, 형식상으로는 영적인 빛이 영적인 감각 안에 존재한다고 말하는 것이 좋다.

---

40) *SJE-Y*, 126-127. (강조는 필자의 것임)
41) *SJE-Y*, 131.

존 스미스도 마음의 감각과 신적인 빛은 같은 것이라고 주장한다. 그리고 동시에 어떤 일에 대한 감각을 갖는 것과 그 일에 대한 의견을 갖는 것 사이의 기본적인 차이는 남아 있다는 것도 강조한다.[42] 이 기본적인 차이에 대해서 좀 더 덧붙여서 말하자면, 마음의 감각은 체험적이고 감정적인 측면을 더 많이 함축하고, 영적인 빛은 지식적인 측면을 더 많이 함축한다. 새로운 마음의 감각은 하나님의 거룩함의 아름다움을 직접적으로 맛보는 근원이고, 영적인 빛은 하나님과 신앙에 속한 일들에 대한 영적인 지식을 얻게 해주는 토대이다. 새로운 마음의 감각과 신적인 빛은 같은 것의 다른 측면을 포함하고 있기 때문에 통합적인 차원에서 이해해야 한다. 에드워즈는 감정과 지성을 대립시키지 않고 통합적인 것으로 간주하듯이, 새로운 마음의 감각과 영적인 빛도 통합적인 것으로 간주한다. 에드워즈에게 있어서 참된 감정은 지적 감정이고 참된 지성은 감정적 지성이다. 참된 감정인 지적 감정의 토대는 새로운 마음의 감각이고, 참된 지성인 감정적 지성의 토대는 영적인 빛이다. 에드워즈가 이렇게 말하지는 않았지만, 아마도 그의 생각과 그리 다르지 않을 것이다. 여기에서 논의를 더 확대시키려면 영적인 지식에 대하여 자세히 살펴보아야 하는데, 이 일은 6장에서 하기로 한다.

5) 오해하기 쉬운 것들

새로운 영적 감각이 아님에도 새로운 영적인 감각인 것처럼 오해하기 쉬운 것들이 있다. 『신앙적 감정』에서 참으로 은혜로운 감정을 구별하는 확실한 표지가 아닌 것을 먼저 보여준 것과 비슷하게, 에드워즈는 "신적이고 초자연적인 빛"이라는 설교에서 신적이고 초자연적인 빛이 아닌 것을 먼저 보여준다. 이미 살펴본 바와 같이 신적인 빛이 아닌 것이 곧 새로운 영적 감각이 아닌 것이다. 에드워즈의 이 부정적 진술은 신적인 빛이 무엇인가를 한층 선명하게 부각시키는 효과를 가지고 있다.

---

42) John Smith, "Religious Affections and the 'Sense of the Heart'," 107. 존 스미스는 마음의 감각과 새로운 영적 감각을 구별하지 않는다. 그러므로 스미스가 말하는 마음의 감각은 새로운 영적 감각을 가리키는 것으로 볼 수 있다.

먼저 거듭나지 못한 자연인이 자신의 죄와 비참함을 깨닫는 것(conviction)은 영적이고 신적인 빛이 아니다. 자연인이 자신의 죄와 비참함을 깨닫는 것은 성령의 구원하시는 특별 은혜 없이도 가능한 일이다. 성령께서 어떤 새로운 원리를 주입하는 것이 아니라 단지 영혼의 본성적인 원리만 도울 때에도 죄와 비참함을 깨닫는 일은 일어난다. 성령의 일반적인 은혜는 영혼의 기능을 도와서 그들이 본성적으로 할 수 있는 것을 더 잘할 수 있도록 도와준다. 성령의 일반적인 역사를 통해서 영혼의 본성적인 원리인 양심이 크게 각성하면, 자연인은 구원의 은혜가 없어도 죄와 비참함을 깨달을 수 있다. 그렇지만 성령께서 새로운 원리를 주입하거나, 성도의 영혼에 내주하시면서 고유한 본성인 거룩을 따라서 자신을 전달하시는 역사가 일어나지 않은 곳에는 신적이고 영적인 빛이 없다.[43]

다음으로 상상력 때문에 생긴 인상은 신적이고 영적인 빛이 아니다. 에드워즈는 상상력이라는 말을 주로 좁은 의미로 사용한다. 그에 따르면, 사물이 존재하지 않거나 지각되지 않을 때 사물의 외면적 본성에 대한 개념이나 관념을 만들어내는 정신(mind)의 능력이 상상력이다.[44] 거듭나지 못한 자연인도 상상력에서 생기는 생생한 인상을 가질 수 있다. 자연인도 겉으로 보기에 아름답고 영광스러운 어떤 사람의 모습이나 음성에 대한 인상을 가질 수 있지만, 그것은 영적인 빛과는 아무 상관도 없다.[45]

셋째로, 하나님의 말씀에 담겨있지 않은 새로운 진리나 명제를 제시하는 것은 신적인 빛이 아니다. 열광주의자들은 자신들이 영감을 받았다고 주장하면서 하나님의 말씀에 담겨 있지 않은 새로운 내용을 제시한다. 하지만 하나님의 말씀과 상관없이 혹은 하나님의 말씀의 내용과 다르게 어떤 내용을 제시하는 것은 신적인 빛이 아니다. 신적인 빛은 언제나 성경 말씀이 가르치고 있는 내용들을 영적으로 잘 이해할 수 있게 해주는 것이다.[46]

---

43) *SJE-Y*, 123-125, passim.
44) *WJE-Y*, 2:210-211.
45) *SJE-Y*, 125.
46) *SJE-Y*, 126.; 칼빈은 성경에 대한 성령의 내적 증거를 강조하는 동시에(*Inst*. I. vii. 4.), 성경 없는 성령의 조명을 주장하는 열광주의자들(fanatic)을 비판한다(*Inst*. I. ix. 1.). 한편, 콘라드 체리에 따르면, 에드워즈에 있어서 "말씀과 성령은 신앙의 객관적 측면과 주관적 측면"이며, 성령은 "말씀화된 성령(Worded Spirit)"이며, "말씀은 성령화된 말씀(Spirited Word)"이다.

마지막으로 신앙적인 일에 대해서 감동을 받았다고 하더라도 그것이 모두 영적인 빛은 아니다. 자연인들도 신앙에 관련된 이야기-예수 그리스도의 고난 이야기와 다른 성경의 여러 이야기들을 듣고 감동을 받을 수 있다. 그들이 일반적인 소설이나 연극을 보고 감동받는 것처럼 성경의 이야기를 읽을 때도 단순한 본성적인 원리에 따라서 신앙적인 감동을 받을 수 있다. 그러나 그것은 영적인 빛에 속한 것이 아니다. 구약 시대의 느부갓네살 왕의 경우나 신약 시대의 위선적인 바리새인들의 경우를 보면, 그들이 신앙적인 일들에 대해서 감동을 받기는 했지만, 그러한 감동은 신적인 빛에 속한 것은 아니었다.[47]

3. 소결론

새로운 영적 감각은 인간론의 측면에서 볼 때 신앙적 감정의 가장 중요한 근원이다. 성도의 영혼에 성령이 내주하시어 새로운 생명으로 거듭나게 되면 성도는 과거와는 전혀 다른 새로운 영적 감각을 갖게 된다. 이 새로운 감각은 영적이고 신적이고 초자연적인 감각이기 때문에 자연인의 자연적인 감각과 다르다. 하지만 자연인의 자연적인 감각과 다르다고 해서 소위 제6의 감각과 같은 별개의 감각 기능이라는 뜻이 아니다. 오히려 새로운 감각은 기존의 지성이나 의지(혹은 감정)의 기능이 전혀 새롭게 작용하게 될 토대나 근원이나 원리를 가리킨다. 그래서 새로운 감각은 새로운 본성의 원리이다. 이 새로운 감각이 작동을 하면 하나님의 도덕적 거룩함의 아름다움을 느끼고 맛보게 된다. 그리고 이 새로운 감각은 신적이고 초자연적인 빛이기도 하다. 영적인 감각과 영적인 빛이 이처럼 동일시되는 것은 영적인 감정과 영적인 지성의 통합적 작용이라는 의미를 함축한다. 새로운 영적 감각은 감각이기는 하지만 영적인 감각이기 때문에 단순히 가슴이 느끼는 것만 의미하지 않고 가슴과 머리가 함께 하나님과 신적인 일들에 대한 감각을 가지는 것을 의미한다. 이 새로운 영적 감각에서 신앙적 감정이 흘러나온다.

(Cherry, *The Theology of Jonathan Edwards*, 45.)
47) *SJE-Y*, 126.

A Study on the Religious Affections

in the Theology of Jonathan Edwards

Jonathan Edwards

제 6 장

영적인 지식

1. 영적인 지식

1)지식의 종류

에드워즈는 지식의 종류를 이중으로 구분한다. 하나는 자연인의 지식과 성도의 지식이고, 다른 하나는 개념적 지식과 감각적 지식이다. 이를 종합하면 네 종류의 지식이 나온다: 자연인의 개념적 지식과 감각적 지식 그리고 성도의 개념적 지식과 감각적 지식. 개념적 지식은 자연인의 것이든 성도의 것이든 간에 거의 동일하지만, 감각적 지식은 자연인의 것과 성도의 것이 큰 차이가 있다. 이러한 점들을 염두에 두고 있어야 에드워즈의 지식에 대한 입장을 잘 이해할 수 있다.

먼저 개념적 지식과 감각적 지식의 구분에 대해서 살펴보자. 에드워즈는 여러 곳에서 두 종류의 지식에 대해서 말했는데 그 표현들이 약간씩 차이가 난다. 단순히 이론적이고 개념적인 지식(speculative and notional knowledge)과 마음의 감각으로 아는 지식[1], 이론적이고 자연적인 지식과 실천적이고

---

1) *SJE-Y*, 127.; *WJE-Y*, 18:459. (Misc. no. 782.)

영적인 지식[2], 개념적이고 이론적인 지식과 감각적이고 영적인 지식[3] 그리고 단순한 인식(cogitation)과 사물의 관념을 직접적으로 포착하는 지식(apprehension)[4]이다. 표현들은 다양해도 함축된 의미는 거의 같다. 전자는 영혼의 의지나 의향과는 상관없이 단지 이론적인 차원에서 얻는 지식이다. 후자는 마음의 감각에 존재하는 것으로서 의지나 의향이나 마음이 주로 관련된 지식이다. 전자는 꿀이 달콤하다는 합리적 판단에서 나오는 지식이고 후자는 꿀의 달콤함을 실제로 맛보고 달콤함에 대한 감각을 갖는 지식이다. 전자는 하나님은 거룩하고 은혜로우시다는 견해를 갖는 것이고, 후자는 하나님의 거룩과 은혜의 아름다움과 사랑스러움에 대한 감각을 갖는 것이다.[5]

좀 더 평이하게 말하자면, 이론적인 지식은 단지 사물을 바라봄으로써 얻는 지식이다. 예를 들어서, 삼각형이 무엇인지 사각형이 무엇인지를 알게 해주는 지식이다. 꿀의 달콤함을 맛보는 일 없이 단지 꿀을 바라보고 만져보고 연구함으로써 얻는 지식이다. 이와 달리 감각적인 지식은 사물을 향유하고 느끼는 것이다. 즉 사랑스러움과 혐오스러움, 달콤함과 메스꺼움을 지각하는 지식이다. 달리 말해서, 감각적인 지식은 좋아하고 싫어하는 감정적 판단이 포함된 지식, 체험을 통해서 얻어진 체험적 지식 혹은 감정이 생기게 하는 토대나 근원이 되는 지식이라고 말할 수 있다. 상식적이고 일반적인 표현을 사용하자면, 이론적인 지식은 머리(head)로 아는 지식이고, 마음의 감각으로 아는 지식은 가슴(heart)으로 느끼는 지식이다.

그러나 에드워즈가 이 두 종류의 지식을 분리하고 대립시키는 것은 아니다. 에드워즈는 머리와 가슴을 날카롭게 분리하거나 대립시키지 않고 통합적인 차원에서 보았기 때문에, 머리로 아는 지식(이론적인 지식)과 가슴으로 느끼는 지식(감각적인 지식)도 역시 분리되어있거나 대립되는 것이라고 볼 수는 없다. 사실 가슴으로 느끼는 지식-감각적 지식이라는 말 속에는 이미 감정과 지식의 두 요소가 통합되어있다. "거룩한 감정은 빛 없는 열이 아

---

2) *SJE-Y*, 30.
3) *WJE-Y*, 2:272.; *WJE-Y*, 18:459(Misc. no. 782.)에서는 이론적 지식(speculative knowledge)과 감각적 지식(sensible knowledge)으로 구분하고 있다.
4) *WJE-Y*, 18:458. (Misc. no. 782.)
5) *SJE-Y*, 127-128.

니라 언제나 지성이 주는 어떤 정보, 정신이 받아들이는 어떤 영적인 교훈, 어떤 빛 혹은 실제적인 지식에서 생긴다."⁶⁾ 그러므로 에드워즈의 두 종류의 지식은 순전히 머리로만 아는 지식과 머리와 가슴이 함께 아는 지식이다. 그렇다면 가슴만 아는 지식은 없는가? 가슴만의 작용은 아는 것이 아니라 단지 느끼는 것이기 때문에 지식이라고 말할 수 없다. 에드워즈에게 있어서 가슴만 아는 것은 열광주의이다. 그것은 참되고 거룩한 감정이 아니라 거짓된 감정이다.

다음으로 자연인의 지식과 성도의 지식에 대해서 살펴보자. 이미 말한 바와 같이 이론적이고 개념적인 지식은 자연인에 있어서나 성도에 있어서나 구별 없이 거의 동일하다. 더 나아가서 감각적인 지식도 거의 동일한 부분이 있다. 예를 들면, 꿀을 맛보고 꿀의 달콤함을 감각적으로 아는 지식은 자연인이나 성도나 똑같다. 그러나 영적이고 영원한 일들에 대해서는 큰 차이가 있다. 오직 성도만이 하나님과 영적인 일들에 대해서 거룩함과 사랑스러움과 아름다움의 감각적 지식을 가질 수 있다.

에드워즈는 감각적 지식에 대해서 이중적인 구분이 있다고 말한다.⁷⁾ 우선 감각적 지식을 얻는 방법에 따라서 두 가지로 구분할 수 있다. 첫째는 순수하게 자연적인 것으로서, 인간 정신이 본성의 법칙에 따라서 대상에 의해서 인상을 받는 것이고, 둘째는 성령의 영향에 의한 것으로서, 일시적이고 상황적인 것이 아니라 우리의 영원한 유익에 관련된 것이기 때문에 우리의 자연적 성향(disposition)으로는 얻을 수 없는 종류의 감각적 지식이다. 다음으로 삼사석 지식의 대상의 본질에 따라서 두 가지로 구분할 수 있다. 첫째는 본성적 선악에 대한 감각적 지식이고, 둘째는 영적 선악에 대한 감각적 지식이다. 전자는 인간의 본성에 따라서 좋아하고 싫어하는 감정이고, 후자는 전적으로 성령의 사역으로서 본성적 원리를 돕고 협력할 뿐만 아니라 본성을 초월하는 어떤 것을 주입하는 것(infusing something above nature)이다.

에드워즈의 분석은 여기서 그치지 않고 더 깊이 들어간다. 자연인에게 미치는 성령의 영향력과 성도의 마음에 미치는 성령의 영적 영향력은 매우

---

6) *WJE-Y*, 2:266.
7) *WJE-Y*, 18:461-462. (Misc. no. 782.)

다르다.[8] 특히 자연인과 성령에 대한 에드워즈의 입장을 주목할 필요가 있다. 자연인들이 무감각하고 각성하지 않았을 때는 신앙적인 일들에 대한 감각적 지식을 거의 가질 수 없다. 그러나 "자연인이 각성하고 자각했을 때 (awakened and convinced), 하나님의 성령은 그들의 자연적 능력을 도움으로써 신앙적인 일들에 관한 관념적 이해를 할 수 있게 한다."[9] 즉, 자연인이 하나님의 위대하심이나 신앙적인 일들의 정당성에 대한 감각적 지식을 가질 수 있다. 이런 일들은 성령의 일반 은혜로 이루어질 수 있는 일이다.

영적인 일들에 대한 자연인의 감각적 지식은 어느 정도까지 가능한가? 에드워즈는 "귀신들의 경험과 구별되는 참된 은혜(True Grace Distinguished from the Experience of Devils)"라는 설교에서 중요한 말을 했다. 귀신들도 하나님이 한 분이신 줄을 믿고 두려워한다(약 2:19). 에드워즈에 따르면, "마귀는 신앙에 있어서 정통이며, 참된 교리 체계를 믿는다. 그는 이신론자도 소지니우스주의자도 아리우스주의자도 펠라기우스주의자도 반율법주의자도 아니다. 그의 신앙 조항은 건전하다."[10] 그는 신적인 일들에 대한 감각도 가지고 있다. 그는 구원에 속한 모든 일들을 높이 평가하고 하나님의 두려운 위대하심과 엄위하심에 깊이 감동을 받는다. 그러므로 마귀는 택자들과 같은 지식, 같은 신앙 그리고 같은 감정을 가지고 있다.[11] 이런 점에서는 자연인도 마찬가지이다. "자연인이 영적인 일들을 연구할 때 지성만 사용하는 것이 아니라 의지의 동의를 행사하고 강한 감정을 느낀다. 자연인의 신앙이 신앙의 신비에 대한 탁월한 지식을 가지는 것뿐만 아니라 생생한 신앙 체험을 하는 것도 가능하다."[12] 자연인의 본성적 양심은 참된 영적 감각이 아니

---

8) 에드워즈는 성령의 일반 은혜와 구원 은혜에 대해서『은혜에 관한 논문』(Treatise on Grace) 제1장에서 포괄적으로 다루고 있다. 자세한 내용을 보려면, *WJE-Y*, 21:153-165를 보라. 그런데 여기에서는 현재 우리의 주제인 감각적 지식에 대해서는 언급하지 않는다.
9) *WJE-Y*, 18:463. (Misc. no. 782.)
10) *Works of President Edwards*, (London, 1817; New York: Burt Franklin, 1968 [reprint ed.]) 8:104-105.; Miklos Vetö, "Spiritual Knowledge According to Jonathan Edwards," trans. by Michael McClymond, *Calvin Theological Journal* 31 (April 1996) : 163에서 재인용. (이하에서는 Vetö, "Spiritual Knowledge According to Jonathan Edwards"로 약술함)
11) *Works of President Edwards*, 8:116.; Vetö, "Spiritual Knowledge According to Jonathan Edwards,"163에서 재인용.
12) Vetö, "Spiritual Knowledge According to Jonathan Edwards," 164.

지만 그 영적 감각이 하는 것과 같은 일을 매우 비슷하게 수행한다. 이처럼 성도와 자연인 사이에는 놀라운 유사성이 있다. 그러나 거대한 차이가 있다는 것도 분명한 사실이다. 프랑스 신학자인 베토(Miklos Vetö)는 성도와 자연인 사이의 차이를 정신 활동이 성취되는 방법(manner)의 차이[13]와 지각의 내용의 차이[14]라고 주장하지만, 그의 설명은 좀 복잡해서 오히려 모호해지는 것 같다. 단순명료하게 볼 필요가 있다. 성도와 자연인의 차이는 정신 활동의 토대 혹은 원리인 새로운 영적 감각이 있느냐 없느냐의 차이이다. 성도는 새로운 영적 감각을 가지고 있기 때문에 이전에 육신을 따라 알고 있던 것들을 이제는 전혀 새롭게 알게 된다.[15] 노스햄턴 교회의 놀라운 회심 이야기에 대한 보고에서 에드워즈는 교인들이 이전에 수없이 들어서 이미 알고 있던 설교의 내용을 새로운 감각을 통해서 완전히 새롭게 알게 되었다고 말했다.[16] 이 새로운 영적 감각을 통해서 얻게 되는 영적인 일들에 대한 지식이 바로 영적인 지식이다. 자연인에게는 이러한 영적인 지식이 없다.

한편, 한 가지 더 언급해야 할 측면이 있다. 에드워즈에 있어서 영적인 지식의 원천은 성경과 성령이다. 스티븐 쉬타인(Stephen Stein)은 에드워즈가 성경에 대한 영적 감각의 추구(search for the spiritual sense of the Scripture)를 위해서 노력했다고 주장한다.[17] 더 나아가서 그는 이렇게 말한다. "성경은 하나님의 성령과 분리되면 죽은 문자이다. 그럼에도 불구하고 영적인 지식을 산출하는 것은 성경 말씀과 성령의 상호작용이다. 이러한 판단의 관점에서 볼 때, 에드워즈는 철저하게 프로테스탄트로 남아 있다."[18] 우리는 스티븐 쉬타인의 견해에 기본적으로 동의한다. 그러나 에드워즈만의 독특함과 새로움이 있다. 에드워즈의 새로운 영적 감각과 영적인 지식에 대한 생각은

---

13) Ibid., 165. 성도와 자연인 사이에는 정신이 작용하고 느끼는 방법의 차이가 있다고 주장한다.
14) Ibid., 172-173. 성도의 지각의 내용은 초자연적인 것이고, 자연인의 경우는 자연적인 것이라고 주장한다.
15) WJE-Y, 2:275.
16) WJE-Y, 4:180.
17) Stephen J. Stein, "The Quest for the Spiritual Sense: The Biblical Hermeneutics of Jonathan Edwards," Harvard Theological Review 70 (1977) : 100.
18) Ibid., 109.

기본적으로 칼빈주의적이지만, 거기에는 분명히 어떤 형이상학적 향취가 있다.[19]

우리는 지금까지 자연인의 이론적 지식과 감각적 지식 그리고 성도의 이론적 지식과 감각적 지식에 대해서 다루었다. 이 연구를 통해서 영적인 일들에 대한 성도의 감각적 지식이 곧 영적인 지식이라는 사실을 확인했다. 이후에는 성도의 영적인 지식의 특징에 대해서, 그리고 성도의 이론적 교리적 지식의 중요성에 대해서 에드워즈가 어떻게 말하고 있는지 살펴보기로 하겠다.

2) 영적인 지식

"영적인 지식"(spiritual understanding)은 "새로운 영적 감각"과 함께 에드워즈의 신학에서 핵심적인 사상들 중 하나이다. 에드워즈는 영적인 지식에 대해서 설명을 상당히 많이 하고 있는데, 이를 좀 더 이해하기 쉽게 하기 위해서는 약간의 정리가 필요할 것 같다.

첫째, 영적인 지식은 새로운 영적 감각(혹은 새로운 마음의 감각) 안에 존재한다. "영적인 지식은 신적인 일들의 거룩함이나 도덕적 완전성의 지극한 아름다움과 달콤함을 느끼는 마음의 감각 안에 존재한다. 이뿐 아니라 신앙적인 일에 대한 모든 인식과 지식은 그러한 감각에 의존하며 거기에서 흘러나온다."[20] 에드워즈는 이 말과 거의 비슷한 말을 반복해서 한다. "영적인 지식은 우선적으로 신적인 일들의 도덕적 아름다움에 대한 감각 혹은 미각 안에 존재한다. 이러한 감각에서 생기지 않았든가 이런 감각을 가지고 있지 않은 지식은 영적인 지식이라고 부를 수 없다. 그러나 이차적으로 영적인

---

19) 이 형이상학적 향취가 구체석으로 무잇인기에 대해서는 에드워즈 학자들 사이에서 다양한 견해가 존재한다. 예를 들면, 신플라톤주의, 로크의 경험론, 뉴턴의 물리학, 말브랑슈의 기회원인론 등이 있다. 윌슨 킴나흐(Wilson H. Kimnach)는 그것을 "실재의 추구"라고 불렀는데, 이 말이 에드워즈의 형이상학의 성격을 포괄적이면서도 매우 적절하게 지적하는 것 같다: Wilson H. Kimnach, "Jonathan Edwards's Pursuit of Reality," *Jonathan Edwards and the American Exprience*, eds. Nathan Hatch and Harry Stout (New York: Oxford University Press, 1988), 102.
20) *WJE-Y*, 2:272.

지식은 그러한 감각에 의존하고 거기서 흘러나오는, 신앙적인 일들에 대한 모든 인식과 지식을 포함한다."[21]

우리는 이미 새로운 영적 감각(혹은 새로운 마음의 감각)에 대해서 자세히 살펴보았다. 마음의 감각은 일종의 원리 내지는 틀이고, 영적인 지식은 이 원리나 틀 안에 채워지는 내용이다. 영적인 지식의 내용은 무엇인가? 당연히 영적인 일들에 대한 지식이다. 가장 근본적으로는 하나님의 거룩의 아름다움에 대한 지식이고, 다음으로는 거룩의 아름다움과 연결되어 있는 모든 지식들이다. 구체적인 예를 들자면, 중보자이신 그리스도의 충분성, 그리스도의 인격의 탁월성, 그리스도의 순종, 그리스도를 통한 구원의 방법의 아름다움, 하나님의 말씀의 탁월함, 하나님이 명령하시는 의무들의 즐거움, 성도들과 천사들의 사랑스러움과 행복 등을 말할 수 있다.[22] 에드워즈식으로 생각한다면, 신적인 일들에 있는 도덕적 아름다움을 느끼는 감각이 있어야 중보자이신 그리스도의 충분성에 대한 지식을 올바로 이해할 수 있다. 하나님의 말씀의 탁월함도 마찬가지다. 도덕적 아름다움과 사랑스러움을 느끼는 감각이 있어야 하나님의 말씀을 올바로 이해할 수 있다. 그러니까 에드워즈에게 있어서, 영적인 지식은 궁극적 근원을 캐물어 올라가면 결국에는 신적인 일들이 아름답다는 것을 아는 지식으로 귀결된다.

둘째, 영적인 지식은 지성과 감정이 동시에 작용해서 이루어진 지식이다. 이미 살펴본 바와 같이 에드워즈는 지식을 이론적인 지식과 감각적인 지식으로 구분했다. 여기서 감각적인 지식은 영적인 지식과 동일한 것이 아니나. 감각적인 지식은 꿀을 바라보기만 하는 것이 아니라 꿀을 실제로 맛보는 데서 생기는 지식이며, 하나님의 거룩하심과 은혜로우심을 이론적으로 알기만 하는 것이 아니라 그 거룩과 은혜의 아름다움을 실제로 영적인 감각으로 느끼는 데서 생기는 지식이다. 그런데 꿀을 실제로 맛보는 데서 생기는 지식은 감각적인 지식이기는 하지만 영적인 지식은 아니다. 하나님의 거룩과 은혜의 아름다움을 영적으로 맛보고 느끼는 데서 생기는 지식이 영적인 지식이다. 그러므로 모든 감각적인 지식이 다 영적인 지식인 것은 아니

---

21) *WJE-Y*, 2:273.
22) *WJE-Y*, 2:273-274.

지만, 영적인 지식은 감각적인 지식의 특징을 갖고 있다.

에드워즈에게 있어서, 감각적인 지식은 지식과 감각을 동시에 내포하는 지식이다. 기본적으로 지식이기 때문에 대상에 대한 지식적 이해가 있다. 동시에 감각적이기 때문에 대상의 좋고 싫음에 대한 감정적인 판단이 내포되어 있다. 감각적인 지식은 지식과 감정을 분리시키지 않고 통합적으로 동시에 포착한다. 성도의 감각적인 지식이 영적인 지식이기 때문에, 영적인 지식도 지식과 감정의 통합적 작용이라고 할 수 있다. 영적인 지식에는 영적인 일들에 대한 지식과 그것들에 대한 좋고 싫음의 감정적인 판단이 동시에 내포되어 있다. 영적인 지식은 영적인 감정을 내포하고 있는 지식, 즉 감정적 지식이다. 에드워즈는 영적인 지식 안에는 지성과 의지가 통합되어 있다고 분명하게 말한다. "이 문제에서[영적인 지식의 문제에서] 지성과 의지의 두 기능은 서로 구별되거나 분리되게 작용하지 않는다. … 아름다움의 사랑스러움과 기쁨이라는 이 감각은 본성적으로 마음의 감각, 즉 미각과 의향과 의지를 소유한 실체로서의 영혼이 받는 효과와 인상을 형성한다."[23] 영적인 지식과 영적인 감정(거룩한 감정)의 밀접한 관계는 에드워즈의 다음과 같은 유명한 말에서 인상적으로 표현된다.

> 거룩한 감정은 빛 없는 열이 아니다. 거룩한 감정은 지식의 어떤 정보, 정신이 받아들이는 어떤 영적인 교훈, 어떤 빛, 혹은 실제적인 지식에서 생긴다. 하나님의 자녀들이 은혜로운 감정을 체험하게 되는 이유는 신앙적인 일들-하나님과 그리스도와 복음에 나타난 영광스러운 일들을 이전보다 더 많이 알고 이해하기 때문이다.[24]

그렇다. 거룩한 감정은 지성의 조명 없이 감정의 뜨거움만 있는 것이 아니다. 거룩한 감정은 신적인 일들에 대한 실제적인 지식의 빛이 밝게 비칠 때 그 빛에서 솟아나는 밝은 뜨거움이다. 이런 의미에서 거룩한 감정 혹은 영적인 감정은 지적인 감정이라고 부를 수 있다. 확실히 영적인 지식 안에

---

23) *WJE-Y*, 2:272.
24) *WJE-Y*, 2:266.

는 지식과 감정이 분리하거나 구별할 수 없게 통합되어 있다.[25]

셋째, 영적인 지식은 영적인 감정이 흘러나오는 원천이다. 에드워즈는 참으로 은혜로운 감정을 구별해주는 확실한 표지들 중 4번째 표지에서 이렇게 말한다. "은혜로운 감정은 정신이 조명을 받아서(the mind's being enlightened) 신적인 일들을 올바르게 그리고 영적으로 이해하고 파악할 때 생긴다." 먼저 정신이 조명을 받고 신적인 일들을 영적으로 파악하면 영적인 지식을 얻고, 이 영적인 지식에서 영적인 감정이 생긴다. 에드워즈의 말에 따르면, "지식은 먼저 굳어진 마음을 열어주고 감정을 풍성하게 해줌으로써 사람들이 하늘나라로 가는 길을 열어주는 열쇠이다."[26] 그리고 "사람은 본질상 자신이 이해하지 못한 것이나 인식하지 못한 것에 대해서는 결코 마음의 감정이 움직이지 않는다."[27]

바로 위의 둘째 항목에서 영적인 지식은 지성과 감정이 동시에 작용하여 이루어진 지식이라고 했는데, 지금은 영적인 지식에서 감정이 생긴다고 주장하는 것은 모순인 것처럼 보인다. 그러나 이것은 해결 불가능한 문제는 아니다. 적어도 논리적인 차원에서는 지식의 정보 제공이 먼저 있고 난 다음에 감정이 생긴다. 그러나 현실적인 차원에서는 영혼이 지식을 받을 때 바로 감정이 반응을 하기 때문에 지성과 감정은 분리되어 작용하지 않는다. 그러므로 언뜻 보기에 모순인 것처럼 보이는 저 두 가지 진술은 양립가능하다. 사실 에드워즈는 영적인 지식이 먼저인가 영적인 감정이 먼저인가 하는 문제를 별로 중요하게 생각하지 않았다. 17, 18세기 철학자들도 지성이 먼저인가 감정이 먼저인가를 별로 따지지 않았다. 그들은 오히려 지성이 인간 행동을 지배하는가 감정이 인간 행동을 지배하는가에 더 관심이 있었다. 즉, 지성이 파악한 참과 거짓의 판단에 따라서 행동하는가 아니면 지성은

---

[25] John Smith, "Religious Affections and the 'Sense of the Heart'," 105. 스미스는 영적인 지식이 아니라 마음의 감각을 논하는 맥락에서 통합을 말했지만, 현재의 우리의 논의와 같은 방향에서 같은 입장을 말하고 있다. 그에 따르면, 감정에 대한 에드워즈의 기본적인 통찰은 감정이 어떤 관념과 정서적 반응의 통합체(a unity of an idea and a felt response) 안에 존재한다는 것이다.

[26] *WJE-Y*, 2:266.

[27] *WJE-Y*, 2:267.

참과 거짓을 판단할 뿐 행동을 유발하지 못하기 때문에 오직 감정의 좋아하고 싫어함에 따라서 행동하는가 하는 것이 논쟁점이었다. 18세기의 경험론자들은 개별적인 차이는 있어도 대체로 후자의 입장에 가깝다.

본래의 논의로 돌아오자. 영적인 지식이 원천이고 영적인 감정은 거기서 흘러나온다. 영적인 지식은 인간 영혼의 내적 작용에 속하는 것이고 영적인 감정은 인간 영혼의 내적 작용이 삶의 표면으로 솟아오른 외적 작용이다. 이런 의미에서 영적인 지식이 없다면 영적인 감정도 없다. 또한 이런 의미에서 영적이고 거룩한 감정은 지적 감정이다.

넷째, 영적인 지식은 일반적 지식이나 교리적 지식과 다르다. 영적인 지식은 하나님의 은혜로 성도들이 얻는 구원에 이르는 지식(saving instruction)이다. 반면에 일반적 지식은 성령의 일반적 사역을 통해서 자연인이 얻는 지식이다. 자연인들은 일상적인 지식뿐만 아니라 신앙에 속하는 일들에 대한 지식도 얻을 수 있다. 죄책, 죄책과 형벌의 관계, 하나님의 전능하심 그리고 하나님의 진노와 심판 등에 대한 지식을 얻을 수 있다.[28] 하지만 그런 지식은 구원과는 아무런 상관이 없다. 구원에 이르는 지식인 영적인 지식은 신적인 일들에 속한 참된 도덕적 아름다움을 아는 지식이다.

한편, 영적인 지식은 교리적인 지식과도 다르다. 에드워즈는 교리적 지식을 무시하지 않고 매우 중요하게 생각하지만[29], 영적인 지식은 교리적 지식과는 다르다는 점을 분명하게 강조한다. 영적인 지식은 새로운 교리적 지식을 알거나 성경의 어떤 부분을 새롭게 해석하는 것과는 무관하다. 성경의 예표나 풍유들 속에 있는 심오한 의미를 해설하는 것과도 무관하다. 어떤 성경 본문이 갑자기 마음에 떠오르는 현상 혹은 신앙적인 문제를 깊이 묵상하다가 어떤 생각이 강하게 떠오르는 현상은 자연적인 원리에 따라서 얼마든지 일어날 수 있는 일이다. 이것은 교리적 지식의 영역에 속하는 일이며, 영적인 지식의 본질에 속하는 것이 아니다. 영적으로 성경을 이해한다는 것은 전혀 몰랐던 정보나 그 정보의 의미를 새롭게 알게 되는 것이 아니다. 영적으로 성경을 이해한다는 것은 정신(mind)의 눈이 열려서 성경의 참된 의

---

28) *WJE-Y*, 2:276.
29) *SJE-Y*, 26-48을 참조하라.

미 속에 이미 포함되어 있었고, 성경이 기록된 이래로 항상 그 안에 포함되어있던 영광스러운 일들의 놀라운 영적 탁월성을 영적으로 보는 것이다.[30] 예를 든다면, 오랜 시절 함께 지냈기 때문에 이미 많은 것을 알고 있던 사람이 어느 순간 갑자기 이성으로 다가오는 경우를 말할 수 있다. 이미 알고 있던 것들이 이제는 전혀 새롭게 보이고 전혀 새롭게 느껴지고 전혀 다른 의미를 갖게 된다. 그 사람에 대해서 새로운 지식이 생긴 것이다. 에드워즈가 이 예를 든 것은 아니지만, 이 예는 교리적 지식과 영적인 지식의 차이를 잘 보여준다.

다섯째, "영적인 지식은 일차적으로 참으로 선하고 거룩한 것의 사랑스러움과 아름다움에 대한 미각(taste)에 존재한다."[31] 이러한 미각은 긴 추론의 과정이 없어도 영적인 일들을 잘 분별한다. 이와 관련해서 에드워즈는 몇 가지 예를 든다.[32] 음악을 잘 아는 사람은 수학자처럼 음의 비율에 대해서 추론하지 않아도 한번 들으면 음의 조화를 안다. 미식가도 역시 음식을 맛보자마자 그것이 좋은 음식인지 아닌지를 안다. 이성(reason)이 대상을 이리저리 살피며 판단하기 전에, 귀는 거친 소리를 거슬리게 느끼고 코는 좋은 냄새로 만족한다. 미각도 마찬가지로 즉시 맛을 느끼고 어떤 반성적인 과정을 거치지 않는다. 에드워즈는 이러한 예들에서 나타나는 감각들 중에서 특히 미각을 중요하게 생각했기 때문에, 영적인 지식을 미각에 비유했다. "하나님의 성령이 성도들의 마음속에 부여하시고 유지시키는 신적인 미각(devine taste)이 있는데, 성도들은 이 신적인 미각으로 어떤 행동의 참으로 영직이고 서룩한 아름다움을 분별한다."[33] "은혜가 강력하고 생생할 때 거룩한 성향과 영적인 미각은 어떤 행동이 올바르고 그리스도인다운 것인지를 영혼이 더욱 빠르고 더욱 정확하게 분별할 수 있게 해준다."[34] 에드워즈가 영적인 지식을 미각에 비유하고 긴 추론의 과정 없이도 즉시 정확하게 알 수 있는 것이라고 말했을 때, 영적인 지식을 직관적인 지식으로 보고 있

---

30) *WJE-Y*, 2:280-281.
31) *WJE-Y*, 2:281.
32) *WJE-Y*, 2:281-282.
33) *WJE-Y*, 2:283.
34) *WJE-Y*, 2:283.

는 것 같은 인상을 준다. 그에 따르면, "신적인 일들의 신적이고 초월적이고 지고한 영광을 참으로 보는 사람은 말하자면 신적인 일들의 신성을 즉시 (intuitively) 안다."[35]

이러한 에드워즈의 견해와 관련해서 두 가지 문제를 제기하고자 한다. 첫째, 영적인 대상을 직관적으로 파악하는 작용을 얼마나 신뢰할 수 있는가? 에드워즈의 설명에 따르면, 미각이 맛을 보고 청각이 소리를 들을 때 좋고 나쁨을 즉시 올바르게 파악할 수 있다. 미각이나 청각에 아무런 병이 없고 건강한 상태일 때에는 맞는 말이다. 그런데 성도들의 영적인 미각이나 청각은 영적으로 건강한가? 죄와 부패의 영향은 전혀 없는가? 에드워즈는 병 때문에 눈이나 입이 잘 구별하지 못하는 것처럼 죄 때문에 영적인 감각이 영적인 일들을 잘 판단하고 구별하지 못하게 될 수 있다고 말한 적이 있다.[36] 죄와 부패의 문제를 지적하고 있기는 하지만, 에드워즈는 영적인 감각의 작용들의 긍정적인 측면을 더욱 강조하는 경향이 있다. 둘째, 영적인 지식을 이렇게 직관적인 것으로 간주하면 반지성주의적 경향을 어느 정도 인정하게 되는 것이 아닌가? 에드워즈가 반지성주의자인 것은 결코 아니다. 바로 다음 항목에서 이론적인(혹은 교리적인) 지식을 살펴볼 때 다루겠지만, 에드워즈는 신앙에 있어서 지식적인 측면을 매우 중요시하고 강조한다. 에드워즈 자신이 고도의 지성을 소유한 신학자요 철학자이다. 하지만 영적인 지식이 미각처럼 한번 맛보면 즉시 맛의 좋고 나쁨을 알 수 있는 것과 같은 지식이라는 주장은 열광주의자들과 반지성주의자들에게 자신들의 주장을 정당화할 수 있는 무기를 제공해주게 될 가능성을 내포하고 있다. 물론 에드워즈가 말하는 신적인 미각은 열광주의자들이 주장하는 소위 직접적인 계시나 영 분별의 은사와는 질적으로 전혀 다른 것이다. 에드워즈는 신적인 미각에 판단의 요소를 도입하고 있다. 즉, 신적인 미각은 아무런 지적 측면도 없이 맹목적으로 감각이나 감정에 의존하는 것이 아니다. 긴 추론의 과정을 거치는 것은 아니지만, 그 속에는 판단의 작용이 내재한다는 사실을 명심해야 한다.

---

35) *WJE-Y*, 2:298.
36) *WJE-Y*, 2:195.

3) 이론적인 지식 혹은 교리적인 지식

에드워즈는 영적인 지식만 강조한 것이 아니고 이론적인 지식의 중요성도 강조했다. "신학적 진리에 대한 철저한 지식의 중요성과 유익"이라는 설교는 전체적으로 교리적인 지식의 중요성에 초점을 맞춘 설교이다.

신적인 일에 대한 두 종류의 지식인 이론적인 지식(혹은 본성적인 지식)과 실천적인 지식(혹은 영적인 지식)은 서로 배타적인 것이 아니다. 영적이고 실천적인 지식이 가장 중요하지만 이론적인 지식이 없다면 영적이고 실천적인 지식을 얻을 수 없다. 그러므로 성도들은 영적인 지식 혹은 실천적인 지식을 얻기 위해서 이론적인 지식을 추구해야 한다.[37]

지식이 없이는 어떤 은혜의 수단도 유익을 줄 수 없다. 예컨대 사람의 정신에 지식을 전달해줄 수 없다면 복음을 설교하는 일은 목적을 이루지 못한다. 듣지도 못한 이를 어찌 믿겠는가(롬 10:14)? 지식이 없다면 사랑도 있을 수 없다. 전혀 알지 못하는 대상을 사랑하는 것은 사람의 본성에 어울리지 않는다. 이해의 문을 통과하지 않고는 어떤 것도 마음에 도달하지 못한다. 교리가 무엇인지를 모르는 사람이 복음에 나타난 교리의 탁월함을 보는 것은 불가능하다. 이성적인 지식이 먼저 있지 않다면 영적인 지식이 있을 수 없다.[38]

그러므로 에드워즈에 의하면, 이론적인 지식을 쌓아가는 일은 매우 중요하다. 모든 성도들이 이 일을 가장 중요한 일 중의 하나로 삼아야 한다. 지혜로운 이교도들도 지성의 계발과 활용이 인간의 주요 과업이라는 것을 알지만, 그들은 지성이 주로 탐구해야 할 대상에 대해서 알지 못했다.[39] 성도들은 지성을 사용하여 신적이고 영적인 일들에 속한 모든 것들을 탐구해야 한다. 신적이고 영적인 일에 속한 것들이란 하나님, 그리스도, 성령, 구원의 방법, 하나님에 대한 의무 그리고 하늘나라에 속한 위대한 일들 등이다. 이것들은 주로 교리적인 지식이다. 이런 교리적인 지식은 신학자나 목회자뿐

---

37) *SJE-Y*, 30-31.
38) *SJE-Y*, 31.
39) *SJE-Y*, 35.

만 아니라 보통 사람들에게도 무한히 중요한 지식이다.[40]

이런 지식을 가르치기 위해서 하나님께서는 계시의 책인 성경을 주셨다. 성경에는 풍성한 교훈이 들어 있다. 에드워즈는 성경을 아주 커다란 보물창고에 비유하면서 이렇게 말한다. "하나님이 우리의 부족함을 채워주시려고 아주 커다란 보물창고를 열어주셨을 때 우리가 감사하면서도 너무 게을러서 대부분의 보물을 가져오지 않고 그냥 남겨두었다면 우리의 감사가 신실하지 않았음을 보여주는 것이다."[41] 에드워즈는 신적인 일들에 관한 이론적인 지식 혹은 교리적인 지식을 얻기 위해서 부지런히 노력해야 한다고 강조하면서 아주 구체적인 지침도 제시한다. 성경과 신학 지식에 도움이 되는 다른 책들을 열심히 읽고, 신앙적인 대화를 많이 나누고, 기도하고, 얻은 지식을 적극적으로 실천하라고 권한다.[42]

머릿속에 이론적이고 교리적인 지식이 많이 있을수록 마음이 하나님의 영에 의해 감동을 받을 때 거룩의 탁월함과 아름다움을 맛볼 수 있는 기회를 더욱 많이 얻을 수 있다.[43] 이론적인 지식이 많을수록 영적인 지식에 도달할 가능성이 더욱 많아진다. 물론 이론적인 지식이 많은 사람이 항상 영적인 지식을 더 많이 알거나, 은혜의 역사를 더 크게 체험하는 것은 아니다. 이론적인 지식보다 영적이고 실천적인 지식이 훨씬 더 중요하다. 에드워즈의 직접적인 언급은 없지만, 많은 이론적인 지식을 가지고 있어도 매우 작은 영적인 지식밖에 없을 수도 있고, 반대로 적은 이론적인 지식밖에 없어도 깊고 심오한 영적인 지식이 있을 수 있다. 하지만 영적인 지식은 이론적인 지식을 통해서 얻을 수 있기 때문에, 이론적인 지식은 많으면 많을수록 좋다. 다음과 같은 에드워즈의 인상적인 말을 다시 한번 강조하고 싶다. "이해의 문을 통과하지 않고는 어떤 것도 마음에 도달하지 못한다."

지금까지 우리는 영적인 지식에 대해서 살펴보았다. 바로 다음에는 확신, 자기-기만으로써의 위선 그리고 체험의 문제를 다루려고 한다. 에드워즈

---

40) *SJE-Y*, 37.
41) *SJE-Y*, 39.
42) *SJE-Y*, 46-48.
43) *SJE-Y*, 45.

는 영적인 지식과 확신을 밀접하게 연결시킨다. "복음의 위대한 진리에 대한 영적인 확신은 복음에 대하여 정신이 영적으로 바라보고 이해할 때 생긴다."[44] 그래서 영적인 지식에 이어서 확신의 문제를 다루는 것이다. 또한 이 확신이 왜곡되어서 거짓된 확신으로 나타날 때는 자기-기만을 당하는 위선자의 확신이 되며, 위선자의 확신은 대체로 잘못된 영적 체험에서 생기는 것이기 때문에, 자기-기만으로써의 위선과 체험의 문제도 함께 살펴볼 것이다.

2. 확신

1)종교개혁 신학에서의 확신 교리

칼빈은 신앙을 확신과 밀접하게 연결되어 있는 것으로 보았다. "신앙은 우리를 향한 하나님의 선하심을 확고하고 확실하게 아는 지식이며, 이 지식은 그리스도 안에서 값없이 주신 약속의 신실하심에 근거하며, 성령을 통해서 우리의 정신에 계시되었고 우리의 마음에 인친 바 되었다."[45] 신자는 하나님의 선하신 약속을 굳게 붙잡고 자신의 구원을 확신하며 마귀와 사망의 세력을 물리치는 사람이다.[46] 그러나 칼빈은 신자가 때때로 구원의 확신이 부족할 수 있다는 사실을 인정한다. 그는 이상적으로 정의되는 신앙과 그리스도인의 삶 속에서 실제적으로 체험되는 신앙 사이의 차이를 알고 있었다.[47] 그래서 이렇게 말한다. "한편으로 우리는 믿음에는 확신이 있어야 한다고 가르치지만 의심이 전혀 없는 확신이나 불안이 엄습해오지 않는 확신을 의미하는 것은 아니다. 오히려 신자는 자신들의 불신앙과 함께 끊임없이 싸우는 자들이다."[48]

웨스트민스터 신앙고백서에 오면, 확신에 대한 칼빈의 견해는 약간의 수

---
44) *WJE-Y*, 2:296.
45) *Inst.*, 3.2.7.
46) *Inst.*, 3.2.16.
47) Brad Walton, "'The continuity of Edwards with Seventeenth-Century Puritan," 83.
48) *Inst.*, 3.2.17.

정을 받는다. 웨스트민스터 신앙고백서 제18장 1항과 2항은 칼빈의 견해와 거의 대동소이하지만 3항에서는 확신이 신앙의 본질에 속하지 않는다고 분명하게 선언한다. 신앙을 가진 모든 자가 어느 정도의 확신을 소유하지만 확신의 정도에는 다양한 차이가 있다는 것이다. 존 머리(John Murray)도 이 견해에 동의한다. 그는 확신은 신앙의 본질에 속하는 것이 아니라 신앙의 반성적 행위 혹은 이차적 행위라고 말했으며, 확실성(certainty)은 신앙에 속하지만 확신(assurance)은 그 확실성에 대한 증언이나 증거라고 주장하면서, 신자들은 은혜의 수단들을 사용하여 확신을 강화해 나가라고 권고했다.[49] 여기서 확실성은 인간의 실존적 상태와 무관하며 복음에 대한 성령의 증거에 달려있는 것이고, 확신은 하나님의 사역에 대한 인간의 반응 혹은 실존적인 상태에 좌우되는 것이다.

하지만 확신을 주관적인 것으로만 간주해서는 안 된다. 성도가 확신을 체험할 수 있지만, 확신을 만들어낼 수는 없다. 성도 안에서 증거하는 성령의 증거는 분명히 내적이지만, 그 내적 증거는 외적인 근거-하나님의 말씀의 객관적 확실성-를 가지고 있다.[50] 이 성령의 내적 증거는 주관적인 체험이 아니라, 오히려 계시의 신실성에 대한 증거이며, 하나님에 대한 지식의 확실성을 신뢰하게 만들어주는 것이다. 다르게 말하자면, 성령의 내적 증거는 성경 말씀의 객관적 확실성에 근거하고 있기 때문에 단지 주관적 확신에 그치는 것은 아니라는 뜻이다. 에드워즈도 역시 기본적으로는 이러한 입장을 견지하고 있는 것으로 보인다.

2)확신의 확실성과 불확실성

에드워즈는 성도가 확신을 가져야 한다고 믿었다. "분명히 영적인 신앙이나 복음에 속한 일들의 진리됨에 대한 확신이 있나. 영직이기나 중생한 사람들, 즉 생명의 원리로 내주하시며 교통하시는 하나님의 성령을 받은 사

---

49) Stephen Nichols, *An Absolute Sort of Certainty: The Holy Spirit and the Apologetics of Jonathan Edwards* (NJ: P&R Publishing, 2003), 83. 이후부터 Nichols, *Apologetics of Jonathan Edwards*로 약술함.
50) Nichols, *Apologetics of Jonathan Edwards*, 111.

람들에게는 특유한 믿음이 있다. 그래서 그들이 가지고 있는 확신은 자연인이 가지고 있는 확신과는 다르다. 그뿐만 아니라 믿음 그 자체가 다르다."[51] 하나님의 성령이 우리 정신을 조명할 때 구원하는 믿음(saving belief)이 생긴다. "복음에 있는 일들의 신성과 실재성에 대한 영적인 확신은 그러한 일들에 대한 영적인 지식에서 생긴다."[52] 영적인 지식이란, 이미 살펴본 바와 같이, 복음에 있는 일들의 신적이고 거룩한 탁월함과 아름다움에 대한 감각과 미각이다. 바로 이러한 감각적이고 영적인 지식에서 확신이 나온다.

영적인 지식은 하나님의 영광과 아름다움을 직접적이고 분명하고 확실하게 포착하는 지식이다. 영적인 지식은 거룩의 아름다움을 직관적으로 안다. 이것은 논증이나 추론 없이 판단한다는 말이 아니다. 길고 연속적인 추론의 과정이 없다는 말이다. 논증은 한 번으로 충분하며 그 증거는 직접적이다. 지성은 한 걸음만 내딛어도 복음의 진리에 도달한다.[53] 에드워즈는 밀턴의 작품의 예를 든다. 밀턴과 같은 위대한 작가의 작품은 안목이 낮은 사람들에게는 무의미하고 불완전하게 보일 수 있지만, 문학적 조예가 있는 사람들은 밀턴의 작품을 읽는 순간 그 탁월함을 느낀다. 이와 같이 만약 하나님이 책을 쓰신다면, 그 책을 볼 만한 영적 안목이 없는 사람들에게는 무의미하겠지만, 하나님이 눈을 열어주시고 거룩한 미각을 회복시켜주신 사람들은 복음 안에 있는 거룩한 아름다움과 사랑스러움을 직접적으로 보고 확신할 수 있다.[54]

에드워즈는 영적인 지식에서 확신이 나온다고 주장했지만 이와 동시에 영적인 실천이 확신의 주된 수단이라는 점도 강조했다. 에드워즈에 따르면, "성경은 그리스도인의 실천을 자기 자신의 양심에 은혜의 뚜렷하고 확실한(sure) 증거라고 말씀한다.…그리고 선한 일에 대한 양심의 증거에 따라서 우리는 우리 자신의 경건에 대해서 확신(assurance)할 수 있다."[55] 에드워즈는 자기 점검(self-examination)보다 실천이 더 중요한 확신의 수단이라는 점을

---

51) *WJE-Y*, 2:296.
52) *WJE-Y*, 2:297.
53) *WJE-Y*, 2:298-299.
54) *WJE-Y*, 2:301.
55) *WJE-Y*, 2:420.

분명히 했다.

비록 자기 점검이 매우 유익하고 중요한 의무이며 결코 무시되어서는 안 되지만, 그것은 성도들에게 자신들이 좋은 상태에 있다고 납득할 수 있게 해주는 주된 수단은 아니다. 확신은 자기 점검에 의해서가 아니라 행동에 의해서(by action) 얻어져야 한다. 사도 바울은 주로 이 방법으로 확신을 얻으려고 했다. 어찌하든지 죽은 자 가운데서 부활에 이르기 위하여 뒤에 있는 것들은 잊어버리고 앞에 있는 것들을 잡으려고 푯대를 향하여 그리스도 예수 안에서 하나님이 위에서 부르신 부름의 상을 위해 쫓아갔다. 이것이 그가 확신을 얻은 주된 수단이었다.[56]

칼빈 이후 청교도들은 대체로 실천 혹은 성화를 확신의 주요 수단으로 간주했다. 실천을 통해서 확신을 얻을 수 있다는 것이다. 전통적인 개혁주의자들은 이와 관련해서 실천적인 삼단논법(practical syllogism)을 말했다. "믿는 자는 누구든지 구원을 받는다. 내가 믿는다는 실천적인 증거가 있다(즉, 나의 성화된 생활). 그러므로 나는 구원을 받을 것이다."[57] 그런데 콘라드 체리의 설명에 의하면, 이 실천적 삼단논법의 범주의 논리적 엄밀함은 빈약하다.[58] 그 이유는 소전제의 믿음의 힘이 대전제의 믿음만 전제하는 것이 아니라 결론의 믿음도 전제하고 있기 때문이다. 이 삼단논법은 결론이 소전제를 전제 조건으로 삼지도 않고 거기에 의존하지도 않는다. 오히려 소전제가 결론에 의존한다. 다시 말해서, 소전제가 대전제만으로는 올바른 명제임을 증명할 수 없다는 말이다. 나의 어떤 실천이 나의 믿음을 확실하게 보증하는가? 어느 정도의 양으로 혹은 어느 정도의 수준으로 실천하면 확실히 믿음이 있다고 인정할 만한 객관적인 기준이 있는가? 분명히 성경 말씀에 근거하여 믿는 자는 누구나 구원받는다. 그리고 내가 믿는 자라면 나도 확신히 구원받을 것이다. 그렇지만 내가 믿는다는 것을 증명해줄 수 있는 실천

---

56) *WJE-Y*, 2:195.
57) Cherry, *Jonathan Edwards*, 151-152.
58) Cherry, *Jonathan Edwards*, 156.

이 구체적으로 무엇인가? 문제는 이것만이 아니다. 내가 실제로는 믿고 있지 않지만 믿고 있다고 생각할 뿐이라면, 실제로 믿는 것과 믿는다고 생각할 뿐인 것은 어떻게 구별하는가? 그러므로 실천적 삼단논법을 통한 확신은 소전제 부분이 확실하게 해결되지 않는 한, 빈약한 논리적 근거 위에 있는 셈이다.[59] 하지만 에드워즈는 최소한 자기 자신의 실천에 대해서는 자기의 양심이 직접적으로 볼 수 있기 때문에 건전하고 올바른 판단을 내릴 수 있다고 주장한다. 비록 오류가 많은 인간적 판단일지라도 자기 양심이 자기 행위를 올바로 판단하는 것은 충분히 가능한 일이다. 이렇게 해서 에드워즈는 적어도 자기 자신의 구원의 확신에 대해서는 실천을 중요한 확신의 수단으로 주장할 수 있게 되었다.

하지만 에드워즈는 성도의 구원의 확신을 알곡과 가라지를 구분하시는 하나님의 판단처럼 절대적으로 확실한 신적인 판단으로 간주하지 않았다. 이 점은 에드워즈뿐만 아니라 다른 많은 신학자들도 마찬가지일 것이다. 자신의 구원에 대해서 절대적이고 신적인 확신을 얻으려고 하는 것은 어떤 면에서는 마치 하나님과 같이 되려고 하는 은밀한 욕망일는지도 모른다. 거기에는 참된 확신이 없다. "참된 확신은 영혼이 거룩한 체계 속에서 유지되고 은혜가 지속적으로 생생하게 역사할 때만 지탱된다."[60] 참된 확신은 영적인 지식에서 나오며 지속적으로 생생하게 역사하는 영적인 실천이라는 수단을 통해서 얻을 수 있다.

그런데 어떤 사람들은 아무런 객관적 근거도 없고 실천적인 삶의 뒷받침도 없이 무작정 믿어버리는 맹목적인 확신을 가지고 있다. 에드워즈에 따르면, "그들의 믿음 전체는 그들이 좋은 상태에 있다는 강한 확신일 뿐이다. 그들이 좋은 상태에 있다고 말해준다고 생각되는 말씀이 참되다는 것에 대한 확신일 뿐이다. 하지만 어떤 사람이 좋은 상태에 있다는 것을 직접적으로 선언하는 성경 말씀은 없다. 성경은 결과에 의해서가 아닌 다른 어떤 방식으로 그렇게 선언하지 않는다."[61] "성경은 어디에서도 어떤 특정인이 하

---

59) *WJE-Y*, 2:695. (Edwards to Gillespie, April 2, 1750)
60) *WJE-Y*, 2:174.
61) *WJE-Y*, 2:294.

나님의 사랑을 받고 있다고 명백하게 밝히지 않는다. 성경은 하나님의 사랑을 받는 자들이 갖추어야 할 자격을 밝히고 있을 뿐이다. 그런 사람들은 오직 결과[즉, 열매]에 의해서만 드러난다. 그러므로 이 문제에 대해서는 자격 요건과 결과에 관한 것 이상을 성경에서 배울 수 없다."[62]

그럼에도 성경의 가르침을 넘어서 성경에서 가르치지 않은 것을 배우려고 하는 사람들이 있었다. 에드워즈 당시의 부흥 운동가들 중에서는 잘못된 확신의 교리를 가지고 있는 사람들이 많이 있었다. 그들은 과도한 주관적인 확신을 가지고 비정상적이고 몰상식한 행동을 하는 사람들이었다. 그들은 자신들이 확실히 구원을 받았고 하나님의 임재를 느끼고 있으며 다른 사람들을 보면 구원을 받았는지 아닌지를 구별할 수 있는 영적인 능력이 있다고 주장하면서 당시의 기성 교회의 목사들은 구원받지 못했다고 비난하는 등의 과격한 행위로 심각한 물의를 일으켰다. 에드워즈는 그들을 위선자들로 간주했다. 그래서 불확실한 표지 11번째에서 에드워즈는 확신과 함께 위선의 문제를 다룬다. 위선의 문제는 다음 항목에서 자세히 다루기로 하고, 여기서는 간단하게 언급하겠다.

위선자의 확신은 자신이 확신을 하지 않고 있음에도 불구하고 확신하는 척 가장하는 것이 아니고 정말로 자신이 믿고 있다고 확신하지만 실제로는 믿고 있지 않는 거짓된 확신이다. 다시 말해서, 자기가 자기에게 속고 있는 상태에서의 확신이다. 이러한 위선자들의 확신은 "거만하고 고압적이고 격렬한 확신"이며, "바리새적인 분위기를 풍기는 확신"이다.[63] 그들은 하나님이 자신들에게 직접 이러저러한 일들을 계시해주셨다고 믿기 때문에 어떠한 토론도 어떠한 검토도 필요 없다고 생각한다. 그래서 극단적인 확신을 가지게 된다. 그들의 확신은 "자신들이 왕이라고 생각하는 미친 사람의 확신과 같다. 그들은 모든 이성적인 판단과 증거가 자신들의 확신에 반대된다고 할지라도, 자신들의 확신을 끝까지 계속 주장한다."[64]

확신은 오해되면 위험한 결과를 낳을 수도 있기 때문에 에드워즈는 사람

---

62) *WJE-Y*, 2:268.
63) *WJE-Y*, 2:171.
64) *WJE-Y*, 2:174.

들이 확신의 문제에 있어서 어떻게 기만당할 수 있는지를 설명한다.[65] 첫째, 하나님의 본성적 완전성-하나님의 전지전능하심, 위대하심, 두려운 위엄 등-을 보게 되면, 사람들은 위대한 일들의 진리됨을 어느 정도 확신할 수 있다. 하지만 하나님의 거룩의 아름다움과 사랑스러움을 모른다면 영적인 확신을 가지고 있는 것은 아니다. 둘째, 환상을 보거나 상상력에 의한 강한 인상을 받거나 갑자기 뚜렷하고 생생하게 어떤 생각이 마음에 떠오를 때 사람들은 확신하게 된다. 십자가에 달린 그리스도의 환상이나 천국의 환상을 보는 체험을 했기 때문에 확신을 한다면, 그것은 영적이고 초자연적인 근거에 기초해서 나오는 확신이 아니다. 셋째, 믿을 때 어떤 신앙적인 이익이 있다고 생각된다면, 사람들은 더 많이 확신하는 경향이 있다. 믿을 때 얻는 이익으로는 그리스도께서 나의 소원을 들어주시고 사후에 천국에 갈 수 있다는 것 등을 말할 수 있다. 이러한 신앙적 이익을 믿고 확신한다면 그 확신은 더 커지는 경향이 있다. 하지만 그것은 내게 오는 신앙적 유익에 주로 관심이 있을 뿐이고, 하나님의 도덕적 완전성과 거룩의 아름다움은 모르는 확신이기 때문에 기만적이다.

마지막으로 한 가지 생각해볼 점이 있다. 에드워즈는 은혜로운 감정을 구별할 수 없는 불확실한 표지들 12가지 중에서 11번째에서 확신과 관련된 주제를 제시한다. 그리고 은혜로운 감정을 구별하는 확실한 표지들 12가지 중에서 5번째 표지에서 확신을 주장한다. 왜 불확실한 표지들 중에도 확신이 있고 확실한 표지들 중에도 확신이 있는가? 그것은 아마도 이 두 확신은 서로 다른 확신이기 때문일 것이다. 전자의 경우에 해당하는 확신은 개인의 생각과 감정에 근거한 주관적인 확신이고, 후자의 확신은 하나님의 말씀의 객관적 기초에 근거한 주관적인 확신이다. 확신은 주관적인 한에서는 언제나 불확실하다. 하지만 그러한 주관적인 측면이 하나님의 말씀의 객관적 기초에 튼튼하게 연결되어 있는 한에서는 확실성을 가지고 있다.

---

65) *WJE-Y*, 2:308-311.

3)확신과 믿음의 본질

에드워즈는 확신을 믿음의 본질에 포함시키지 않았다. 그 이유는 두 가지다.[66] 첫째, 확신을 믿음 그 자체와 혼동하게 될 경우, 사람들은 단순히 자신들이 신실하다고 확신할 수 있다면 정말로 자신들은 믿음의 사람임에 틀림없다는 결론을 내리게 되기 때문이다. 에드워즈는 이렇게 반문한다. "사람들이 영적으로 선한 상태에 있다고 자신 있게 믿는 것이 믿음이라는 개념을 그들은 성경 어디에서 배웠는가?"[67] 만약 자신이 선한 상태에 있다고 확신하는 것이 믿음이라면, 바리새인들은 엄청나게 탁월한 믿음이 있었다는 말이 된다. 그러므로 성도가 확신할 수 있고 또 확신해야 하지만, 그런 확신을 믿음 그 자체와 혼동해서는 안 된다. 둘째, 확신을 믿음의 본질과 동일시할 경우, 믿음 그 자체는 참된 확신보다 우선적임에 틀림없으며, 믿음의 사람은 의심과 더불어 싸우면서도 여전히 믿음의 사람으로 남아 있다는 사실을 깨닫지 못하게 된다.

특히, 에드워즈는 스코틀랜드의 토마스 길레스피 목사와 편지를 주고받으면서 펼친 신학적 토론에서 바로 이 확신과 믿음의 본질의 문제를 비교적 비중 있게 다루었다. 토마스 길레스피 목사는 의심은 믿음과 반대가 되기 때문에 성도는 자신의 구원의 상태에 대해서 의심해서는 안 된다고 말했다. 이에 대해서 에드워즈는 다음과 같이 답변했다. "저는 믿음과 믿음을 가지고 있다고 믿는 것은 서로 다르다고 생각합니다. 또한 저는 믿음이 없는 것과 믿음이 없는지에 대해서 의심하는 것은 서로 다르다고 생각합니다. 이 두 가지는 전혀 다릅니다." 이어지는 글에서 에드워즈의 생각이 좀 더 분명하게 드러난다. "믿음이 발휘되는 것(exercise of faith)은 의심할 여지없이 어두움과 죽음과 타락으로부터 구출되는 방법입니다. 아니 오히려 믿음이 발휘되는 것이 구출(deliverance)입니다. 마찬가지로 죄를 버리는 것은 쇠로부터 구출되는 방법이며, 구출 그 자체입니다."[68] 에드워즈의 말에 따르면, 믿

---

66) Cherry, *Jonathan Edwards*, 149.
67) *WJE-Y*, 2:177.
68) *WJE-Y*, 2:480.

음은 구출되는 방법인 동시에 구출이다. 이에 비해서 믿음을 가지고 있다고 믿는 것은 내가 구출받았다고 믿는 것이다. 믿음은 실제적인 상태에 대한 표현이고, 믿음을 가지고 있다고 믿는 것은 주관적인 심리 상태에 대한 표현이다. 그래서 이 두 가지는 전혀 다른 것이다. 길레스피 목사에게 보내는 또 다른 편지에서는 에드워즈의 입장이 한층 더 선명하게 나타난다.

> 본질의 순서상, 구원하는 믿음의 본질에 속하는 것은 사람이 구원의 상태에 있는 것보다 앞섭니다. 왜냐하면 그를 구원의 상태에 있게 하는 것이 바로 구원하는 믿음이기 때문입니다. 그러므로 자신이 구원의 상태에 있다고 믿는 것은 그러한 상태에 있기 위해서 본질적이고 필연적인 일이 아닙니다. 그것은 모순입니다. 본질의 순서상, 그가 좋은 상태에 있다고 믿는 것이 그가 [실제로] 좋은 상태에 있는 것보다 앞선다고 생각한다면, 그것은 모순입니다.[69]

어쩌면 에드워즈가 간단한 말을 어렵게 하고 있는 것일 수도 있다. 믿으면 구원을 얻는다. 그러므로 믿는 것은 구원을 얻은 것이다. 그런데 믿는다고 믿는 것은 구원을 얻었다고 믿는 것이다. 구원을 얻은 것은 객관적인 것이고 구원을 얻었다고 믿는 것은 주관적인 심리 상태를 반영하는 것이다. 그러므로 이 두 가지는 전혀 다른 것이다.

그 두 가지는 서로 다른 것이기 때문에, 나에게 구원하는 믿음이 있다는 확신이 없을지라도 구원하는 믿음이 있을 수 있다. 다시 한번 다르게 말하면 이렇다. 확신은 믿음의 본질에 속하지 않기 때문에, 확신이 없어도 믿음은 있을 수 있다. 에드워즈는 불신앙이라는 소재를 가지고 동일한 논의 구조를 만들어서 이렇게 표현한다. "좋은 상태에 있는지를 의심하는 것은 불신앙 그 자체의 죄와는 전혀 다르다. 거기에는 불신앙의 본질에 속하는 것이 없다."[70] 다시 확신과 믿음의 본질의 문제로 돌아와서, 중요한 한 가지 사항을 덧붙이고자 한다. 확신은 믿음의 한 부분 혹은 한 요소가 아니고 믿음의 효과이다. 그러므로 믿음이 가는 길에는 자신의 구원에 대해서 의심하는

---
69) *WJE-Y*, 2:504-505.
70) *WJE-Y*, 2:505.

일이 일어날 수 있다. 하지만 믿음이 생생하고 힘차게 작용하면 할수록 확신이라는 효과는 더 크게 나타난다.

3. 자기-기만으로서의 위선

에드워즈의 『신앙적 감정』의 주제는 감정과 관련하여 참된 신앙과 거짓된 신앙을 구별하는 표지들을 살펴보고 참된 신앙의 본질을 규명하는 것이다. 형식적인 면에서는 참된 신앙과 거짓된 신앙을 구별하는 표지들에 관한 내용이 전면에 등장한다. 2부에서는 참된 신앙과 거짓된 신앙을 구별하는 데 별로 도움이 되지 않는 불확실한 표지들을 다루고, 3부에서는 참된 신앙과 거짓된 신앙을 구별할 수 있는 확실한 표지들을 다룬다. 여기서 참된 신앙은 당연히 참된 성도의 신앙이고, 거짓된 신앙은 거짓된 성도의 신앙이다. 그런데 에드워즈는 거짓된 성도라는 용어를 사용하지 않는다. 에드워즈에 따르면, 거짓된 신앙은 위선자의 신앙이다. 위선자라는 말은 『신앙적 감정』의 처음부터 끝까지 계속 등장한다. 에드워즈는 참된 성도와 거짓된 성도를 대비시키는 것이 아니라 참된 성도와 위선자를 대비시킨다.[71] 그래서 "위선"이라는 주제는 에드워즈의 신앙적 감정 이해에 있어서 중요하다.

에드워즈가 말하는 위선자는 어떤 사람인가? 에드워즈가 말하는 위선자는 현대적 의미의 위선자가 아니다. 현대적 의미에서 위선자는 자신이 거짓되다는 자의식을 가지고 있는 상태에서 선을 가장하여 거짓으로 남을 속이는 것이다. 그러나 에드워즈가 말하는 위선자는 실제로는 진리에서 멀리 떠나있는데도 자신은 진리 안에 거하고 있다고 생각한다. 당연히 그 위선자는 자신이 신실하다고 믿음으로써 자신에게 속는다. 그리고 자신에게 속음으로써 남을 속이려는 의도를 가지고 있지 않지만 결과적으로는 남을 속이게 된다. 그러므로 에드워즈적인 의미에서의 위선을 현대적 의미로 바꾸면 자기-기만이라고 할 수 있다.[72]

---

71) *WJE-Y*, 2:193.
72) Ava Chamberlain, "Self-Deception as a Theological Problem in Jonathan Edwards's 'Treatise

에드워즈는 뉴잉글랜드 청교도인 토마스 쉐퍼드를 따라서 위선자를 두 종류로 나누었다. "두 부류의 위선자가 있다. 하나는 외면적인 도덕과 외형적인 신앙에 속는 부류이다. 이들 중 많은 사람들은 칭의 교리에 있어서 고백적인 알미니우스주의자들이다. 다른 하나는 거짓된 깨달음과 높은 체험에 속는 부류이다. 이들은 행위와 인간의 의로움을 비난하고 값없는 은혜를 많이 말하지만, 동시에 자신들의 깨달음과 겸손함을 의롭게 여기고 자신들 스스로를 하늘까지 높인다. …쉐퍼드 목사는 이 두 부류의 위선자들을 율법적인 위선자와 복음적인 위선자라는 이름으로 구분한다."[73] 이 두 부류의 위선자들 모두가 자신들이 올바르고 신실하다고 생각한다. 이 두 부류가 모두 위험하지만 후자인 복음적 위선자가 좀 더 위험하다. 왜냐하면 복음적 위선자들은 자신들의 신앙에 대해서 비정상적으로 강한 확신을 가지고 있기 때문이다.

에드워즈가 복음적 위선자를 말할 때는 1740년대 초반 대각성의 시기에 등장한 과격한 열광주의자들을 주로 염두에 두었을 것이다. 그들은 대각성 당시에 많은 사람들에게 상당한 영향력을 행사하였다. 그들은 겉보기에 매우 강한 감정적 열정을 보여주고 신앙적인 일들에 대해서 막힘없이 유창하게 말하고 사랑을 많이 표현하고 찬양과 예배에 크게 힘쓰는 모습을 보여주었으며 다른 성도들에게 신앙이 좋은 사람이라고 인정과 존경을 받았다. 하지만 과격한 열광주의자들의 이러한 은혜롭게 보이는 겉모습은 잘못된 신앙적 근거 위에 세워진 위선적인 모습이었다. 이 과격한 열광주의자들, 즉, 복음적 위선자들은 대체로 체험에 지나치게 몰두하고 하나님으로부터 직접 계시를 받았다는 망상에 빠져서 타인들의 구원 여부를 확인해줄 수 있다고 주장했다. 그들은 하나님으로부터 직접적으로 계시를 받았다고 생각하고 있기 때문에 자신들이 오류나 실수를 범할 수 있다는 생각은 절대로 하지 않는다. 그들은 어떤 일에도 결코 흔들리지 않는 지나치게 극단적인 확신을 가지고 있었다. 그들은 자기들이 겸손하다고 생각하며, 겸손하기 때문

Concerning Religious affections'," *Church History* 63 (December 1994) : 543(이후부터는, Ava Chamberlain, "Self-Deception,"으로 약술함).
73) *WJE-Y*, 2:173.

에 다른 성도들보다 더 의롭고 영적 차원이 높은 사람들이라고 생각한다. 그들은 철저하게 자기 자신에게 속아서 이상한 자기-기만적 확신에 빠져 있다. 예를 들어, 대각성 당시의 순회 설교자였던 앤드류 크로스웰(Andrew Croswell)은 확신을 신앙의 본질로 만들고 신앙생활에서 의심의 역할을 제거해버렸고, 분리주의자인 에브니저 프로팅햄(Ebenezer Frothingham)도 유사하게 의심은 신앙의 반대이며 의심하는 불쌍한 그리스도인은 지옥에 갈 것이라고 주장했다.[74] 이것은 이상한 확신이다. 참된 신앙에는 확신이 수반되지만 확신을 신앙의 본질 전체와 동일시하는 것은 매우 위험하고 심지어 이단적이기까지 한 것이다. 복음적 위선자들이 이처럼 과도한 확신을 하게 되는 이유는 그들이 인간의 유한성과 죄성과 부패성을 잘 모르기 때문이다. 그들은 인간이 얼마나 쉽게 자기-기만에 빠질 수 있는지 모른다.

한편, 반율법주의적이고 열광주의적인 형태의 자기-기만적 확신보다 좀 더 온건한 형태의 자기-기만적 확신이 있다.[75] 이런 부류의 복음적 위선자들은 과거 언젠가 일어났던 일련의 특이하고 강렬한 신앙적 체험들을 확신의 기초로 삼는다. 그들은 자기들 입장에서 은혜의 체험이라고 생각하는 그런 체험을 하고 난 후에는 마치 자신들이 해야 할 일을 다 한 것처럼 행동한다. 그리고 과거의 큰 체험에 만족한 채로 살아가면서 더 이상 하나님과 하나님의 은혜를 갈망하지 않는다.[76] 어떤 사람이 가지고 있는 확신이 아무리 크다 할지라도 확신한다는 사실만으로는 아무것도 주장할 수 없다. 그들의 확신은 자신들이 영적으로 좋은 상태에 있다고 생각한다는 의미에서 확신일 뿐이다.[77] 실제로 영적으로 좋은 상태에 있는 것과 영적으로 좋은 상태에 있다고 확신하는 것은 다르다. 위선자들은 이 둘이 서로 다르다는 것을 모른다.

이처럼 위선자의 신앙은 거짓된 신앙임에도 불구하고 겉모습만으로 볼 때는 대체로 참된 성도의 참된 신앙의 모습을 닮은 모조품 신앙으로 나타나기 때문에 분명하게 구별하기가 쉽지 않다. 그래서 어떻게 참된 성도의 참된 신앙과 위선자의 거짓된 신앙을 구별할 수 있는가 하는 것은 중대한 문

---

74) Ava Chamberlain, "Self-Deception," 544-545.
75) Ibid., 549.
76) *WJE-Y*, 2:380.
77) *WJE-Y*, 2:294.

제였다. 이 문제에 대해서 많은 에드워즈 학자들은 에드워즈가 실천을 구별의 기준으로 삼았다고 주장하였다. 그들의 견해를 잠시 살펴보도록 하자.

아바 챔벌레인(Ava Chamberlain)에 따르면, 에드워즈는 급진적 새빛파 열광주의자들과의 논쟁을 통해서 감정에 의존하는 경험적 종교는 가짜 그리스도인의 양산을 촉발시킬 수 있다는 사실을 깨닫게 되었다.[78] 반율법주의적 열광주의자들은 대개 위로부터 오는 직접적 경험을 통해서 확신을 얻었고, 지속적인 순종에 대해서는 별로 중요성을 부여하지 않았다. 하지만 에드워즈는 청교도의 전통을 따라서 성화가 칭의를 증명하며 순종이 확신을 낳는다고 주장했다.[79] 다른 말로 하면, 실천이 확신의 자리이다. 실천의 영역에서는 가짜 신앙이 훨씬 덜 양산된다. 실천은 겉으로 보아서 확인 가능한 것이기 때문에 영적인 상태에 대한 평가를 훨씬 정확하게 할 수 있다.[80] 그러나 실천에 근거한 확신도 자기-기만의 효과를 완전히 벗어나지는 못한다. 죄와 부패가 개입하여 성도들의 실천을 혼란스럽게 만드는 경우가 있을 수도 있고, 위선자들이 거짓된 순종의 실천을 하는 경우도 있을 수 있다. 그래서 정확하게 판단하기 위해서는 그 실천의 이면에 있는 동기에 초점을 맞추어야 한다. 하지만 동기에 초점을 맞춘다고 해서 자기-기만의 문제가 해결되는 것은 아니다. 사람이 다른 사람의 마음속의 동기를 다 파악할 수 없고, 죄와 부패로 인해서 자기 마음의 동기도 파악하지 못할 수가 있다. 그렇지만 실천이 한두 번으로 끝나는 것이 아니라 지속적이고 예측 가능한 패턴으로 나타난다면(특히, 신앙의 시련의 상황을 이겨내는 반복적인 패턴으로 나타난다면), 그런 실천은 참된 경건에서 나온 실천으로 간주할 수 있다.[81] 그러므로 참된 성도의 신앙과 위선자의 신앙을 구별하는 가장 좋은 방법은 지속적인 실천의 모습이다.

윌리엄 스토버(William K. B. Stoever)는 참된 경건과 거짓된 경건의 구별이라는 주제에 대하여 쉐퍼드와 에드워즈 사이의 연속성을 탐구하면서 성화

---

78) Ava Chamberlain, "Self-Deception," 542.
79) Ibid., 547-548.
80) Ibid., 553.
81) Ibid., 554-555.

와 실천을 강조했다. 17세기 뉴잉글랜드 청교도 신학자 쉐퍼드는, 구원의 확신은 성령의 특별한 증거를 통해 이루어지며 기독교적 삶의 규칙으로서의 율법 사용은 값없는 은혜에 반대된다고 주장하는 사람들에 응답하여, 성화의 고유한 성격이 갖는 일상적인 영적 원리는 양심에 의해서 알 수 있는 일상적인 삶 속에서의 순종이라고 역설했다. 에드워즈도 역시 대각성 시기의 반율법주의적이고 열광주의적인 경향에 직면해서 동일한 원리를 주장했다. 그에 의하면, 참된 성도는 갑작스러운 조명이나 고양된 감정 속에서 증명되는 것이 아니고 하나님의 전체적인 의지에 자기의 의지를 순응시키는 실천 속에서 증명된다. 쉐퍼드와 에드워즈 둘 다 경건한 의지는 내적 행동의 외적 표현으로써 구별된다고 보았다.[82] 하지만 양자 사이에는 차이가 있다. 쉐퍼드의 경우, 성화된 의지는 구주로서 그리스도만 신뢰하는 것의 필수불가결한 보완물(the complement)이라는 성격을 갖는다. 이에 반해서 에드워즈의 경우, 성화는 구원하는 은혜의 본질적 표현으로서 주요 긴급 과제(the chief preoccupation)로 간주된다. 다른 말로 하면, 특정인의 성화는 하나님의 선택의 목적이고 구속의 목표이고 효과적인 부르심과 다른 모든 은혜의 최종 지향점이다.[83] 에드워즈의『신앙적 감정』제3부는 선택의 확신에 초점을 두고 있지 않고(그것이 관련되어 있기는 하지만), 인격의 영속적인 변화로서의 새로운 영적 원리 즉, 하나님의 자녀라는 명백한 증거인 성화에 초점을 맞춘다.[84]

웨인 프루드푸트(Wayne Proudfoot)는 에드워즈가 참된 감정과 거짓된 감정을 구별하기 위해서 감각과 지각의 유비에서 방향을 돌려서 도덕적 평가를 할 수 있는 실천으로 향했다고 주장한다.[85] 에드워즈의『신앙적 감정』제2부의 불확실한 표지들 12가지와 제3부의 확실한 표지들 12가지를 생각해보

---

82) William K. B. Stoever, "The Godly Will's Discerning," in *Jonathan Edwards's Writings: Text, context, Interpretation*, ed., Stephen J. Stein (Bloomington: Indiana University Press, 1996), 93. (이후부터는, William K. B. Stoever, "The Godly Will's Discerning"으로 약술함)
83) Ibid.
84) Ibid., 94.
85) Wayne Proudfoot, "Perception and Love in Religious Affections," in Jonathan Edwards's Writings: Text, context, Interpretation, ed., Stephen J. Stein (Bloomington: Indiana University Press, 1996), 123. (이후부터는 Wayne Proudfood, "Perception and Love"으로 약술함)

자. 불확실한 표지들은 경험적으로 관찰 가능한 증상들이다. 그런데 관찰은 가능하지만 구별의 표지로서는 충분하지 않다. 반면에 확실한 표지들은 구별의 표지로서는 충분하지만 경험적으로 관찰할 수 없다.[86] 첫 번째 표지를 예로 들겠다. "참으로 영적이고 은혜로운 감정은 마음에 미치는 영적이고 초자연적이고 신적인 영향력과 작용으로부터 생긴다."[87] 이것은 참된 신앙과 거짓된 신앙을 구별하기에 충분한 기준이다. 하지만 나의 감정이나 다른 사람의 감정이 영적이고 초자연적이고 신적인 영향력과 작용으로부터 생긴 것이 확실하다는 것을 어떻게 판정할 수 있는가? 에드워즈는 영적이고 초자연적이고 신적인 영향력과 작용으로 말미암아 영적인 일을 이해하고 느낄 수 있는 새로운 영적 감각이 생겼기 때문에, 영적이고 초자연적인 일들을 파악할 수 있다고 주장한다. 이것은 꿀을 맛본 적이 전혀 없던 사람이 처음 꿀맛을 보았을 때의 새로움과 같은 것이라고 주장한다. 하지만 꿀을 한 번도 맛본 적이 없는 사람이 처음으로 놀랄 만큼 새로운 꿀맛을 보았다고 가정할 때, 그 꿀이 진짜 꿀인지 가짜 꿀인지를 어떻게 알 수 있는가? 이것이 프루드푸트의 질문이다.[88] 프루드푸트에 따르면, 새로운 영적 감각은 참 신앙과 거짓 신앙의 구별이라는 문제에서는 어떤 역할도 하지 못한다. 그렇다면 어떻게 구별한다는 말인가? 실천으로 구별한다. 프루드푸트는, 에드워즈가 『신앙적 감정』의 제3부에서 표지라는 말을 별로 사용하지 않고 있다가 도입 부분과 12번째 실천에 관한 표지에 대한 설명 부분에서만 표지라는 말을 사용한다는 사실에 주목하고,[89] 실천의 중요성을 강조한다. 우리는 어떤 사람이 다양한 환경 속에서 지속적인 경향성을 가지고 어떻게 행동하고 반응하는지 관찰할 수 있다.[90] 실천은 열매이기 때문이다. 성도의 덕과 다른 신앙적 성품들은 내면적인 것이지만, 실천은 삶의 표면에 생긴 증거이기 때문에 관찰 가능하고 일반적으로 믿을 수 있다. 그러므로 에드워즈에게 있어서 실천이 가장 중요하다.

---

86) Ibid., 128
87) *WJE-Y*, 2:197.
88) Wayne Proudfood, "Perception and Love," 129.
89) Ibid., 136쪽 각주 10번을 보라.
90) Ibid., 131.

아바 챔벌레인, 윌리엄 스토버 그리고 웨인 프루드푸드와 같은 학자들은 에드워즈의 12가지 확실한 표지에서 실천의 중요성을 높이 평가했다. 이것은 올바른 평가이다. 그러나 에드워즈가 실천을 유일한 표지 내지 기준으로 제시한 것은 아니다. 미묘한 점이 있지만 12가지 확실한 표지들은 전부 다 구별의 표지요 기준이다. 참된 성도의 참된 신앙적 감정과 위선자의 거짓된 신앙적 감정을 어떻게 구별할 것인가가 에드워즈의 당면 문제였지만, 에드워즈는 그 당면 문제의 해결을 위해서 더욱 근원적인 차원으로 접근해 들어가서 참된 신앙의 본질이 무엇인가를 물었다. 그리고 그에 대한 대답으로서 참된 신앙적 감정의 확실한 표지 12가지를 제시했다. 에드워즈가 사용한 표지라는 말 속에는 경험적으로 관찰 가능한 것이라는 의미뿐만 아니라 어떤 사물의 인식론적이고 존재론적이고 윤리적인 심층 구조를 드러내주는 본질이라는 의미도 함축되어 있다고 보아야 할 것이다. 쉽게 말하면, 12가지 확실한 표지들은 참된 신앙을 구별하는 기준인 동시에 참된 신앙의 본질이라는 말이다. 현 단계에서 임시적인 결론을 제시하자면, 실천이 중요하지만 실천을 가능하게 만든 근원인 동기를 캐물어 올라가야 하고, 다시 그 동기에서 가시적이고 지속적인 실천으로 내려와야 한다는 것이다.

4. 경험 혹은 체험

1) 경험 혹은 체험이란 무엇인가

경험에는 여러 가지 차원이 있을 수 있다. 단순히 어떤 일을 겪는 경험, 과학적 관찰과 실험을 통해 얻는 경험, 예술적 작품에 대한 감상을 통해 얻는 경험, 인간관계를 통해 얻는 경험, 인식론적 경험, 존재론적 경험, 실존적 경험 그리고 종교적 경험 등. 이러한 다양한 경험들 중에서 특별히 지성과 감정과 의지가 외부 세계를 분리된 대상으로 감지하기 이전에 즉, 주관과 객관의 분리가 일어나기 이전에, 인간 존재가 외부 세계와 만나는 경험을 체험이라고 할 수 있을 것 같다. 체험(體驗)이란 말을 한자어의 의미대로 풀면, 몸이 경험하는 것이다. 이 때의 몸은 정신과 구별되는 물질로서의 육체가 아니고 정신과 물질의 구별이라는 인식 내지 판단이 일어나기 이전의 차원에 존재하는 인간 전 존재를 가리키는 말로 보아야 한다.

경험이나 체험은 모두 영어 experience를 번역한 말이다. 문맥에 따라서 번역자가 자유롭게 경험이라고 번역하기도 하고 체험이라고 번역하기도 한다.[91] 일반적으로 한국의 그리스도인들은 기독교 신앙에 있어서 경험이라는 말보다는 체험이라는 말을 더 많이 사용한다. "그 사람은 체험이 있다"라고 말할 때 의미하는 것은, 대체로 "방언이나 신유와 같은 은사를 받았다," "현대의학으로 고치기 힘든 병이 낫는다든가 인간적인 안목에서 해결이 거의 불가능한 난제가 해결되었다든가 하는 기적을 경험했다" 또는 "기도할 때나 찬양할 때 내면적으로 강렬한 감정적 흥분의 상태를 경험했다"는 것이다. 이런 식의 체험 이해는 기독교 신앙에서 경험의 지평을 좁게 만든다. 분명히 경험은 기독교 신앙의 핵심적 요소이다. 하지만 그 경험은 인간 삶의 모든 차원을 포괄하는 경험이어야 한다.

에드워즈는 경험 혹은 체험의 정의에 대해서 단독적으로 다룬 적이 없다. 하지만 그의 신학 자체가 경험론적이기 때문에 곳곳에서 그가 경험을 어떻게 이해하고 있는가에 대한 단서를 발견할 수 있다 그러한 단서들 중 비교적 근본적인 차원을 보여주는 것이 신학비망록 782번이다.[92] 여기서 에드워즈는 사람들이 사용하는 언어와 그 언어가 표현하려고 하는 대상 자체가 서로 다른 것이라는 사실에 주목했다. 만약 신앙의 영역에서 말로 표현된 것과 그 말이 표현하려고 하는 실제적인 내용이 서로 다르다면 참된 신앙에 해를 끼칠 수 있다. 예를 들어서, 겸손의 실제적인 내용 없이 겸손에 대해서 말할 수 있다. 즉 겸손의 경험이 전혀 없는 사람도 겸손에 대해서 말할 수 있다는 말이다.[93] 마찬가지로 어떤 사람이 하나님에 대해서 말하지만, 하나님의 실재는 전혀 경험하지 못했을 수 있다. 그러므로 외부 세계와 사물을 경험하는 것이 중요하다. 외부 세계와 사물의 경험에서 감각적인 지식이

---

91) experience 이외에도 experimental, empirical, undergoing 등의 표현이 가지고 있는 뉘앙스를 적절하게 파악할 필요가 있다.
92) *WJE-Y*, 18:452-466. (Misc. no. 782.)
93) John Smith, "Religious Affections and the 'Sense of the Heart'," 109-110.

나온다. 이 감각적인 지식은 경험적 성격으로 인하여 이미 감정적인 성격이 내포되어 있다. 한 번 더 반복한다. 꿀은 달다는 명제를 아는 것과 꿀을 실제로 맛보고 꿀의 단맛을 경험하는 것은 서로 다르다. 머리로 기쁨이라는 관념을 아는 것과 마음속에 기쁨의 실제적인 관념이 있어서 실제로 기쁨을 느끼는 것과는 서로 다르다. 이처럼 에드워즈에게 있어서 경험이란 외부 세계의 실재를 직접 겪음으로써 얻어지는 지식과 감정의 통합적 작용이다.[94]

한편, 용어 사용에 대해서 한마디 덧붙인다. 경험이나 체험이나 어떤 말을 사용해도 상관없다. 그런데 한국 그리스도인들은 체험이라는 말을 좀 더 선호한다. 체험이라는 말을 은사의 체험이나 기적의 체험과 같은 것들에만 제한시키지 않고 하나님과의 깊은 인격적 만남과 교제 혹은 삶의 모든 영역에 대한 영적인 이해와 영적이고 감정적인 반응이라는 의미로 사용한다는 전제 아래에서, 이후의 글에서는 체험이라는 말을 주로 사용하도록 하겠다. 물론 경험이라는 말도 적절하게 혼용할 것이다.

2)체험의 중요성

에드워즈의 신학은 체험적으로 방향이 잡혀있기 때문에, 체험을 중요시하는 것은 매우 당연하다. 그러므로 여기서 논의의 초점은 에드워즈가 왜 체험을 중요하게 생각했는가 하는 점이 아니고, 체험의 중요성을 어떤 방법으로 그리고 어떤 강도로 제시했는가 하는 점이다.

『신앙적 감정』의 기본적인 명제는 "참된 신앙은 대체로 거룩한 감정에 있다."는 것인데, 이 말 자체에 신앙은 본질상 체험적이라는 뜻이 함축되어 있다. 물론 이 감정과 체험에는 지적이고 감정적이고 실천적인 요소가 다 내포되어 있다. 에드워즈의 신학에서 핵심적인 개념들 중에서, '새로운 영적 감각'과 '영적인 지식'은 지성과 감정과 의지가 통합과 조화를 이루고 있다는 사실을 잘 보여준다. 새로운 영적 감각은 본성이 작용하는 새로운 원리이고 하나님의 거룩의 아름다움을 맛보는 감각이다. 영적인 지식은 이러한

---

94) 박완철, "조나단 에드워즈의 설교와 그의 '마음의 감각' 신학," 『신학정론』 24권1호 (2006), 214-218의 논의도 참조하라.

감각적인 원천으로부터 지성과 감정이 연합적으로 작용하여 얻어진 지식이다. 지성과 감정이 상호작용하여 지성은 감정적 지성이 되고 감정은 지적 감정이 된다. 이러한 일련의 과정들이 다 경험적인 것이다. 외부 세계와 사물에 대해서 순전히 머릿속에서 이론적으로 생각만 하는 것이 아니라, 직접 외부 세계와 사물을 만나서 감각적으로 접촉하고 가슴(heart)으로 느끼고 행동과 삶으로 표현하는 것은 다 경험적인 것이다.

에드워즈는 신학이 경험에 뿌리박고 있지 않다면 지식 이론일 뿐이라고 주장한다.[95] 그는 신학을 교리적인 이론을 만드는 추상적인 활동이 아니라 개인과 공동체를 각성시켜서 기독교적 삶의 충만으로 이끌어가는 실제적인 학문으로 간주하며, 그리스도인들의 믿음과 덕과 신앙적 감정이 서로 함께 역동적이고 조화롭게 기능해야 한다고 주장한다.[96] 그리고 머리와 가슴과 손이 함께 통합적으로 일한다.[97] 가슴만 체험하는 것이 아니고 머리도 체험하고 손발도 체험한다. 그래서 에드워즈의 체험은 지성적 체험이고 실천적 체험이다.

에드워즈의 신학이 체험적 성격을 가지고 있다는 사실이 강조되는 다른 중요한 이유는 회심 체험에 대한 강조 때문이다. 4장 4.의 3)(회심 체험의 성격)에서 회심 체험에 대해서 자세히 다루었기 때문에 여기서는 한 가지만 언급하겠다. 하트(D. G. Hart)는 칼빈주의적 회심의 모델을 두 가지로 분류한다. 하나는 에드워즈의 회심 체험이다. 이러한 회심 체험의 경우, 그리스도인은 영혼의 고통 속에서 드라마틱한 만남을 통해서 신앙으로 나아온다. 다른 하나는 종교개혁자 칼빈과 19세기 독일 개혁신학자 네빈의 회심에 관한 견해이다. 이들의 경우, 회심은 은혜의 수단과 개인적 헌신의 과정속에서 일평생 동안 조금씩 변화하는 것이다. 하트는 전자를 '다메섹 모델,'

---

95) Harold Simonson, *Jonathan edwards: Theologian of the Heart* (Grand Rapids: Eerdmans, 1974), 13.
96) Richard B. Steel, "*Gracious Affection*" and "*True Virtue*" *According to Jonathan Edwards and John Wesley* (Metuchen, N.J.; The Scarecrow Press, 1994), ix. 이후부터는 Steel, *Gracious Affection According to Edwards and Wesley*로 약술함.
97) Steel, *Gracious Affection According to Edwards and Wesley*, 19-20에서, 하나님에 대한 지식은 인식적이고, 의지적이고, 감정적인 요소를 포괄한다는 점을 강조한다.

로 후자를 '이삭 모델'로 부른다.[98] 하트는 다메섹 모델의 회심을 다음과 같이 생각하고 있는 것 같다. "에드워즈에 있어서는, 순수한 회심을 할 때 성도들이 자아의 모든 감각을 잃고 하나님의 경이로우심에 사로잡힌다."[99] 물론 신비주의적인 몰아지경에까지 이르는 것으로 보지는 않지만, 에드워즈의 회심 체험에 관한 입장을 너무 과장되게 표현하는 것 같다. 하지만 에드워즈가 회심을 소경이 눈을 뜨는 것과 같은 강렬한 체험으로 간주했던 것은 분명하다. 그럼에도 불구하고 에드워즈가 모든 사람들이 이런 방식으로 회심을 체험해야 한다는 식으로 일반화하지 않았다는 것도 사실이다.[100]

3) 체험과 실천

에드워즈는 사람의 몸과 마음(body and mind)이 밀접하게 연합되어있다고 생각한다. 그리스도인들이 자신들 안에서 은혜가 작용하고 있다는 것을 의식한다면, 그것은 내적으로 체험하는 것이다. 이 내적 체험은 몸의 행동을 관리하는 일을 하는 의지 안에서 행사되는 은혜의 작용이다. 이것은 외적인 행동과 직접 연결되어 있기 때문에 중요하다.[101] 은혜가 내적으로 작용하면 외적인 행동으로 표현된다. 내적인 체험만 체험인 것이 아니고 외적인 행동도 큰 틀에서 보면 체험의 일종이다.

그래서 에드워즈는 체험과 실천을 서로 관계없는 두 가지인 것처럼 구분하는 것을 반대한다. 그에 따르면, 모든 그리스도인의 체험을 실천이라고 부를 수는 없지만 모든 그리스도인의 실천을 체험이라고 부를 수는 있다. 실천은 체험의 일종으로서 가장 중요하고 특징적인 체험이다.[102] 내적인 체험은 영적인 실천을 통해서 밖으로 드러날 때 더 효과적인 체험이 될 수 있다. 예를 들어서, 하나님과 내적인 친밀감을 느낀다면 그것은 중요한 내적

---

98) D. G. Hart, "Jonathan Edwards and the Origins of Experimental Calvinism," *The Legacy of Jonathan Edwards* by D. G. hartt, Sean Michael Lucas, and Stephen J. Nichols. (Grand Rapid: Baker Book House Co., 2003), 176.
99) Hart, "Jonathan Edwards and the Origins of Experimental Calvinism," 169.
100) *WJE-Y*, 2:138을 참조하라.
101) *WJE-Y*, 2:450.
102) *WJE-Y*, 2:450-451.

체험이지만, 그러한 내적인 친밀감은 거룩한 영적인 실천을 통해서 더 많이 체험될 수 있다. 에드워즈는 영적인 실천을 강조하면서 이렇게 말한다.

> 그리스도인의 경험 가운데 가장 중요하고 특징적인 부분은 영적인 실천에 있다. 그뿐만 아니라 영적인 실천은 은혜의 작용의 본질에 내재하기 때문에, [다른] 어떤 것도 경험적 신앙(experimental religion)이라는 이름으로 부르는 것은 적절하지 않다. 왜냐하면 우리가 실제로 그리스도를 붙잡을지 우리의 욕망을 붙잡을지를 하나님이 입증하시려고 시험한다는 점에서, 은혜의 작용들이 효력 있게 역사할 때의 저 경험은 우리의 경건의 진실성과 능력에 대한 적절한 실험(experiment)이라고 할 수 있다. 거기에서 승리하게 하는 힘과 효력은, 적절한 결과를 이루어내고 결말에 다다랐을 때, 경험에 의해서 알 수 있다. 이것은 당연히 그리스도인의 경험이다. 거기에서 성도들은, 실제적인 경험(experience)과 시험(trial)을 통해서, 그들이 하나님의 뜻을 행하고 그리스도를 위해서 다른 것들을 버리겠다는 마음을 가지고 있는지 없는지를 볼 기회를 가진다. 의견들과 개념들을 사실에 비추어서 시험(test)하는 것을 경험 철학(experimental philosophy)이라고 부르듯이, 신앙적 감정들과 의도들을 그런 식으로 시험하는 것도 당연히 경험 종교(experimental religion)라고 부를 수 있다.[103]

에드워즈가 말하는 경험 종교(experimental religion)는 실천을 통해서 표현되는 삶의 사실을 보고 자신의 신앙적 감정들과 의도들이 하나님을 향하는지 세상을 향하는지 검증하는 것이다. 단지 이론이 아닌 체험을 강조한다고 해서 체험 신앙인 것이 아니고, 체험, 특히 실천적인 체험을 통해서 검증해야 하기 때문에 체험 신앙이라고 부른다는 사실을 꼭 기억해야 한다.

내적 체험 없는 일종의 외적인 종교적 실천이나 실천 없는 내적 체험은 둘 다 문제가 있다. 내적 체험은 실천을 통과하면서 자신을 검증받아야 한다. 실천은 내적 체험을 삶의 표면으로 드러내고 움직이게 한다. 예를 들자면, 하나님의 사랑에 대한 깊은 내적 체험이 형제 사랑이라는 실천으로 표

---

103) *WJE-Y*, 2:452.

현되어야 한다는 것이다. 양자는 함께 가야 한다. 하지만 실천을 통한 체험이 더 중요하다. 왜냐하면 실천을 통한 체험은 검증된 체험이기 때문이다. 에드워즈에 따르면, 실천하는 것이 체험하는 것이다. 많은 체험을 원하는 자는 많은 신앙적 실천을 하면 된다. 에드워즈는 실천이야말로 참된 믿음의 주요 특징이라고 말했다. "신앙은 많은 부분이 거룩한 감정에 존재한다. 하지만 참된 믿음의 특징을 이루는 감정의 작용은 실천적인 작용이다."[104]

4) 체험의 오류들

에드워즈는 체험을 중요하게 생각하고 강조했지만, 동시에 체험이 가지고 있는 부정적 측면을 조심하라고 경고하기도 했다. 체험을 중시한 만큼 체험의 부정적 측면에 대한 경고의 어조도 강하다.

에드워즈는 『부흥론』에서 부흥의 시기에 생긴 오류들 중 내적 체험의 오류들을 지적한다.[105] 첫째, 참된 그리스도인들의 체험에는 종종 불순물이 섞여 있다. 신적이고 영적인 체험이 자연적이고 부패한 체험과 혼합된다. 세상이 죄로 오염되어 있고 은혜를 받은 성도들도 여전히 연약하고 죄의 영향력에서 완전히 자유롭지 못하기 때문에 체험에 불순물이 섞인다. 특히 에드워즈는 참된 체험에 가장 자주 혼합되는 불순물 세 가지를 지적한다. 그것은 자연적인 감정과 열정, 상상력에 가해지는 인상들 그리고 자기 의나 영적 교만이다.[106] 그리스도인의 여러 체험 중에서 부패한 혼합물이 섞이기 가장 쉬운 체험은 열심(zeal)이다. 성화가 덜 되고 별로 겸손하지 않은 사람이 열심을 낼 때, 그것은 인간적인 열정과 섞이기 쉽다. 상상력에 가해지는 인상도 사정은 마찬가지이다. 은혜롭고 영적인 체험 속에는 일정한 상상력이 내포되어있지만, 죄와 부패로 왜곡되고 뒤틀린 상상력으로 말미암는 인상이 혼합될 수 있다. 하지만 최악의 불순물은 자기 의 혹은 영적 교만이다. 이것은 종종 그리스도인의 기쁨과 혼합된다. 온전하고 참된 신앙에서 나오

---

104) *WJE-Y*, 2:453.
105) *WJE-Y*, 4:458-473을 보라.
106) *WJE-Y*, 4:459.

는 기쁨이 아니라 높은 체험을 한 자기 자신을 대단한 존재로 생각하는 데서 나오는 기쁨이기 때문에, 이것은 자기 의 혹은 영적 교만이 된다. 둘째, 참된 그리스도인들의 체험 속에 당연히 있어야 할 어떤 것이 결여되어 있는 경우가 있다. 예를 들어서, 하나님의 사랑과 은혜에 대한 체험은 많지만, 거기에 상응하는 두려운 위엄과 거룩하고 엄중한 순결하심에 대한 체험은 결여되어 있을 수 있다. 이러한 체험은 균형과 조화가 깨진 일그러진 체험이다. 셋째, 체험이 변질되는 수가 있다. 위에서 언급한 영적인 체험과 혼합된 불순물들-자연적 감정, 상상력 그리고 영적 교만-이 여러 가지 죄악들과 마귀의 공격으로 인해서 점점 자라게 되면 체험이 변질된다.

그리스도인의 체험에 있어서 가장 문제가 되는 것은 체험 그 자체를 의지하는 것이다. 설령 그리스도인의 체험에 약간의 다른 불순물들이 섞여 있었다고 하더라도, 체험 그 자체를 의지하고 자신의 의로 삼는 것이 아니라 체험하게 하시는 삼위 하나님을 믿음으로 붙잡고 하나님의 말씀 위에 굳게 서서 그 영광과 거룩의 아름다움을 바라본다면, 그 불순물들이 체험을 변질시킬 정도로 크게 영향을 미치지 못하고 오히려 체험이 점점 정화되고 순수해질 것이다. 에드워즈는 체험을 자기 의로 삼고 교만하지 말고 하나님과 하나님의 말씀을 의지하라고 여러 곳에서 말했는데, 그 중 몇 군데를 인용하겠다. 이와 관련한 에드워즈의 표현 자체가 강력하고 선명하기 때문에 몇 군데의 진술만 인용해도 충분할 것이다.

> 사람들이 자신들의 체험을 자신들의 의로 삼을 때는 체험에 의지하여 살아간다고 말할 수 있다. 그들은 하나님의 영광과 그리스도의 탁월함을 바라보지 않고, 오히려 눈을 돌려서 자신들을 바라본다. 그리고 그들은 자신들의 업적과 높은 체험을 생각하면서 즐거워한다. 또한 자신들의 눈에 밝고 아름다우며, 자신들의 생각에 풍성하고 선한 것으로 가득 차있다고 여겨지는 위대한 일들을 생각하면서 즐거워한다. 그리고 자기들이 스스로에 대해서 그렇게 생각하는 것처럼, 하나님께서도 자신들을 높이 평가해주실 것이라고 생각한다.[107]

---

107) *WJE-Y*, 2:180-181.

위선자들의 기쁨은 자기 자신에 대한 기쁨이기 때문에 감정이 고양될 때 시선을 자신들에게 고정시킨다. 그들은 소위 영적인 발견이나 체험을 했을 때, 자신들의 체험에 마음을 쏟고 감탄한다. 그들은 하나님의 영광이나 그리스도의 아름다우심에 대해서 경탄하는 것이 아니라 자신들의 체험의 아름다움을 감탄하는 것이다. 그리고 "이것은 참으로 멋진 체험이야!"라고 생각한다. …그들은 그리스도 예수를 즐거워하는 대신에 자신들의 훌륭한 체험을 즐거워한다. …그들은 계시되어 있는 그리스도 안에서보다 그들이 발견한 것들 안에서 더 큰 위로를 얻는다. 이것은 체험에 의존하여 살아가는 것일 뿐이지, 체험을 자신들의 영적 상태를 파악하기 위한 표지로 사용하는 것이 아니다.[108]

5. 소결론

본장에서는 영적인 지식만 아니라 확신, 위선 및 체험도 함께 다루었다. 에드워즈는 영적인 지식과 확신을 밀접하게 관련시킨다. "복음에 계시된 일들의 신성과 실재성에 대한 영적 확신은 그러한 일들에 대한 영적인 지식에서 생긴다."[109] 그리고 확신이라는 주제는 위선과 체험과 밀접하게 관련이 있다. 확신이 거짓일 때 위선이 되고, 거짓된 확신(자기 기만적 확신)을 하게 되는 중요한 이유들 중의 하나가 잘못된 체험이다. 이와 같은 이유로 이 여러 주제들을 함께 다루었다.

새로운 영적 감각과 마찬가지로 영적인 지식도 신앙적 감정의 근원이다. 영적인 지식은 성도가 하나님과 영적인 일들에 대해서 가지는 감각적이고 실천적인 지식이다. 단순히 이론적이고 교리적인 지식이 아니다. 하나님과 영적인 일들이 거룩하며, 그 거룩함이 아름답다는 것을 아는 지식이다. 이 영적인 지식에서 신앙적 감정이 생긴다.

한편, 영적인 지식에서 영적인 확신이 나온다. 하나님과 영적인 일들의 거룩함의 아름다움을 영적으로 체험했는데 확신이 없을 수 없다. 믿는 자는

---

108) *WJE-Y*, 2:251-252.
109) *WJE-Y*, 2:297.

분명히 확신하게 된다. 그러나 확신이 없다고 해서 믿음이 없는 것은 아니다. 확신은 믿음의 본질에 속하는 것이 아니라 믿음의 효과이기 때문이다. 믿음이 커지면 믿음의 효과인 확신도 커진다.

확신에 불순물이 심하게 섞인 경우나 불순물이 조금 섞여 있었지만 확신 자체가 심하게 변질되어버린 경우, 그 확신은 위선(혹은 자기-기만)이 된다. 위선자는 너무 지나친 확신 때문에 너무 지나치게 담대해서 자신들의 연약함과 부패함과 오류가능성에 대해서 티끌만큼도 인정하려고 하지 않는다. 이런 위선자들을 가려내는 가장 좋은 방법은 그들의 삶의 열매로 판단하는 것이다. 그들의 실천이 참으로 지속적이고 조화로운 실천인가 아닌가를 보는 것이다.

기독교 신앙에서 건강한 체험은 매우 필요한 요소이다. 건강한 체험이란 자아 전체가 영적인 일들의 거룩함과 아름다움을 직접 보고 느끼는 체험이다. 건강한 체험이란 지성과 감정과 의지가 통합적으로 참여하는 체험이다. 지적으로 이해하지 못하고 의지적으로 실천하지 않는 체험은 거짓된 체험이다.

에드워즈에 있어서, 신앙적 감정(영적인 감정)은 영적인 지식과 영적인 확신과 영적인 체험의 연결 고리이다. 신앙적 감정은 영적인 지식이라는 원천에서 나오는데, 영적인 확신과 건강한 영적 체험은 이 신앙적 감정에 수반되는 것이다. 신앙적 감정이 다른 많은 신학 주제들을 연결해주고 있다는 사실을 다시 한번 기억하자.

*A Study on the Religious Affections
in the Theology of Jonathan Edwards*

Jonathan Edwards

제 7 장

영적인 실천

1. 실천은 표지들 중의 표지이다.

에드워즈는 기독교적 실천은 표지들 중의 표지라고 주장했다. "기독교적 실천 혹은 거룩한 삶은 구원에 이르게 하는 참된 은혜의 크고 확실한 표지이다. …실천은 은혜의 모든 표지들 중에서 최고의 표지이다."[1] "기독교적 실천은 경건의 모든 다른 표지들을 확증하고 최종적으로 판정해주는 중대한 증거라는 의미에서 표지들 중의 표지이다."[2] "기독교적 실천은 …은혜의 모든 표지들 중에서 최고의 표지이고, 표지들 중의 표지이며, 증거들 중의 증거로서 모든 다른 표지들을 승인해주고 최종적으로 판정해준다(seals and crowns)."[3] 실천은 표지들 중의 표지이기 때문에 다른 표지들이 정말로 표지라는 사실을 최종적으로 확인할 수 있는 것은 오직 실천을 통해서이다. 그래서 에드워즈는 앞선 11가지 표지들을 실천의 개념에 맞추어서 재조율한다. 다시 말해서 앞선 11가지 표지들이 어떻게 실천의 표지와 연결되는지를 확인한다.[4] 그렇다면 에드워즈가 앞선 11가지 표지들을 어떻게 연결하고

---
1) *WJE-Y*, 2:406.
2) *WJE-Y*, 2:444.
3) *WJE-Y*, 2:443.
4) Stephan Nichols, *Jonathan Edwards: A Guided Tour of His Life and Thought,* (NJ: P&R Press,

있는지 구체적인 내용을 살펴보도록 하자.

첫째, 은혜로운 감정이 실천으로 나타나고 열매를 맺는 이유는 은혜로운 감정이 영적인 작용과 영향에서 비롯되기 때문이다. 그리고 감정이 흘러나오는 내적인 원리가 신적인 어떤 것, 하나님의 자기 전달, 신적 본성에의 참여, 마음속에 그리스도께서 사심 그리고 영혼의 기능들과 연합된 성령의 내주-영혼의 기능들의 작용과 더불어서 성령께서 자신의 고유한 본성을 발휘하시는 내적인 생명의 원리-이기 때문이다.[5] 이것은 첫 번째 표지를 염두에 두고 있는 진술이다. 첫 번째 표지의 내용은 다음과 같다. "참으로 영적이고 은혜로운 감정은 마음에 미치는 영적이고 초자연적이고 신적인 영향력과 작용으로부터 생긴다." 바로 그렇기 때문에 은혜로운 감정은 실천으로 드러난다는 것이다. 다시 반복한다. 은혜로운 감정은 영적인 영향과 작용에서 생기기 때문에, 즉 은혜로운 감정은 성령의 내주하심에서 나오기 때문에, 실천으로 나타나고 열매를 맺는다는 것이다.

에드워즈는 나머지 10개의 표지들에 대해서도 위와 같은 방식으로 논리를 전개한다. 각각의 표지들을 서술한 이후에, 그렇기 때문에 바로 그 표지를 구별해주는 은혜로운 감정은 실천하게 된다는 식이다. 에드워즈는 자신이 처음부터 지금까지 계속해서 설명하고 주장한 논지 속에서 자신의 생각이 충분하게 드러났기 때문에 더 이상의 자세한 설명은 필요 없다고 생각하는 것으로 보인다. 사실 우리는 에드워즈의 생각을 어느 정도 추론할 수 있다. 성도가 은혜를 받으면 새로운 영적인 감각이 생기고 하나님의 거룩의 아름다움을 맛보게 되고 영적인 일들에 대한 영적인 지식을 얻게 된다. 이런 영적인 감각과 영적인 지식은 영적인 감정의 토대이므로 여기에서 영적인 감정이 나온다. 감정은 좋아하거나 싫어하는 어느 한쪽으로 기울어지는 의향을 가지고 의지를 자극하고 의지에 동기를 부여하고, 의지는 외부적인 행동으로 자기를 표현한다. 이 영적인 감정에 수반되는 확신과 여러 가지 성품의 변화도 마찬가지로 감정의 자극과 동기 부여를 통해서 외부적인 행동으로 자기를 표출하게 되는 것이다.

2001), 118. 이후로는 Nichols, *Edwards: A Guided Tour*로 약술함.
5) *WJE-Y*, 2:392.

에드워즈가 나머지 10개의 표지들과 감정의 관계를 어떻게 표현하고 있는지를 직접 들어보는 것이 간접적인 설명이나 요약보다 에드워즈의 생각을 훨씬 잘 이해할 수 있는 방법일 수도 있다. 이제 두 번째 표지부터 열한 번째 표지까지 에드워즈의 말을 직접 요약 소개한다.

둘째, 은혜로운 감정이 기독교적 실천으로 발휘되고 효력을 발생하는 이유는 은혜로운 감정의 최초의 객관적인 근거가 신적인 일들의 초월적으로 탁월하고 사랑스러운 본질이기 때문이다. 여기서 신적인 일들은 그 자체로 그렇게 인식되는 것이지 자기 자신이나 자기 이익과 관련해서 그렇게 인식되는 것이 아니다. 신앙이 주는 사적인 이익 때문에 신앙을 갖는 것이 아니라 신앙 그 자체의 탁월하고 사랑스러운 본질 때문에 신앙을 갖는 사람들은 바로 그러한 신앙에 걸맞은 기독교적 실천을 통해서 자신의 신앙의 본질을 드러낸다. 셋째, 은혜로운 감정이 거룩한 실천으로 귀결되는 이유는 신적인 일들의 도덕적 탁월성과 거룩의 아름다움이 모든 거룩한 감정의 토대이기 때문이다. 거룩을 봄으로써 생기는 은혜로운 감정들은 거룩을 향하는 경향이 있다. 넷째, 거룩한 감정의 토대가 되는 영적인 지식은 영적인 일들을 영적으로 이해하기 때문에 실천하게 된다. 영적인 지식을 얻으면 그리스도의 초월적인 영광을 보게 되고 그리스도가 참으로 다른 모든 것을 다 버리고 따를 만한 가치가 있는 분이심을 알게 되고 지속적으로 헌신하게 된다. 다섯째, 거룩한 감정의 실천적인 경향과 효과의 이유는 그러한 감정이 심판과 신적인 일들의 실재와 확실성에 대한 철저한 확신을 수반하기 때문이다. 여섯째, 거룩한 감정이 이렇게 실천으로 표현되고 효력을 발휘하는 이유는 본성의 변화가 그러한 감정에 수반되기 때문이다. 일곱째, 거룩한 감정의 실천적인 작용과 효과의 이유는 부분적으로는 거룩한 감정에 수반되는 겸손의 정신 때문인 것으로 보인다.[6] 여덟째, 거룩한 감정에 수반되는 양 같고 비둘기 같은 정신은 기독교적 실천의 주요 요소인 십계명의 두 번째 돌판의

---

6) 원래의 순서에 따르면, 여섯 번째 표지는 겸손이고 일곱 번째 표지는 본성의 변화인데, 에드워즈는 여기서 이 순서를 바꾸어놓는다. 이 순서에 따른다면, 본성의 변화가 좀 더 큰 범주이고, 그 아래에 작은 범주로서 변화된 성품의 구체적인 내용인 겸손, 양 같고 비둘기 같은 그리스도의 성품 그리고 부드러운 마음이 있다. 원래의 순서보다 지금의 이 순서가 더 자연스럽다.

모든 의무를 지킨다. 아홉째, 거룩한 감정이 엄격하고 전체적이고 지속적인 순종을 수반하는 이유는 부드러운 마음이 참된 성도의 감정에 수반되기 때문이다. 열째, 거룩한 감정에서 흘러나오는 실천이 전체적이고 지속성을 갖는 중요한 이유는 그러한 감정에는 조화와 균형이 있기 때문이다. 열한째, 거룩한 감정이 진지함과 활력과 헌신과 인내를 실천적으로 표현하는 이유는 신앙생활에서의 영적인 욕구와 더 큰 성취에 대한 갈망 때문이다.[7]

이 11가지 표지들은 실천에서 완성된다. 왜냐하면 "본성상 은혜보다 열매를 맺고자 하는 경향(tendency)이 더 큰 것은 이 세상에는 결코 없기" 때문이다.[8] 그리고 "은혜가 주입되는 하나님의 역사인 중생은 실천과 직접적인 관계가 있다. 실천은 은혜의 목표이다. 모든 사역은 이러한 관점에서 이루어진다." "모든 성도들은 그리스도 예수 안에서 선한 일을 위하여 지으심을 받은 자들이다(엡 2:10). 참으로 실천은 그리스도의 구속의 목표이다."[9] 실천은 은혜의 목표이며 그리스도의 구속의 목표라는 선언은 실천의 중요성에 대한 강력한 진술이다. 구원의 은혜는 마음속에만 머물지 않고 성도의 변화된 성품을 통하여 삶 속에서 실천적으로 활동한다. 실천은 구원을 증명하는 가장 좋은 증거이고 표지이다.

그러나 실천 그 자체만으로는 부족하다. 무엇을 실천했는가(실천의 내용)하는 것만으로는 참된 은혜의 표지로서의 역할을 충분하게 수행했다고 말할 수 없다. 왜 실천했는가(실천의 동기)와 어떤 근거에서 실천했는가(실천의 토대 혹은 근원)를 보아야 한다. 예를 들어서, 내가 어떤 겸손의 행동을 실천했을 때, 실천했다는 단순한 사실만으로는 은혜와 신앙에 대하여 아무것도 증명할 수 없다. 그 실천의 내용과 동기와 근원이 함께 연결되어있어야 참된 은혜와 참된 신앙을 거짓된 은혜와 거짓된 신앙과 구별할 수 있다. 타인의 인정과 존경을 바라는 마음에서 겸손의 행동을 했는지 그리스도의 탁월하심과 아름다우심을 보고 그리스도의 성품을 따라 겸손하게 행동하는 것이 마땅하다고 생각했기 때문에 겸손의 행동을 했는지를 물어야 한다. 겸

---

7) *WJE-Y*, 2:393-397. 여기서 에드워즈는 실천의 표지와 관련하여 11가지 표지들을 설명하고 있다.
8) *WJE-Y*, 2:398.
9) *WJE-Y*, 2:398.

손의 행동의 근저에 일반적인 양심의 법만 있는지 아니면 새로운 영적 감각으로 영적이고 거룩한 일들을 맛봄으로써 얻어진 영적인 지식이 있는지를 물어야 한다. 어떤 경우에는 인간의 죄와 부패 때문에 상반되는 이 두 가지의 동기와 근원이 동시에 작용할 수도 있다. 인간의 죄와 부패가 실천의 동기와 근거에 대한 물음에 확실한 대답을 하기 어렵게 만든다. 여기서 다시 자기-기만의 문제가 발생한다. 실천의 영역에서마저도 자기-기만의 문제를 완전히 해결하기는 힘들다.[10] 그럼에도 실천은 가장 훌륭한 표지이고 증거이다. 실천하지 않는 신앙은 증명할 수 없기 때문이며, 실천으로 표현되어야만 증명의 영역으로 들어오기 때문이다.

2. 실천은 영혼의 행동을 표현하는 몸의 행동이다.

에드워즈는 기독교적 실천을 설명하기 위해서 한편으로는 영혼의 행동과 몸의 행동의 관계를 설명하고, 다른 한편으로는 은혜의 내재적인 행동과 실천적이고 효력 있는 행동의 관계를 설명한다.

영혼의 행동과 몸의 행동은 어떤 관계인가? 영혼의 행동이란 마음속에서 내적으로 일어나는 감정과 의지의 활동이고, 몸의 행동은 말 그대로 외적으로 드러나는 활동이다. 그런데 몸의 행동은 시계의 규칙적인 움직임과 같은 기계적인 행동과는 다르다. 사람의 몸의 행동은 단순한 몸의 행동만이 아니라 영혼의 행동과 연결되어 있다. "몸의 행동(motions)은 영혼이 정한 법칙을 따르는 것이 아니라 하나님이 정하신 몸과 영혼의 연합의 법칙을 따른다."[11] 몸의 실천은 영혼의 동기와 밀접하게 연결되어 있다. "성경이 선행과 열매와 계명에의 순종을 말할 때, 행위자의 목적과 의도 혹은 행위자의 이해와 의지에서 나온 행동과는 아무런 관계도 없이, 단지 외면적인 것, 즉 몸의 움직임과 행동과만 관련해서 말하는 것이 아니다. 거기에는 의도와 목적

---

10) Ava Chamberlain, "Self-Deception", 553-555를 보라.
11) *WJE-Y*, 2:423.

이 있고 이해와 의지가 있다."[12] 이런 의미에서 기독교적 실천은 몸의 행동과 영혼의 행동의 연합이다.

한편, 은혜의 작용에는 두 가지 종류가 있다. (1)내재적인 행동(immanent act), (2)실천적이거나 효력 있는 작용(practical or effective exercise).[13] 내재적인 행동은 영혼 안에 머무르면서 거기에서 시작되고 끝나는 은혜의 작용이다. 이것은 외적인 행동이나 실천과는 직접적인 관련이 없다. 이것은 성도들이 종종 묵상할 때 경험하는 은혜의 작용이다. 이것은 마음의 생각을 넘어서 나아가지는 않지만, 멀리 떨어져서 간접적으로 실천하게 하는 경향이 있다. 한편, 실천적이거나 효력 있는 작용은 직접적으로 행동과 관련된다. 이것은 외적인 행동을 지시하는 의지가 명령하는 행동을 통해서 생기는 은혜의 작용이다. 그러므로 내재적인 행동과 외적이고 실천적인 행동은 연합하여 기독교적 실천으로 나타난다.

이제 전체적인 관계를 한번 살펴보자. 크게 보면, 내적 측면과 외적 측면으로 구분할 수 있겠다. 영혼의 행동이나 은혜의 내재적인 작용은 내적 측면이고, 몸의 행동이나 은혜의 실천적이고 효력 있는 작용은 외적 측면이다. 그러나 미묘한 뉘앙스의 차이가 있는 것처럼 보인다. 예를 들어, 어떤 성도가 사랑의 마음으로 소자에게 물 한 컵을 주었다고 하자. 맨 처음에는 소자에게 물을 주는 행동과는 아무런 상관도 없이 마음속에서 하나님과의 교제를 누리며 사랑의 기쁨에 대해서 묵상했을 것이다(은혜의 내재적인 작용). 다음으로 목이 말라서 물을 마시고 싶은 소자를 만났다. 영혼은 그 소자를 사랑하는 마음으로 가득 찼고 그 소자의 갈증을 해결해주리라는 의도와 목적을 가지게 되었다(영혼의 행동). 그 소자에 대한 사랑의 마음이 의지를 자극하고 동기를 부여해서 의지가 소자에게 물 한 컵을 주라고 명령을 한다(은혜의 실천적이고 효력 있는 작용). 그래서 몸이 행동을 개시하여 그 소자에게 물 한 컵을 가져다주었다(몸의 행동). 에드워즈가 이렇게 생각했는지는 알 수 없다. 하지만 이렇게 생각하면, 에드워즈의 설명 중에서 상호간에 얽혀 있는 부분을 좀 더 쉽게 이해할 수 있다.

---

12) *WJE-Y*, 2:422.
13) *WJE-Y*, 2:422-423.

에드워즈가 말하고 싶은 핵심은 몸의 행동과 영혼의 행동 혹은 은혜의 내적 작용과 외적 실천의 불가분리적 연합이다. 몸의 행동과 영혼의 행동은 구별은 되지만 분리는 되지 않는다. 왜냐하면 그것은 동일한 인간의 행동이기 때문이다. 동일한 인간의 행동의 두 측면이 몸의 행동과 영혼의 행동으로 구별되게 나타난 것일 뿐이다. 몸과 영혼은 연합체이다. 외적인 것과 내적인 것은 [인간의] 행위 가운데 연합되어 있다.[14] 은혜의 내적 작용과 외적 실천도 마찬가지이다. 동일한 은혜의 작용이 두 가지 다른 방향, 즉 내적인 방향과 외적인 방향으로 나타나는 것이다. 내적인 은혜는 외적인 실천의 근원적인 힘이고, 외적인 실천은 내적인 은혜의 생생한 자기 표현이다.

그래도 외적인 것과 내적인 것의 구별은 여전히 존재한다. 외적인 실천과 열매가 인간의 모든 내적인 경건과 거룩을 다 포함하는 것은 아니기 때문이다. 에드워즈는 이렇게 말한다.

> 성경이 은혜의 역사와 열매와 실천을 말씀할 때 모든 내적인 경건과 마음의 거룩을 포함한다고 생각하지는 않는다. 원리와 작용의 측면에서도 그리고 정신과 실천의 측면에서도 그렇게 생각할 수 없다. 왜냐하면 이런 것들이 마음속에 있는 은혜의 원리의 표지들로 제시된다면 그 자체가 그 자체의 표지로 제시되는 것이기 때문이다. 그렇게 되면 뿌리와 열매 사이의 구별이 없어진다. 그러므로 은혜의 역사와 열매와 실천은 오직 은혜의 작용과 영혼의 거룩한 행동만을 의미한다. 거룩한 원리와 좋은 상태의 표지로서 주어진 것이라는 말이다.[15]

열매와 실천은 어디까지나 은혜의 표지이다. 만약 열매와 실천이 마음속에 있는 모든 내적인 경건을 포함한다면, 열매와 실천은 은혜의 표지가 아니라 은혜 그 자체가 되어야 할 것이다. 실천과 열매는 내적인 은혜가 아니고 외적으로 드러나는 것이다. 그러나 실천과 열매는 내적인 은혜와 밀접하게 연결되어 있어서, 내적인 은혜의 진면목을 드러내줄 수 있다. 그러므로

---

14) Cherry, *Jonathan Edwards*, 129.
15) *WJE-Y*, 2:422.

실천은 표지들 중의 표지이다.

콘라드 체리는 영혼의 행동과 몸의 행동의 불가분리적인 연합을 에드워즈의 의지의 자유 개념과 연결시켜서 설명한다.[16] 인간의 의지는 서로 상반되는 내적 행동과 외적 행동으로 분열되지 않는다. 마음이 원하면 의지는 원하는 행동을 실제로 수행한다. "어떤 사람이 하고자 하는 의지가 있다면 그 일을 하는 것은 쉽다. 그뿐 아니라 바로 그렇게 하고자 하는 의지가 있는 것이 행동하는 것이다. 그가 하고자 하는 의지가 있을 때 그 일은 실행된다. 실행되어야 할 다른 일은 남아 있지 않다."[17] 어떤 일을 하고자 하는 의지(will)가 있다는 것은 실제로 그렇게 행동하려는 의향(inclination)이 있다는 것이다. 그러므로 그러한 의지가 있다는 것은 그렇게 행동하는 것이다. 어떤 사람이 실제로는 이것을 하고자 하는 의지를 가지고 있었지만 다른 것을 했다고 말함으로써 자신의 행동을 변명하려고 하는 것은 아무런 의미도 없다. 이에 대해서 에드워즈는 이렇게 말한다.

> 의지가 명령하는 행동(acts)과 몸의 기관이 행동하는 것은 별개의 것이 아니다. 왜냐하면 변경할 수 없는 자연법에 따라서 영혼과 몸이 연합되어있는 한, 의지의 명령과 몸의 행동도 연합되어있기 때문이며, 영혼이 명령하는 행동(motions)을 실행할 수 없을 만큼 몸의 기관이 파괴되지 않기 때문이다. 그러므로 어떤 사람이 자기의 의지가 명령하는 행동은 예배드리러 가라는 것이었는데 자기 발이 선술집이나 윤락가로 자신을 데리고 갔다고 변명하는 것은 터무니없는 일이다. 또는 자기 의지가 명령하는 행동은 불쌍한 거지에게 자기 수중에 있는 돈을 주라는 것이었는데 바로 그 순간에 자기 손이 돈을 꺼내지 않고 꽉 붙잡고 있었다고 변명하는 것은 우스운 일이다.[18]

의지에 대한 논의를 조금만 더 진전시켜보자. 의지가 어떤 행동을 명령하는 것은 마음이 그런 행동으로 향하는 성향이나 기질을 갖고 있기 때문이

---

16) Cherry, *Jonathan Edwards*, 129-133.
17) *WJE-Y*, 1:162.
18) *WJE-Y*, 2:425-426.

다. 의지는 의지에 선행하는 마음의 성향에 의해서-의지보다 앞선 정신적인 동기와 지각에 의해서 결정된다. 마음의 동기가 의지를 자극하면 의지가 어떤 것을 선택하고 행동을 명령하는 것이다. 그러므로 의지가 선행하는 동기에 의해서 영향을 받는다는 점에서는 자유롭지 않지만, 동기에 의해서 자극을 받은 이후에 의지 자신이 외부적인 강제에 의하지 않고 자발적으로 명령을 내린다는 점에서 자유롭다.[19] 이것이 의지의 자유에 대한 에드워즈의 입장의 핵심 중 하나이다.[20]

다시 실천은 영혼의 행동을 표현하는 몸의 행동이라는 표제로 돌아가서 생각해볼 것이 있다. 실천은 분명히 외적으로 드러난 몸의 행동이지만 영혼의 행동(동기, 혹은 마음의 성향)과 연합하여 영혼의 행동을 표현하는 몸의 행동이다. 내적인 마음과 외적인 실천을 이렇게 밀접하게 연합시킴으로써 에드워즈의 신앙실천주의가 성립한다.[21] 신앙은 실천을 통해서 증명되는 것이다. 그런데 이것이 오용되면 실천을 통한 결과에만 매달리는 결과중심주의로 전락할 수 있다. 하지만 에드워즈는 그러한 결과를 낳는 실천과 영혼의 행동과의 연합적인 관계를 매우 중요하게 생각했다. 동기를 무시한 결과는 에드워즈의 생각과는 거리가 멀다. 가난한 사람을 도와주는 실천적인 자비를 베풀었을 때, 그것이 위선적인 행동인지 참된 자비의 행동인지를 알려면 실천했다는 외적인 사실만으로는 안 되고 실천과 연결된 마음의 내면적 동기도 살펴보아야 한다.

---

19) 칼빈의 의지의 자유 개념도 이와 유사하다. 칼빈이 자유, 속박, 자기-결정, 강제 및 필연의 개념을 어떻게 다루고 있는지 자세하게 알려면 다음을 보라. John Calvin, *Bondage and Liberation of The Will*, ed. by A.N.S. Lane, trans. by G.I. Davies (Grand Rapids: Baker Books, 1996), 67-70.; *Inst.*, II. ii. 4-10.
20) 에드워즈의 의지의 자유에 대한 간결하고 충실한 설명을 보려면 다음을 참조하라: Sam Storms, "The Will: Fettered Yet Free," *A God-Entranced Vision of All Things*, eds., John Piper and Justin Taylor (Wheaton: Crossway Books, 2004), 201-218.; Allen Guelzo, "Freedom of the Will," *The Princeton Companion to Jonathan Edwards*, ed. Sang Hyun Lee (Princeton, NJ: Princeton University Press, 2005), 115-128.
21) 이상현, 『조나단 에드워즈의 철학적 신학』, 노영상·장경철 옮김, (서울: 한국장로교출판사, 1999), 20. 이상현은 자신의 책, *The Philosophical Theology of Jonathan Edwards*의 한글 번역서를 출판하면서 추가적으로 한글로 쓴 저자 서문에서 에드워즈의 신앙실천주의와 그것의 현대적 오용에 대해서 짧게 언급했다.

이와 같이 몸의 행동과 영혼의 행동을 밀접하게 관계시키는 것 혹은 외적인 실천과 내적인 동기가 통합적인 작용을 한다고 보는 것은 에드워즈 사상의 중요한 특징들 중의 하나이다. 에드워즈 이전의 다른 개혁주의 신학자들 중에서도 내적인 마음의 동기와 외적인 실천을 함께 강조한 사람들이 있었지만, 에드워즈만큼 강력하게 양자의 통합적 작용을 강조한 사람은 없었다. 실천을 최고의 표지로 간주하면서도 실천의 심연 속에 자리 잡고 있는 마음의 동기를 되물어야 한다고 생각함으로써, 에드워즈는 개혁주의 전통에 중요한 기여를 했다. 존 스미스(John Smith)는 에드워즈의 이러한 입장을 실천과 경건의 조화와 균형으로 이해한다. 실천이 없으면 경건은 공허할 뿐이고, 경건이 없으면 실천은 오염된다. 실천에서 분리된 경건은 종교를 개인적인 일로만 간주하고 사회의 질서와 책무에 관심이 없다. 반면에 경건이 없는 실천은 도덕주의와 결과중심적인 실용주의가 된다.[22]

어떤 것이 참된 은혜에서 나온 참된 신앙인지를 알려면, 외적인 실천을 봄으로써 마음의 동기를 파악하고, 바로 그 내면적인 마음의 동기가 외적인 실천으로 나타나는가를 다시 한번 확인해야 한다. 즉, 외적인 실천과 내적인 동기가 돌고 돌면서 서로가 서로를 확인해주는 것이다. 이런 방식으로 내적인 마음의 동기와 외적인 실천은 통합적 작용을 한다. 바로 여기가 신앙적 감정의 자리이다. 신앙적 감정은 내적인 마음의 동기(실천의 동기)와 외적인 실천(실천의 내용)이 연결되는 지점에 있다. 신앙적 감정이 영적인 실천 속에서 작용할 때에는 반드시 실천의 동기를 실천의 내용으로 표현한다. 동기와 그 동기를 외면적으로 표현하는 내용이 함께 연결되어있지 않은 실천은 신앙적 감정이 작용하고 있는 실천이 아니며, 영적인 실천이 아니다.

한편, 지금까지 논의한 모든 것들이 다 중요하지만, 결정적으로 중요한 한 가지가 더 남아있다. 그것은 실천의 지속성이다. 지금까지 우리는 몸의 행동과 영혼의 행동의 연합이라는 측면에만 초점을 맞추었기 때문에, 실천의 지속성을 논의할 기회가 없었다. 하지만 실천의 지속성은 매우 중요하다. 사실 한두 번의 실천만으로 마음의 동기가 충분하게 표현되었다고 말할

---

22) John Smith, "Edwards: Piety and Prctice," *The Journal of Religion* 54/2 (April, 1974): 166-180.

수는 없다. 한두 번의 자선 행위만으로 그 사람이 자비의 마음을 가지고 있다고 판단할 수는 없다. 지속적인 실천의 모습 속에서 비로소 드러나는 마음의 동기를 보고 판단해야 한다. 지속적인 실천에 대한 본격적인 논의는 뒤로 미룬다.[23]

3. 실천은 다른 사람에게 참된 신앙의 표지가 된다.

기독교적 실천은 참된 신앙을 입증하는 최고의 표지이다. 기독교적 실천은 영혼의 행동을 표현하는 몸의 행동이기 때문에 이웃과 형제들에게 참된 신앙의 표지가 될 뿐만 아니라 자기의 양심에도 참된 신앙의 표지가 된다. 그런데 몸의 행동(외적인 실천)을 통해서 다른 사람의 영혼의 행동(내적인 마음의 동기)을 판단하는 것과 자기 자신의 영혼의 행동(내적인 마음의 동기)을 판단하는 것은 동일하지 않다. 그래서 에드워즈는 이 둘을 구별하여 다룬다. 특히 다른 사람의 외적인 실천을 보고 그 사람의 내적인 동기를 판단하는 것과 관련해서 신앙고백의 문제를 집중적으로 다룬다. 에드워즈가 이처럼 신앙고백의 문제를 부각해서 다루는 이유는 성찬 참여 자격의 문제를 염두에 두고 있기 때문이다.

우리가 마음속에 있는 것을 이웃에게 보여주는 방법에는 두 가지가 있다. 하나는 우리의 말로써 보여주는 것이고, 다른 하나는 우리의 행동으로 보여주는 것이다. 성경은 나쁜 사람을 판단할 때 열매를 그 증거로 보라고 말씀한다(마 7:16). 이성적으로 생각해도, 말보다는 행동이 그 사람의 마음을 더 충실하게 보여준다.[24]

말보다는 행동이 마음을 더 잘 보여준다고 주장하면서, 에드워즈는 신앙고백의 문제를 꺼낸다.[25] "성경이 기독교적 실천을 다른 사람에게 은혜의

---

23) "지속적인 실천"에 관한 논의는 제8장 1의 3) 실천의 전체성, 진정성 그리고 지속성을 보라.
24) *WJE-Y*, 2:410.
25) 1750년 6월에 사라 에드워즈가 자기 남편인 조나단 에드워즈 목사의 해임에 관한 문제를 다루기 위해 소집된 목사협의회 앞으로 편지를 보냈는데, 그 편지 내용 중에 에드워즈가 『신앙적 감정』에서 신앙고백과 교회 회원권의 문제를 다루었다는 언급이 있다. 그 언급에

신실함과 참됨을 가장 잘 보여주는 증거라고 말할 때, 기독교 신앙고백은 배제되는 것이 아니라 전제된다."[26] 신앙고백은 핵심적이거나 결정적인 증거는 아니지만, 반드시 요구되는 필수적인 증거이다. 신앙고백을 하지 않는 사람은 신앙이 없는 사람이기 때문에 그들에 대해서는 기독교적 실천을 말할 필요가 없다. 반면에 신앙고백을 하는 사람들은 기독교적 실천을 통해서 자신들의 신앙고백의 진실성을 증명해야 한다. 신앙고백자의 신앙의 진실성을 증명하려면 세 가지가 필요하다. 첫째는, 신앙고백의 내용이 올바른 것이어야 한다. 기독교의 본질에 해당하는 정통교리들을 믿는다는 고백, 자신의 죄를 회개했다는 고백, 그리스도를 온전히 신뢰한다는 고백 그리고 신앙의 길에 어려움이 오더라도 끝까지 순종하며 헌신하겠다는 결단의 고백이 있어야 한다. 둘째는, 신앙고백자가 신앙고백의 내용을 이해하고 있어야 한다. 자기의 말이 무슨 의미인지 이해하지도 못하면서 신앙고백을 하는 것은 아무 의미도 없다. 그리고 셋째는, 신앙고백자가 신앙고백한 내용들을 신앙생활 속에서 실천함으로써 증명해야 한다.[27]

최종적으로 참된 신앙을 증명하는 표지는 실천이다. 그런데 그 실천은 성경에 입각한 올바른 교리적 토대와 신앙고백자의 지적인 이해와 마음의 결단과 연결되어 있어야 한다. 조금 다르게 표현하자면, 신앙고백자의 실천이 신앙고백자의 마음의 동기와 연결되어 있어야 한다는 말이다. 신앙고백자의 기독교적 실천의 겉모습에 대해서는 충분히 판단할 수 있다. 하지만 그러한 실천의 외적인 모습이 신앙고백자의 내면적 동기를 정확하게 드러낸 것이라고 확실하게 말할 수 있을까?

사람의 마음은 깊고 비밀스러운 것이어서 어떤 사람의 속마음을 정확히 안다는 것은 불가능하다. 신앙고백을 한 사람의 외적인 실천의 모습을 낱낱이 관찰했다고 할지라도 그것만으로 그의 영혼의 상태에 관해서 절대적인 확실성을 얻기에는 충분하지 않다. 그렇지만 다른 사람들이 봤을 때, 신앙고백을 한 사람이 올바르고 충분한 신앙고백을 했고, 자기가 신앙고백한

해당되는 곳이 아마도 이 부분일 것이다.; Murray, *Jonathan Edwards*, 485-487을 보라.
26) *WJE-Y*, 2:412.
27) *WJE-Y*, 2:413, 416, 418.

내용을 분명하게 이해하고 있으며, 외적인 실천의 모습도 신앙고백과 조화를 이루는 것처럼 보인다면, 기꺼이 즐거운 마음으로 그를 하나님의 자녀로 인정하고 받아들이고 즐거워하며 함께 교제를 나누어야 한다.[28] 다른 사람의 외적인 실천 속에 은밀하게 숨겨진 마음을 샅샅이 살펴봄으로써 하나님이 그 사람의 마음의 중심을 아는 것처럼 절대적으로 확실하게 알려고 하는 것은 오히려 영적인 교만이다. 그러므로 에드워즈의 발길은 여기서 멈춘다. 그런데 타인을 향한 발걸음은 여기서 멈추지만 자기 자신의 내면을 향한 발걸음은 한걸음 더 나아간다. 왜냐하면 타인의 마음과 양심은 들여다볼 수 없지만 자신의 마음과 양심은 볼 수 있기 때문이다.

4. 실천은 자기의 양심에 참된 신앙의 표지가 된다.

에드워즈가 제시한 표지들은 다른 사람들의 신앙을 검토하고 평가하는 데 유용한 기준이다. 하지만 그 표지들에 비추어서 자기 자신의 신앙을 점검하는 것이 훨씬 더 중요하다. 『신앙적 감정』이 본래 설교에서 출발했다는 사실을 기억하면 좋을 것 같다. 설교를 듣고 그 설교의 내용을 다른 사람에게만 적용하고 자기 자신에게 적용하지 않는 것은 어리석은 일이다. 제시된 표지들을 기준으로 하여 자기 자신의 신앙을 점검하고 올바로 적용함으로써 참된 신앙적 감정을 표현하고 자신의 신앙을 더욱 풍성하고 성숙하게 만들어나가야 한다. 이런 점을 염두에 두고 실천이 자기 자신의 양심에 참된 신앙의 표지가 된다는 사실을 살펴보도록 하자.

외적인 것으로서의 실천과 내적인 것으로서의 마음의 동기가 어떻게 불가분리적으로 연합되어있는가에 대해서 우리는 이미 자세하게 다루었다. 영혼의 행동과 몸의 행동은 인간의 행동이라는 점에서 연합되어있다. 영혼의 행동과 몸의 행동은 인간의 동일한 행동이 두 가지 측면에서 나타난 것이다. 영혼의 행동은 인간의 내적인 측면을 형성하고, 몸의 행동은 그러한

---

28) WJE-Y, 2:420.

영혼의 행동을 외적으로 표현한다.[29] 우리가 어떤 다른 사람의 모습을 볼 때는 외적으로 표현된 부분만 볼 수 있고, 마음의 내면적인 동기와 중심을 볼 수는 없다. 그렇지만 외적 실천과 내적 동기는 연합되어있기 때문에 외적 실천을 통해서 어느 정도 내적 동기를 추측할 수는 있다. 하지만 그 추측은 매우 불완전하다. 반면에 자기 자신의 모습을 볼 때는 상황이 다르다. 사람이 자기 자신의 모습을 볼 때에는 외적인 행동뿐만 아니라 그러한 행동과 불가분리적으로 연합되어있는 자신의 속마음까지도 볼 수 있다.[30] 그러므로 외적인 실천은 자기의 양심에 참된 신앙의 표지로서 훌륭한 역할을 할 수 있는 것이다. 여기서 이런 질문이 제기될 수 있다. 사람은 자기 속마음을 잘 알기 때문에 자기 속마음만 살펴보면 되는데 왜 외적인 실천을 그렇게 중요하게 여기는가? 하나님께서도 사람의 외모가 아니라 중심을 보신다고 말씀하시지 않는가? 첫 번째 이유는 외적인 실천이 내적인 동기를 드러내 주기 때문이라는 사실을 이미 우리는 잘 안다. 두 번째 이유도 있다. 자기가 자기에게 속을 수 있기 때문이다. 하나님은 나의 마음의 중심을 보시지만 나는 나의 마음의 중심을 제대로 보지 못하는 경우가 생길 수 있다. 자기-기만을 당하는 것이다.[31] 그래서 나의 마음의 중심을 표현하는 외적 실천을 통한 점검이 필요하다. 실천은 겉으로 드러나는 것이니까 마음의 내적 작용보다는 자기-기만의 영향을 덜 받기 때문이다.

한편, 에드워즈는 기독교적 실천이 신앙고백자 자신의 양심에 참된 신앙의 증거가 된다는 사실을 증명하기 위하여 여섯 가지의 논증을 제시한다. 이 논증들의 일부는 다소 느슨해 보이지만 에드워즈의 생각을 이해하는 데는 매우 도움이 되기 때문에 그 내용을 간단하게 소개하기로 한다.[32]

첫째, 사람들이 자신의 선택과 의향에 따르도록 내버려두었을 때, 그들이 실천함으로써 실제로 붙잡고 선호하는 것이 무엇인가를 보면 그들이 진심으로 선호하는 것이 무엇인지를 알 수 있다. 어떤 사람이 걷고 싶은 마음이 있는지 아니면 그냥 앉아 있고 싶은 마음이 있는지를 알려면, 실제로 그가

---

29) *WJE-Y*, 2:450.
30) *WJE-Y*, 2:424.
31) 자기-기만과 위선에 대해서는 본서 제6장의 3.(자기-기만으로서의 위선)을 보라.
32) *WJE-Y*, 2:426-444.

어떤 외적인 행동을 하는지를 보면 된다. 그가 걷는다면 걷고 싶은 마음을 표현한 것이고 앉아 있다면 앉아 있고 싶은 마음을 표현한 것이다. 그리스도를 위해서 다른 모든 것을 버릴 마음이 있다는 것은 그런 상황이 왔을 때 실제로 그리스도를 위해서 다른 모든 것을 버리는 실천을 할 때 증명된다.[33] 참된 경건(혹은 믿음)은 하나님의 뜻을 행하려는 의도가 있는 마음에 있는 것이 아니고 하나님의 뜻을 행하는 마음에 있다.

둘째, 시련(trial)이나 유혹(temptation)이 왔을 때, 신앙고백자가 신앙고백을 따라서 세상적인 이익과 안락함을 포기하고 신앙고백을 따라서 사는 삶을 실천한다면, 그 실천은 신앙고백자의 신실성을 증명하는 표지가 된다. 그런데 하나님이 모르고 계시던 정보를 얻기 위해서 이런 시련이나 시험을 겪게 하신다고 생각해서는 안 된다. 하나님은 이미 신앙고백자의 모든 것을 다 아시는 분이다. 이런 시련이나 시험을 주시는 이유는 오히려 신앙고백자들이 이런 시련을 통과함으로써 자신의 양심에 자신의 믿음을 증거하게 하고 확신을 얻게 하기 위해서이다.[34]

셋째, 성경의 표현법에 따르면, 실천할 때 은혜가 온전해지고 완결된다. 그렇기 때문에 실천은 그리스도인의 양심에 참된 은혜의 증거들 중 최고의 증거가 된다. 행함으로 믿음이 온전케 되고(약 2:22), 계명을 지키는 자는 하나님의 사랑이 그 속에서 온전케 된다(요일 2:4-5). 나무는 씨앗으로 완전해지지 않는다. 씨앗이 뿌리를 내리고 싹을 내고 꽃이 필 때도 완전해지지 않는다. 열매를 맺을 때 나무는 목표에 이르러서 완전해진다. 마찬가지로 은혜도 열매를 맺을 때 완성된다. 만약 우리가 어떤 사물의 본질을 알고 다른 사물들과 확실하게 구별할 수 있으려면, 그 사물이 최종적으로 완성된 모습을 보아야 한다.[35] 은혜는 실천에서 완성되기 때문에 참된 은혜의 본질을 알고 거짓된 다른 은혜와 확실하게 구별할 수 있으려면, 은혜가 최종적으로 완성되는 곳인 거룩한 실천을 보아야 한다.

넷째, 우리 자신과 다른 사람들의 신실성을 판단하기 위해서 사용할 수 있

---

33) *WJE-Y*, 2:427.
34) *WJE-Y*, 2:431.
35) *WJE-Y*, 2:436.

는 증거들 중에서 실천이 성경에서 가장 자주 언급된다. 성경은 믿음을 입증할 수 있는 표지에 대해서 말할 때마다 거의 실천을 유일한 표지로 주장한다. 그리고 그 중에서 특히 사랑의 실천에 대해서 가장 많이 언급한다.[36]

다섯째, 성경은 실천을 은혜의 가장 중요한 증거라고 분명하게 말한다. 그리스도께서는 "나의 계명을 지키는 자라야 나를 사랑하는 자"(요 14장)라고 말씀하신다. 특히 요한복음에서는 계명을 지키라, 사랑하라, 열매를 맺으라 그리고 자기를 깨끗케 하라 등과 같이 실천에 관한 언급을 계속 반복한다. 이처럼 그리스도께서 반복적으로 주장하시는 것을 보면 실천이 분명히 가장 크고 중요한 표지이다.

여섯째, 거룩한 실천은 장차 하나님의 심판대 앞에서 사용될 큰 증거이기 때문에, 세상 사람들에게 뿐만 아니라 우리 자신의 양심에도 신실성의 모든 표지들 중 가장 중요한 표지가 된다. 하나님께서 최후 심판의 날에 최종적인 선고를 내리실 때 이 세상에서 사람들이 행한 일과 실천을 가장 큰 증거로 삼으실 것이다(계 20:12; 고후 5:10). 성경의 여러 곳에서 이러한 사실을 분명히 알 수 있다. 최후 심판의 날에 심판주께서는 사람들의 체험의 방법을 조사하거나 회심의 순서(manner)를 진술하게 하는 것이 아니라, 그들이 어떤 사람인가에 대한 증거로서 그들이 행한 일들을 드러내실 것이다. 하나님께서 사람들의 실천을 증거로 삼아서 심판하시는 것은 그 실천 자체가 구원받을 만한 공로를 가지고 있기 때문이 아니고, 실천이 마음의 내면적 동기와 불가분리적으로 연합되어 있어서 마음속에 있는 믿음을 표현하고 있기 때문이다. 이처럼 하나님께서 사람들이 행한 일(실천)을 증거로 삼으신다면, 당연히 우리들도 실천을 가지고 우리 스스로를 판단하는 데 사용해야 한다.[37]

그런데 이 여섯 가지 논증은 기독교적 실천이 자신의 양심에 참된 은혜의 증거가 된다는 사실을 주장하는 맥락에서 제시되는 것이지만, 일반직인 차원에서 실천의 중요성을 강조하는 주장으로 사용해도 괜찮을 것 같다. 나의 양심이 나의 실천을 보는 것과 다른 사람의 눈이 나의 실천의 외적인 모습

---

36) *WJE-Y*, 2:437.
37) *WJE-Y*, 2:442.

을 보는 것의 차이만 분명하게 감안한다면, 얼마든지 나와 다른 사람 모두에게 적용할 수 있는 논증이다.

5. 실천은 내적 체험과 연합을 이루는 중요한 체험이다.[38]

에드워즈는 체험에 대해서 논하는 대목에서, 먼저 정신과 몸의 연합을 강조한다. "사람의 영적인 실천은 영과 몸(spirit and body)이 연합하여 이루는 실천이다. 혹은 몸에 연합되어 있고 창조주가 주는 힘으로 몸을 지배할 수 있는 영의 실천은 몸에 생기를 주고 몸에게 명령을 내리고 몸을 움직이게 만드는 실천이다."[39] 체험은 그리스도인들의 마음속에 있는 은혜의 작용을 의식하는 것이다. 그런데 이 은혜의 작용은 마음속에서 이루어지지만 바로 그 마음은 몸의 행동을 관리하는 일을 한다. 그래서 은혜의 작용은 마음속에도 영향을 미치고 몸에도 영향을 미친다. 은혜의 작용이 내적으로 일어나는 것과 외적으로 표현되는 것에 각각 내적인 체험과 외적인 실천이 대응한다. 다시 말해서, 에드워즈는 체험을 내적인 체험과 외적인 실천으로 분류한다. 내적인 체험과 외적인 실천은 영혼의 행동과 몸의 행동이 밀접하게 연합되어 있는 것처럼 매우 밀접하게 연합되어 있다. 그리고 몸의 행동이 영혼의 행동을 표현하는 것처럼 외적인 실천은 내적인 체험을 밖으로 드러내주는 역할을 한다.

에드워즈에 따르면, 기독교적 체험과 실천이 전적으로 서로 무관하다고 보는 것은 합리적이지 않고 깊이가 없는 생각이다. "모든 기독교적 체험을 실천이라고 부를 수는 없지만, 모든 기독교적 실천을 체험이라고 부를 수는 있다. …실천은 체험 중에서 중요하고 특징적인 부분이다."[40] 실천하는 것은 몸이 체험하는 것이다. 실천은 마음이 내면적으로 겪는 체험이 아니고 마음과 연합된 몸이 움직여서 외부 세계와 사물과 직접 부딪힘으로써 겪

---

38) 실천과 체험에 대해서는 본서 제6장 4. 의 3)(체험과 실천)의 내용도 참조하라.
39) WJE-Y, 2:450.
40) WJE-Y, 2:451.

는 체험이다. 마음속에 있는 체험은 아직까지 확실한 결과를 보여주고 있지 않아서 검증할 수 없지만, 몸의 움직임을 통한 실천적인 체험은 결과를 보여주니까 검증할 수 있다. 무엇을 검증하는가? 실천을 통해 겉으로 드러난 결과를 보고 속마음과 의도와 신앙적 감정을 시험하고 검증한다. "의견들과 개념들을 사실에 비추어서 시험(test)하는 것을 경험 철학(experimental philosophy)이라고 부르듯이, 신앙적 감정들과 의도들을 그런 식으로 시험하는 것도 당연히 경험 신앙(experimental religion)이라고 부를 수 있다."[41] 그러므로 에드워즈의 경험적 신앙(혹은 체험적 신앙)은 겉으로 드러난 실천적인 결과를 보고 그것이 참된 은혜의 표지인지 아닌지를 판단한다는 의미에서 체험적 신앙이다. 내적인 체험이 얼마나 영적이고 신적인가를 알려면 그 체험이 얼마나 실천에 영향을 미치는가를 보면 알 수 있다. "어떤 사람이 큰 깨달음과 사랑과 기쁨을 체험한 척할지라도 그것이 실천에 미치는 영향 이상으로 존중되어서는 안 된다."[42]

내적인 체험과 외적인 실천은 함께 가야 한다. 영혼과 몸이 불가분리적인 것처럼 이 둘도 밀접하게 연합되어 있다. 내적인 체험이 없는 외적이고 종교적인 실천은 하나님이 보시기에 아무런 가치가 없다. 반면에 신앙적인 실천이 없는 체험은 그야말로 공허하고 아무것도 아닌 것이다. 내적인 체험과 감동이 있는데 그것이 어떠한 경로를 통해서도 밖으로 표현되지 않는다면, 그러한 내적인 체험과 감동은 아무 것도 아닌 것이다. 참된 신앙적 감정은 반드시 실천하게 한다. 내적인 체험이 있다는 것은 감정이 움직였다는 것이고, 감정이 움직였다는 것은 실천적인 행동이 외적으로 표현되었다는 것이다. 에드워즈는 이렇게 말한다. "신앙은 많은 부분이 거룩한 감정에 내재한다. 그런데 참된 신앙을 뚜렷하게 구별해주는 감정의 작용은 실천적인 작용이다."[43] 영적으로 실천하게 만들지 않는 감정은 참된 은혜에서 나온 감정이 아니다.

---

41) *WJE-Y*, 2:452.
42) *WJE-Y*, 2:449.
43) *WJE-Y*, 2:453.

6. 실천은 이신칭의 교리와 모순되지 않는다.

에드워즈는 종교개혁자들의 핵심 사상인 이신칭의 교리를 훌륭하게 계승한다.[44] 사람은 오직 믿음으로 의롭다 함을 얻는다. 칭의에는 실천(행함)의 자리가 없다. 우리의 행함이나 우리 안에 있는 다른 어떤 것들도 하나님의 칭의의 은혜를 받을 만한 자격을 갖춘 것은 없다. 에드워즈의 언어로 말하자면, "하나님께서는 우리 안에 있는 어떤 가치로움이나 사랑스러움도 우리의 죄악을 상쇄시켜줄 만한 것으로 혹은 우리를 생명의 상속자로 삼아줄 만한 것으로 간주하지 않으신다."[45] 하나님의 칭의는 "불경건한 자를 의롭다고 하시는 것이다. 칭의의 행동에서 하나님은 칭의를 받는 사람 안에 있는 어떤 것도 경건함이나 선함으로 간주하지 않으신다."[46]

그러나 에드워즈는 기독교적 실천에 대한 강조가 결코 이신칭의론과 모순되지 않는다고 역설한다. 실천은 은혜의 근거가 아니라 은혜를 증거하는 표지라는 점을 분명히 한다면, 실천을 강조하는 것은 이신칭의론과 모순되지 않을 뿐만 아니라 오히려 필요한 일이다. 거룩한 자질(qualifications)의 경우도 마찬가지이다. 어떤 사람의 참된 거룩의 아름다움, 성화되어 하늘에 속한 마음의 사랑스러움, 하나님에 대한 사랑, 성령 안에서 기쁨의 체험, 자기를 비움, 그리스도를 최고로 높이고 모든 영광을 돌리는 정신 그리고 그분께 헌신하는 마음을 가지고 있기 때문에 은혜를 누릴 수 있는 자격이 있다고 생각한다면, 그것은 이신칭의 교리와 값없는 은혜의 교리와 모순된다. 하지만 위에 열거한 거룩한 자질들이 칭의의 자격 조건이 아니라 은혜를 받았다는 사실을 입증하는 표지로 사용된다면, 당연히 그러한 표지들은 강조되어야 한다. "우리가 행함(works)으로 의롭다 여김을 받지 않기 때문에 행함(실천)을 무시하는 것은 사실 모든 신앙, 모든 은혜, 참된 복음적 거룩 그

---

44) 에드워즈의 이신칭의 교리에 관한 철저하고 포괄적인 연구에 대해서는 다음을 보라: Kevin Woongsan Kang, "Justified by Faith in Christ : Jonathan Edwards' Doctrine of Justification in Light of Union with Christ" (Ph.D. Dissertation, Westminster Theological Seminary, 2003).
45) *WJE-Y*, 2:455.
46) *WJE-Y*, 19:147.

리고 모든 은혜의 체험을 무시하는 것과 같은 일이다."[47] 거룩한 실천을 참된 은혜의 근거로 생각하는 것은 율법주의이지만, 참된 은혜를 구별해주는 표지로 생각하는 것은 결코 율법주의가 아니다.

또한 성경은 보통 값없이 주시는 은혜와 거룩한 실천의 중요성과 필요성을 함께 가르친다고 에드워즈는 주장한다. 성경은 어떤 곳에서는 값없이 주시는 은혜를 말씀하시고, 또 다른 어떤 곳에서는 실천을 마치 약속의 조건인 것처럼 말씀하신다. 예를 들면, 하나님께서는 생명수 샘물로 목마른 자에게 값없이 주신다고 말씀하시고 난 후에 덧붙여서 이기는 자는 이것들을 상속으로 받을 것이라고도 말씀하신다(계 21:6-7). 마치 싸움을 잘 해서 이기는 것이 약속의 조건인 것처럼 말씀하고 있다. 그리스도께서는 '수고하고 무거운 짐진 자들아 다 내게로 오라 내가 너희를 쉬게 하리라'고 말씀하신 후에 곧바로 '나는 마음이 온유하고 겸손하니 나의 멍에를 메고 내게 배우라 그러면 너희 마음이 쉼을 얻으리니 이는 내 멍에는 쉽고 내 짐은 가벼움이라'고 말씀하신다(마 11:28-29). 마치 그리스도의 멍에를 메고 그분의 본을 닮아가는 것이 약속된 안식(쉼)을 얻기 위한 조건인 것처럼 말씀하고 있다. 오직 믿음으로 칭의의 은혜를 얻는다는 사실과 칭의의 은혜를 얻었다는 사실을 거룩한 실천으로 외적으로 입증한다는 사실은 결코 동일한 것이 아님에도 불구하고 이 두 가지는 밀접하게 연결되어 있기 때문에, 성경은 별도의 설명 없이 한 번은 이신칭의를 말하고 또 다른 한 번은 실천을 통한 약속의 조건의 성취를 말하는 것이다. 믿음은 영혼의 내적인 작용이고 실천은 영혼과 연합된 몸의 외적인 행동이다. 그러므로 "값없는 은혜와 거룩한 실천의 필요성이 때때로 성경에서 함께 연결되어 있는 것은 서로에게 모순이 되지 않는다. 실천을 통해 나타나는 신앙의 작용과 효과가 신앙의 주된 표지로 간주되는 것이 신앙의 영예와 중요성을 결코 약화시키지 않는다. 그것은 행동과 움직임이 생명의 주된 표지라는 것이 생명의 중요성을 소금도 감소시키지 않는 이치와 같다."[48]

에드워즈는 성경 말씀을 있는 그대로 받아들여야 한다고 주장한다. 성경

---

47) *WJE-Y*, 2:456.
48) *WJE-Y*, 2:458.

이 실천을 강조하는 만큼 우리도 실천을 강조해야 한다는 것이다. 성경이 크게 강조하는 것들을 가볍게 여기고 강조하지 않는 것은 사람들의 신앙에 나쁜 영향을 준다. 실천에 있어서 은혜의 효력 있는 작용을 무시하고 전적으로 양심과 은혜의 내적 작용의 방식만 주장하는 것도 마찬가지로 사람들의 신앙에 해를 끼친다. 그것은 철학이나 체험을 통하여 이런 문제들을 깔끔하고 정확하게 구별하는 능력에 의존하는 것이다. 에드워즈는 성경의 증언을 따라서 실천을 중시하지 않고 철학이나 체험을 의존하려는 태도에 대해서 다음과 같이 비판한다.

> 사람의 마음에 관한 한, 우리의 지혜와 식별력은 믿을 수 없다. 우리는 영혼의 본성과 마음의 깊이를 거의 알지 못한다. 사람의 감정(affections)은 초자연적 영향력이 없어도 다양한 방식으로 움직인다. 감정의 본성적 근원은 매우 다양하고 비밀스럽다. 그래서 많은 일들은 감정에 복합적인 영향력을 끼친다. 상상력, 본성적 기질, 교육, 성령의 일반적 영향, 감동적인 상황들의 복합적인 연결, 머릿속에서 동시에 떠오르는 여러 생각들, 그리고 보이지 않는 악한 영들의 미묘한 조종과 같은 것들이 서로 연결되어서 작용한다. 그러므로 어떤 철학과 체험도 하나님의 말씀이 제시하는 실마리가 없다면 이 미궁과 미로 속에서 우리를 안전하게 인도해줄 수 없다.[49]

하나님이 성경 말씀을 통하여 그토록 분명하게 실천을 참된 은혜와 믿음의 표지로 제시하셨다면, 거기에는 그만한 이유가 있을 것이다. 에드워즈의 생각에 따르면, 그 이유는 하나님은 우리의 본성을 잘 아시고 우리에게 가장 안전한 길이 어떤 것인지를 잘 아시기 때문이며, 실천을 은혜의 표지로 삼아서 우리가 나아갈 길을 정하는 것이 우리들을 덜 당황하게 만들고 덜 기만당하게 만든다는 것을 잘 아시기 때문이다. 또한 하나님은 은혜 없는 본성이 얼마나 은혜를 닮을 수 있는지, 은혜 없는 상상력이 얼마나 영적인 깨달음과 혼합될 수 있는지 잘 아시기 때문에 올바로 정확하게 구별할 수 있게 하기 위해서 실천이라는 은혜의 표지를 주셨다. 이것은 이신칭의의 교

---
49) *WJE-Y*, 2:460.

리를 부정하는 것도 아니고 그 교리에 모순되는 것도 아니다. 이것은 성경의 증거를 그대로 받아들이는 것이다.

사실 종교개혁 당시에도 이신칭의 교리는 행위(실천)를 무시한다는 비판을 받아왔다. 그러나 루터나 칼빈은 이신칭의 교리를 충분히 강조하면서도 신앙에 있어서 실천, 성화 혹은 윤리의 측면을 결코 소홀히 하지 않았다. 칭의 교리의 수호에 일생을 헌신한 루터는 칭의 교리를 어느 정도 확립한 이후에는 그리스도인의 윤리적 삶에 관심을 많이 쏟았고 윤리에 관한 글도 많이 썼다. 루터는 나무와 열매의 비유를 사용하여 칭의와 실천의 관계를 설명한다. "선행이 선한 사람을 만드는 것이 아니라 선한 사람이 선행을 한다. … 열매가 나무를 낳지 못하며 나무가 열매에서 자라지 못하고 그와 반대로 나무가 열매를 맺으며 나무에서 열매가 자란다는 것은 분명한 일이다. 그러므로 필연적으로 나무가 그 열매보다 먼저 존재하며 열매가 나무를 좋거나 나쁘게 만들지 못하고 오히려 나무가 좋고 나쁨에 따라 그것들이 맺는 열매도 좋고 나쁘게 된다."[50] 루터의 이러한 입장은 얼핏 보면 선행의 필요성을 약화시키는 것처럼 보이기도 하지만, 칭의와 선행의 관계가 나무와 열매의 관계와 같아서 칭의는 반드시 선행으로 열매를 맺는다는 점을 강조하는 것으로 보아야 한다.

사실 루터는 선행의 필요성을 여러 측면에서 강조한다. 첫째, 하나님이 순종과 선행을 명령하시기 때문에 순종하고 선행을 행해야 한다. 선행은 결코 구원의 방법이 아니지만 하나님께서는 우리에게 선행을 요구하신다. 하나님의 명령에 순종하고 선행을 행한다면 나의 행동은 선하다.[51] 둘째, 선행은 믿음을 입증하는 표지이기 때문에 중요하다. 불로부터 열과 빛을 분리하는 것이 불가능한 것처럼 믿음으로부터 행위를 분리하는 것은 불가능하다.[52] 참된 믿음은 왜 선행을 해야 하는가를 묻지 않으며, 그러한 질문이 나오기도 전에 이미 선행을 행한다. 셋째, 선행은 믿음의 완성을 위한 훈련으로써 필요하다. 우리가 완전히 영적인 속사람이라면 완전히 성화된 사람이

---

50) *LW* 31:361.
51) *LW* 27:57; 44:23.
52) *LW* 35:371.

라면 선행의 필요성을 말하기도 전에 이미 계속 선행을 행할 것이다. 그러나 우리는 아직 의인인 동시에 죄인[53]이기 때문에 성화의 과정에서 진보를 이루어나가고 있는 중이다. 그러므로 우리 속의 옛사람과 투쟁해야 하고 믿음을 강화하고 단련시켜나가야 한다.

한편, 루터는 야고보서를 '지푸라기 서신'이라고 부정적으로 평가하기는 했지만, 행함이 없는 믿음은 죽은 것이라는 야고보서의 중심 사상 자체를 거부한 것은 아니다. 특히, 루터는 신약성경 서문에서 "선행과 사랑이 꽃 피지 않는다면 그것은 진정한 믿음이 아니"라고 역설했다.[54] 신앙과 실천에 대한 루터의 입장을 가장 간명하게 잘 나타내주는 표현은 『그리스도인의 자유』에 나타난다. "그는[그리스도인은] 신앙으로 그리스도 안에 살며 사랑으로 그의 이웃 안에 산다."[55] 믿음은 하늘을 향하고 사랑은 땅을 향하는 것이다. 루터의 이러한 입장이 에드워즈만큼 신앙과 실천을 긴밀하고 직접적으로 연결시키고 있는 것은 아니다. 그러나 일평생을 칭의 교리의 수호에 헌신한 종교개혁자인 루터가 실천과 성화와 윤리를 이 정도로 강조하고 있다는 사실은 결코 과소평가될 일이 아니다. 아무튼 에드워즈가 이신칭의론의 기반 위에서 실천을 강조하고 있는 것은 종교개혁의 전통적 흐름 위에 있다는 것은 분명하다.

다음으로 칼빈에 있어서 실천과 성화의 위치에 대해서 살펴보자. 칼빈은 칭의와 성화를 긴밀하게 연결시킨다. 칼빈에 따르면, 우리가 믿음으로 그리스도를 붙잡을 때 원칙적으로 두 가지 은혜를 받는다. 첫째는 무죄하신 그리스도를 통하여 하나님과 화해하는 것이고(칭의), 둘째는 그리스도의 영에

---

53) 루터의 이 유명한 공식은 두 가지 의미를 가지고 있다. 칭의의 차원에서 이 공식은 하나님의 판단과 인간의 판단의 동시적 공존을 가리킨다. 하나님의 판단이라는 관점에서 인간은 그리스도 때문에 의인이다. 반면에 인간의 판단이라는 관점에서 인간 자신은 자신의 내면을 들여다보고 죄인이라고 판단한다. 한편, 성화의 차원에서 이 공식은 죄와 투쟁하는 과정 중에 있는 인간의 실존 속에 내재한 긴장과 갈등을 가리킨다. 성화의 과정 속에서 죄와 투쟁해서 승리하는 한에서는 의인이고, 아직 옛사람의 죄의 영향력 안에 있는 한에서는 죄인이다. 여기서는 성화의 차원에서 이 공식의 의미를 적용하고 있다(Paul Althaus,『루터의 신학』이형기 역, [서울: 크리스찬다이제스트, 1994], 272-75를 참고하라).
54) *LW* 35:362.
55) *LW* 31:371.

의하여 거룩하게 됨으로써 흠 없고 순결한 생활을 하는 것이다(성화).[56] 이 것이 '이중 은혜'이다. 이중 은혜인 칭의와 성화는 구별되지만 분리되지는 않는다. 그리스도는 우리에게 "의로움과 거룩함과 구속함이 되셨기" 때문에(고전 1:30), 그리스도의 의를 붙잡으면 동시에 거룩함도 붙잡지 않을 수 없다. 그리스도께서는 사람을 의롭게 하시면 반드시 동시에 거룩하게도 만드신다. 이 은혜들은 영원히 풀 수 없는 유대 관계로 연결되어 있다.[57] 그러나 그리스도의 은혜인 칭의와 성화는 서로 같은 것이 아니다.[58] 칼빈은 태양의 빛과 열의 비유를 사용한다.[59] 태양을 열과 빛으로 분리할 수 없는 것처럼 그리스도의 은혜인 칭의와 성화는 분리할 수 없다. 그렇지만 열과 빛이 같은 것이 아닌 것처럼 칭의와 성화도 혼동하면 안 된다. 이 두 가지는 연결되면서도 서로 다른 역할을 가지고 있다. 칼빈에 의하면, 칭의는 가장 중요한 복이며, 근본을 이루는 복이다. 이 칭의의 근거 위에서 성화가 이루어진다. 칼빈은 칭의가 근거라는 점을 결코 잊지 않았다. 하지만 칭의의 근거 위에서 추구해야 하는 성화의 중요성도 칭의만큼 강조했다. 양자는 그리스도의 은혜라는 하나의 현실의 두 가지 측면이기 때문에 어느 하나를 더 강조하고 다른 하나를 덜 강조하면 은혜의 현실이 왜곡된다.

한편, 칼빈에게 있어서 성화와 중생과 회개는 거의 같은 의미를 가지고 있다.[60] 칼빈은 『기독교강요』 제3권에서 성화(혹은 중생, 혹은 회개)를 먼저 다루고, 칭의를 나중에 다룬다. 왜냐하면 이신칭의 교리가 선행을 무시하지 않는다는 사실을 보여주려고 했기 때문이다. 칭의보다 성화를 먼저 다룬다는 사실 자체만으로도 칼빈이 성화를 얼마나 강조하고 있는가를 알 수 있다. 그리스도인은 세상으로부터 방향을 전환해서 하나님을 향하고 옛사람을 죽이고(mortification) 새사람을 입고 살아야(vivification) 한다. 옛사람이 죽고 새사람이 살아나는 회복의 과정은 짧은 시간에 이루어지는 것이 아니고 한평생이 걸린다.[61] 그리스도인은 이러한 실천적인 생활을 통해서 자기 자

---

56) *Inst.* III. xi. 1.
57) *Inst.* III. xvi. 1.
58) *Inst.* III. xi. 14.
59) *Inst.* III. xi. 6.
60) *Inst.* III. iii. 9와 III. xvii. 5.를 참고하라.
61) *Inst.* III. iii. 3.

신을 검토함으로써 다소의 위로를 얻고 신앙을 강화해나가야 한다. 칼빈은 이렇게 말한다. "하나님이 주신 은혜의 표지[행위라는 표지]에 의해서 신앙을 강화하는 것을 우리는 금하지 않는다."[62] 또한 칼빈은 야고보서에 대한 논의에서도 행위를 통해서 참된 은혜를 증명할 수 있다는 생각을 피력했다. "진정한 신앙에 의해서 의롭다 함을 얻은 사람들은 순종과 선행으로 그 의를 증명한다. 공상적이고 속이 빈 믿음의 가면만으로 증명하는 것은 아니다."[63] 아무런 내용 없이 겉으로만 믿는 체하는 것은 의롭다 함을 얻지 못하며, 참된 성도는 이런 외형으로 만족하지 않고 선행으로써 자기의 의를 표현한다.

우리가 이미 살펴보았듯이 에드워즈는 실천을 참된 은혜의 표지들 중 가장 중요한 표지로 간주했다. 그러므로 그리스도인은 참된 은혜를 삶 속에서 실천을 통해서 표현해야 할 의무와 책임을 가지고 있다. 하지만 루터와 칼빈은 참된 성도를 삶 속에서 죄와 투쟁하고 자기를 부인하며 거룩을 향해서 조금씩 전진해나가는 모습으로 묘사하고 있는데 반해서, 에드워즈는 참된 신자의 이상적인 모습을 목표로 제시해놓고 그 목표를 향하여 힘써 노력할 것을 요구하고 있는 듯하다. 이러한 약간의 차이에도 불구하고 기독교 신앙에서 실천이나 성화나 윤리의 중요성을 상당한 정도로 강조하고 있다는 점에서는 모두가 동일한 입장을 가지고 있다. 에드워즈가 이신칭의 교리를 강조함과 동시에 기독교인의 실천적인 삶도 그에 못지않게 강조한다는 점은 분명히 종교개혁적 전통의 틀 안에 있는 것으로 이해할 수 있다.

7. 소결론

영적인 실천은 신앙적 감정의 작용을 인간론적인 측면에서 설명한 것이다. 영적인 실천은 표지들 중의 표지요 최고의 표지다. 실천은 다른 모든 표지들을 검증하는 최후의 기준이라는 의미에서 최고의 표지이다. 이 실천 속

---

[62] *Inst.* III. xiv. 18.
[63] *Inst.* III. xvii. 12.

에는 마음의 동기가 함축되어 있다. 에드워즈는 몸의 행동(외적인 실천)과 영혼의 행동(내적인 마음의 동기)이 매우 밀접하게 연결되어 있어서 통합적으로 작용한다고 생각했다. 저 사람이 참된 은혜를 받은 참된 신앙인인가 아닌가를 분별할 때, 일차적으로는 외적인 실천을 보지만 보다 근본적으로는 외적인 실천을 하게 만든 마음의 동기를 본다. 외적인 실천과 마음의 동기는 통합적 작용을 하기 때문에, 외적인 실천을 통해서 마음의 동기를 보는 일은 가능하다. 하지만 늘 불완전한 가능성일 뿐이다. 하나님은 사람의 마음의 중심을 직접 보시지만, 인간은 외적인 실천을 통하여 그 사람의 마음의 중심을 간접적으로 추측할 뿐이다. 그러나 인간의 실천이 지속성을 가지고 오랫동안 계속된다면, 그러한 실천은 틀림없이 그러한 실천을 하는 마음의 동기를 충실하게 반영하고 있다고 보아야 한다.

실천은 다른 사람들에 대해서 뿐만 아니라 자기 자신에 대해서도 참된 신앙의 표지로 기능한다. 말보다는 행동이 기만적인 영향을 덜 받고, 마음을 더 충실하게 보여주기 때문이다. 또한 어떤 면에서 실천은 몸으로 겪는 신앙 체험이기도 하다. 자비의 실천은 자비의 체험이고, 정의의 실천은 정의의 체험이다. 순수하게 내적인 체험보다 몸으로 하는 외적인 실천적 체험이 참된 신앙의 체험적 성격을 더 잘 드러내는 것일 수 있다. 왜냐하면 외적인 실천과 내적인 동기가 통합적으로 작용하는 것처럼, 외적이고 실천적인 체험은 내적인 체험과 연결되어 있기 때문이다.

한편 감정이라는 측면에서 보자면 다음과 같이 설명할 수 있다. 신앙적 감정은 그냥 좋아하고 싫어하고 울고 웃는 것이 아니다. 감정은 사람의 마음을 어느 한쪽으로 기울어지게 해서 행동하게 만드는 힘을 가지고 있다. 그 감정이 전 인격을 움직여서 삶을 형성하고 삶을 표현하게 한다. 나의 삶과 인격과 성품을 참된 은혜와 참된 신앙의 표현으로서 삶의 표면에 실천적으로 열매 맺히게 하는 것이 아니라면, 그것은 참으로 은혜로운 신앙적 감정이라고 할 수 없다. 참된 신앙적 감정은 반드시 실천하게 만드는 감정-실천적 감정이어야 한다. 영혼의 행동과 몸의 행동이 밀접하게 연합되어 있다면, 은혜로 말미암아 마음(영혼)속에 생겨난 감정이 있는데 그것이 실천으로 통해서 몸 밖으로 표현되지 않을 수가 없다.

제 8 장

성화와 참된 덕

성령의 내주를 통하여 중생한 성도는 새로운 영적 감각과 영적인 지식을 가지고 있는 성도이다. 중생으로부터 그리고 영적인 감각과 영적인 지식으로부터 신앙적 감정이 생긴다. 이 신앙적 감정은 영적인 실천을 통하여 성도의 삶의 표면에 가시적인 행동으로 나타난다. 이것이 성화의 행동이다. 그러나 이러한 성화의 행동 이전에 성화의 원리가 있다. 에드워즈는 이렇게 말한다. "모든 경우에 행동이 있기 전에 원리가 있다. 죄인의 변화된 행동이 있기 전에 죄인의 마음에 일어난 변화가 있다. 그렇다. 거룩이 실제로 발휘되기 전에 거룩의 원리가 먼저 있다."[1]

원리와 행동의 문제는 영적인 실천과 관련해서 영혼의 행동과 몸의 행동을 다루는 부분에서 이미 함축적으로 암시되었다. 영혼의 행동이 먼저 있고 몸의 행동이 영혼의 행동을 따른다. 영혼의 행동과 몸의 행동이 통합적으로 작용하여 영적으로 실천하는 삶이 바로 성화의 삶이다. 우리가 영적인 실천과 성화를 별도로 나누어서 다루는 것은, 신앙적 감정에 함축된 인간론적인 측면과 구원론적인 측면 둘 모두를 분명하게 고찰함으로써 신앙적 감정이 무엇인가를 더욱 풍성하게 보여주기 위함이다.

본장에서 우리는 성화의 원리와 내용을 살펴볼 것이다. 성화의 원리로 제

---

[1] *WJE-Y*, 13:245. (Misc., no. 77.)

시한 것들 중 경향성과 참된 덕 등의 개념들은 상당히 철학적이지만, 에드워즈의 성화를 이해하는 데 있어서 매우 중요한 내용을 담고 있기 때문에 반드시 다루어야 한다. 어떤 면에서는 에드워즈의 성화 개념에 해당하는 철학적 언어가 참된 덕이라고 말할 수 있다. 그래서 본장의 제목을 성화와 참된 덕이라고 했다.

1. 성화의 원리

1) 경향성(habit)

경향성(습성)이라는 말을 철학적 의미에서 제일 먼저 사용한 사람은 아리스토텔레스이다. 아리스토텔레스는 존재의 범주를 10개로 분류했다. 그것은 실체, 양, 질, 관계, 장소, 시간, 자세, 상태/습성, 능동 그리고 수동.[2] 이 중에서 상태/습성(헬라어로는 'ἕξις, 라틴어로는 habitus)에 해당하는 말이 경향성(habit)이다.[3] 그런데 아리스토텔레스에 따르면, 이 경향성은 실체가 아니라 실체가 소유하고 있는 우유성(偶有性)이다. 즉, 실체의 반복적인 행동을

---

2) Aristoteles, 『범주론·명제론』, 김진성 역주, (서울: 이제이북스, 2005), 36-37을 참조하라. 이 10개의 범주들 중에서 "상태"는 번역본에서는 "소유"로 번역되어있었지만, 필자의 임의로 "상태/습성"이라는 말로 바꾸었다. 사실 이 말은 상태 혹은 습성이라는 말로 번역되는 경우가 더 많다.
3) 아리스토텔레스는 상태/습성을 다음과 같이 설명한다. "습성은 더 지속적이고 더 오래 간다는 점에서 일시적 상태와 차이가 난다. 앎과 덕은 그런 습성에 든다. … 예들 들어, 정의, 지혜 그리고 이와 같은 것들은 저마다 쉽게 변하지도, 쉽게 바뀌지도 않는 듯하다." Aristoteles, 『범주론·명제론』,66-67.; 또한, 『형이상학』 5권 20장에서도 상태/습성(헬라어로는 'ἕξις, 라틴어로는 habitus)을 3가지로 설명한다. 첫째는, 소유하고 있는 사물과 소유됭하고 있는 사물 사이에 있는 어떤 현실적 활동, 즉 일종의 행위 또는 운동이다. 예를 들면, 옷을 한 번 입은 후 계속 그 옷을 입고 있는 상태를 말한다. 둘째는, 사물 자체 내의 혹은 다른 사물과의 관계에서 배치가 되어 있는 상태를 말한다. 예를 들어, 건강은 배치가 잘 되어 있는 상태이고 병은 배치가 나쁜 상태이다. 셋째는, 어떤 사물에 이런 배치를 가진 부분이 있는 것을 말한다. 예를 들면, 영혼의 덕성이 이런 습성(혹은 경향성)에 해당한다. 이와 같이 볼 때, 아리스토텔레스적인 의미에서의 경향성은 어떤 상태가 지속적으로 유지되고 있는 상태를 의미한다. Aristoteles, 『METAPHYSICA 형이상학』, 김천운 옮김, (서울: 동서문화사, 1987), 164-165.

통하여 습관화됨으로써 지속성의 상태를 가지는 것이지 경향성 그 자체가 실체와 무관하게 존재하거나 외부에서 주어지는 것은 아니다.

중세 신학자들은 이러한 경향성(습성) 개념을 주로 하나님의 은혜와 관련하여 설명했다. 중세 신학자들 사이에서 은혜를 둘러싼 논쟁의 내용은 매우 복잡하지만, 경향성 개념과 관련해서 볼 때 가장 중요한 것은 창조되지 않은 은혜(gratia increata)와 창조된 은혜(gratia creata)이다.[4] 아주 단순화해서 말하면, 창조되지 않은 은혜란 성령을 말하고, 창조된 은혜란 주입된 은혜의 경향성을 가리킨다. 주입된 은혜의 경향성은 주로 영혼 안에 창조된 어떤 것이다. 즉, 그것은 일종의 실체다. 주입된 경향성을 실체로 볼 경우, 우리 안에 있는 의는 본래적인 의(우리 자신의 것인 내재적인 의)로 간주되고, 루터가 말하는 낯선 의(우리 자신의 것이 아닌 외부적인 의)가 설 자리는 없게 된다.

에드워즈의 선배 청교도들도 가끔씩 경향성이라는 말을 사용했다. 그들은 주로 중생과 은혜와 덕에 대해서 논의할 때 경향성이라는 말을 사용했다.[5] 다시 말해서 철학적인 영역이 아닌 신학적인 영역에서 이 용어를 사용했다. 오웬(John Owen)에 따르면, 중생자의 새로운 본성은 "선행하는 거룩의 행위에 의해서 생기는 것이 아니다. 그것은 모든 것들의 뿌리이다. 여러 번에 걸친 행위에 의해서 획득된 경향성(habits)은 …새로운 본성이 아니다." 그러한 경향성은 "계속 습관적으로 사용함으로써 형성되는 것으로서 행동을 위한 준비일 뿐이다." 그러나 거룩은 "은혜롭고 초자연적인 경향성이다."[6] 존 플레이블(John Flavel)에 의하면, 경향성은 능동적이고 활력 있는 힘이다. 연못이나 샘들과 거기에서 흘러나오는 시냇물과 강물의 관계는 능동적인 힘과 거기에서 솟아나오는 행동들의 관계와 같다. 윌리엄 에임스(William Ames)는 은혜의 경향성이 중생한 사람에게 새롭게 은혜로 받은 능력과 그 능력을 잘 발휘할 수 있게 하는 지향성을 준다고 했으며, 성격의 상

---

4) Alister McGrath, *Iustitia Dei: A History of The Christian Doctrine of Justification*, 2 vols. (Cambridge: Cambridge University Press, 1986), 1:145-146을 참고하라.
5) Sang Hyun Lee, *The Philosophical Theology of Jonathan Edwards* (NJ: Princeton University Press, 1988), 24.
6) Owen, *Pneumatologia*, 411-415.; Norman Fiering, *Jonathan Edwards's Moral Thought and Its British Context* (Williamsburg: University of North Carolina Presss), 1981, 310에서 재인용. 이후로는 Fiering, *Edwards's Moral Thought*으로 약술함.

태, 영속하는 실재의 원리 혹은 제2의 본성이라고 주장하기도 했다.[7] 이러한 청교도들의 경향성은 실체가 아니라 성도의 영혼 속에 내재하는 은혜의 속성 내지 은혜의 힘이다. 에드워즈는 이러한 선배 청교도들의 경향성 이해를 거의 물려받는다.

에드워즈의 지성적 배경을 깊이 연구한 노만 파이어링(Norman Fiering)은 주로 윤리적인 관점에서 경향성의 문제를 다룬다. 그는 경향성과 행동의 관계에 대해서 질문한다. "외적 행동의 단순한 반복이 어떻게 내적 성향의 확립이라는 결과를 낳을 수 있는가? 경향성은 [성격을] 형성하게 해주는 행동과는 질적인 차이가 있는가 아니면 행동의 축적, 즉 단순한 양적인 사실일 뿐인가?"[8] 이 질문에 이어서 그는 다음과 같이 대답한다. "서구 도덕 사상에서 경향성의 이론은 널리 알려져 있었기 때문에 기독교 신학의 어떤 개념과 섞이게 되는 것은 놀라운 일이 아니다. 이 경향성이 행동의 반복을 통해서 획득되어졌다기보다는 하나님에 의해서 직접 주입된 것으로 보고 있음에도 불구하고, 타락 이후 인간의 내적 부패는 도덕적 경향성의 관점에서 생각되었으며, 구원받은 자의 갱신된 상태의 경우도 마찬가지였다. 주입된 은혜의 경향성은 영원하다. 왜냐하면 처음부터 그것은 행동에 의존하지 않기 때문이다. 그러므로 성도의 견인은 은혜에 의해서 수여된 거룩과 덕의 지울 수 없는 경향성에 의거한 것이다."[9] 파이어링은 경향성은 행동의 축적에 의해 획득된 것이 아니라 주입된 것임에도 불구하고-행동에 의존하지 않음에도 불구하고, 도덕적으로 유의미한 개념이라는 점을 인정하고 있다. 이로 보건대 파이어링은 경향성을 성화의 과정에서 지속적으로 작동하는 원리로 보고자 하는 우리의 생각을 간접적으로 지지해주는 것으로 보인다.

한편, 에드워즈의 신학에서 경향성의 개념을 처음으로 본격적으로 중요하게 취급한 학자는 이상현이다. 그는 에드워즈가 경향성(habit) 혹은 성향(disposition)을 자기 사상의 중심 개념으로 삼고 성향적 존재론(dispotional ontology)을 전개했다고 주장한다.[10] 그에 따르면, 경향성은 단순히 하나의

---

7) Sang Hyun Lee, *Jonathan Edwards*, 24.
8) Fiering, *Edwards's Moral Thought*, 309.
9) Fiering, *Edwards's Moral Thought*, 310.
10) Sang Hyun Lee, *Jonathan Edwards*, 책 전체가 에드워즈의 경향성 개념을 자세히 다루고

제 8 장 성화와 참된 덕 277

관습이나 정규적인 형태로서의 지속적인 상태가 아니라, 오히려 어떤 유형의 사건과 행동을 지배하고 일으키는 능동적 경향이며, 목적성을 가지는 힘이다.[11] 뿐만 아니라 경향성은 사건과 행동을 지배하는 힘이 가지고 있는 법칙이며, 더 나아가서 실재성의 양태로서 독특한 존재론적 지위를 가지고 있는 것이기도 하다.[12] 아리스토텔레스의 이론을 빌려서 말한다면, 에드워즈의 경향성은 순전한 잠재태와 충분한 현실태의 중간 지점에 위치하는 모종의 실질적인 원리로서 사건들과 행동들을 지배하고 일으키며, 존재론적으로 실재하며 지속하는 원리이다. 이상현은 이러한 경향성의 원리를 온 세계와 사물과 인간에 보편적으로 적용되는 것으로 보았으며 나아가서 하나님의 존재의 본질도 경향성이라고 하였다. 그래서 하나님은 충분한 현실태인 동시에 경향성이기 때문에 끊임없이 자기 자신을 확대하고 재현한다고 주장하였다.

스티븐 홈즈(Stephen Holmes)는 이상현의 이러한 에드워즈 해석을 정면으로 논박하며 에드워즈는 성향적 존재론을 사용하지 않았다고 주장한다. 스티븐 홈즈에 따르면 전통적으로 기독교 교리에는 존재론에 대한 요구가 없었다. 에드워즈가 배운 개혁주의 전통은 경향성의 개념에 관심이 없었고 신학적 보수주의를 견지했다. 그런데 이상현의 에드워즈 신학 설명에는 과정신학의 주장들과 비슷한 점이 엿보인다. 그러므로 만약 이상현의 말대로 에드워즈가 성향적 존재론을 펼치면서 하나님에 대해서 형이상학적으로 재개념화했다면, 에드워즈는 자신의 신학적 전통을 떠난 것이라고 단언힌다.[13] 에드워즈의 사상에는 존재론적 사고가 나타나기 때문에 스티븐 홈즈의 이상현 비판은 약간 과도한 면이 있다. 하지만 에드워즈의 경향성 개념을 존재론으로 확장시켰을 때, 역사적 개혁신학의 전통들과 여러 면에서 충돌이 일어난다는 것은 분명한 사실이다. 예를 들면, 앙리 모리모토(Anri

---
있지만, 특히 3-14와 34-51을 보라. 그리고 본서 제1장 3.기존 연구 검토에서도 이상현의 경향성 개념에 대해서 약간 다루었으니 이를 참고하라.
11) Sang Hyun Lee, *Jonathan Edwards*, 35.
12) Ibid., 38-46.
13) Stephen R. Holmes, "Does Jonathan Edwards Use a Disposional Ontology? : a Response to Sang Hyun Lee," *Jonathan Edwards : Philosophical Theologian*, Edit. by Paul Helm and Oliver Crisp (Burlington VT: Ashigate, 2003), 99-110, passim.

Morimoto)는 자신의 책『조나단 에드워즈와 구원의 가톨릭적 비전』(*Jonathan Edwards and the Catholic Vision of Salvation*)에서 성향적 존재론에 입각한 구원론을 전개하면서, 에드워즈의 구원론은 본질적으로 로마 가톨릭의 구원론과 조화를 이룬다고 주장한다.[14] 이상현의 에드워즈 해석은 분명히 탁월하지만, 경향성을 철저하게 존재론적인 것으로 받아들여서 에드워즈 신학의 모든 부분에 적용한다면, 역사적 개혁주의 전통과 멀어지는 일이 생길 수 있다.

우리는 여기서 에드워즈의 경향성 개념에 대한 이상현의 해석 전체에 대해서 논쟁하려는 의도는 없다. 그것은 현재의 연구 범위를 벗어난 매우 어렵고 복잡한 주제이다. 다만 앞서 말한 바와 같이 우리는 에드워즈가 경향성 개념을 성화의 원리로 간주하고 있다는 사실에만 관심을 가지고 있다. 하나님의 은혜와 관련해서 에드워즈가 경향성을 말할 때, 그것은 성도의 인격과 삶 전체를 아우르는 포괄적인 원리로 나타난다. 이러한 관점에서 에드워즈의 말을 살펴보기로 한다.

먼저 에드워즈는 신앙적 감정이 경향성적(성향적)이라고 말했다. 이것은 신앙적 감정이 지속적인 감정이라는 의미를 함축한다.

> 신앙의 정도는 현재 감정이 작용하는 정도에 의해서가 아니라 감정 속에서 작용하는 경향성의 힘과 고정성에 의해서 판단되어야 한다. 왜냐하면 거룩한

---

14) Anri Morimoto, *Jonathan Edwards and the Catholic Vision of Salvation* (University Park: Pennsylvania State University Press, 1995), 54-59에서 성향적 존재론을 자세히 다룬다. 한편, 앙리 모리모토의 성향적 존재론적 구원론에 대한 개혁주의 입장에서의 포괄적인 비판에 대해서는 다음을 보라: Kevin Woongsan Kang, "Justified by Faith in Christ: Jonathan Edwards' Doctrine of Justification in Light of Union with Christ," 309-334. 특히, 310-311을 보라.; 한편, 참고적으로, George Hunsinger의 견해도 언급할 만하다 그는, 이상현을 전혀 언급하지 않은 채로, 에드워즈의 성향(disposition) 개념이 개혁주의 전통과 다르다고 주장하면서 이렇게 비판한다. "이러한 언급[행위를 신앙의 선언인 동시에 신앙에의 기여로 본다는 언급]을 하는 이유들 중 하나는 에드워즈가 암암리에 신앙과 행위보다 더 근본적인 범주를 가지고 있기 때문이다. 신앙과 행위는 둘 다 그가 성향이라고 부르는 것의 표현이다." 또한, "에드워즈가 최종적으로 가르치는 것은 오직 성향에 의한 칭의라고 요약하는 것이 공정해 보인다." George Hunsinger, "Dispositional Soteriology: Jonathan Edwards on Justification by Faith Alone," *Westminster Theological Journal* 66 (2004) : 118, 119.

감정은 경향성적(habitual)이기때문이다. 그리고 경향성의 힘은 외부적으로 드러나는 결과나 현상 혹은 마음의 생각이 갑자기 급하게 변해서 생기는 내부적인 결과에 항상 비례하는 것은 아니다. 그러나 분명한 것은 신앙은 대개 감정에 존재하며 거룩한 감정이 없다면 참된 신앙도 없다는 것이다. 그리고 지성의 빛이 마음에 거룩한 감정을 만들어내지 않는다면 올바르지 않다. 마음속에 있는 경향성과 원리가 실제로 작용하지 않는다면 올바르지 않다. 외적인 열매가 그러한 실제적 작용으로부터 산출되지 않는다면 올바르지 않다.[15]

이 진술에 따른다면, 현재 감정이 얼마나 고양되어 있는가 하는 점이 중요한 것이 아니고 감정 속에서 작용하고 있는 경향성의 힘과 고정성이 더 중요하다. 경향성의 힘은 감정이나 행동이 외부로 얼마나 드러나는가 하는 것과 비례적인 관계를 형성하지 않는다. 다시 말해서, 성도의 영혼의 내부에서 은혜의 기초가 얼마나 견고하게 터를 잡고 있는가 하는 점이 일시적으로 외부로 드러나는 감정적이고 행동적인 표현들보다 더 중요하다는 말이다. 하지만 그럼에도 마음속에 있는 경향성과 원리는 실제로 작용해야 하고 외적인 열매가 산출되어야만, 그것이 올바른 경향성이라고 말할 수 있다.

한편, 에드워즈는 경향성(habit), 성향(disposition), 경향(tendency), 지향성(propensity), 원리(principle) 그리고 기질(temper) 등의 용어를 전부 비슷한 의미로 사용하고 있다.[16] 이뿐만 아니다. 에드워즈는 영혼의 기능을 지성(understanding)과 의향(inclination)이라는 두 가지 기능으로 나누었는데, 이 중 의향(inclination)을 경향성과 거의 동일한 의미로 사용하기도 한다. 에드워즈는 "정신"(The Mind)이라는 논문 가운데 기억을 논하는 부분에서, 경향성과 의향에 대해서 이렇게 말한다. "정신적 원리들, 경향성들 그리고 의향들에 대해서 말하자면, 어떤 행동이나 작용이 없을 때에도 정신 속에 정말로 존재하는 어떤 것이 있다. 이는 인간이 방 안에 있는 의자를 인식하지 않을 때

---

15) *WJE-Y*, 2:118-119.
16) Wallace Anderson, "Editor's Introduction," *WJE-Y*, 6:126.; Sang Hyun Lee, *Jonathan Edwards*, 15.

도 거기에 의자가 존재하는 것과 같다. 방 안에 있는 의자를 아무도 인식하지 않았을 때에도 이 방 안에 의자가 있다고 말할 때, 우리가 의미하는 바는 그러한 여건이 갖추어지면 자연법에 따라서 정신이 그 의자를 인식할 수 있다는 것이다."[17]

빈 방 안에 있는 의자를 아무도 인식하고 있지 않더라도 특정한 여건이 갖추어지면 그 의자를 인식할 수 있게 해주는 법칙이 있다. 이와 마찬가지로 정신 속에서 전혀 인식되고 있지 않아서 마치 없는 것 같지만 특정한 여건이 형성되면 행동과 실천으로 나타나서 인식할 수 있게 해주는 법칙이나 원리가 있다. 이것이 경향성이다. 에드워즈에 따르면, "모든 경향성들은 이런 경우에 이런 행동이 실천될 것이라고 하나님께서 정하신 하나의 법칙이다."[18]

한걸음 더 나아가서 에드워즈에 따르면, 경향성은 본성의 원리 혹은 행동을 위한 토대이다. 그리고 은혜의 경향(tendency)은 은혜의 본성이자 거룩한 실천의 원리이다. 사실 우리는 경향성에 대한 이러한 설명들을 더욱 중요하게 생각한다. 이에 따르면, 경향성은 우리가 이미 살펴본 새로운 영적 감각이나 본성의 새로운 원리[19]와 거의 비슷하다는 것을 알 수 있다. 이것은 중요한 진술이기 때문에 좀 길게 인용하기로 한다.

이 새로운 영적 감각 그리고 거기에 수반되는 새로운 성향(dispositions)은 새로운 기능이 아니라 본성의 새로운 원리이다. 더 정확하게 의미를 전달할 수 있는 말이 없어서 나는 '원리들'이라는 말을 사용한다. 여기에서 본성의 원리라는 말은 본성 안에 있는 토대를 의미하는데, 그것은 옛 본성이든 새 본성이든 간에 영혼의 기능을 작동시키는 특별한 방법이나 종류를 포함하고 있는 것이다. 또한 본성의 원리는 본성적 경향성이나 행동을 위한 토대를 의미하기도 하는데, 그것은 어떤 종류의 작용으로 [영혼의] 기능을 발휘할 수 있게 해주는 능력과 성향을 사람에게 주는 것이다. 그래서 그러한 종류의

---

17) WJE-Y, 6:385. (The Mind.) 이 내용은 조지 버클리의 "존재는 지각되는 것이다(esse est percipi)"라는 주장에 대한 에드워즈식의 해결책이다. 하지만 현재 우리의 관심은 경향성과 성향에 있기 때문에 자세하게 논의하지는 않겠다.
18) WJE-Y, 13:358. (Misc., no. 241.)
19) 본서 제5장 2. 새로운 감각을 보라.

작용으로 감각 기능을 발휘하는 것은 그 사람의 본성이라고 할 수 있다. 그러므로 이 새로운 영적 감각은 … 영혼의 본성 안에 있는 새로운 토대이다.[20]

새로운 영적 감각, 본성의 새로운 원리, 본성 안에 있는 토대, 영혼의 기능을 작동시키는 것 그리고 행동을 위한 토대, 이런 말들이 모두 거의 비슷한 의미를 담고 있다. 그리고 바로 이런 것들이 경향성이다. 그렇다면 경향성은 성도의 영혼 속에 주입되는 영적이고 신적이고 초자연적인 원리라고 이해할 수 있다.[21] 에드워즈는 주입된 경향성에 대해서 말한 적이 있다.[22] 그런데 이러한 표현들은 거의 대부분 성령의 내주의 여러 가지 측면들을 담지하고 있는 것으로 보인다. 그러므로 이렇게 말할 수 있다. 성령에 의한 주입 혹은 조명이 성도의 영혼 안에 본성의 새로운 원리나 토대로 혹은 경향성으로 자리를 잡으면 영혼의 기능을 작동시켜서 실천하게 한다. 특별히 여기서 경향성은 지속적으로 은혜의 상태를 유지하고 은혜가 실천적으로 발휘되게 하는 힘과 관련이 있다. 계속해서 에드워즈의 다음 진술을 살펴보자.

마음속에 있는 은혜의 경향(tendency)은 실천을 지향한다. 은혜와 실천의 연결은 매우 자연스럽고 필연적이다. 참된 은혜는 비활동적인 것이 아니다. 천지에 이보다 더 활동적인 본성을 가진 것은 없다. 왜냐하면 이것은 생명 그 자체이며 가장 활동적인 종류의 생명이며 더 나아가서 영적이고 신적인 생명이기 때문이다. 이 은혜는 열매 없는 메마른 것이 아니다. 본성상 은혜보다 열매를 맺고자 하는 경향(tendency)이 더 큰 것은 이 세상에는 결코 없다. 마음속에 있는 경건은 실천과 직접적인 관계가 있다. 그것은 샘이 물줄기와 관계있는 것과 같고, 태양빛의 본성이 비춰진 광선들과 관계있는 것과 같고, 생명이 호흡이나 맥박과 관계있는 것과 같고, 경향성(habit)이나 행동의 원리가 행동과 관계있는 것과 같다. 왜냐하면 그것이 은혜의 본성이자 개념이고, 그것이

---

20) *WJE-Y*, 2:206.
21) Philip F. Gura, *Jonathan Edwards: America's Evangelical* (New York: Hill and Wang, 2005), 131. 이후로는 Philip Gura, Jonathan Edwards로 약술함.
22) *WJE-Y*, 13:168-169. (Misc. no. 1.); 그리고 본서의 제4장 2.(주입과 조명)을 참고하라.

거룩한 행동이나 실천의 원리이기 때문이다.[23]

경향성은 궁극적으로 실천을 지향한다. 경향성 속에는 실천의 원리가 들어있다. 어떤 면에서는 경향성 자체가 실천의 원리이다. 은혜는 생명이기 때문에 멈추지 않고 지속적으로 생명의 운동을 한다. 생명의 운동은 열매를 맺는다. 은혜가 실천 혹은 열매와 연결되는 것은 샘이 물줄기로 흘러나가는 것이나 태양빛이 광선으로 비추어지는 것과 같다. 행동의 원리인 경향성이 행동으로 표현되는 것과도 같다. 경향성은 행동의 원리로서 지속적으로 머물기만 하는 것이 아니고 반드시 실제적으로 행동으로 나타나서 열매를 맺는다.

새로운 영적 감각이 생기고 회심을 체험하고 하나님과 복음에 속한 일들에 대한 영적인 지식을 얻는 것은 은혜의 경향성이 주입되는 것과 같다. 경향성을 말할 때는 은혜의 지속적인 측면과 실천으로 드러나고자 하는 측면이 부각된다. 은혜가 성도의 영혼 속에 들어올 때 큰 변화가 생기고, 은혜가 지속적으로 머무를 때 당연히 성품의 변화가 수반된다. 그리고 다시 이 성품의 변화는 전체적이고 지속적이고 조화롭고 균형 있게 성도의 삶의 표면에서 표현된다.

2) 덕, 아름다움 그리고 사랑

에드워즈가 사용하는 중요한 용어들 중의 일부는 상호간에 의미가 상당히 중첩되는 경우들이 많이 있다. 예를 들면, 성령과 은혜, 성령의 내주와 주입된 은혜의 경향성과 새로운 본성의 원리, 중생과 회심, 정신과 마음 그리고 의향과 감정 등이 있다. 덕과 아름다움과 사랑도 이런 경우에 속한다. 이 용어들은 완전히 같은 의미는 아니지만 거의 같은 말이라고 할 수 있다. 덕과 아름다움과 사랑은 성도가 성화의 과정을 통해서 전체적인 삶 가운데서 진정성을 가지고 지속적으로 추구함으로써 성취해야 할 궁극적 목표이다. 이런 의미에서 덕과 아름다움과 사랑은 성화의 원리인 동시에 성화의

---
23) *WJE-Y*, 2:398.

내용이기도 하다.

에드워즈는 『참된 덕의 본질』의 첫 부분에서 덕과 아름다움과 사랑에 대하여 여러 가지 측면에서 설명하고 정의한다. 덕(virtue)은 "아름다운 어떤 것, 혹은 일종의 아름다움이나 탁월함이다." 좀 더 정확하게 말하자면, 덕은 자연의 아름다움이 아니라 도덕적 존재의 아름다움이다. "덕은 칭찬이나 비난받을 만한 도덕적 본성에 해당되는 정신의 자질과 행동의 아름다움이다." 덕은 "단지 이론적 사색(speculation)에 속한 것이 아니라 성향과 의지에 속한 것이다. 더 잘 이해할 수 있도록 일반적인 말을 사용한다면, [덕은] 마음에 속한 것이다." 그리고 덕은 "마음의 경향성, 성향, 혹은 작용을 참으로 아름답게 만들어주는 것"이다.[24]

그런데 덕에는 참된 덕과 참된 덕이 아닌 것(사물에 대한 부분적이고 불완전한 관점과 관련한 덕)이 있다. 참된 덕은 "지성적인 존재에 속하는 것이고, 일반적인 아름다움(general beauty)으로 아름다운 것이며, 그 자체로서든지 그 자체와 연결된 모든 것들과 관련해서든지 간에 포괄적인 관점에서 아름다운 것이다." 참된 덕에 대한 더 분명한 정의는 다음과 같다. "참된 덕은 대체로 본질적으로 존재 일반에 대한 인애(benevolence to Being in general)[25]에 있다. 혹은 더 정확하게 말하자면, 그것은 존재 일반에 대한 마음의 동의(consent), 경향(propensity) 그리고 연합(union)이다. 그것은 일반적인 선의(good will) 속에서 즉각적으로 행사된다." 에드워즈는 분명하게 "[덕은] 대체로 인애의 사랑(love of benevolence)이나 자비로운 감정(kind affection)에 있다." 혹은 "참된 덕은 존재 일반에 대한 사랑(love to Being in general)에 있다"고 선언한다. 또한 이렇게도 말한다: "참된 덕의 본질은 존재 일반을 향한 인애의 성향(disposition to benevolence toward Being in general)에 있다."[26]

---

24) *WJE-Y*, 8:539.
25) benevolence는 보통 "자비, 박애, 자선, 호의" 등으로 번역된다. 그러나 에드워즈의 기술적 용어인 benevolence to Being in general은 하나님에 대한 사랑을 철학적 언어로 표현한 것이기 때문에, "존재 일반에 대한 사랑"으로 번역하는 것이 좋다. 그런데 에드워즈는 가끔씩 benevolence와 love를 함께 쓰기도 한다. 예를 들면, "love of benevolence"가 있다. 그러므로 우리는 benevolence를 "인애"로 번역할 것이고, 아주 가끔씩 부드러운 표현을 위해서 사랑이나 호의로 번역할 것이다.
26) *WJE-Y*, 8:540-541.

에드워즈는 덕과 아름다움과 사랑을 두 가지로 구분한다: 참된 덕과 참된 덕이 아닌 것, 일반적인 아름다움과 특수한 아름다움 그리고 인애의 사랑과 만족의 사랑. 한편에는 참된 덕과 일반적인 아름다움과 인애의 사랑이 있고, 다른 한편에는 참된 덕이 아닌 것과 특수한 아름다움과 만족의 사랑이 있다. 전자는 대체로 존재 일반이나 세계 전체, 하나님 그리고 영적이고 초자연적인 것과 관련되는 것인 반면에, 후자는 특정한 존재, 세계의 한 부분 그리고 자연적인 것과 관련된다. 하지만 에드워즈는 후자를 무조건 부정적인 것으로 간주하지 않는다. 전자의 토대 위에 있다면 후자는 참으로 덕스럽고 아름답고 사랑스럽다. 참된 덕이 아닌 것일지라도 그것이 참된 덕의 토대 위에 있다면 참으로 덕스럽지만, 참된 덕의 토대를 벗어나서 독립적으로 존재한다면 결코 덕스럽지 않다. 아름다움과 사랑에도 같은 논리가 적용된다. 이러한 에드워즈의 구도는 참된 신앙을 입증함에 있어서 확실한 12가지 표지들과 불확실한 12가지 표지들의 구분이라는 구도와도 매우 비슷하다. 확실한 12가지 표지들에 의해서 입증된 참된 신앙의 토대 위에서라면 불확실한 12가지 표지들도 대체로 신앙적으로 의미 있는 것들이 된다.

이제 덕과 아름다움과 사랑에 대한 에드워즈의 구분을 자세히 살펴보자. 아름다움에서 출발하는 것이 이해하기 쉽다. 하지만 덕과 아름다움과 사랑은 서로 너무 밀접한 관련성을 가지고 있으며 심지어 거의 같은 의미라고도 말할 수 있는 개념들이기 때문에, 자연스럽게 논의는 뒤섞이게 될 것이다. 아무튼 아름다움에서부터 시작하자. 에드워즈는 여러 가지 이름으로 아름다움을 두 종류로 구분한다: 일반적인 아름다움과 특수한 아름다움[27] 또는 일차적이고 가장 본질적인 아름다움과 이차적이고 하위적인 아름다움.[28] 어떨 때는 일차적이고 본질적인 아름다움을 참되고 영적이고 원형적인 아름다움 혹은 영적이고 덕스러운 아름다움으로 부르고,[29] 이차적이고 하위의 아름다움을 외적인 아름다움, 혹은 본성적인 아름다움으로 부르기도 한다.[30] 한편, 에드워즈는 아름다움과 관련하여 두 종류의 동의(agreement)와

---

27) *WJE-Y*, 8:540.
28) *WJE-Y*, 8:548.
29) *WJE-Y*, 8:564, 573.
30) *WJE-Y*, 2:281, 282.

일치(consent)를 구분한다: (1)정신과 마음의 화합과 연합에 존재하는 진심의 동의(cordial agreement). 이것은 참된 덕이고, 원형적이고 일차적인 아름다움이고, 유일하게 참된 도덕적 아름다움이다. (2)본성적 연합(natural union) 혹은 동의. 이것은 일차적 아름다움의 모형(image)이다. 이것은 본성과 형식과 양 등의 통일성과 일치에만 존재하는 이차적 아름다움(혹은 본성적 아름다움)이기 때문에, 마음의 의지, 성향 혹은 감정은 이것과 관계가 없다.[31] 에드워즈의 다양한 설명들의 미세한 차이를 세밀하게 파악할 필요가 있겠지만, 보다 큰 틀에서 볼 때는 단순화시키는 것이 논의에 도움이 된다. 그러므로 편의상 우리는 일차적 아름다움과 이차적 아름다움이라는 구분법을 주로 사용할 것이다.[32]

에드워즈에게 있어서 "일차적 아름다움(일반적 아름다움)은, 그것의 모든 성향과 그에 관련된 모든 것들과의 관계를 고려하면서, 가장 완전하고 포괄적이고 전체적으로 보았을 때, 사물이 아름답게 보이게 해주는 것이다."[33] 아름다움은 본질상 관계적이다. 에드워즈는 이렇게 말한다. "모든 아름다움은 관계들의 유사성이나 동일성에 있다."[34] 더 나아가서 존재도 관계의 구조를 가지고 있다.[35] "엄밀하게 생각해보면, 존재는 비례(proportion)이다."[36] 에드워즈는 아름다움과 존재를 밀접한 관련성 속에서 이해한다. 아름다움은 존재의 내부에 녹아 있는 동시에 존재의 외부로 드러난 모습이다.[37] 에드워즈는 참된 아름다움은 사물과 인간과 세계와 우주와 그 너머까지 다 포괄하는 전체와의 관계 속에서 아름답게 보이는 것이라고 생각한다.

---

31) *WJE-Y*, 8:565.
32) 델라트르에 따르면, 에드워즈는 일차적 아름다움과 이차적 아름다움보다 오히려 영적인 아름다움과 본성적인 아름다움이라는 말을 더 자주 썼다. Roland Delattre, *Beauty and Sensibility in the Thouught of Jonathan Edwards* (New York: Yale University Press, 1968 ; reprint ed., Eugene, OR.: Wipf and Stock Publishers, 2006), 17.
33) *WJE-Y*, 8:540.
34) *WJE-Y*, 6:334.
35) Sang Hyun Lee, *Jonathan Edwards*, 77-85를 참조하라.
36) *WJE-Y*, 6:336.
37) 에드워즈 사상에서 존재, 아름다움, 탁월함, 및 선의 개념에 대해서 가장 집중적이고 학문적인 설명을 보려면 다음을 보라: Roland Delattre, *Beauty and Sensibility in the Thouught of Jonathan Edwards*, 1-57.

"탁월함이란, 다른 말로 하면, 아름답고 사랑스러운 것이다. 홀로 떨어져있을 때는 아름답지만 더욱 확장된 것의 일부로서는 흉한 것, 혹은 자기 자신과 관련해서는 아름답지만 사물 전체(all things)를 포괄하는 우주의 한 부분으로서는 아름답지 않은 것은 거짓된 아름다움이고 제한적인 아름다움이다. 사물 전체(university of things)와의 관계에서 아름다운 것은 일반적으로 확장된 탁월함이요, 참된 아름다움이다. 사물의 체계가 더욱 확장되거나 더욱 제한될수록, 그 아름다움은 더욱 제한되거나 더욱 확장된다."[38] 그래서 어떤 경우에는, "특수한 불균형(disproportion)이 때때로 일반적 아름다움에 더해져서 더욱 전체적인 균형을 이루고 더욱 아름답게 된다."[39]

한편, 앞서 언급한 바와 같이 참된 덕은 하나님에 대한 사랑에 있다. 그런데 "하나님은 모든 다른 존재들보다 무한하게 크시고 훨씬 탁월하실 뿐만 아니라 존재의 전체 체계의 머리이시기 때문에 모든 존재와 모든 아름다움의 기초요 원천이시다." "그분의 존재와 아름다움은 말하자면 모든 존재와 탁월함의 총합이요 포괄이다."[40] 이러한 말들은 다 전체라는 개념과 관계가 있다. 일차적 아름다움이나 하나님에 대한 사랑은 존재 전체와 관계되는 것이다. 사물과 세계와 인간과 하나님 모두를 포괄하지 않고 어느 하나라도 빠지게 되면, 그것은 아무리 커도 전체에 비하면 부분이 된다. 전체가 아닌 부분과 관계된다면, 그것은 덕이든 아름다움이든 사랑이든 간에 일차적인 것이 아니고 이차적인 것이다.[41]

에드워즈에게는 전체가 중요하다. 부분도 전체의 맥락 안에서만 참된 의미를 가진다. 그래서 에드워즈는 전체의 맥락 속에 존재하지 않는 부분적인 것 혹은 이차적인 것의 부정적인 측면을 지적하기 위해서 사적인 감정(private affection)을 언급한다. 사적인 감정은 일반적인 사랑과 분리되어있을 경우에는 일반적인 인애(general benevolence)에 반대하는 경향을 나타내며,

---

38) *WJE-Y*, 6:344.
39) *WJE-Y*, 6:335.
40) *WJE-Y*, 8:551.
41) 전체라는 개념이 나타나는 다음의 언급도 참고하라. *WJE-Y*, 13:470. (Misc. no. 408) "이러한 영적인 빛이 없다면, 이성적 사고는 사물들의 참된 관계 속에서, 다른 사물들과의 관계 속에서 그리고 사물들 전체(things in general)와의 관계 속에서 사물들을 볼 수 있는 능력을 가질 수 없다."

사람들이 일반적인 존재(general existence)에 반대하게 만들기도 한다.[42] 아주 단순한 예를 들겠다. 자기 자신만 사랑하는 것보다 자기 가족을 사랑하는 것, 그리고 자기 가족보다 자기가 속한 도시와 국가를 사랑하는 것은 더 큰 존재를 사랑하는 것이다. 나아가서 국가보다 지구를, 지구보다 우주를 사랑하는 것이 더 큰 존재를 사랑하는 것이다.[43] 하지만 이러한 사랑이 모든 존재와 아름다움의 기초와 원천이신 하나님에게까지 연결되어 있지 않다면, 그 사랑은 부분적인 사랑일 뿐이며, 사적인 감정에 속하는 것이다. 사적인 감정은 존재의 특정 부분에 대한 반응이다. 만약 존재 전체와의 일치와 연합 속에서 존재의 특정 부분을 알고 느끼고 반응한다면, 그것은 참으로 덕스럽고 아름다운 것이다. 하지만 존재 전체와는 분리되어서 존재의 특정 부분에 대해서만 반응하는 것이라면, 그러한 사적인 감정은 존재 일반을 무시하고 거부하는 것이다. "존재 일반에 의존하지 않고 종속되지 않는 사적인 체계에 제한된 감정은 참된 덕의 본질에 속하지 않는다. …피조물이나 피조계에 대한 [사적인] 감정이 지고하고 무한한 존재이신 하나님에 대한 마음의 성향과 연합에 의존하지 않고 종속되지 않는다면, 그것은 참된 덕의 본질에 속하지 않는다."[44]

하지만 부분적인 것이나 이차적인 것에 대해서 에드워즈가 부정적인 태도만 보이는 것은 아니다. 어떤 면에서는 오히려 존재 일반이신 하나님과의 관계 속에서 이차적인 것과 부분적인 것의 도덕적 가치를 적극적으로 인정한다. 이와 관련해서 덕스러운 인애(virtuous benevolence)의 첫 번째 대상과 마음의 덕스러운 성향의 두 번째 대상의 구분에 대한 에드워즈의 설명을 살펴볼 필요가 있다.[45] 덕스러운 사랑의 첫 번째 대상은 존재 일반[즉, 하나님]이고, 두 번째 대상은 인애를 가진 존재(benevolent being)이다. 여기서 덕스러운 사랑의 두 번째 대상이 인애를 가진 존재인 이유는, 인애를 가진 존재의 마음속에 존재 일반에 대한 인애가 있기 때문이다. 에드워즈는 "순수한 인애의 이차적 기초는 대상 속에 있는 덕스러운 인애 그 자체이다"라고 말했

---
42) *WJE-Y*, 8:555.
43) *WJE-Y*, 8:611-612에서 본질상 사적인 것들에 대한 에드워즈의 설명을 참고하라.
44) *WJE-Y*, 8:556-557.
45) *WJE-Y*, 8:545-547.

다.[46] 아마도 신학적인 언어로 풀어보면 조금 더 이해하기 쉬울 것이다. 참으로 덕스러운 인애를 가진 사람은 무엇보다도 하나님[즉, 존재 일반]을 사랑하고, 다음으로 하나님에 대한 사랑을 가지고 있는 사람을 사랑한다. 왜냐하면 참으로 덕스러운 사랑을 가진 사람은 마음을 다하고 목숨을 다하고 뜻을 다하여 하나님을 사랑하기 때문에, 하나님에 대한 사랑의 성향을 어디에서 발견하든지 그러한 사랑을 가진 존재를 참으로 덕스러운 사랑으로 사랑한다. 다시 철학적인 언어로 돌아와서 말하자면, 존재 일반[즉, 하나님]에 대한 인애를 가진 사람은 자신의 존재를 사적인 감정에 제한시킨 것이 아니라 존재 일반으로 확대시켰기 때문에, 그 사람에 대한 우리의 사랑은 그 사람이 존재한다는 사실을 넘어서는 것이다.[47] 예수께서 하나님을 사랑하고 이웃을 사랑하라고 말씀하실 때, 이웃 사랑은 하나님 사랑의 토대 위에서의 이웃 사랑이다. 하나님 사랑과 분리된 이웃 사랑은 사적인 감정일 뿐이다. 그것은 참된 덕도, 참된 아름다움도 아니다. 참된 덕은 모든 곳에서 전체적으로 존재 일반(하나님)과 연합하고 일치되어 있다. 참된 덕은 이웃의 존재에 대한 사랑에 제한되지 않고, 이웃의 존재 안에 있는 존재 일반이신 하나님에 대한 사랑으로 확대된다.

에드워즈는 『참된 덕의 본질』에서 참된 덕과 참된 덕이 아닌 것을 구분하려고 노력했다. 이 책은 총 8장으로 이루어져 있는데, 참된 덕이 아닌 것을 총 4장에 걸쳐서 다룬다: 제3장 이차적 아름다움, 제4장 자기 사랑, 제5장 양심 그리고 제6장 본능적인 사랑과 동정심. 물론 이런 것들은 존재 일반과 일치되고 연합되어 있다면, 참으로 덕스럽고 참으로 아름다운 것으로 간주될 수도 있다. 하지만 부분적인 것에만 제한된 사적인 감정에서 나온 것이라면, 결코 참된 덕이 아니다. 존 스미스는 이를 은혜의 도덕(morality of grace)과 본성의 도덕(morality of nature)으로 구분한다.[48] 존재 일반에 대한 인애가 있느냐 없느냐가 은혜의 도덕과 본성의 도덕을 구별하는 기준이다. 은혜의 도덕은 성도의 도덕이기 때문에, 자연인은 결코 성취할 수 없다. 에드

---

46) *WJE-Y*, 8:546.
47) John Smith, *Jonathan Edwards: Puritan, Prescher, Philosopher* (Notre Dame, Indiana: University of Notre Dame Press, 1992), 109.
48) Ibid., 107.

워즈는 본성의 도덕(이차적 아름다움, 자기 사랑, 양심, 및 본능적인 사랑과 동정심)이 왜 은혜의 도덕이 될 수 없는가를 논증한다. 하지만 에드워즈의 설명 속에는 자연인들의 본성의 도덕에 대한 무언의 긍정을 엿볼 수 있다. 하나님과 분리되어 있는 자연인들의 세계에 존재하는 관계들과 질서들은 결코 참된 덕과 참으로 영적인 아름다움의 수준에 도달할 수는 없지만, 자기들 나름대로의 관계들과 질서들을 이루고 있다. 이러한 입장은 개혁주의 전통에서의 일반 은총 혹은 보존 은총의 개념과 어느 정도 유사해 보인다.[49]

우리는 에드워즈가 제시한 4가지 본성의 도덕들 중에서 이차적인 아름다움에 대해서만 간단하게 언급하려고 한다. 이차적 아름다움은 "일차적 아름다움의 모형(image)이다. 그것은 영적인 존재들에만 특별하게 있는 것이 아니라 무생물에도 있다. 그것은 형태, 방법, 양, 가시적 목적이나 계획에 있어서 서로 다른 것들 사이의 상호 일치와 동의에 있다. 그리고 그것은 규칙성, 질서, 통일성, 균형, 비례, 조화 등의 다양한 이름으로 불린다."[50] 이차적 아름다움은 일차적 아름다움(영적인 아름다움)의 균형과 비례와 조화를 반영한다. 일차적 아름다움을 볼 수 있는 영적인 감각[51]을 가진 사람들은 이차적 아름다움의 균형과 조화를 통하여 일차적 아름다움을 더욱 생생하게 느낄 수 있다. 그러나 이차적 아름다움에 대한 감각만 가지고 있는 사람은 결코 일차적 아름다움에 대해서는 모른다.[52] 그럼에도 이차적 아름다움은 자체 내에서의 관계적인 구조와 균형과 조화를 가지고 있다. 이러한 관계와 조화는 물질적인 것들뿐만 아니라 비물질적인 것들-지혜, 정의, 및 의무 등-

---

49) 칼빈은 하나님의 일반적인 은총(general grace of God) 혹은 억제하는 은총(grace … to restrain it inwardly)에 대해서 말했다(*Inst.*, II. ii. 17.; II. iii. 3.). 그리고 헤르만 바빙크(Herman Bavinck)나 아브라함 카이퍼(Abraham Kuyper)와 같은 칼빈주의자들이 일반 은총의 개념을 더욱 발전시켰다. H. Bavinck, "Calvin and Common Grace," *Calvin and the Reformation*, ed. Wm. P. Armstrong (New York: Revell, 1909); idem., *De Algemeene Genade* (Grand Rapids: Eerdmans-Sevensma, 1922); A. Kuyper, *De Gemeene Gratie*, 3 Vols. (Amsterdam: Höveker en Wormser, 1902-4).

50) *WJE-Y*, 8:561.

51) 에드워즈는 일차적 아름다움, 영적인 아름다움 그리고 하나님의 거룩하심의 아름다움을 느낄 수 있는 영적인 감각에 대해서 여러 곳에서 여러 번 언급했다. *WJE-Y*, 8:573, 620, 622-623.; 2:260, 310.

52) *WJE-Y*, 8:566.

에도 있다. 지혜와 정의와 의무와 같은 것들을 통해서 사회는 질서가 유지되고 아름답게 된다. 존 스미스에 따르면, "이차적 아름다움은 시민 사회의 질서를 가능하게 해주는 일반 도덕(common morality)의 주요 원천이다."[53] 이차적 아름다움 이외의 본성의 도덕인 자기 사랑, 양심 및 동정심에 대해서도 거의 비슷한 논리를 적용할 수 있다. 이것들은 분명히 영적인 아름다움이나 신적인 사랑이나 참된 덕이 아니지만, 제한된 한계 안에서 자기 나름의 역할을 담당하고 있다.

이제 사랑에 대해서 살펴보자. 에드워즈는 사랑을 두 가지로 구분한다: 인애의 사랑(love of benevolence)과 만족의 사랑(love of complacence).[54] 만족의 사랑은 대상이 아름답기 때문에 사랑하는 것이다. 이에 반해 인애의 사랑은 대상에 대한 마음의 감정과 성향이 대상의 유익과 열망의 성취를 바라고 대상의 행복을 보고 즐거워하는 것이다. 에드워즈의 무한 소급 논리 혹은 순환 논리에 대한 복잡하고 정교한 설명을 논외로 치고 단순하게 결론을 말한다면, "덕스러운 인애의 일차적인 대상은 존재 자체다. 참된 덕은 일차적으로… 존재 자체에 대한 마음의 성향과 연합에-더욱 강한 표현으로 말하자면, 존재 일반에 대한 절대적 인애(absolute Benevolence)에 존재한다."[55] 한마디로 말해서, 참된 덕과 참된 사랑은 일차적으로 하나님에 대한 사랑이다.

에드워즈의 사상에서, 사랑은 핵심 중의 핵심이다. 에드워즈는 『사랑과 그 열매』의 첫 번째 설교에서 다음과 같이 말한다. "구원에 이르게 하며, 참된 그리스도인들을 다른 사람들과 구별해주는 모든 덕은 기독교적 사랑 혹은 신적인 사랑으로 요약된다."[56] 에드워즈가 『신앙적 감정』에서 참된 그리스도인은 참으로 거룩하고 영적이고 신앙적인 감정을 가지고 있는 사람이 참된 그리스도인이라고 주장했다. 그러므로 참된 그리스도인은 신앙적 감정이 있는 사람이며, 신앙적 감정이 있는 사람은 참된 덕인 신적인 사랑을 가지고 있는 사람이다. "성령은 … 강력하고 거룩한 감정의 영"[57]이시며 "성

---

53) John Smith, *Jonathan Edwards: Puritan, Preacher, Philosopher*, 111.
54) *WJE-Y*, 8:542.
55) *WJE-Y*, 8:544.
56) *WJE-Y*, 8:131.
57) *WJE-Y*, 2:100.

령의 본질은 사랑이시다."⁵⁸⁾ 그래서 에드워즈는 감정들 중에서 최고가 사랑이라고 말한다. 사랑은 "모든 감정의 최고봉이며, 모든 다른 감정들의 원천이다."⁵⁹⁾ "사랑은 여러 감정들 중의 하나일 뿐만 아니라 모든 감정들 중의 으뜸이요 원천이다."⁶⁰⁾ 그러므로 "참된 신앙은 거룩한 감정에 존재" 하지만, 이와 동시에 "참된 신앙의 본질은 거룩한 사랑에 존재"한다고도 말할 수 있다.⁶¹⁾ 성도가 실천해야 할 이 거룩한 사랑은 자기 자신을 사랑하는 것처럼 이웃을 사랑하는 것보다 더 큰 사랑이다. "우리가 우리 자신을 사랑하는 것처럼 다른 사람을 사랑하는 것은 모세의 계명이다. 그러나 그리스도께서 우리를 사랑하신 것처럼 다른 사람을 사랑하는 것은 그리스도의 계명이다."⁶²⁾ 성령께서 성도의 영혼 속에 내주하시면서 "자신의 본질[인 사랑]을 전달하심으로써 성도들의 마음이 사랑으로 충만"해지면⁶³⁾, 성도의 영적이고 거룩한 신앙적 감정이 삶의 모든 영역에서 삶의 마지막 순간까지 지속적으로 표현된다. 어떻게 표현되는가? 사랑으로 표현된다. "천국이 사랑의 나라인 것처럼, 천국으로 가는 길도 사랑의 길이다."⁶⁴⁾

우리는 지금까지 덕과 아름다움과 사랑을 함께 살펴보았다. 본장의 초반부에서 에드워즈의 주요 용어들의 의미가 중첩되어 있는 경우가 많다는 사실을 지적했었다. 그렇지만 그 주요 용어들이 성화의 원리들이라는 점에서 연결점을 찾을 수 있다고 보고 논의를 전개했다. 이제 한번 정리를 해보자. 만약 한 문장으로 요약한다면, 다음과 같을 것이다: 참된 덕은 존재와 아름다움의 기초와 원천이신 하나님에 대한 사랑이다. 에드워즈는 성령이 참된 덕이시고, 사랑이시며, 신성의 아름다움이시라고 말했다: "성령 사신이 참된 덕의 유일한 원리이다. 그러므로 참으로 덕스러운 것은 영적인 것과 같다."⁶⁵⁾ "성령의 본질은 사랑이시다."⁶⁶⁾ "성령은 신성(Diety)의 조화와 탁월함

---

58) *WJE-Y*, 8:132.
59) *WJE-Y*, 2:106.
60) *WJE-Y*, 2:108.
61) *WJE-Y*, 2:95, 107.
62) *WJE-Y*, 8:266.
63) *WJE-Y*, 8:132.
64) *WJE-Y*, 8:396.
65) *WJE-Y*, 21:197.
66) *WJE-Y*, 8:132.

과 아름다움이다."[67] 그러므로 성령의 내주로 중생한 성도는 덕과 아름다움과 사랑을 성화의 원리와 내용으로 삼아서, 전체적이고 열정적이고 지속적으로, 그리스도인다운 거룩한 삶을 살아가야 한다.

3) 실천의 전체성, 진정성 그리고 지속성

에드워즈는 참된 신앙을 구별하는 12가지 확실한 표지들 중 12번째 표지인 실천에 대해서 진술한 직후에 성도의 영적인 실천의 원리 3가지를 제시한다. 일단 에드워즈의 말을 직접 들어보자. "이 말은 세 가지를 의미한다. (1)이 세상에서 성도의 행동이나 실천은 기독교의 원리에 전체적으로(universally) 일치해야 하고, 그 원리를 따라야 한다. (2) …성도는 최고의 진지함과 부지런함으로 거룩한 실천의 과업을 주된 일로 삼고 헌신하고 추구해야 한다.… (3)성도는 삶이 끝날 때까지 실천의 과업을 지속해야 한다.…"[68] 이 세 가지 영적인 실천의 원리는 전체성, 진정성(혹은 신실함과 열정), 그리고 지속성이다. 우리가 지금까지 살펴본 경향성, 덕, 아름다움 그리고 사랑과 같은 철학적이고 신학적인 차원에서의 성화의 원리들을 좀 더 평이한 신앙적인 말로 바꾸어 쓴다면 전체성과 진정성과 지속성이라고 할 수 있을 것 같다.

그리고 10번째 표지와 11번째 표지도 영적인 실천의 3가지 원리 속에 포함시킬 수 있다. 10번째 표지의 내용은 참으로 은혜롭고 거룩한 감정은 거짓된 감정과는 달리 아름다운 균형(symmetry)과 비례(proportion)가 있다는 것이다. 영적인 감정은 성도의 일평생동안 지속되는 것이기 때문에 한꺼번에 폭발하듯이 소모적으로 분출되지 않고 전체적으로 균형과 조화를 이루면서 생생하게 표출된다. 11번째 표지의 내용은 은혜로운 감정은 일정한 영적인 성취를 얻은 이후에도 영혼의 욕구와 갈망이 지속적으로 더욱 커신다는 것이다. 이제 이만하면 충분한 은혜를 누리고 있다고 생각하고 제자리에 머무르지 않는다. 하나님 앞으로 지금보다 더 가까이 나아가려는 갈망이 있기

---

67) *WJE-Y*, 13:384. (Misc. no. 293.)
68) *WJE-Y*, 2:383.

때문에 진지하고 부지런하게 영적인 일들을 추구한다. 이러한 에드워즈의 설명들을 중심으로 해서 세 가지 영적 실천의 원리들-성화의 원리들을 살펴볼 것이다. 그런데 전체성과 진정성과 지속성은 서로 분리되지 않는다. 그러므로 참된 성도는 하나님의 말씀 전체를 삶 전체로 신실하게 지속적으로 살아가야 한다는 기본 원리를 염두에 두고, 순서에 크게 상관없이 논의를 진행하도록 하겠다.

참된 성도는 소중히 여기던 욕망들(lusts)을 단호히 끊어야 하고 너무나 어려워서 지키기 싫어하던 의무까지도 순종해야 한다. 하지 말라는 부정적인 명령뿐만 아니라 하라는 긍정적인 명령까지 전체적으로 순종해야 한다. 행하지 않음으로 짓는 죄(sin of omission)는 행함으로 짓는 죄(sin of commission)만큼 하나님의 명령을 어기는 것이다.[69]

또한 참된 성도는 전체적인 신앙의 모습에서 조화와 균형이 있어야 한다. 자신의 이웃들에게는 큰 사랑을 보여주지만 자기 아내나 가까운 친척들을 싫어하는 경우, 남쪽 땅의 굶주린 어린이들을 사랑하지만 북쪽 땅의 굶주린 어린이들에게 무관심한 경우, 어떤 사람의 영혼을 많이 사랑하는 척하지만 그의 몸에 대해서는 자선을 베풀지 않는 경우 그리고 열정적으로 기도하는 데는 열심이지만 하나님을 더욱 닮아가는 삶을 살아가려는 노력은 하지 않는 경우 등은[70] 전체적인 조화와 균형이 깨진 경우들이다. 이러한 신앙적 모습에는 참된 덕과 참된 아름다움과 참된 거룩이 없다.

참된 성도는 신앙적 감정에 있어서 기본적으로 조화와 균형을 이루고 있지만, 여러 가지 면에서 결함이 있는 것은 사실이다. 은혜를 충분하게 경험하지 못했을 경우, 하나님의 말씀에 대한 깊은 지식이 부족할 경우, 본성적인 기질상의 결점이 드러날 경우 그리고 다른 많은 약점들로 인해 문제가 발생할 경우에는 일시적으로 조화와 균형이 깨지는 것처럼 보일 수 있다. 그러나 참된 성도의 참된 신앙과 은혜로운 감정들이 터무니없는 부조화를 이루는 경우는 없다.[71] 물론 참된 성도라도 항상 동일하지 않고 때에 따라서

---

[69] *WJE-Y*, 2:386.
[70] *WJE-Y*, 2:368-371.
[71] *WJE-Y*, 2:365.

큰 차이를 보이기도 하며 최고의 성도라도 가끔씩은 지속적이지 못한 모습을 보일 때가 있다. 하지만 결코 심하게 흔들리지는 않는다. "어린 양이 가는 곳이라면 어디나 따라가는 참된 신부들의 마음에는 결코 [심하게 흔들리는] 불안정성과 변덕스러움은 없다. 그런 불안정성과 변덕스러움은 거짓된 마음을 가진 신앙고백자에게나 있는 것이다."[72] 에드워즈는 출애굽 사건을 보면서 이스라엘 백성들의 신앙과 신앙적 감정이 지속적이지 못하다는 점을 지적한다. 그들은 홍해에서 하나님이 바다를 가르신 기적적인 일로 인해 감정이 높이 고양되었다가 금방 애굽의 고기 가마를 그리워하고, 시내산에서 하나님의 임재를 보고 큰 열심을 품고 하나님의 말씀을 준행하겠다고 언약을 맺어놓고 금방 다시 금송아지를 만드는 어리석음에 빠졌다. 이스라엘 백성들이 이런 모습을 보이는 것은 그들의 신앙적 감정이 건강하지 못하다는 증거이다.[73] 하지만 참된 성도는 그렇지 않다. 참된 성도라도 어느 정도 퇴보하거나 특별한 어떤 유혹에 빠질 수 있지만, 신앙생활에 싫증을 내고 지속적으로(habitually) 싫어하고 무시하는 정도까지는 결코 타락하지 않는다.[74] 참으로 회심한 사람들은 내적으로나 외적으로나 새로운 피조물로서 영과 혼과 몸이 전체적으로 거룩해졌기 때문에, 회심 이전과 이후의 모습이 뚜렷한 차이가 없을 만큼 타락할 수 없다.[75] 참된 성도라면 받은 은혜에 대하여 최소한의 기본적인 지속성은 가지고 있다. 에드워즈의 여러 관련 진술들을 보면 참된 성도는 최소한의 기본적인 지속성 이상을 가지고 있다고 주장하는 경우가 좀 더 많아 보인다. 하지만 성화의 과정에서 죄가 성도에게 미치는 강한 영향력을 결코 과소평가하지 않는다는 점도 역시 분명하다.

우리가 선택한 성화의 세 가지 원리들인 전체성과 진정성과 지속성 중에서 에드워즈는 지속성에 대해서 가장 많이 그리고 가장 중요하게 언급한다. "성경에서 참된 은혜의 특별한 특징으로 주로 강조하는 것은 신앙고백자가 의무를 지속적으로 실천하는 것과 다양한 시련 가운데서 거룩한 삶을 꾸준

---

72) *WJE-Y*, 2:371.
73) *WJE-Y*, 2:372.
74) *WJE-Y*, 2:390.
75) *WJE-Y*, 2:391.

히 영위해나가는 것이다."[76] 에드워즈는 참된 성도들이 어떻게 지속적으로 은혜의 상태를 유지하면서 은혜로운 감정을 가지고 있는지에 대해서 인상적인 비유를 한다. 그것은 별과 유성의 비유이다.

> 위선자들은 잠시 동안 강력한 불꽃으로 타오르는 것처럼 보이지만 그 움직임이 지속성이 없고 불규칙적인 유성과 같다. 그 불꽃은 금방 사라져버린다(그래서 그들은 유리하는 별들이라고 불린다. 유다서 13절). 그런 유성들은 오랜 기간을 사이에 두고 어쩌다 한 번씩 나타난다. 그러나 참된 성도들은 항성(fixed stars)과 같다. 그 별들은 뜨고 지며 종종 구름에 가리기도 하지만 지속적으로 궤도 안에 있으며 지속적으로 빛을 발한다.[77]

유성은 멋진 쇼를 보여주는 것 같지만 일시적인 순간이 지나면 재빨리 사라져버린다. 별은 유성과 같이 화려하고 열정적인 모습은 부족하지만 지속적으로 오랫동안 아름답게 빛나는 모습을 보여준다.[78] 참된 성도의 신앙과 신앙적 감정은 일평생 동안 지속된다. 일평생 동안 만나게 되는 많은 유혹과 시련과 고난으로 인해서 굴곡을 겪게 되지만 참된 신앙의 빛이 완전히 소멸되는 일은 결코 없다. 에드워즈는 유성과 별의 비유와 함께 다른 비유들도 말하면서, 성도의 은혜의 지속성을 한층 더 강조하고 싶어 한다. 에드워즈에 따르면, "[위선자들은] 소나기가 내리는 동안 그리고 그 이후 잠시 동안 시냇물처럼 흘러서 넘치지만 곧 말라버리는 물과 같지만, 참 성도는 살아있는 샘에서 흘러나오는 물줄기와 같다. 그 물줄기는 소나기가 오면 증가하고 가뭄이 오면 감소하지만, 여전히 지속적으로 흐른다."[79] 위선적인 감정은 바람에 불려가는 구름처럼 불규칙하고 격렬하지만, 은혜로운 감정은 강물처럼 자연스럽게 흐른다. 강물은 구불구불 흐르기도 하고 장애물을 만나기도 하지만 바다에 이를 때까지 같은 방향으로 안정적이고 지속적으

---

76) *WJE-Y*, 2:389.
77) *WJE-Y*, 2:373-374.
78) Stephan Nichols, *Jonathan Edwards: A Guided Tour of His Life and Thought* (NJ: P&R Press, 2001), 122-123.
79) *WJE-Y*, 2:373.

로 흘러간다.[80] 성 아우구스티누스도 고난과 시련 속에서 변함없이 지속적으로 신앙을 지켜나가는 참된 성도의 특징을 다음과 같이 인상적으로 묘사한다. "똑같은 고난을 당할 때 선인들은 기도하고 찬양하는 반면에, 악인들은 하나님을 증오하며 모독한다. 이로 보아 우리는 고난당하는 자의 본성이 중요하지 고난의 본성이 문제가 되는 것이 아님을 알 수 있다. 구정물통을 흔들어보아라. 그러면 더러운 악취가 풍길 것이다. 이제 향료를 흔들어보아라. 똑같은 동작이지만, 이때에는 향기로운 냄새가 솟아오를 것이다."[81]

한편, 참된 성도들의 경우, 영적인 감정이 커질수록 영적인 미각이 탁월성과 거룩의 달콤함을 더 많이 맛보게 된다. 그리고 은혜를 많이 받을수록 자신들의 불완전함을 더 많이 보게 되고 은혜가 더 많이 필요하다는 것을 알게 된다.[82] 그래서 끊임없이 간절하게 은혜를 갈망한다. 그러나 어떤 사람들은 과거에 한두 번 받은 큰 은혜에 만족하고 기뻐하며 거기에 머무른다. 이런 사람들은 자신의 죄가 용서를 받았고 자기가 천국에 갈 것이라는 확신을 가지면 그것으로 만족한다. 자기한테 필요한 목적이 이미 성취되었기 때문에 더 이상 은혜를 갈망하지 않는다. 이런 사람들은 스스로를 영적으로 부요한 사람으로 간주하며 더 이상의 은혜가 필요 없을 만큼 높은 위치에 있다고 생각하는 교만한 사람들이다. 그러나 참된 성도들은 자신들의 영혼 속에 심겨진 거룩한 원리에 따라서 진지하고 부지런하게 하나님을 찾고 은혜를 구하며 거룩을 추구한다. "참된 성도는 거룩을 추구하는 내적으로 불타는 갈망이 있는데, 이것은 생명체에 필요한 열기가 몸에 자연스러운 것처럼 새로운 피조물된 성도에게 자연스러운 것이다. 그리고 참된 성도는 거룩을 더 이루기 위해서 하나님의 성령을 찾는 영혼의 거친 호흡이 있는데, 이것은 생명체에 호흡이 자연스러운 것처럼 성도의 거룩한 본성에 자연스러운 것이다."[83] 이처럼 참된 성도의 신앙과 신앙적 감정은 끊임없이 마음을 다하고 뜻을 다해서 거룩을 갈망하고 거룩을 추구하고자 한다.

---

80) *WJE-Y*, 2:374.
81) Augustinus, *De Civitate Dei*, I. 8. (Augustinus, 『하나님의 도성』, 조호연·김종흡 역, 서울: 크리스찬다이제스트, 1998, 92; 제1권 8장.)
82) *WJE-Y*, 2:378.
83) *WJE-Y*, 2:382-383.

2. 성화의 내용 - 성품의 변화

에드워즈는 확실한 12가지 표지들 중에서 6번째부터 9번째 표지까지 성도의 성품의 변화를 다룬다. 6번째 표지는 겸손, 7번째 표지는 본성의 변화, 8번째 표지는 양 같고 비둘기 같은 성품(사랑, 온유, 평온, 용서, 자비) 그리고 9번째 표지는 부드러운 마음이다. 그런데 여기서 7번째 표지의 위치가 좀 이상하다.[84] 본성의 변화가 6번째 표지가 되고 겸손이 7번째 표지가 되는 것이 더 자연스러워 보인다. 추측컨대 에드워즈는 본성의 변화 중에서 겸손을 아주 특별한 중요성을 가진 덕목으로 보고 특별하게 다루고 싶었기 때문일 것이다. 실제로 분량 면에서 보더라도 6번째 표지인 겸손에 대한 내용이 7번째부터 9번째 표지까지의 내용을 합친 것보다 더 많다. 그렇다고 하더라도 본성의 변화에 관련된 논제들을 간략하게 다루고, 다음으로 성품의 변화의 구체적인 내용을 살펴보는 것이 논의의 전개상 좋을 것 같다.

우선 본성의 변화에 대한 에드워즈의 진술에서부터 시작하자. "은혜로운 감정은 본성의 변화를 수반한다." 은혜로운 감정이 먼저 가고 본성의 변화가 그 뒤를 따른다. 본성의 변화가 생겼기 때문에 거기에서 감정이 생기는 것이 아니다. 에드워즈의 감정은 감정과 지성과 의지가 통합된 인격의 중심이다. 좀 거칠게 말하자면, 마음이 어떤 일이나 사물에 대한 지식을 알고 어떤 방향으로 기울어지면 즉시 의지가 움직인다. 은혜가 성도의 영혼 속에 들어오면 마음이 은혜에 반응하여 은혜의 방향으로 기울어지고 즉시 은혜로운 감정이 작동한다. 그리고 나서 성도의 성품에는 본질적인 변화가 일어나고 이 변화들이 실천적인 삶을 통하여 열매를 맺는다.

에드워즈는 7번째 표지에서 본성의 변화를 다루기는 하지만, 본성의 변화 자체가 의미하는 바가 무엇인가를 다루기보다는 회심은 반드시 본성의 변화를 일으킨다는 사실을 강조한다. 에드워즈에 따르면, 성경이 회심을 묘사할 때 본성의 변화도 포함된다. 그러므로 "회심의 역사를 경험했다는 사

---

84) 존 스미스는 감정론의 근본적인 토대를 표현하는 이 일곱째 표지가 전체 목록의 중간에 숨겨져 있다는 사실을 흥미롭게 생각한다. 그의 생각에 따르면, 에드워즈는 회심에 대해서, 특히 회심을 의미 있게 해주는 것은 본성의 변화라는 사실에 대해서 설명하고 싶어한다; "Editor's Introduction", WJE-Y, 2:36-37.

람에게 크고 뚜렷하고 지속적인 변화가 없다면, 얼마나 강하게 감동을 받았든지 간에, 그들의 모든 상상과 겉치레는 다 헛된 것이다."[85] 회심 때 일어나는 변화는 전반적인 변화이다. 은혜는 사람 안에 있는 죄악된 것들을 변화시킨다. 회심이 사람의 악한 본성적인 기질을 완전히 뿌리 뽑지는 않지만, 은혜의 능력으로 그런 기질을 고칠 수 있다. 물론 회심 이후에도 옛날부터 가지고 있던 본성적 기질 때문에 유혹에 빠지거나 죄를 지을 수도 있지만, 회심한 사람은 죄가 지배력을 행사하지 못하며, 죄가 자기 인격의 주된 요소가 되지 못할 것이다. 왜냐하면 하나님께서 성령을 주셔서 성도의 영혼의 기능과 연합되게 하시고 본성의 원리의 방법을 따라서 거기에 내주하시면서, 성도의 영혼에 은혜를 베풀고 새로운 본성을 부여하시기 때문이다.[86] 성도의 영혼은 의의 태양으로부터 빛을 받아서 그 본성이 변화되고 스스로 빛을 내는 발광체가 된다. 태양이 성도 안에 빛을 비출 뿐만 아니라 성도들도 역시 작은 태양이 되어서 빛의 근원의 본성에 참여한다. 이 점에서 성도들이 빛을 받는 방식은 유리가 빛을 받아서 반사하는 것보다 성막의 등불과 비슷하다. 성막의 등불은 하늘에서 온 불로 붙여졌지만, 나중에는 스스로 불타고 빛을 내게 된다.[87] 이와 같이 회심한 성도는 기본적으로 크고 전반적이고 중대한 성품의 변화가 일어난 사람이다.

이제 성품의 변화의 구체적인 내용으로 들어가자. 성도의 영혼 속에서 성령이 내주하시면 새로운 영적 감각이 생기고 본성의 새로운 영적 원리가 작동하게 되면 영적인 지식이 생기고 의향과 의지가 새로운 원리에 따라서 마음을 변화시킨다. 성도의 전 인격에 걸쳐서 전반적인 성품의 변화가 일어나는 것이다. 그런데 에드워즈는 그리스도인의 성품들 중에서 특별히 다섯 가지를 강조한다. 마음의 거룩에 속하는 모든 것은 참으로 그리스도인의 성품에 속하는 것이지만, 그 중에서 특별히 복음의 본질과 그리스도인의 신앙고백의 본질에 더욱 일치하는 기질이나 성품이나 넋이 있다. 에드워즈는 그런 덕을 "겸손, 온유, 사랑, 용서, 자비와 같은 것들"[88]이라고 말한다. 이 다섯

---

85) *WJE-Y*, 2:340.
86) *WJE-Y*, 2:342.
87) *WJE-Y*, 2:343.
88) *WJE-Y*, 2:346.

가지 덕은 6번째 표지에서 9번째 표지에 등장하는 그리스도인의 성품과 거의 일치한다. 6번째 표지는 겸손(humility), 8번째 표지는 온유(meekness), 사랑(love), 용서(forgiveness), 자비(mercy) 그리고 9번째 표지는 부드러운 마음(tenderness of spirit)이다. 9번째 표지인 부드러운 마음은 주로 죄에 민감한 마음을 가리키지만 온유한 마음과도 관련이 있다. 성품의 변화와 관련된 이 다섯 가지 덕을 간략하게 살펴보기로 한다. 에드워즈의 신학과 윤리를 다루는 학자들은 이런 구체적인 내용에 대해서는 별로 언급하지 않기 때문에, 우리는 에드워즈의 해당 본문을 충분하게 살펴보고 주의 깊게 연구하여 충실하게 정리하려고 한다.

첫째, 겸손이다.[89] 두 종류의 겸손이 있다. 율법적인 겸손과 복음적인 겸손이다.[90] 율법적인 겸손은 성령의 일반적인 은혜에 의해서 하나님의 본성적 완전성-하나님의 전지전능하심, 위대하심 그리고 두려운 위엄 등-과 하나님의 율법의 엄격성을 알 때 생긴다. 율법적인 겸손을 경험한 사람들은 자신들의 죄책과 죄성을 알고 하나님의 진노를 받을 수밖에 없다는 것도 안다. 하지만 그들은 하나님의 거룩하심과 도덕적 완전성의 아름다움을 맛보지 못하며, 죄의 혐오스러운 본질을 깨닫지도 못한다. 하지만 율법적인 겸손은 복음적인 겸손으로 향하는 하나의 수단으로는 유용하다. 복음적인 겸손이 있는 사람들은 영적인 감각으로 하나님의 거룩의 아름다움을 느끼며 죄에 빠진 자신의 비참한 상태를 알기 때문에 하나님의 발 앞에 즐겁게 굴복하고 자발적으로 자기 스스로를 부인한다.

자기 부인에는 두 가지 측면이 있다. 첫째는 자신의 세상적인 성향을 부인하고 세속적인 쾌락을 거부하는 것이다. 둘째는 자기 스스로를 높이려는 본능을 부인하고 자존심을 버리고 자신을 비우는 것이다. 이 중 후자가 훨씬 어렵다. 많은 은둔자들과 수도사들은 세상적인 쾌락은 버렸지만 자존심과 자기-의로움은 부정하지 못했다. 어떤 면에서 그들은 동물적인 탐욕을 팔아서 마귀적인 탐욕을 만족시키고자 한 것이다.[91] 위선자들은 바로 이 영

---

89) *WJE-Y*, 2:311-340에서 에드워즈는 겸손에 대해서 길고 자세하게 다룬다.
90) *WJE-Y*, 2:311-313.
91) *WJE-Y*, 2:315.

역에서 매우 크게 실패한다.

위선자들도 겸손한 척한다. 자신들이 겸손한 사람들이고 은혜를 많이 받은 사람들인 것처럼 가장한다. 그들은 자신을 나쁘게 표현한다. "나는 모든 성도보다 작은 자입니다. 나는 사악한 피조물입니다. 나는 하나님의 자비를 받을 가치도 없는 존재입니다"라고 말한다. 하지만 그들은 다른 사람들이 자신들을 탁월하고 훌륭한 성도로 인정하는 것이 마땅하다고 생각한다. 만약 어떤 목사가 그들에게 당신은 정말 당신 자신의 말로 인정한 것과 같이 결점이 많고 신앙도 부족하고 열매도 없는 사람이라고 말해준다면, 그들은 매우 화를 내며 결코 받아들이려고 하지 않을 것이다. 자신의 의와 선함을 마음의 밑바닥에서부터 부인하지 않는 한, 겉모습이 어떤 형태로 나타나더라도 교만의 영에 사로잡혀 있는 것이다.

영적인 교만은 대개 겸손을 가장해서 나타나며 매우 교묘하고 비밀스러운 죄이기 때문에 구별하기 힘들지만 그래도 구별하게 해주는 표지는 있다. 첫째, 교만의 질병에 걸린 사람은 자신을 다른 사람들과 비교하면서 자신의 신앙의 업적을 높게 평가하는 경향이 있다.[92] 그들은 "하나님이여, 나는 다른 사람들과 같지 아니함을 감사하나이다"(눅 18:11)라는 비밀스러운 생각을 품고 살아간다. 반면에 참으로 은혜를 입은 겸손한 영혼은 오히려 자신의 현 상태가 너무 부패했고 선함이 거의 없다고 생각한다. 은혜를 더 많이 받게 될수록 영혼은 하나님의 광대하심에 압도당하고 자신의 작고 초라함을 영적으로 발견하게 되며 자신이 지금 하나님과 그리스도를 너무 조금밖에 사랑하고 있지 않다는 것을 깨닫고 놀란다. 더욱 탁월하고 훌륭한 성도일수록 하늘에 있는 성도들과 천사들이 이 세상의 성도들을 바라보는 것과 같은 눈으로 자기 자신을 바라본다. 우리의 가장 열정적인 사랑과 찬양이 하나님의 영광과 아름다움을 있는 그대로 보는 하늘의 성도들과 천사들에게 어떻게 보이겠는가? 우리의 경외심과 겸손과 사랑은 하늘의 성도와 천사들에게 매우 작고 약하게 보일 것이다. 참으로 겸손한 성도들은 거의 그러한 관점에서 자기 자신을 바라볼 줄 안다.

둘째, 영적으로 교만한 사람은 자신의 겸손함을 높게 평가하는 경향이 있

---

92) *WJE-Y*, 2:320.

다.[93] 보통 거짓된 체험이 가짜 겸손을 수반한다. 특별히 큰 감정을 체험하면 자신이 대단히 겸손한 사람이라고 생각하면서, 자신이 이룬 큰 성과들에 대해서 스스로 감탄한다. 교만한 자는 자기가 대단히 겸손하다고 생각하고, 참된 성도는 자기 겸손이 참으로 작고 오히려 교만이 더 크게 남아 있다고 생각한다. 자기를 왕처럼 생각하는 사람은 남의 신발끈을 풀어주거나 발을 씻겨주는 일을 했을 때 그것을 대단한 겸손의 행위로 생각한다. 반면에 자기를 종이라고 생각하는 사람이 그런 일을 했을 때는 당연히 해야 할 일을 했을 뿐이라고 생각한다. 이와 같이 겸손은 자기 자신을 어떤 존재로 인식하느냐에 달려있다. 어떤 종이 왕처럼 대접받기를 원하다가 이제는 귀족 정도의 대접만 받기를 원한다고 해도 그것은 겸손이 아니다. 겸손한 사람은 자기 속의 겸손을 발견하는 속도보다 교만을 발견하는 속도가 천 배 이상 빠르다. 교만한 사람은 정반대의 모습을 보인다.

성도들은 겸손에 대해서 각자 자신에게 진지하게 적용해야 한다. 엄격한 자기 점검이 필요하다. 자기 자신이 다른 사람들보다 더 나은 성도라는 생각이 든다면 그것은 좋지 않은 징조이다. 혹은 내가 자신을 낮고 천한 존재로 생각하고 있다고 할지라도, 그것 때문에 오히려 자신이 다른 사람보다 더 낫다고 생각하고 있지 않은지를 다시 한번 점검해야 한다.

위대한 신학자 마스트리히트가 말한 바와 같이, 겸손은 일종의 거룩한 무기력함(holy pusillanimity)이다.[94] 정말로 겸손한 사람은 어떤 면에서는 무기력하게 보일 수 있다. 왜냐하면 그는 정말로 남들보다 나은 것이라고는 하나도 없으며 온통 부족하고 약점만 많은 사람이라고 생각하기 때문이다. 그래서 그는 쉽게 양보한다. 그는 남의 말에 쉽게 수긍하고 순복한다. 그는 언제나 낮은 자리에 처할 준비가 되어 있다. 그는 자신이 무시되고 존중되지 않는 것을 끔찍한 일로 받아들이지 않는다. 그는 뻣뻣하지 않다. 그는 까다롭거나 변덕스럽지 않다. 참으로 겸손한 사람은 어린 아이와 같이 무기력한 사람이다.

전반적으로 겸손에 관한 에드워즈의 이야기는 굉장히 설교적이다. 겸손

---

93) *WJE-Y*, 2:331.
94) *WJE-Y*, 2:337.

뿐만 아니라 이후에 다룰 사랑, 용서, 자비, 온유 등의 신앙적인 덕에 대한 이야기도 마찬가지로 설교적이다. 이에 대한 가장 주된 이유는 『신앙적 감정』이라는 책 자체가 원래 시리즈 설교를 바탕으로 해서 집필한 책이기 때문이다. 설교의 내용을 신학적인 논리로 풀어냈지만 설교의 열기가 남아 있는 부분들이 많이 있다. 뿐만 아니라 신앙적 감정이라는 주제를 다루기 때문에, 에드워즈가 지성적인 논리 속에 감정적인 열기를 불어넣은 것도 중요한 이유라고 할 수 있을 것이다. 즉, 에드워즈는 신앙적 감정에 대해서 논리적인 동시에 열정적으로 주장하고 싶어하는 것이다.

둘째, 온유이다. 에드워즈는 온유한 사람을 어린아이와 같은 사람과 거의 동일시한다. 어린 아이들은 두려워할 필요가 없다. 그들은 위험하지 않다. 그들은 뿌리 깊은 악의를 품거나 큰 분노로 적개심을 쌓아가지 않는다. 그들은 거짓에 능숙하지 않고 가장하는 일에 서투르다. 그들은 명백하고 단순하다. 그들은 자기 지식을 따르기보다는 부모와 다른 어른들의 가르침을 쉽게 따른다. 이러한 설명들은 겸손에 관한 설명과 상당히 비슷하다. 온유는 용기나 열정과 대립적인 것이 아니다. 온유한 사람의 용기는 야수적인 맹렬함이 아니고 악과 정욕과 감정을 다스리고 통제하며 죄와 싸우고 선한 감정과 성향을 따라가는 것이다. 온유한 사람의 열정(zeal)은 달콤한 불꽃과 같다. 그의 열정은 이글거리며 사람들을 불태워버리는 거친 열정이 아니고 지속적으로 사람들을 따뜻하게 만들어주는 부드럽고 충만한 열정이다.[95]

한편, 에드워즈가 9번째 표지에서 말한 부드러운 마음은 넓은 의미에서 보자면 온유와 비슷하다. 에드워즈는 부드러운 마음이 어린아이와 같은 마음이라고 한다. 어린아이는 살만 부드러운 것이 아니라 마음도 부드럽다. 그는 쉽게 영향을 받고 쉽게 순복하고 우는 자들과 함께 운다. 어린아이는 자기를 해치려는 외부의 악한 위협이 나타나면 쉽게 공포를 느끼며, 자기의 힘에 의지하지 않고 부모에게 달려가서 숨는다. 이처럼 침된 성도도 하나님께로 달려가서 숨는다. 어린아이는 자기보다 높은 사람들을 두려워하고 그들의 경고와 위협에 쉽게 겁을 먹는다. 이처럼 참된 성도도 하나님을 두려

---

95) *WJE-Y*, 2:349-353.

워하며 경외심과 존경심을 가지고 그 앞에 나아간다.[96] 하지만 부드러운 마음은 약한 마음이 아니다. 부드러운 마음은 죄에 민감하기 때문에 자신의 마음을 더 강하게 지키는 경향이 있다. 하나님의 진노를 두려워하기 때문에 최후 심판의 날에 하나님의 진노로 인해 생길 결과들에 대해서는 오히려 덜 두려워한다. 그의 믿음은 안정되어있기 때문에 거의 흔들리지 않지만, 하나님의 준엄한 경고와 불쾌한 표정과 이웃이 당하는 불행을 볼 때는 다른 사람들보다 더 쉽게 마음이 움직인다. 이것이 부드러운 마음이다.

셋째는 사랑이고, 넷째는 용서이고, 다섯째는 자비이다. 에드워즈는 이 성품들에 대해서는 그다지 자세하게 설명하지 않고 이 성품들에 관한 성경 말씀을 열거하기만 한다. 어쩌면 이 성품들은 별도로 설명할 필요가 없을 만큼 너무 명백하기 때문에 성경 말씀만 소개했는지도 모른다.[97]

어쨌든 참으로 은혜를 받은 성도는 예수 그리스도의 양 같고 비둘기 같은 정신의 지배를 받는다. 확실히 모든 참된 기독교적 감정은 이런 정신을 수반한다. "이런 정신이 바로 참된 성도의 두려움과 소망, 슬픔과 기쁨, 확신과 열정의 본성적인 경향(tendency)이다." "참된 그리스도인 안에 있는 모든 것은 이런 경향(tendency)을 가지고 있고 이런 방식으로 역사한다."[98]

에드워즈의 성화의 원리에 대해서 다룬 내용에 비하면 성화의 구체적 내용에 대해서 다룬 내용은 훨씬 작다. 하지만 덕과 아름다움과 사랑과 같은 것들은 성화의 원리인 동시에 내용이기도 하다는 사실을 기억하자. 이 땅에서 살아가는 성도가 추구해야 하는 거룩의 삶은 대체로 겸손, 온유함, 사랑, 용서, 그리고 자비의 삶이다. 이런 성도의 삶이야말로 참으로 덕스럽고 아름다운 삶이다.

3. 소결론

신앙적 감정은 성령의 내주에 의해서 중생하고 회심한 성도의 새로운 영

---

96) *WJE-Y*, 2:360-361.
97) *WJE-Y*, 2:353-356.
98) *WJE-Y*, 2:356.

적 감각과 영적인 지식에서 흘러나와서 영적인 실천 속에서 작용함으로써 성화의 삶 속에서 표현된다. 성화의 삶은 성화의 원리에 따라서 성화의 내용을 추구하는 삶이다. 성화의 원리는 철학적 언어로 말하면 경향성과 덕과 아름다움과 사랑이고, 평이한 신앙적 언어로 말하면 전체성과 진정성과 지속성이다. 그리고 성화의 내용은 겸손과 온유와 사랑과 용서와 자비의 마음으로 변화된 성품으로 살아가는 삶이다. 임의로 성화의 원리와 내용을 구분하기는 했지만, 사실 이 구분에는 애매모호함이 있다. 어떤 면에서는 전부 다 원리인 동시에 내용이다. 하지만 이러한 임의적인 구분을 통해서라도 에드워즈의 사상의 주요 개념들이 좀 더 선명하게 드러날 수 있다면 나름의 유익은 있다고 생각한다.

특히 성화의 원리와 내용 중에서 지속성의 중요성은 한 번 더 강조하고 싶다. 참된 성도는 한두 번의 실천을 통해서 자신의 신앙의 진정한 모습이 표현되지 않는다는 것을 안다. 수없이 많은 실천의 과정 속에서도 변함없는 지속성 속에서 참된 신앙은 자기의 모습을 드러낸다. 이런 의미에서 에드워즈의 신앙적 감정은 지속적인 감정이다. 한 순간에 모든 에너지를 폭발시키듯이 분출하는 감정이 아니다. 현재의 감정이 얼마나 뜨거운가 하는 점이 중요한 것이 아니고 감정 속에서 작용하고 있는 성향적인 힘과 지속적인 특성이 더 중요하다. 다시 말해서, 성도의 영혼의 내부에서 은혜의 기초가 견고하게 터를 잡고 큰 변화 없이 지속적으로 작용하는 것이 중요하다. 순전히 쉽게 이해하기 위한 방편으로 예를 하나 들어보겠다. 감정 지수라는 것이 있다 치자. 가장 이상적인 상태에서 최고조에 이른 감정을 100이라고 하자. 어떤 날은 감정 지수가 50, 어떤 날은 80 또 다른 날은 30이 될 수 있다. 이런 모든 날들의 감정 지수의 평균이 바로 지속적인 감정 지수라고 말할 수 있다. 당연한 말이겠지만, 편차는 작을수록 좋다. 일주일 동안 감정 지수가 90을 넘나들다가 그 다음 1년 동안 10을 넘지도 못하고 가라앉아 있다면, 그것은 비정상적인 감정의 모습이다. 참으로 거룩한 감정을 가진 참된 성도들은 종종 구름에 가리기도 하지만 지속적으로 궤도 안에 있으며 지속적으로 빛을 발하는 별과 같다.

제 9 장

결론

　1740년대 초반 미국 전역을 휩쓸던 부흥의 열기가 점차 사그라진 이후인 1746년에 조나단 에드워즈는 『신앙적 감정』이라는 제목의 책을 발표했다. 부흥 당시에 에드워즈는 두 개의 전선에서 싸웠다. 하나는 이성을 강조하면서 부흥이 너무 감정적이라고 비판하는 이성주의자들이었고, 다른 하나는 감정을 강조하면서 이성을 무시하고 격정적으로 치닫는 열광주의자들이었다. 에드워즈는 양쪽 모두가 신앙적 감정의 본질에 대해서 오해하고 있다고 생각했다. 그들은 신앙적 감정이 의지를 포함하며 지성을 수반한다는 사실을 몰랐다. 그들은 이성 따로 감정 따로 움직인다고 생각했다. 그러나 참된 신앙 안에서는 지성과 감정 혹은 의지가 불가분리적인 밀접한 관계 속에서 움직인다.

　에드워즈는 부흥의 기간 동안 은혜를 받고 참된 신앙을 가진 것처럼 보였지만 사실은 그렇지 않은 경우들이 많이 있었음을 고백했다.[1] 참된 신앙과

---

1) "약 2년 전 이 땅의 많은 사람들이 기쁨으로 한껏 고양되어 있었습니다. 하지만 그런 환경 속에 도사리고 있는 위험과 유혹에 대한 조심성과 예민성이 부족해서, 많은 사람들이 그런 위험과 유혹을 받게 되었습니다. 마귀는 이 기회를 이용했고, 많은 사람들이 느끼지 못하는 사이에 하나님과 자신들의 의무로부터 멀어지게 되었습니다." *WJE-Y*, 4:558-559. (Edwards to William McCulloch, March 5, 1743/4.); "확실히 많은 사람들이 스스로 속임을 당하고 또 다른 사람들을 속였습니다. 참된 회심자의 숫자는 당시에 생각했던 것만큼 많지는 않았습니다." *WJE-Y*, 4:565. (Edwards to Thomas Gillespie, July 1, 1751.)

거짓된 신앙을 구별하는 기준이 필요했다. 구별의 기준으로 에드워즈가 제시한 것이 인간 인격의 중심인 감정이다. 감정을 중심으로 해서 참된 신앙과 거짓된 신앙을 구별할 수 있는 확실한 12가지 표지들을 제시했다. 이 12가지 표지들은 감정이 나오는 근원(표지 1-4), 감정에 수반되는 성품들(표지 5-9) 그리고 감정 자체의 특성에 관련된 것들(표지 10-12)이다. 이것은 정성의 근원(표지 1-4)과 감정의 작용과 결과(표지 5-12)의 두 부분으로 나눌 수 있다. 본 논문과 관련해서 볼 때에는 이렇게 두 부분으로 나누어보는 후자의 관점이 더 중요하다. 아무튼 은혜를 받은 사람일지라도 여전히 어느 정도 죄의 영향을 받을 수밖에 없기 때문에 완전한 구별을 할 수는 없다. 그것은 하나님만의 영역이다. 우리 인간은 할 수 있는 데까지 최선을 다할 뿐이다. 그러므로 에드워즈의 신앙적 감정의 기준은 타인의 신앙이 참된 신앙인지 거짓된 신앙인지를 구별하려고 하기보다는 자기 자신의 신앙을 반성하고 점검하는 데 사용되어야 한다. 에드워즈도 이 기준이 타인을 평가하기보다는 주로 자신의 신앙을 점검하는 데 사용되어야 한다고 생각했다.

그러나 에드워즈는 단지 참된 신앙과 거짓된 신앙을 구별해야 한다는 현실적인 목표만 가지고 있었던 것이 아니었다. 부흥 전부터 이미 그는 참된 신앙의 본질에 대해서 탐구하면서, 참된 신앙은 인간 존재 전체와 관련된 것이며, 인간 존재 전체의 근본적 방향성을 결정하는 것은 참된 신앙의 생명과 혼인 신앙적 감정이기 때문에 참된 신앙은 대체로 신앙적 감정에 있다는 견해를 발전시켜왔다. 이런 생각이 부흥의 사건을 통하여 더욱 성숙해지면서 감정이라는 개념이 확고하게 자리를 잡는다.

에드워즈의 감정 개념은 참된 신앙과 거짓된 신앙을 구별해주는 기준인 동시에 참된 신앙을 가진 참된 성도의 마음의 중심이다. 결론적인 정리를 위하여, "누가 참된 성도인가"라는 질문을 던져보자. 참된 신앙을 가지고 있는 사람이 참된 성도이다. 참된 신앙은 대체로 거룩한 감정에 존재하기 때문에, 거룩한 감정을 가지고 있는 사람이 참된 성도이다.

참된 성도는 성령의 내주를 통해서 중생하고 영적으로 거룩하게 변화한 신앙적 감정을 가지고 있는 성도이다. 구원론의 관점에서 말하자면, 성령이 내주하시면 그 사람은 중생과 회심을 하고 존재 전체의 변화를 체험함으로써 신앙적 감정이 생긴다. 그리고 인간론적 관점에서 말하자면, 이러한 인간 존재 전체의 변화를 통하여 그 사람의 영혼에는 영적인 감각과 영적인 지식이 생기고, 이 영적인 감각과 영적인 지식에서 영적인 감정이 나온다. 그리고 이렇게 생겨난 신앙적 감정은, 인간론적인 측면에서 볼 때에는 영적인 실천 속에서 작용하여 참된 성도의 성도다움을 표현하고, 구원론적인 측면에서 볼 때에는 성화의 삶 속에서 거룩과 참된 덕의 열매를 맺는다. 이러한 큰 틀을 염두에 두면서 전체 논의를 간단하게 요약하고 정리할 것이다. 그리고 난 다음에는 에드워즈의 감정 개념에서 우리가 얻을 수 있는 교훈을 살펴볼 것이다.

제4장에서는 "성령의 내주와 중생과 회심"을 다루었다.
(1) 성령의 내주가 있느냐 없느냐는 한 사람이 성도냐 자연인이냐를 구별하는 결정적 기준이다. 성령의 내주는 영적이고 초자연적이고 신적인 영향력과 작용이다. 그리고 여기서 참된 신앙적 감정이 생긴다. 성령의 내주는 성도의 영혼의 중심인 감정에 표지를 새긴다. 그래서 이 감정에 나타나는 표지를 보고 성령의 내주 여부를 구별할 수 있다.
(2) 하나님의 성령은 성도의 영혼 안에 내주하시면서 새로운 본성과 생명의 원리로써 연합하시고 자신의 거룩과 아름다움의 본성을 전달하신다. 다른 말로 바꾸어 말하면, 하나님의 성령이 내주하시면서 은혜를 주입하시고 은혜의 빛으로 조명하신다. 은혜의 주입과 조명은 삼위일체적인 역사로써 이루어진다. 하나님은 구원의 복을 사는 자(그리스도)를 보내시고, 사는 자는 십자가에서 자신의 목숨을 대가로 지불하고 구원의 복의 총합인 성령을 사시며, 산 것 되시는 성령은 성도들의 영혼 속에 들어와서 모든 구원의 복을 적용하신다. 에드워즈는 은혜의 주입을 산 것 되시는 성령으로 봄으로써, 은혜의 주입을 인간의 덕과 자질의 주입으로 간주하는 로마 가톨릭과는 정반대의 입장을 선명하게 견지한다. 성령은 성도의 영혼 속에 마음의 새로운 기초로 혹은 초자연적인 원리로 존재하시기 때문에 어떤 형태로든지 인간의 자연적 본성과 혼합되지 않는다. 다만 인간의 본성이 새롭게 작용하게 해주는 새로운 토대나 원리로만 존재하신다. 그렇지만 성도의 영혼 속에 일

어나는 새로운 본성의 변화는 내주하시는 성령의 조명과 영향력과는 독립적으로 존재한다고 생각해서도 안 된다. 인간의 영혼 속에서 일어난 새로운 본성의 변화는 성령이 그 영혼에 내주하면서 빛을 비추고 있을 때에만 가능하다.

(3) 중생은 하나님이 새 생명을 주시는 것으로서의 수동적 변화이고, 회심은 인간의 마음이 그러한 은혜에 반응하는 것으로서의 능동적 변화라는 점에서 차이가 있다. 하지만 인간의 근본적인 변화를 가리킨다는 점에서 중생과 회심은 거의 같은 의미로 사용된다. 중생 혹은 회심은 무에서 유를 만드는 창조의 사역이고, 초자연적인 변화의 원리가 주입되는 하나님의 역사이고, 창조주가 신적인 감각을 영혼에 부여하시는 사건이다. 이때 영적 지식과 영적 행동의 원리가 주입되는데, 그것은 하늘이 땅보다 높은 것처럼 인간이 이전에 가졌던 어떤 원리보다 더 고차원적인 것이다. 바로 이 신적인 감각, 영적인 지식 그리고 영적 행동의 원리에서 중생한 성도의 거룩한 신앙적 감정이 나온다. 중생의 순간에 즉시 변화가 일어나는 것은 아니지만 그 변화의 원리는 반드시 삶 속에서 표현된다. 중생이나 회심과 같은 큰 변화가 영혼 속에서 일어나면, 사람의 감정은 크게 움직이게 되어 있다. 감정이 전혀 움직이지 않는다는 것은 아무런 변화가 없었다는 말이 된다. 감정의 움직임이 없는 회심의 사건은 존재하지 않는다.

제5장에서는 "새로운 영적 감각"을 다루었다.
(1) 새로운 영적 감각은 죄인인 인간에게는 없었는데 은혜로 새롭게 주어진 영적 감각이다. 한마디로 말해서 그것은 성령께서 신적이고 초자연적인 원천으로 성도의 마음에 내주하시고 역사하심으로써 생긴 영적인 힘을 감각적 언어로 표현한 것으로서, 회심하지 못한 자연인에는 결코 있을 수 없는 전혀 새로운 종류의 영적인 감각이다.
(2) 새로운 영적 감각은 인간의 본래적인 다섯 가지 감각과는 다른 종류인 여섯 번째 감각이 아니다. 새로운 영적 감각은 인간의 오감과 지성과 의지 혹은 감정이 이전과는 전혀 다른 방식으로, 그리고 전혀 다른 방향으로 작용하게 해주는 근본 토대가 되는 새로운 원리이다. 새로운 영적 감각이라

는 용어 중에서 감각이라는 용어 때문에 제6의 감각과 같은 것으로 생각하면 안 된다. 새로운 영적 감각은 새로운 영적인 원리이다.

(3) 새로운 영적인 감각은 하나님의 도덕적 완전성과 거룩의 아름다움을 맛보고 느낄 수 있는 감각이다. 거룩의 아름다움은 에드워즈 신학의 특징적인 표현이다. 에드워즈는 성도와 자연인의 결정적 차이 중의 하나가 바로 거룩의 아름다움을 맛보고 느낄 수 있는가 없는가에 있다고 보았다. 회심한 사람들은 하나님의 거룩이 아름답다고 느끼고, 그 거룩의 아름다움을 즐거워하고 기뻐한다.

(4) 새로운 영적 감각은 신적이고 영적인 빛과 같다. 빛은 영적인 지식에 대한 은유로 볼 수 있다. 그러니까 새로운 영적 감각은 거룩의 아름다움을 느끼는 감각과 하나님에 속한 일들을 이해하는 영적인 지식을 동시에 함축하는 것인 셈이다. 새로운 영적 감각이라고 할 때는 감정에 강조점이 있고, 신적인 빛이라고 할 때는 지성에 강조점이 있다. 에드워즈는 이런 방식으로 감정과 지성을 통합적으로 사고한다. 그리고 이런 방식으로 새로운 영적 감각과 영적인 지식이 신앙적 감정의 근원이라는 것을 보여준다.

제6장에서는 "영적인 지식"을 다루었다.

(1) 영적인 지식은 새로운 영적 감각(혹은 새로운 마음의 감각) 안에 존재하는 지식이다. 새로운 영적 감각은 일종의 원리 내지는 틀이고, 영적인 지식은 이 원리나 틀 안에 채워지는 내용이다. 영적인 지식의 내용은 영적인 일들에 대한 지식이다. 가장 근본적으로는 하나님의 거룩의 아름다움에 대한 지식이고, 다음으로는 거룩의 아름다움과 연결되어 있는 모든 지식들이다. 이러한 영적인 지식에서 신앙적 감정이 생긴다.

(2) 영적인 지식은 지성과 감정이 동시에 작용해서 이루어지는 지식이다. 에드워즈의 지식은 꿀을 바라봄으로써 얻은 지식이 아니고 꿀의 달콤함을 맛봄으로써 얻는 지식이다. 하나님을 이론적으로 앎으로써 얻은 지식이 아니고 하나님의 거룩의 아름다움을 맛보고 느낌으로써 얻는 지식이다. 이런 지식에는 감정적인 요소가 들어 있다. 지식과 감정이 공존하는 것이다. 에드워즈는 거룩한 감정은 빛 없는 열이 아니라고 했다. 그러므로 영적인 지

식은 신앙적 감정의 근원이라고 말할 수 있다.

(3) 영적인 지식은 미각처럼 영적인 일들을 긴 추론의 과정 없이 즉시 포착하는 지식이다. 영적인 지식은 이론적이거나 체계적인 분석을 통하지 않고서도 대상을 보는 즉시 좋고 나쁨을 느낀다. 예를 들면, 음악가가 소리를 듣고 나서 음의 비율을 분석하지 않고 즉시 음의 조화를 느끼는 것이나 미식가가 음식을 맛보고 나서 음식의 맛을 아는 것과 같다.

(4) 영적인 지식과 함께 이론적인 지식도 필요하다. 이론적인 지식 그 자체에는 구원에 속한 것이 없지만, 영적인 지식을 얻기 위해서는 이론적인 지식이 필요하다. 지식이 없이는 어떤 은혜의 수단도 유익을 줄 수 없다. 사람의 정신에 지식을 전달해줄 수 없다면 복음을 설교하는 일은 목적을 이루지 못한다. 전혀 알지 못하는 대상을 사랑할 수는 없다. 이해의 문을 통과하지 않고는 어떤 것도 마음에 도달하지 못한다. 그러므로 에드워즈는 이론적인 지식의 중요성도 인정했다.

(5) 한편, 영적인 지식과 관련한 주요 주제들 중에는 확신, 위선 및 체험이 있다. 먼저, 확신에 대해서 살펴보자. 영적인 지식과 영적인 감각이 성도의 마음에 작용할 때 성도의 마음에는 복음에 속한 일들에 대한 확신이 생긴다. 새로운 영적 감각으로 하나님의 거룩함의 아름다움을 직접 맛보고 느끼니까 확신이 생긴다. 그리고 영적인 감각과 영적인 지식에서 나온 영적인 감정의 작용으로 신앙생활 가운데서 영적인 실천을 하니까 확신은 더욱 커지게 된다. 하지만 이 확신은 하나님의 신적인 판단과 같은 절대적인 확신은 아니다. 믿음이 자라면 확신도 커지지만, 확신은 믿음의 본질에 속하는 것이 아니라 믿음의 효과이다. 다음으로 위선을 보자. 에드워즈가 말하는 위선은 자기-기만이다. 과도한 확신 속에서 자기가 자기에게 속고 있는 경우를 가리킨다. 부흥 시기의 열광주의자들이 이러한 과도한 자기 확신에 빠져서 자기에게 속고 있는 위선자들이었다. 에드워즈는 올바른 확신은 지속적인 순종과 실천을 통해서 가능하다고 주장했다. 물론 그 실천은 영적인 실천으로써, 마음의 내적 동기에 근거한 외적 실천이다. 마지막으로, 체험을 살펴보자. 에드워즈는 체험과 실천이 날카롭게 분리되는 것을 반대한다. 그에 따르면, 모든 그리스도인의 체험을 실천이라고 부를 수는 없지만

모든 그리스도인의 실천을 체험이라고 부를 수는 있다. 실천은 체험 중에서 몸을 통해서 외적으로 드러나는 것이다. 내적인 체험은 이러한 영적인 실천을 통해서 밖으로 드러날 때 더 효과적인 체험이 될 수 있다. 참된 기독교적 체험은 지정의를 포함한 인간 존재의 모든 차원을 포괄하는 것이어야 하고 실질적인 내용이 있는 것이어야 한다.

제7장에서는 "영적인 실천"을 다루었다.
(1) 기독교적 실천은 은혜의 모든 표지들 중에서 최고의 표지이고, 표지들 중의 표지이며, 증거들 중의 증거로서, 모든 다른 표지들을 승인해주고 최종적으로 판정해준다. 실천은 표지들 중의 표지이기 때문에 다른 표지들이 정말로 표지라는 사실을 최종적으로 확인할 수 있는 것은 오직 실천을 통해서이다. 은혜가 주입되는 하나님의 역사인 중생도 실천과 직접적인 관계가 있다. 실천은 은혜의 목표이며 그리스도의 구속의 목표이기 때문이다. 구원의 은혜는 마음속에만 머물지 않고 성도의 변화된 성품을 통하여 삶 속에서 실천적으로 활동한다.
(2) 실천은 영혼의 행동을 표현하는 몸의 행동이다. 영혼의 행동이란 마음속의 의도와 동기가 움직이는 내면적인 행동이고, 몸의 행동은 의도와 동기가 밖으로 표출되는 외적인 행동이다. 이 둘은 불가분리적으로 연합되어 있다. 에드워즈는 실천에 이르게 만드는 배후의 동기들까지도 실천 속에 모두 함축되어 있다고 보기 때문에, 열매라는 결과로 나타난 실천을 중요하게 생각한다. 즉, 실천의 동기와 실천의 내용을 통합적으로 본다. 바로 여기가 신앙적 감정의 자리이다. 신앙적 감정은 영적인 실천 속에서 작용하여 내적인 실천의 동기가 외적인 실천의 내용으로 표현되게 하는 역할을 한다.
(3) 실천은 다른 사람과 자기 양심에 참된 신앙의 표지가 된다. 왜냐하면 말보다는 행동이 사람의 마음을 더 잘 보여주기 때문이다. 그렇다고 해서 말이 없으면 안 된다. 말이 표현한 속마음이 행동에서 완성되기 때문이다. 하지만 사람의 마음은 깊고 비밀스러운 것이어서 어떤 사람의 속마음을 정확히 안다는 것은 불가능하다. 사람의 죄악과 연약함의 한계 안에서 최선을 다할 수 있을 뿐이다. 한편, 자기 자신에게 이 실천의 원리를 적용할 때는

조금 다르다. 사람은 다른 사람의 마음은 볼 수 없지만 자기의 마음은 비교적 잘 볼 수 있다. 사람이 자기의 마음을 잘 볼 수 있다면 자기의 신앙을 판단하는데 왜 실천이 필요한가? 왜냐하면 죄 때문이다. 죄 때문에 인간들은 자기 마음조차도 제대로 보지 못하고 자기 자신에게 속는 경우가 있다. 그러므로 외적인 실천이 필요하다. 나의 마음의 중심을 표현하는 외적 실천을 통한 점검이 필요하다. 실천은 겉으로 드러나는 것이니까 마음의 내적 작용보다는 자기-기만의 영향을 덜 받기 때문이다.

(4) 실천은 내적 체험과 연합을 이루는 중요한 체험이다. 에드워즈는 분명히 실천이 체험이라고 했다. 내적 체험을 표현해주는 외적 체험이긴 하지만 분명히 실천이 체험이다. 그러므로 조금 확대해석한다면 이렇게 말할 수도 있겠다. 체험을 원하는 자는 실천하라!

(5) 실천은 이신칭의 교리와 모순되지 않는다. 에드워즈는 이신칭의 교리를 조금도 희석시키지 않으면서 실천을 더욱 많이 강조하기를 원한다. 에드워즈의 입장은 분명하다. 우리가 행함(실천)으로 의롭다 여김을 받지 않기 때문에 행함(실천)을 무시한다면, 그것은 사실 모든 신앙, 모든 은혜, 참된 복음적 거룩 그리고 모든 은혜의 체험을 무시하는 것과 같은 일이다. 거룩한 실천을 참된 은혜의 근거로 생각하는 것은 율법주의이지만, 참된 은혜를 구별해주는 표지로 생각하는 것은 결코 율법주의가 아니다. 에드워즈의 생각에 따르면, 하나님은 우리의 본성을 잘 아시고 우리에게 가장 안전한 길이 어떤 것인지를 잘 아시기 때문에 실천을 은혜의 표지로 삼아서 우리가 나아갈 길을 정함으로써 우리들을 덜 당황하게 만들고 덜 기만당하게 만들려고 하셨다. 그래서 그토록 성경 말씀을 통하여 실천을 강조하셨던 것이다.

제8장에서는 "성화와 참된 덕"을 다루었다.

(1) 성령의 내주하심의 은혜로 중생한 성도는 영적인 감사와 영적인 지식에서 나온 영적인 감정이 영적인 실천 속에서 작용함으로써 성화의 삶을 산다. 성화의 삶을 가능하게 해주는 중요한 몇 가지 원리들이 있는데, 그것들은 ①경향성 ②덕 아름다움 및 사랑 ③전체성, 진정성 및 지속성이다. 그리고 이러한 성화의 원리들은 겸손, 온유, 사랑, 용서 및 자비와 같은 성도의

변화된 성품 속에서 구체적인 내용을 얻게 된다.

(2) 경향성은 본성의 원리 혹은 행동을 위한 토대이다. 그리고 은혜의 경향성은 은혜의 속성과 거룩한 실천의 원리이다. 이 경향성의 힘은 감정이나 행동이 외부로 얼마나 드러나는가 하는 것과 비례적인 관계를 형성하지 않는다. 성도의 영혼의 내부에서 은혜의 기초가 얼마나 견고하게 터를 잡고 있는가 하는 점이 일시적으로 외부로 드러나는 감정적이고 행동적인 표현들보다 더 중요하다.

(3) 에드워즈는 덕과 아름다움과 사랑을 두 종류로 구분한다. 초자연적이고 영적인 것과 자연적이고 본성적인 것 혹은 은혜의 도덕과 본성의 도덕으로 구분한다: 참된 덕과 참된 덕이 아닌 것, 일차적 아름다움과 이차적 아름다움, 호의의 사랑과 만족의 사랑. 본성의 도덕에 속한 것들도 자기 나름대로의 가치는 인정되어야 하지만, 그것은 결코 은혜의 도덕이 될 수 없다. 에드워즈에게 있어서 덕과 아름다움과 사랑은 거의 같은 것이다. 참된 덕은 존재와 아름다움의 기초와 원천이신 하나님에 대한 사랑이다. 이러한 참된 덕을 가진 참된 성도는 하나님의 거룩의 아름다움을 사랑하며, 인간과 세상 속에 새겨져 있는 원형적 아름다움의 모형 때문에 인간과 세상을 사랑하고 아름답게 만드는 삶을 산다.

(4) 참된 성도는 하나님의 말씀 전체에 순종하고, 순종하는 자신의 삶 전체에 조화와 균형을 이룬다. 그래서 참된 성도의 삶은 조화와 균형 때문에 아름다운 삶이다. 참된 성도는 진지하고 부지런하게 순종한다. 영적인 감각과 영적인 지식과 영적인 감정과 영적인 실천이 더욱 커질수록 하나님과 영적인 것들에 대해서 더 많이 느끼고 알고 실천하기를 갈망한다. 그리고 참된 성도는 삶의 끝까지 변함없이 지속적으로 순종한다. 참된 성도는 강력한 불꽃으로 타오르지만 불규칙적이고 지속성이 없는 유성이 아니라 가끔 구름에 가리기도 하지만 지속적으로 궤도 안에 있으며 지속적으로 빛을 발하는 별과 같은 모습으로 산다.

(5) 성령의 내주와 중생과 회심은 반드시 성도의 영혼에 본질적인 성품의 변화를 일으킨다. 그러므로 참된 성도는 본질적이고 전반적이고 중대한 성품의 변화를 체험한 사람이다. 마음의 거룩에 속하는 모든 것은 참된 성도

의 성품에 속하는 것이지만, 그 중에서 특별히 복음의 본질과 그리스도인의 신앙고백의 본질에 더욱 일치하는 기질이나 성품이나 덕이 있다. 에드워즈는 그런 덕을 겸손, 온유, 사랑, 용서, 자비와 같은 것들이라고 생각한다. 이와 같은 변화된 성품에 따라 사는 성도의 삶은 참으로 덕스럽고 아름답고 사랑스럽고 거룩하다.

에드워즈의 신앙적 감정 개념에 대한 우리의 연구의 결론은 단순하다. 성령의 내주를 통하여 중생과 회심을 체험한 성도, 즉 존재 전체의 변화를 체험한 성도의 영적인 감각과 영적인 지식에서 영적인 감정이 생기고, 이 영적인 감정이 영적인 실천 속에서 작용할 때 거룩과 참된 덕의 삶을 살게 된다. 이러한 의미에서 에드워즈의 신앙적 감정은 참된 신앙을 가진 참된 성도의 영혼의 통합성과 근본적인 방향성을 결정하는 마음의 중심이다. 그러므로 거룩하고 영적인 신앙적 감정을 가지고 있는 참된 성도는 무미건조한 신앙 논리 속에 머무르지 않고, 격정적인 종교적 감정에 빠지지 않으며, 자연주의적인 도덕적 실천에 가치를 부여하지 않는다. 참된 성도는 뜨거운 가슴으로 하나님을 알고 하나님의 말씀대로 행동한다. 참된 성도는 지혜로운 머리로 하나님을 느끼고 하나님의 말씀대로 행동한다. 참된 성도는 행동하는 손발로 하나님을 알고 느낀다.

에드워즈의 감정 개념은 21세기를 살아가는 우리 한국 교회의 성도들에게도 많은 유익과 도전을 줄 수 있다. 우리 한국 교회의 성도들이 에드워즈에게 배울 수 있는 교훈은 무엇인가? 에드워즈에게 있어서 한 인간의 지성과 감정과 의지(혹은 실천)는 불가분리적으로 연합되어 있다. 추상적인 논리의 차원에서 구분할 수는 있어도 현실적인 삶의 차원에서는 항상 함께 간다. 신앙에 대해서도 마찬가지로 말힐 수 있다. 신앙이란 한 인간의 신앙이기 때문에, 신앙 안에서 지성과 감정과 의지는 함께 통합적으로 작용한다. 지성과 감정과 실천은 서로가 서로를 침투한다. 그래서 지성적 감정과 감정적 지성, 감정적 실천과 실천적 감정 그리고 지성적 실천과 실천적 지성이 다 성립한다. 그러므로 지성과 감정과 실천의 폭이 더 넓어지게 된다. 이러한 의미에서 에드워즈는 충분히 지성적이었고 충분히 감정적이었고 충분히 실천적이었다. 이러한 관점에서 한국 교회의 모습을 보면, 지성적인 면에서도, 감정적인 면에서도 그리고 윤리와 실천적인 면에서도 부족한 점들이 많다. 한국 교회는 지금보다 훨씬 더 지성적이어야 하고, 훨씬 더 감정적이어야 하고, 훨씬 더 실천적이어야 한다. 좀 더 구체적으로 살펴보자.

첫째, 한국 교회는 기독교 신앙의 지성적 성격을 지금보다 훨씬 더 많이 강조해야 한다. 한국 교회의 문제점을 지적하는 비판들은 많지만, 의외로 한국 교회의 지성적 빈곤을 지적하는 목소리는 별로 크지 않다. 일부 진보 진영의 신학자들이 한국의 보수주의적 기독교를 부정적으로 언급할 때 주로 근본주의적이고 반지성적이라고 비판하는 정도인데, 이들의 주장은 근거가 빈약하다.[2] 한편, 보수적 그리스도인을 자처하는 사람들은 한국의 기독교가 기독교적 지성이 부족한지 아닌지에 대해서 별로 관심이 없는 것처럼 보인다. 그들은 기도하고 전도하고 해외 선교하고 교회 봉사 활동을 하느라 바쁘다. 우리가 우리 하나님을 사랑하되 감정적으로 의지적으로 사랑할 뿐만 아니라 지성적으로도 사랑해야 함에도 불구하고 대다수 한국 교회의 보수주의자들은 기독교적 지성을 계발하는 일을 소홀히 하거나 무시해왔다. 한국 보수 신학의 최근의 활발한 연구 활동과 업적을 과소평가하는 것은 결코 아니다. 지금 문제 삼는 것은 한국 사회 전반에서 기독교적 지성은 어떤 역할을 했는가 하는 점이다. 철학, 문학, 역사, 정치, 경제 및 과학 등 학문 전반의 영역에서 기독교인 학자들이 기독교적 가치 체계를 성공적으로 담아내는 연구 성과를 보이고 있는가? 그리고 그렇게 기독교적으로 사고하는 것이 비기독교인들에게 얼마나 인정되고 수용되고 있는가?

기독교인이라면 기독교적으로 생각해야 한다. 종교적인 영역에서만 아니라 인간 일반과 세상 일반에 걸친 포괄적인 영역에서 기독교적으로 생각

---

2) 한국의 보수주의적 기독교를 근본주의라는 용어로 쉽게 규정할 수 있는가 하는 점은 결코 쉽지 않은 문제인데, 그 이유는 칼빈주의(혹은 개혁주의), 복음주의, 세대주의, 그리고 근본주의가 모두 한국 교회에 영향을 끼치고 있기 때문이다. 한편, 근본주의와 반지성주의를 동일시하는 것도 문제가 있다. 미국의 근본주의 연구에 있어서 탁월한 공헌을 한 조지 말스든에 따르면, 근본주의는 반지성주의라는 인식 자체가 올바르지 않다(조지 마스든, 『근본주의와 미국 문화』 박용규 옮김 [서울: 생명의 말씀사, 1997], 460-479를 참조하라).

해야 한다. 우주만물이 하나님과 어떻게 관련을 맺고 있는지 알기 위해서 하나님이 주신 지성을 활용해야 한다. 물론 당연히 지성이 복음을 받아들이기 전에 성령께서 먼저 마음을 변화시켜야 하지만, 하나님이 주신 지성은 충분히 존중되어야 한다. 존 칼빈의 경우, 그는 지성주의자가 아니고 신앙의 한계 안에서 인간의 합리성을 제한적으로 인정하는 사람이었지만 기독교적 지성을 매우 존중했다.[3] 또한 칼빈은 일반 은혜-기독교인과 비기독교인에게 공통적으로 베풀어지는 것으로써 구원과 상관없는 은혜-를 말하면서, 어떤 사람들이 문학, 철학, 수학, 의학, 천문학 등의 영역에서 탁월한 재능을 보이는 것은 하나님의 일반 은혜 때문이라고 주장하였다.[4] 일반 은혜의 영역에서 인간의 지성 활동의 가치를 인정하고 있는 것이다. 한편, 에드워즈의 경우, 거미에 대해서, 무지개에 대해서 그리고 빛에 대해서 상당한 매력을 느끼고 깊이 연구했다.[5] 뿐만 아니라 그는 존 로크의 철학을 비롯해서 당대의 주류를 이루는 학문들과 대화하면서 자신의 기독교적 사상을 전개해나갔다. 에드워즈는 "모든 예술과 과학은 완전해지면 완전해질수록 신성으로 나아가며 신성과 일치하고 신성의 일부로 나타난다"고 생각했다.[6] 그러니까 우리가 지성적인 활동을 하는 궁극적인 이유는 하나님과 하나님이 세상을 대하시는 사랑의 방식을 좀 더 알기 위한 것이다.[7]

한국 교회는 성경 읽기, 기도하기, 예배드리기 그리고 영혼 구원 활동 이외의 것들에 대해서는 별로 관심을 두지 않는 경향이 있다. 심지어 예술적인 활동도 그 자체로는 가치가 없다고 보고, 교회와 영혼 구원을 위한 수단으로 사용될 때에만 영적인 가치를 인정하는 태도를 보여준다. 화란의 미술사가인 한스 로크마커(Hans Rookmaaker)는 『예술은 정당화를 필요로 하지 않는다(Art Needs No Justification)』라는 제목의 책을 썼다.[8] 이 책의 제목 자체

---

3) 마크 놀, 『복음주의 지성의 스캔들』 이승학 옮김 (서울: 엠마오, 1996), 61.
4) *Inst.*, II. 2. 12-16.
5) Stephen Nichols, *Jonathan Edwards: A Guided Tour of Hiis Life and Thought*, 159-171의 간략한 설명을 참조하라.
6) *WJE-Y*, 6:397.
7) 마크 놀, 『복음주의 지성의 스캔들』, 78.
8) Hans Rookmaaker, *Art Needs No Justification* (Downers Grove, Ill.: InterVarsity, 1978) (한국어로는 『기독교와 현대 예술』이라는 제목으로 IVP에서 번역 출간됨.)

가 강력한 메시지를 품고 있다. 어떤 그림이나 음악으로 하나님의 창조 세계를 아름답게 표현하는 예술 행위는 그 자체로 고유한 의미를 가지고 있다. 그러므로 그러한 예술 행위는 별도의 정당화가 필요 없다. 인간의 지성 행위에도 마찬가지 논리를 적용할 수 있다. 하나님이 인간에게 지성을 허락하셨기 때문에 지성 활동은 그 자체로 고유한 의미를 가지고 있다. 물론 예술 행위든 지성 행위든 가장 근원적인 차원에서는 인간의 원죄와 결부되어 있기 때문에 그 자체가 무조건 정당한 것은 아니고 하나님의 은혜가 필요하다. 하지만 은혜 받고 거듭난 성도가 은혜 안에서 예술적 활동이나 지성적 활동을 할 때에는 그것이 영혼 구원 사역의 수단이 아니어도 그 자체로 정당하다.

그런데 한국 교회의 신앙에는 기독교적 지성의 자리가 너무 좁고 너무 낮다. 신앙, 경건 및 영성은 지성적 활동에 대한 관심을 포함하는 폭넓은 것이어야 하는데, 정반대로 심오한 지적 사고와는 무관하게 내적인 마음의 상태로만 간주되고 있다. 한국 교회가 지성을 혐오하거나 완전히 무시한다는 것은 아니다. 일부 선도적인 단체들이 특정한 영역에서는 상당한 정도의 지적 수준을 형성하고 영향력을 끼치기도 한다.[9] 그들은 자신들과 가까운 주변에서는 크게 영향력을 미치고 또 선한 결과들을 만들어낸다. 하지만 아직도 한국 지성 사회의 주류에 영향을 미치며 상호교류할 수 있는 지적 담론의 장을 만들어내기에는 부족해 보인다. 한국 교회는 18세기 미국 당대의 최고의 지성인들과 어깨를 나란히 했던 조나단 에드워즈와 같은 인물이 많이 나올 수 있는 풍토를 만들기 위해서 지금보다 몇 배의 노력을 기울일 필요가 있다.

둘째, 한국 교회는 신앙에 있어서 감정의 문제를 올바로 이해하여 영적 감정이 올바르게 작동할 수 있게 해야 한다. 부흥 집회, 찬양 집회 및 선교 집회 등에서 수많은 그리스도인들이 뜨겁게 기도하고 열정적으로 찬양하고 진지하게 말씀을 듣는 모습들은 매우 귀하다. 그러한 기도와 찬양과 말

---

9) 1981년에 설립된 한국복음주의신학회나 1996년에 설립된 한국개혁신학회와 같은 신학 단체들은 활발하고 수준 높은 학문적 활동을 전개하고 있고, 1980년대부터 기독교 세계관 운동을 전개하던 일군의 단체들도 지성적 활동의 중요성을 알고 열심히 노력하고 있다.

쯤 가운데서 하나님을 만나고 은혜를 받는 영적 체험은 참된 그리스도인에게 반드시 필요한 일이다. 이런 면에서 한국 교회의 신앙적 토양은 훌륭하다. 하지만 문제는 과도함이다. 일부 그리스도인들은 뜨겁게 기도하고 열정적으로 찬양하는 것이 마치 신앙의 전부인 것처럼 생각한다. 그래서 신앙의 여러 다른 측면을 과감하게 무시해버리고 과도하게 뜨겁고 열정적인 감정 속으로 몰입해 들어가려고 한다. 가슴이 뜨겁지 않고 소위 신비한 영적 체험이 없는 사람은 신앙의 수준이 낮은 사람으로 치부된다. 이러한 왜곡된 이해는 참된 감정적 신앙마저도 부정적인 것으로 인식하도록 만드는 경향이 있다.

조나단 에드워즈는 부흥의 역사 속에서 지도적인 인물로 활약하면서 이러한 감정의 과도함이 참된 부흥과 참된 신앙에 어떤 해악을 끼치는지를 잘 알고 강력하게 비판했다. 감정이 아무리 높게 고양된다고 할지라도 그것은 참된 신앙이 아닐 수 있고,[10] 심지어 감정이 극도로 강렬해서 몸이 떨리고 저절로 쓰러지게 되는 체험을 한다고 할지라도 그것은 참된 신앙이 아닐 수 있다.[11] 또한 에드워즈는 체험이 얼마나 쉽게 오류에 빠질 수 있는지에 대해서도 경고한다. 체험은 인간적인 열정과 교만으로 변질되기 쉽다.[12] 체험을 한 사람들의 경우를 보면, 대체로 자신에게 체험이 일어났다는 것은 너무도 분명한 사실이라고 인식하기 때문에, 온통 체험에만 의존한다. 자신의 체험이 정말로 하나님에 대한 참된 체험인가 아닌가에 대한 신학적 반성을 하지 않는다.

맥그라스는 루터의 십자가 신학을 예로 들어서 체험과 신학의 관계를 이렇게 설명한다. "그것[체험]은 해석하는 행위자 자체가 아니라 해석되어야 할 대상이다. 하나님은 부재한 것으로 체험되고 교리는 하나님이 숨어계심의 방법으로 현존하신다고 가르친다. 신학은 인간의 체험을 다루지만 이 체험은 때로 비판받고 근본적으로 재해석되어야 할 필요가 있다. 이것이 바로 루터의 십자가 신학에서 주요 주제다."[13] 분명히 감정이나 체험은 신학적

---
10) *WJE-Y*, 2:131.
11) *WJE-Y*, 2:132.
12) *WJE-Y*, 4:458-473.
13) McGrath, *A Passion for Truth*, 78.

비판과 검증을 거쳐야 한다. 존 스미스도 역시 같은 입장에서 감정이 감정을 판단할 수 없기 때문에 감정에 대한 비판과 검증을 위해서 표지나 기준이 필요하다고 말한다. "[에드워즈는] 감정으로 표현되지 않는 신앙을 인정하지 않겠지만, 감정도 역시 시험해야 한다고 주장했다. 감정은 자기 스스로를 시험하지 않는다. 말하자면 감정에 대한 감정적인 판단은 있을 수 없다. 비판적인 조사를 위해서는 참과 거짓을 구별할 수 있는 표지나 기준이 필요하다."[14]

만약 하나님의 초자연적이고 영적인 영향력에 의해서 영적인 감각이 깨어나고 영적인 감각에 의해서 하나님의 거룩의 아름다움을 느끼고 맛보고 올바른 영적 지식을 얻었기 때문에 내 안에서 영적 감정이 솟아나는 것이라면, 그런 감정은 강하면 강할수록 좋다. 신학적 비판과 검증을 통과한 신앙적 감정은 크면 클수록 좋다. 에드워즈는 자기 아내 사라가 황홀경 속에서 말할 수 없는 영혼의 기쁨에 사로잡혀 육체의 기력이 쇠진할 정도가 되었던 놀라운 영적 체험을 이야기하면서 아주 인상적으로 이렇게 말했다. "만약 이러한 일들이 열광주의이고 정신병(distempered brain)의 결과라면 나는 더욱 더 이런 행복한 병에 걸리기를 바란다! 이것이 정신착란(distraction)이라면 나는 온 세상 사람들이 이처럼 자비롭고 온화하고 유익되고 복되고 영광스러운 정신착란에 걸리게 해달라고 하나님께 기도할 것이다."[15]

한편, 한국 교회가 부흥회나 기타 각종 집회들에서 대중들의 감정적 흥분을 유발시킬 의도를 가지고 어떤 인위적인 분위기-같은 찬양을 수십번 반복한다든가 주여 삼창을 시키고 큰 소리로 기도하라고 강요하는 따위의 방법을 통해 만드는 분위기-를 조성하는 것에는 약간의 문제가 있다. 하지만 더 큰 문제는 그러한 감정적 체험이 신학적으로 비판되고 검증되어야 한다는 기본적인 인식이 너무 부족하다는 사실이다. 일반적인 그리스도인들은 자신들의 영적 체험과 감정을 올바로 점검하려는 노력을 지속적으로 수행해야 하고, 신학자들은 일반적인 그리스도인들이 비교적 쉽게 사용할 수 있는 공인된 검증의 기준을 만들기 위해서 노력해야 한다. 물론 기독교 교리가

---

14) John Smith, "Editor's Introduction," *WJE-Y*, 2:48.
15) *WJE-Y*, 4:341.

그러한 역할을 어느 정도 담당하고 있지만, 보다 더 실제적으로 활용할 수 있는 기준이 필요하다.

셋째, 한국 교회는 도덕성을 회복해야 한다. 그리스도인들은 도덕적 삶을 사는 것을 최고의 가치로 삼지 않는다. 그러나 그리스도인들이 하나님 앞에서 참되고 신실한 신앙적 삶을 살면 결과적으로 자연스럽게 도덕적인 삶을 살게 된다. 이러한 그리스도인들의 도덕적이고 윤리적인 삶과 실천이 정치, 경제, 사회, 문화 등의 모든 영역에서 드러나고 영향을 미칠 수 있어야 한다.

그런데 한국 교회는 세상의 소금과 빛의 역할을 제대로 감당하지 못하고 있는 것 같다. 어느 통계에 따르면, 2008년도의 한국 개신교회의 교인 수는 약 1,200만 명이다.[16] 통계의 오차나 과장을 감안한다면, 약 1,000만 명 정도라고 볼 수 있다. 한국 전체 인구의 20%를 넘는다. 엄청난 세력이다. 그럼에도 불구하고 한국 교회의 도덕적 윤리적 영향력은 미약하기 짝이 없다. 왜 그런가? 그리스도인들이 도덕적이고 윤리적인 삶을 살지 않기 때문이다. 그들의 신앙이 내면에만 머물고 삶의 표면에서 표현되지 않기 때문이다. 삶의 표면을 뚫고 솟아오르지 않는 신앙은 행함이 없는 신앙이요 죽은 신앙이다.

초기 한국 교회는 강력한 도덕적 힘이 있었다. 1899년 당시 한국 인구는 1,200만 명이고, 그리스도인은 10,000명 정도였다. 비록 소수였지만 당시의 그리스도인들은 자기 자신이 불의한 일을 하지 않고 정직할 뿐만 아니라 생사여탈권을 가진 고을 수령에게까지도 부정부패를 저지르지 못하도록 항거하고 고발하는 사람들이라고 소문이 났다. 그래서 부정부패를 일삼던 정부의 관리들은 예수교인을 불편하게 생각했다.[17] 그리스도인이 전체 인구

---

16) 문화관광부, 『2008 한국의 종교 현황』 9. 이 통계 자료의 인구 및 주택 센서스 집계에 따르면, 1995년의 개신교 인구는 약 876만 명이고, 2005년의 개신교 인구는 약 861만 명이다. 한편, 2009년 1월 19일의 문화관광부 보도 자료를 보면, 종교 단체 자체에서 제출한 통계 자료가 나온다. 이 통계 자료 따르면, 2002년의 개신교 인구는 약 1800만 명이고, 2008년도 개신교 인구는 약 1200만 명이다.; 과거 자료 중에서 다음의 통계 자료도 참고하라. 한미준, 한국갤럽, 『한국 개신교인의 교회활동과 신앙의식』 (서울: 두란노, 1999), 149. 이 통계는 각 교단의 자체 발표 자료에 근거한 것이어서 다소의 과장이 있을 수 있는데, 아무튼 1998년의 개신교 인구를 약 1200만 정도로 본다.

17) 초기 한국 교회의 도덕적 영향력을 잘 보여주는 다음의 신문 기사를 보라: "이번에 새로

의 0.1%에 불과할 때, 군수가 그리스도인 때문에 부정을 저지르지 못했다는 이 역사적 사실 앞에서, 오늘날의 한국 그리스도인은 스스로 깊이 반성해야 한다.

한국 그리스도인들이 한국 전체 인구의 20%를 넘는데도 불구하고 한국 교회의 도덕적 영향력은 점점 쇠퇴하고 있다. 그리스도인들이 도덕적으로 매우 깨끗해서 세상 사람들이 불편하게 생각하는 일은 이제 이 땅에서 보기 힘들어졌다. 오히려 세상 사람들은 그리스도인들보다 자기네들이 더 정직하다고 생각하기도 한다. 2003년에 실시한 현대리서치연구소의 설문 조사에서 개신교인들이 비개신교인보다 정직한가라는 질문을 했다. 개신교인들은 48.5%가 긍정하고 18.3%가 부정한데 반해서, 비종교인들은 20.6%가 긍정하고, 40.1%가 부정했다.[18] 이 수치들은 무엇을 의미하는가? 개신교인들은 자기 자신들의 정직성이 보통 이상이라고 생각하지만, 비종교인들은 개신교인들의 정직성이 보통 이하라고 본다는 것이다. 참으로 슬픈 일이다. 하지만 여기서 주저앉아서 멈추는 것은 더 슬프고 불행한 일이다. 지금부터라도 한국 교회의 도덕성 회복을 위해서 우리가 해야 할 일들을 찾아야 한다. 당연한 말이겠지만, 교회의 도덕성 혹은 실천은 반드시 경건과 연결되어 있어야 한다. 경건과 분리된 실천은 영적인 실천이 아니라 오염된 실천이다. 영혼 깊은 곳의 경건이 삶의 현장 가운데서 자연스럽게 강한 힘으로 드러나게 하는 영적인 실천만이 이 교회와 사회를 진정으로 변화시킬 수 있다.

난 북도 군수 중에 어떤 유세력한 양반 한 분이 말하되 예수교 있는 고을에 갈 수 없으니, 영남 고을로 옮겨 달란다니 어찌하여 예수교 있는 고을에 갈 수 없나뇨. 우리 교는 하나님을 공경하고 사람을 사랑하는도다. 교를 참 믿는 사람은 어찌 추호나 그른 일을 행하며 관장의 영을 거역하리요. 그러나 관장이 만약 무단히 백성의 재물을 뺏을 지경이면 그것은 용이히 빼앗기지 아닐 터이니 그 양반의 갈 수 없다는 말이 이 까닭인 듯." (1899년 3월 1일자 『대한크리스도인회보』). 이만열, 『한국기독교사특강』 (서울: 성경읽기사, 1987), 120-121에서 재인용.

18) 한신대학교 학술원 신학 연구소, 『한국 개신교와 한국 근현대의 사회문화적 변동』 (서울: 한울아카데미, 2003), 43. 참고적으로 말하면, 개신교인들이 비개신교인들보다 더 이기적인가라는 질문에 대한 응답도 거의 비슷한 비율로 나타났다. 개신교인의 23%는 그렇다, 38.1%는 아니다 라고 응답했고, 비종교인의 34.9%는 그렇다, 20.4%는 아니다 라고 응답했다.

*A Study on the Religious Affections
in the Theology of Jonathan Edwards*

Jonathan Edwards

참고문헌

⟨1차 자료⟩

Edwards, Jonathan. *The Works of Jonathan Edwards*, Edited by Perry Miller, Johhn smith, and Harry Stout. New Haven: Yale University Press, 1957-2008.
  Vol. 1 : *Freedom of the Will*. Edited by Paul Ramsey, 1957.
  Vol. 2 : *Religious Affection*. Edited by John E. Smith, 1959.
  Vol. 3 : *Original Sin*. Edited by Clyde A. Holbrook, 1970.
  Vol. 4 : *The Great Awakening*. Edited by C. C. Goen, 1972.
  Vol. 5 : *Apocalyptic Writings*. Edited by Stephen J. Stein, 1977.
  Vol. 6 : *Scientific and Philosophical Writings*. Edited by Wallace E. Anderson, 1980.
  Vol. 7 : *The Life of David Brainerd*. Edited by Norman Pettit, 1985.
  Vol. 8 : *Ethical Writings*. Edited by Paul Ramsey, 1989.
  Vol. 9 : *A History of the Works of Redemption*. Edited by John F. Willson, 1989.
  Vol. 10 : *Sermons and Discourses, 1720-1723*. Edited by Wilson H. Kimnach, 1992.
  Vol. 11 : *Typological Writings*. Edited by Wallace E. Anderson and Mason I. Lowance, 1993.

Vol. 12 : *Ecclesiastical Writings*. Edited by David D. Hall, 1994.

Vol. 13 : *The "Miscellanies," Entry nos. a-z, aa-zz, 1-500*. Edited by Thomas A. Schafer, 1994.

Vol. 14 : *Sermons and Discourses, 1723-1729*. Edited by Kenneth P. Minkeema, 1997.

Vol. 15 : *Notes on Scripture*. Edited by Stephen J. Stein, 1998.

Vol. 16 : *Letters and Personal Writings*. Edited by George S. Claghorn, 1998.

Vol. 17 : *Sermons and Discourses, 1730-1733*. Edited by Mark Valeri, 1999.

Vol. 18 : *The "Miscellanies," nos. 501-832*. Edited by Ava Chamberlain, 2000.

Vol. 19 : *Sermons and Discourses, 1734-1738*. Edited by M. X. Lesser, 2001.

Vol. 20 : *The "Miscellanies," Entry nos. 833-1152*. Edited by Amy Plantinga Pauw, 2002.

Vol. 21 : *Writings on the Trinity, Grace and Faith*. Edited by Sang Hyun Lee, 2003.

Vol. 22 : *Sermons and Discourses, 1739-1742*. Edited by Harry stout and Nathan Hatch, 2003.

Vol. 23 : *The "Miscellanies," Entry nos. 1153-1360*. Edited by Douglas A. Sweeney, 2004.

Vol. 24 : *The Blank Bible*. Edited by Stephen J. Stein, 2006.

Vol. 25 : *Sermons and Discourses, 1743-1758*. Edited by Wilson H. Kimnach, 2007.

Vol. 26 : *Catalogues of Books*. Edited by Peter J. Thuesen, 2008.

_____. *The Works of Jonathan Edwards*, 2 Vols. Edited by Edwards Hickman. Edinburgh: Banner of Truth, 1974.

_____. *The Sermons of Jonathan Edwards, A Reader*. Edited by Wilson H.

Kimnach, Kenneth P. Minkema, and Douglas A. Sweeney. New Haven: Yale University Press, 1999.

_____. *A Jonathan Edwards, Reader*. Edited by John E. Smith, Harry S. Stout, and Kenneth P. Minkema. New Haven: Yale University Press, 1995.

_____. *The Philosophy of Jonathan Edwards from His Private Notebooks*. Edited by Harvey G. Townsend. Eugene: University of Oregon Monographs, 1955. ; reprint ed., Westport, Conn.: Greenwood Press, 1972.

〈2차 자료〉

1. 한글 자료

1) 책

김명혁.『한국교회 쟁점 진단』서울: 규장, 1998.
김상봉.『호모 에티쿠스: 윤리적 인간의 탄생』파주: 한길사, 2006.
김성민.『종교체험』서울: 동명사, 2001.
김영재.『교회와 신앙고백』서울: 성광문화사, 1994.
김홍만.『초기 한국 장로교회의 청교도 신학』서울: 옛적길, 2003.
박명수.『근대 복음주의의 주요 흐름』서울: 대한기독교서회, 2003.
서양근대철학회.『서양 근대 철학의 열 가지 쟁점』서울: 창비, 2004.
서요한.『언약사상사』서울: 기독교문서선교회, 1994.
양낙흥.『조나단 에드워즈: 생애와 사상』, 서울: 부흥과개혁사, 2003.
오덕교.『청교도 이야기』서울: 이레서원, 2001.
원종천.『청교도 언약 사상: 개혁 운동의 힘』서울: 대한기독교서회, 1999.
이상현.『삼위일체, 은혜, 그리고 믿음』서울: 대한기독교서회, 2003.
이장식 편역.『기독교 신조사』전2권. 서울: 컨콜디아, 1979-80.
이정우.『개념-뿌리들 2』서울: 철학아카데미, 2004.
정만득.『미국의 청교도 사회』서울: 비봉출판사, 2001.
정부흥.『조나단 에드워즈의 생애』서울: 기독교문서선교회, 1996.
정준기.『청교도 인물사』서울: 생명의말씀사, 1996.

2) 번역서

Ames, William. 『신학의 정수』 서원모 옮김. 서울: 크리스찬다이제스트, 1992.
Bebbington, David. 『영국의 복음주의 1730-1980』 이은선 역. 서울: 한들, 1998.
Carden, Allen. 『청교도 정신: 17세기 미국 청교도들의 신앙과 생활』 박영호 역. 서울: 기독교문서선교회, 1994.
Cherry, Conrad. 『조나단 에드워즈의 신학: 대각성 운동의 기수』 주도홍 역. 서울: 이레서원, 2001.
Coplestone, F. 『영국 경험론』 이재영 옮김. 서울: 서광사, 1991.
Dallimore, Arnold A. 『조지 윗필드』 오현미 역. 서울: 두란노, 2003.
Edwards, Jonathan. 『기독교 중심: 이신칭의, 은혜론』 이태복 옮김. 서울: 개혁된신앙사, 2002.
_____. 『놀라운 회심 이야기』 정부홍 역. 서울: 기독교문서선교회, 1997.
_____. 『사랑과 그 열매』 서문강 옮김. 서울: 청교도신앙사, 1999.
_____. 『구속사』 김귀탁 옮김. 서울: 부흥과개혁사, 2007.
_____. 『부흥론』 양낙홍 옮김. 서울: 부흥과개혁사, 2005.
_____. 『신앙감정론』 정성욱 옮김. 서울: 부흥과개혁사, 2005.
_____. 『기도합주회』 정성욱, 황혁기 옮김. 서울: 부흥과개혁사, 2000.
_____. 『데이비드 브레이너드의 생애와 일기』 윤기향 옮김. 서울: 크리스찬다이제스트, 1995.
_____. 『의지의 자유』 채재희 옮김. 서울: 예일문화사, 1987.
_____. 『참된 미덕의 본질』 노병기 옮김. 서울: 부흥과개혁사, 2005.
_____. 『조나단 에드워즈 대표설교 선집』 백금산 옮김. 서울: 부흥과개혁사, 2005.
_____. 『그리스도를 아는 지식』 서문강 역. 서울: 지평서원, 2000.
_____. 『목사, 성도들의 영혼의 지킴이』 이용중 역. 서울: 부흥과개혁

사, 2006.

_____. 『참된 신자가 되라』 이기승 역. 서울: 씨뿌리는사람, 2007.

Hulse, Erroll. 『청교도들은 누구인가?』 이중수 옮김. 서울: 양무리서원, 2001.

James, William. 『종교적 경험의 다양성』 김재영 옮김. 서울: 한길사, 2000.

Kuklick, Bruce. 『미국철학사 1720-2000』 박병철 옮김. 서울: 서광사, 2004.

Lee, Sang Hyun. 『조나단 에드워즈의 철학적 신학』 노영상, 장경철 옮김. 서울: 한국장로교출판사, 1999.

_____. ed. 『조나단 에드워즈의 신학: 프린스턴 조나단 에드워즈 입문서』 이용중 옮김. 서울: 부흥과개혁사, 2008.

Marsden, George. 『조나단 에드워즈 평전』 한동수 역. 서울: 부흥과개혁사, 2006.

Murray, Iain. 『성경적 부흥관 바로 세우기』 서창원 역. 서울: 부흥과개혁사, 2001.

_____. 『부흥과 부흥주의』 신호섭 역. 서울: 부흥과개혁사, 2005.

_____. 『조나단 에드워즈: 삶과 신앙』 윤상문, 전광규 옮김. 서울: 이레서원, 2006.

Nichols, Stephen. 『조나단 에드워즈의 생애와 사상』 채천석 옮김. 서울: 기독교문서선교회, 2005.

_____. 『이 땅 위의 천국』 이용중 옮김. 파주: 살림, 2007.

Noll, Mark. 『복음주의 지성의 스캔들』 이승학 역. 서울: 엠마오, 1996.

Osterhaven, M. Eugene. 『개혁주의 전통의 정신』 최덕성 역. 서울: 본문과현장사이, 2000.

Piper, John. 『하나님의 영광을 위한 하나님의 열심』 백금산 옮김. 서울: 부흥과개혁사, 2003.

Piper, John and Taylor, Justin. Eds. 『하나님 중심적 세계관』 이용중

역. 서울: 부흥과 개혁사, 2007.
Schleiermacher, Friedrich D. E.『종교론』최신한 옮김. 서울: 대한기독교서회, 2002.
Woodbridge, John D. and Noll, Mark A. and Hatch Nathan O.『기독교와 미국』박용규 역. 서울: 총신대학출판부, 1992.

3) 소논문 및 학위논문

강웅산. "조나단 에드워즈의 칼빈주의 부흥 이해."『조직신학연구』제8호 (2006) : 72-102.
김성광. "조나단 에드워즈의 영성신학." Ph. D. 학위논문, 연세대학교, 2000.
김의환. "Jonathan Edwards' Concept of Faith."『신학지남』144 (1969) : 40-48.
노병기. "조나단 에드워즈의 중생론 - 칼빈, 웨슬리의 신학 사상과 관련하여." Ph. D. 학위논문, 연세대학교, 2003.
박완철. "조나단 에드워드의 설교와 그의 마음의 감각 신학."『신학정론』46 (2006) : 211-245.
박응규. "T. J. 프렐링하이젠과 미국의 제1차 대각성운동."『역사신학논총』14 (2007) : 144-179.
박희석. "The Biblical Theology : A Comparative Study between Jonathan Edwards and Geerhardus Vos."『총신대학교논문집』제9집 (1990년 11월) : 23-38.
양낙흥. "대각성 운동의 원동력에 대한 논쟁."『개혁신학과교회』7 (1997) : 187-204.
_____. "기독교가 미국혁명에 미친 영향."『성경과신학』25 (1999) : 175-230.
오덕교. "조나단 에드워즈의 구원과 성화."『구원 이후에서 성화의 은혜까지』203-239. 김정우, 오덕교 편집. 서울: 이레서원, 2005.

이상웅. "조나단 에드워즈의 성령론." Ph. D. 학위논문, 총신대학교, 2008.
이상원. "조나단 에드워즈의 덕의 윤리."『신학지남』257 (1998) : 269-295.
장경철. "조나단 에드워즈의 종교와 사회적 비전."『조직신학논총』5 (2000) : 203-220.
_____. "조나단 에드워즈의 후천년설 연구."『인문논총』11 (2003) : 353-371.
_____. "조나단 에드워즈의 종말론과 하나님 나라 이해 (1)."『목회와 신학』(1995년 12월) : 261-273.
_____. "조나단 에드워즈의 종말론과 하나님 나라 이해 (1)."『목회와 신학』(1996년 1월) : 277-289.
조진모. "솔로몬 스토다드(1643-1729)의 복음적 열정과 오류."『신학정론』47 (2006) : 433-470.
표재근. "조나단 에드워즈의 성향 사상 연구." Ph. D. 학위논문, 호서대학교, 2002.

2. 외국어 자료

1) Books

Ahlstrom, Sydney E. *A Religious History of the American People*. New Haven: Yale University Press, 1972.
Bebbington, David W. *Evangelicalism in Modern Britain: A History from the 1730s to the 1980s*. London: Unwin Hyman Ltd., 1989.; reprinted. Grand Rapids: Baker Book House, 1992.
Berkhof, Louis. *Systematic Theology*. Edinburgh: Banner of Truth Trust, 1974.

_____. *Introduction to Systematic Theology*. Grand Rapids: Baker, 1988.

Calvin, John. *The Institutes of the Christian Religion*. 2 Vols. Translated by Ford Lewis Battles. Edited by John T. McNeill. Philadelphia: Westminster Press, 1960.

_____. *Bondage and Liberation of the Will*. Edited by A. N. S. Lane. ranslated by G. I. Davies. Grand Rapids: Baker Book House, 1996.

Chai, Leon. *Jonathan Edwards and the Limits of Enlightenment Philosophy*. New York: Oxford Univ Press, 1998.

Cherry, Conrad. *The Theology of Jonathan Edwards: A Reappraisal*. Garden City, NY: Anchor Books, Doubleday & Co., 1966. Reprinted, Bloomington, Ind.: Indiana University Press, 1990.

Conforti, Joseph A. *Jonathan Edwards, Religious Tradition, and American Culture*. Chapel Hill: University of North Carolina Press, 1995.

_____. *Samuel Hopkins and the New Divinity Movement: Calvinism, the Congregational Ministry, and Reform in New England Between the Great Awakenings*. Grand Rapids: Eerdmans, 1981.

Dallimore, Arnold A. *George Whitefield: The Life and Times of the Great Evangelist of the Eighteenth-Century Revival*. 2 Vols. Westchester, Ill.; ornerstone, 1970, 1979.

Danaher, William Jr. *The Trinitarian Ethics of Jonathan Edwards*. Louisville: Westminster John Knox Press, 2004.

Daniel, Stephen H. *The Philosophy of Jonathan Edwards: A Study in Divine Semiotics*. Bloomington: Indiana University Press, 1994.

Dayton, Donald W. *Discovering an Evangelical Heritage.* Hendrickson publishers, 1976.

De Prospo, R C. *Theism in the Discourse of Jonathan Edwards.* Newark: University of Delaware Press, 1985.

Delattre, Roland Andre. *Beauty and Sensibility in the Thought of Jonathan Edwards.* New Haven: Yale University Press, 1968.

Dieter, Melvin E.; Hoekema, Anthony A.; Horton, Stanley M.; McQuilkin, J. Robertson; and Walvoord, John F. *Five Views on Sanctification.* Grand Rapids: Zondervan Publishing House, 1987.

Elwood, Douglas J. *The Philosophical Theology of Jonathan Edwards.* New York: Columbia Univesity Press, 1960.

Erdt, Terrence. *Jonathan Edwards: Art and the Sense of the Heart.* [S.l.]: University of Massachusetts Press, 1980.

Ferguson, Sinclair. *The Holy Spirit.* Downers Grove, Ill.: InterVarsity, 1996.

Fiering, Norman. *Jonathan Edwards' Moral Thought and Its British Context.* [S.l.]: University of North Carolina Press, 1981.

Gaustad, Edwin Scott. *A Religious History of the America.* New Revised Edition. San Francisco: HarperSanFrancisco, 1990.

Gerstner, John H. *Jonathan Edwards: A Mini-Theology.* Wheaton, Ill.: Tyndale House Publisher, 1987.

. *The Rational Biblical Theology of Jonathan Edwards*, 3 Vols. Orlando: Ligonier Ministries, 1991.

Grudem, Wayne. *Systematic Theology: An Introduction to the Biblical Doctrine.* Downers Grove, Ill.: InterVarsity, 1994.

Guelzo, Allen C. *Edwards on the Will: A Century of American Theological Debate.* Middletown: Wesleyan University Press, 1989.

참고문헌 333

Gura, Philip F. *Jonathan Edwards: America's Evangelical*. New York: Hill and Wang, 2005.

Hart, Darryl G., ed. *Reckoning with the Past : Historical Essays on American Evangelicalism from the Institute for the Study of American Evangelicals*. Grand Rapids: Baker Bk House. 1995.

Hart, Darryl G.; Lucas, Sean Michael; and Nichols, Stephen J., eds. *The Legacy of Jonathan Edwards: American Religion and the Evangelical Tradition*. Grand Rapids: Baker Book House, 2003.

Hatch, Nathan O.; and Stout, Harry S., eds. *Jonathan Edwards and the American Experience*. New York: Oxford University Press, 1988.

Heimert, Alan. *Religion and the American Mind: From the Great Awakening to the Revolution*. Cambridge: Havard University, 1966.

Helm, Paul; and Crisp, Oliver., eds. *Jonathan Edwards: Philosophical Theologian*. London: Ashgate, 2003.

Hoekema, Anthony A. *Saved by Grace*. Grand Rapids: Eerdmans, 1986.

Holbrook, Clyde A. *Jonathan Edwards: The Valley and Nature: An Interpretative Essay*. London: Associated University Press, 1987.

_____. *The Ethics of Jonathan Edwards: Morality and Aesthetics*. Ann Arbor: University of Michigan Press, 1973.

Holmes, Stephen R. *God of Grace and God of Glory: An Account of the Theology of Jonathan Edwards*. Grand Rapids: Eerdmans, 2001.

Hoopes, James. *Consciousness in New England: from Puritanism* and Ideas to Psychoanalysis and Semiotic. Boltimore: Johns Hopkins University Press, 1989.

Hudson, Winthrop S. *Religion in America: An Historical Account of the Development of American Religious Life*. New York: Charles Scribner's Sons, 1973.

James, William. *The Varieties of Religious Experience: A Study in Human Nature*. New York: Modern Library, 1994.

Jenson, Robert W. *America's Theologian: A Recommendation of Jonathan Edwards*. New York: Oxford Universsity Press, 1988.

Kimnach, Wilson H.; Minkema, Kenneth P.; and Sweeney, Douglas A. eds. *The Sermons of Jonathan Edwards: A Reader*. New Haven: Yale University Press, 1999.

Kling, David W.; and Sweeney, Douglas A., eds. *Jonathan Edwards: at Home and Abroad - Historical Memories, Cultural Movements, Global Horizons*. Columbia, South Carolina: University of South Carolina, 2003.

Kuklick, Bruce. *Churchmen and Philosophers: From Jonathan Edwards to John Dewey*. New Haven: Yale University Press, 1985.

Lee, Sang Hyun. *The Philosophical Theology of Jonathan Edwards*. [S.l.]: Princeton University Press, 1988.

_____, ed. *The Princeton Companion to Jonathan Edwards*. Princeton, NJ: Princeton University Press, 2005.

Lee, Sang Hyun; Proudfoot, Wayne; and Blackwell, Albert L., eds. *Faithful imagining : Essays in Honor of Richard R Niebuhr*. Atlanta: Scholars Press, 1995.

Lee, Sang Hyun; and Guelzo, Allen C., eds. *Edwards in Our Time : Jonathan Edwards and the Shaping of American Religion*.

Grand Rapids: Eerdmans, 1999.
Lesser, M X. *Jonathan Edwards: A Reference Guide*. Boston: G K Hall, 1981.
_____. *Jonathan Edwards*. Boston: Twayne Publisher, 1988.
Lesser, M X., Ed. *Jonathan Edwards: An Annotated Bibliography, 1979-1993*. Westport, Conn.: Greenwood Press, 1995.
Lloyd-Jones, Martin. *Revival*. Wheaton, Ill.: Crossway Books, 1987.
_____. *The Puritans: Their Origins and Successors*. Pennsylvania: Banner of Truth Trust, 1987.
Locke, John. *An Essay Concerning Human Understanding*. Edited by Peter Idditch. Oxford: Oxford University Press, 1975.
Luther, Martin. *Luther's Works*. 54 Vols. Edited by J. Pelican and H. T. Lehmann. Philadelphia: Fortress Press, 1955-.
Marsden, George M. *Jonathan Edwards: A Life*. New Haven: Yale University Press, 2003.
McClymond, Michael J. *Encounters with God: An Approach to the Theology of Jonathan Edwards*. New York: Oxford University Press, 1998.
McDermott, Gerald R. *One Holy and Happy Society: the Public Theology of Jonathan Edwards*. University Park: Pennsylvania State University Press, 1992.
_____. *Jonathan Edwards Confronts the Gods: Christian Theology, Enlightenment Religion, and Non-Christian Faiths*. New York: Oxford University Press, 2000.
_____. *Seeing God: Jonathan Edwards and Spiritual Discernment*. Regent College Press, 2000.
_____. ed. *Understanding Jonathan Edwards: An Introduction to America's Theologian*. New York: Oxford University Press, 2009.

McGrath, Alister. *Evangelicalism and the Future of Christianity.* Downers Grove, Ill.: InterVarsity, 1995.
____. *A Passion for Truth.* Downers Grove, Ill.: InterVarsity, 1996.
McNeill, John T. *The History and Character of Calvinism.* New York: Oxford University Press, 1967.
Mead, Sidney E. *The Lively Experiment: The Shaping of Christianity in America.* New York: Harper & Row, 1976.
Miller, Perry. *Jonathan Edwards.* New York: William Sloane, 1949.
_____. *The New England Mind: The Seventeen Century.* Cambridge: Havard University, 1954.
Morgan, Edmund S. *Visible Saint: The History of a Puritan Idea.* Ithaca, N.Y.:Cornell University Press, 1963.
Morimoto, Anri. *Jonathan Edwards and the Catholic Vision of Salvation.* University Park: Pennsylvania State University Press, 1995.
Murray, Iain H. *The Puritan Hope : A Study in Rivival and the Interpretation of Prophecy.* London: Banner of Truth, 1971.
_____. *Jonathan Edwards: A New Biography.* Carlisle, Pa.: Banner of Truth Trust, 1987.
____. *Pentecost Today: The Biblical Basis for Understanding Revival.* Pennsylvannia: Banner of Truth Trust, 1998.
Nichols, Stephen J. *An Absolute Sort of Certainty: The Holy Spirit and the Apologetics of Jonathan Edwards.* Phillipsburg, N.J.: Presbyterian & Reformed Publisher, 2003.
_____. *Jonathan Edwards: A Guided Tour of His Life and Thought.* NJ: P&R Publishing, 2001.
Nichols, William C., ed. *Knowing the Heart : Jonathan Edwards on True and False Conversion.* Ames, Ia.: International Outreach, 2003.

Niebuhr, H. Richard. *The Kingdom of God in America.* New York: Harper & Row, 1937.

Noll, Mark A. *A History of Christianity in the United and Canada.* Grand Rapids: Eerdmans, 1992.

_____. *America's God: from Jonathan Edwards to Abraham Lincoln.* New York: Oxford University Press, 2002.

_____. *The Rise of Evangelicalism: The Age of Edwards, Whitefield, and the Wesleys.* Downers Grove, Ill.: InterVarsity, 2003.

Noll, Mark A.; Bebbington, David W.; and Rawlyk, George A. eds. *Evangelicalism: Comparative Studies of Popular Protestantism in North America, the British Isles, and Beyond, 1700-1990.* New York: Oxford University Press, 1994.

Packer, James. *A Quest for Godliness: The Puritan vision of the Christian Life.* Wheaton, Ill.: Crossway Books, 1990.

Parrish, Archie; and Sproul, Robert Charles. *The Spirit of Revival: Discovering the Wisdom of Jonathan Edwards.* Wheaton, Ill.: Crossway Books, 2000.

Pauw, Amy Plantinga. *The Supreme Harmony of All: the Trinitarian Theology of Jonathan Edwards.* Grand Rapids : Eerdmans, 2002.

Piper, John. *God's Passion for His Glory: Living the Vision of Jonathan Edwards; With the Complete Text of The End for Which God Created the World.* Wheaton, Ill.: Crossway Books, 1998.

Piper, John.; and Taylor, Justin., eds. *A God Entranced Vision of All Things.* Wheaton, Ill.: Crossway Books, 2004.

Reid, W. Stanford. *John Calvin: His Influence in the Western World.* Grand Rapids: Zondervan Publishing House, 1982.

Rookmaaker, Hans. *Art Needs No Justification.* Downers Grove, Ill.:

InterVarsity, 1978.

Simonson, Harold P. *Jonathan Edwards: Theologian of the Heart*. Grand Rapids: Eerdmans, 1974.

Smith, John E. *Jonathan Edwards: Puritan, Preacher, Philosopher*. [S.l.]: University of Notre Dame Press, 1992.

Smith, John E.; Stout, Harry S.; and Minkema, Kenneth P., eds. *A Jonathan Edwards Reader*. New Haven: Yale University Press, 1995.

Steele, Richard B. *Gracious Affection and True Virtue According to Jonathan Edwards and John Wesley*. Metuchen, NJ: Scarecrow Press, 1994.

Stein, Stephen J. ed. *Jonathan Edwards's Writings : Text, Context, Interpretation*. Bloomington: Indiana University Press, 1996.

_____, ed. *The cambridge Companion to Jonathan Edwards*. Cambridge: Cambridge University Press, 2006.

Storms, C Samuel. *Tragedy in Eden: Original Sin in the Theology of Jonathan Edwards*. Lanham, Md.: University Press of America, 1986.

Stout, Harry S.; and Oberg, Barbara B., eds. *Benjamin Franklin, Jonathan Edwards, and the Representation of American Culture*. New York: Oxford University Press, 1993.

Sweeney, Douglas A. *Nathaniel Taylor, New Haven theology, and the Legacy of Jonathan Edwards*. New York: Oxford University Press, 2003.

Sweet, William Warren. *The Story of Religion in America*. 2nd ed. Rev. New York: Harper & Brothers, 1953.

Townsend, Harvey G., ed. *The philosophy of Jonathan Edwards from His Private Notebook*. Eugene, Ore.: Oregon Univesity Press, 1955.

참고문헌 339

Tracy, Patricia J. *Jonathan Edwards: Pastor*. [S.l.]: Hill & Wang, 1980.

Turnbull, Ralph Gale. *Jonathan Edwards the Preacher*. Grand Rapids, MI.: Baker Book House, 1958.

Wainwright, William J. *Reason and the Heart: A Prolegomenon to a Critique of Passional Reason*. Ithaca: Cornell University Press, 1995.

Walton, Brad. Jonathan Edwards, *Religious Affections and the Puritan Analysis of True Piety, Spiritual Sensation and Heart Religion*. NY: Edwin Mellen Press, 2002.

Wells, David F. *No Place for Truth: Or Whatever Happened to Evangelical Theology?* Grand Rapids: Eerdmans Publishing, 1993.

_____, ed. *Reformed Theology in America: A History of Its Modern Development*. Grand Rapids: Eerdmans, 1985.

Whitefield, Goerge. *Goerge Whitefield's Journals*. Pennsylvannia: Banner of Truth Trust, 1978.

Winslow, Ola E. *Jonathan Edwards, 1703-1758 : A Biography*. New York: Macmillan, 1940.

Woodbridge, John D.; Noll, Mark A.; and Hatch Nathan O. *The Gospel in America*. Grand Rapids: Zondervan Publishing House, 1979.

Yarbrough, Stephen R.; and Adams, John C. *Delightful Conviction: Jonathan Edwards and the Rhetoric of Conversion*. Westport, Conn.: Greenwood Press, 1993.

2) Articles and Essays and Dissertations

Alexis, Gerhard T. "Jonathan Edwards and the Theocratic Ideal."

Church History 35 September (1966) : 328-343.

Anonymous. "Jonathan Edwards: Theologian of the Heart." *Westminster Theological Journal* 39 no 2 (Spring, 1977) : 360-364.

Alstrom, Sydney. "From Puritanism to Evangelicalism: A Critical Perspective." *The Evangelicals*. Edited by D. Wells and Woodbridge. Grand Rapids : Baker Book House, 1977.

Breitenbach, William. "Religious Affections and Religious Affectations: Antinomianism and Hypocrisy in the Writings of Edwards and Fralklin." *Benjamin Franklin, Jonathan Edwards, and the Representation of American Culture*, 13-26. Edited by Harry S. stout and Barbara B. Oberg. New York : Oxford University Press, 1993.

Brown, Robert E. "Edwards, Locke, and the Bible." *Journal of Religion* 79 no 3 (July, 1999) : 361-384.

Butler, Diana. "God's Visible Glory : the Beauty of Nature in the Thought of John Calvin and Jonathan Edwards." *Westminster Theological Journal* 52 no 1 (Spring, 1990) : 13-38.

Chamberlain, Ava. "Self-Deception as a Theological Problem in Jonathan Edwards's Treatise Concerning Religious…." *Church History* 63 no 4 (December, 1994) : 541-556.

_____. "Brides of Christ and Signs of Grace: Edwards's Sermons Series on the Parable of the Wise and Foolish Virgines." *Jonathan Edwards's Writings: text, context, interpretation*, 3-18. Edited by Stephen J. Stein. Bloomington, Ind. : Indiana University Press, 1996.

Cherry, Conrad. "The Puritan Notion of the Covenant in Jonathan Edwards' Doctrine of Faith." *Church History* 34 (September, 1965) : 328-341.

Clark, Stephen M. "Jonathan Edwards : The History of the Work of Redemption." *Westminster Theological Journal* 56 no 1 (Spring, 1994) : 45-58.

Conforti, Joseph. "Jonathan Edwards's Most Popular Work : 'The life of David Brainerd' and 19th Century Evangelical Culture." *Church History* 54 (January, 1985) : 188-201.

Copan, Paul. "Jonathan Edwards's Philosophical Influences: Lockean or Malebranchean." *Journal of the Evangelical Theological Society* 44/1 (March 2001) : 107-124.

Crisp, Oliver D. "How 'Occasional' was Edwards's Occasionalism?" *Jonathan Edwards : Philosophical Theologian*, 61-77. Edited by Paul Helm and Oliver D. Crisp. London : Ashgate, 2003.

Delattre, Roland A. "Recent Scholarship of Jonathan edwards." *Religious Studies Review* 24 no. 4 (October 1998) : 369-375.

_____. "Aesthetics and Ethics: Jonathan Edwards and the Recoverry of Aesthetics for Religious Ethics." *Journal of Religious Ethics* 32 no. 2. (Summer 2003) : 277-297.

De Prospo, R. C. "Humanizing the Monster: Integral Self Versus Bodied Soul in the Personal Writings of Franklin and Edwards." *Benjamin Franklin, Jonathan Edwards, and the Representation of American Culture*, 204-217. Edited by Harry S. stout and Barbara B. Oberg. New York : Oxford University Press, 1993.

Eller, Gary Steven. "Jonathan Edwards: A Study in Religious Experience and Ericksonian Psychobiography." Ph. D. Dissertation, Vanderbilt University, 1988.

Evans, William Glyn. "Jonathan Edwards : Puritan Paradox." *Bibliotheca Sacra* 124 (January-March, 1967) : 51-65.

Eversley, Walter V. "The Pastor as Revivalist." *Edwards in Our Time:*

Jonathan Edwards and the Shaping of American Religion, 113-130. Edited by Sang Hyun Lee and Allen C. Guelzo. Cambridge : Cambridge University Press, 1999.

Gerstner, John H. "Theological Boundaries: The Reformed Perspective." *The Evangelicals*, Edited by D. Wells and Woodbridge. Grand Rapids : Baker Book House, 1977.

Gibson, Michael D. "The Integrative Biblical Philosophy of Jonathan Edwards: Empiricism, God, Being, and Postmillennialism." *Westminster Theological Journal* 64 (Spring, 2002) : 151-161.

Gilpin, W Clark. "'Inward, Sweet Delight in God': Solitude in the Career of Jonathan Edwards." *Journal of Religion* 82 no 4 (October, 2002) : 523-538.

Guelzo, Allen C. "The Return of the Will: Jonathan Edwards and the Possibilities of Free Will." *Edwards in Our Time: Jonathan Edwards and the Shaping of American Religion*, 87-110. Edited by Sang Hyun Lee and Allen C. Guelzo. Cambridge : Cambridge University Press, 1999.

_____. "Freedom of the Will." *The Princeton Companion to Jonathan Edwards*, 115-129. Edited by Sang Hyun Lee. Princeton, NJ : Princeton University Press, 2005.

Hambrick-Stowe, Charles. "The 'Inward, Sweet Sense' of Christ in Jonathan Edwards." *The Legacy of Jonathan Edwards*, 79-95. Edited by D. A. Hart, Sean M. Lucas, and Stephen J. Nichols. Grand Rapids : Baker Book House, 2003.

Hannah, John D. "Doctrine of Original Sin in Postrevolutionary America." *Bibliotheca Sacra* 134 (July-September, 1977) : 238-256.

Hart, D. G. "Jonathan Edwards and the Origins of Experimental Calvinism." *The Legacy of Jonathan Edwards*, 161-180.

Edited by D. A. Hart, Sean M. Lucas, and Stephen J. Nichols. Grand Rapids : Baker Book House, 2003.

Houser, William Glen. "Identifying the Regenerate: The Homiletics of Conversion during the First Great Awakening." Ph. D. Dissertation, University of Notre Dame, 1988.

Hee S. Park. "The Biblical Theology: A Comparative Study Between Jonathan Edwards and Geerhardus Vos." *Chongshin Theological Journal* no. 9 (1990) : 23-38.

Holmes, Stephen R. "Does Jonathan Edwards Use a Disposional Ontology? A Response to Sang Hyun Lee." *Jonathan Edwards : Philosophical Theologian*, 99-114. Edited by Paul Helmand Oliver D. Crisp. London : Ashgate, 2003.

Hoopes, James. "Calvinism and Consciousness from Edwards to Beecher." *Jonathan Edwards and American Experience*, 205-225. Edited by Nathan O. Hatch and Harry S. Stout. New York : Oxford University Press, 1988.

Howe, Daniel Walker. "Franklin, Edwards, and the Problem of Human Nature." *Benjamin Franklin, Jonathan Edwards, and the Representation of American culture*, 75-97. Edited by Harry S. stout and Barbara B. Oberg. New York : Oxford University Press, 1993.

Hunsinger, George. "Dispositional Soteriology: Jonathan Edwards on Justification by Faith Alone." *Westminster Theological Journal* 66 (2004) : 107-120.

Hutch, Richard A. "Jonathan Edwards' Analysis of Religious Experience." *Journal of Psychology & Theology* 6 (Spring, 1978) : 123-130.

Jamieson, John F. "Jonathan Edwards's Change of Position on toddardeanism." *Harvard Theological Review* 74 (January,

1981) : 79-99.

Jenson, Robert W. "Mr Edwards' affections." *Dialog* 24 (Summer, 1985) : 169-175.

Jinkins, Michael. "The 'True Remedy' : Jonathan Edwards' Soteriological Perspective as Observed in His Revival Treatises." *Scottish Journal of Theology* 48 no 2 (1995)

Kang, Kevin Woongsan. "Justified by Faith in Christ: Jonathan Edwards' Doctrine of Justification in Light of Union with Christ." Ph. D. Dissertation, Westminster Theological Seminary, 2003.

Kantzer, Kenneth. "Unity and Diversity in Evangelical Faith." The *Evangelicals*. Edited by D. Wells and Woodbridge, Grand Rapids : Baker Book House, 1977.

Kimnach, Wilson H. "Jonathan Edwards's Pursuit of Reality." *Jonathan Edwards and American Experience*, 102-117. Edited by Nathan O. Hatch and Harry S. Stout. New York : Oxford University Press, 1988.

Laurence, David. "Jonathan Edwards, John Locke, and the Canon of Experience." *Early American Literature* 15 no 2 (Fall, 1980) : 107-122.

_____. "Jonathan Edwards, Solomon Stoddard, and the Preparationist Model of Conversion." *Harvard Theological Review* 72 (July-October, 1979) : 267-282.

Lee, Sang H. "Mental Activity and the Perception of Beauty in Jonathan Edwards." *Harvard Theological Review* 69 (July-October, 1976) : 369-395.

_____. "Jonathan Edwards and the Future of American Evagelicalism." *Bible and Theology* 2 (2002) : 144-151.

Lewis, Paul. "'The Springs of Motion' : Jonathan Edwards on

Emotions, Character, and Agency." *Journal of Religious Ethics* 23 no 2 (Fall, 1994) : 275-287.

Logan, Samuel T, Jr. "Tragedy in Eden: Original Sin in the Theology of Jonathan Edwards." *Westminster Theological Journal* 48 no 2 (Fall, 1986)

_____. "Jonathan Edwards: a life." *Westminster Theological Journal* 65 (Fall, 2003) : 373-382.

_____. "The Doctrine of Justification in the Theology of Jonathan Edwards." *Westminster Theological Journal* 46 no 1 (Spring, 1984) : 26-51.

Mathews, Matthew Todd. "Toward a Holistic Thoelogical Anthropology: Jonathan Edwards and Friedrich Schleiermacher on Religious Affection." Ph. D. Dissertation, Emory University, 1992.

McClymond, Michael J. "Spiritual perception in Jonathan Edwards." *Journal of Religion* 77 no 2 (April, 1997) : 195-216.

Miller, Perry. "Jonathan Edwards of the Sense of the Heart." *Harvard Theological Review* 41 (1948) : 123-145.

Minkema, Kenneth P. "Jonathan Edwards in the Twentieth Century." *Journal of the Evangelical Theological Society* 47/4 (December 2004) : 659-687.

Mitchell, Louis J. "The Theological Aesthetics of Jonathan Edwards." *Theology Today* 64 (2007) : 36-46.

Noll, Mark A. "Moses Mather (Old Calvinist) and the Evolution of Edwardseanism." *Church History* 49 (October, 1980) : 273-285.

_____. "Jonathan Edwards and Nineteenth Century Theology." *Jonathan Edwards and American Experience*, 260-287. Edited by Nathan O. Hatch and Harry S. Stout. New York : Oxford University Press, 1988.

_____. "God at the Center: Jonathan Edwards on True Virtue." *Christian Century* 110 (September 8, 1993) : 854-858.

Oliphint, Scott. "Jonathan Edwards: Reformed Apologist." *Westminster Theological Journal* 57 (1995) : 165-186.

Packer, J. I. "The Glory of God and the Reviving of Religion: A Study in the Mind of Jonathan Edwards." *A God Entranced Vision of All Things*, 81-108. Edited by John Piper and Justin Taylor, Wheaton, Illinois : Crossway, 2004.

Porterfield, Amanda. "Gary Marshall's 'Runaway Bride' in Light of 'The Religious Affections' and 'The Nature of True Virtue': Reflections on Popular American Culture." *Jonathan Edwards: at Home and Abroad*, 154-174. Edited by David W. Kling, and Douglas A. Sweeney. Columbia, South Carolina : University of South Carolina, 2003.

Proudfoot, Wayne. "Perception and Love in Religious Affection." *Jonathan Edwards's Writings: text, context, interpretation*, 122-136. Edited by Stephen J. Stein. Bloomington, Ind. : Indiana University Press, 1996.

Rupp, George. "Idealism of Jonathan Edwards." *Harvard Theological Review* 62 (April, 1969) : 209-225.

Schafer, Thomas A. "Jonathan Edwards and Justification by Faith." *Church History* 20 (December, 1951) : 55-67.

_____. "Jonathan Edwards' conception of the church." *Church History* 24 (March, 1955) : 51-66.

Smith, John E. "Jonathan Edwards, Piety and Practice in the American Character." *Journal of Religion* 54 no 2 (April, 1974) : 166-180.

_____. "Testing the spirits : Jonathan Edwards and the Religious Affections." *Union Seminary Quarterly Review* 37 (Fall-Winter,

1981-1982) : 27-37.

_____. "The Perennial Jonathan Edwards." *Edwards in Our Time: Jonathan Edwards and the Shaping of American Religion*, 1-11. Edited by Sang Hyun Lee and Allen C. Guelzo. Cambridge : Cambridge University Press, 1999.

_____. "Christian Virtue and Common Morality." *The Princeton companion to Jonathan Edwards*, 147-166. Edited by Sang Hyun Lee. Princeton, NJ : Princeton University Press, 2005.

_____. "Religious Affections and the 'Sense of Heart'." *The Princeton companion to Jonathan Edwards*, 103-114. Edited by Sang Hyun Lee. rinceton, NJ : Princeton University Press, 2005.

Spires, T G. "Jonathan Edwards: Art and the Sense of the Heart." *Christian Scholar's Review* 12 no 3 (1983) : 258-.

Spohn, William C. "Union and consent with the great whole : Jonathan Edwards on true virtue." *Annual of the Society of Christian Ethics* (1985) : 19-31.

_____. "Spirituality and Its Discontents: Practices in Jonathan Edwards's Charity and Its Fruits." *Journal of Religious Ethics* 32 no 2 (Summer, 2003) : 253-276.

Steele, Richard Bruce. "'Gracious Affection' and 'True Virtue' in the Experimental Theologies of Jonathan Edwards and John Wesley." Ph. D. Dissertation, Marquette University, 1990.

Stein, Stephen J. "Quest for the Spiritual Sense : the Biblical Hermeneutics of Jonathan Edwards." *Harvard Theological Review* 70 (January-April, 1977) : 99-112.

_____. "'Like Apples of Gold in Pictures of Silver' : the Portrait of Wisdom in Jonathan Edwards's Commentary on the Book of Proverbs." *Church History* 54 (September, 1985) : 324-337.

Stoever, William K. B. "The Godly Will's Discerning: Shepard,

Edwards, and the Identification of True Godliness." *Jonathan Edwards's Writings: text, context, interpretation*, 85-99. Edited by Stephen J. Stein. Bloomington, Ind. : Indiana University Press, 1996.

Storms, Sam. "The Will: Fettered Yet Free (Freedom of Will)." *A God Entranced Vision of All Things*, 201-220. Edited by John Piper and Justin Taylor. Wheaton, Illinois : Crossway, 2004.

Stout, Harry S. "The Puritans and Edwards." *Jonathan Edwards and American Experience*, 142-159. Edited by Nathan O. Hatch and Harry S. Stout. New York : Oxford University Press, 1988.

Sweeney, Douglas A. "The Church." *The Princeton Companion to Jonathan Edwards*, 167-189. Edited by Sang Hyun Lee. Princeton, NJ : Princeton University Press, 2005.

Talbot, Mark R. "Godly Emotions (Religious Affections)." *A God Entranced Vision of All Things*, 221-256. Edited by John Piper and Justin Taylor. Wheaton, Illinois : Crossway, 2004.

Taylor, Thomas Templeton. "The Spirit of the Awakening: The Pneumatology of New England's Great Awakening in Historical and Theological Context." Ph. D. Thesis, University of Illinois, 1988.

Valeri, Mark. "The Economic Thought of Jonathan Edwards." *Church History* 60 (March, 1991) : 37-54.

Veto, Miklos. "Spiritual Knowledge According to Jonathan Edwards." Trans. by McClymond, Michael J. *Calvin Theological Journal* 31 (April, 1996) : 161-181.

Walton, Brad. "Formerly Approved and Applauded: The Continuity of Edwards's Treatise Concerning Religious Affections with Seventeenth-Century Puritan Analyses of True Piety, Spiritual

Sensation and Heart Religion." Th. D. Dissertation, Wycliffe College and Toronto School of Theology, 1999.

Ward, Roger. "The Philosophical structure of Jonathan Edward's Religious Affections." *Christian Scholar's Review* 29 no 4 (Summer, 2000) : 745-768.

Weber, Donald. "The Recovery of Jonathan Edwards." *Jonathan Edwards and American Experience*, 50-70. Edited by Nathan O. Hatch and Harry S. Stout. New York : Oxford University Press, 1988.

Weddle, David L. "Jonathan Edwards On Men and Trees, and the Problem of Solidarity." *Harvard Theological Review* 67 (April, 1974) : 155-174.

Westra, Helen P. "Jonathan Edwards and the Scope of Gospel Ministry." *Calvin Theological Journal* 22 (April, 1987) : 68-90.

_____. "Divinity's Design: Edwards and the History of the Work of Revival." *Edwards in Our Time: Jonathan Edwards and the Shaping of American Religion*, 131-157. Edited by Sang Hyun Lee and Allen C. Guelzo. Cambridge : Cambridge University Press, 1999.

Whittemore, Robert C. "Jonathan Edwards and the Theology of the Sixth Way." *Church History* 35 (March, 1966) : 60-75.

Williams, David R. "Horses, Pigeons, and the Therapy of Conversion : a Psychological Reading of Jonathan Edwards's Theology." *Harvard Theological Review* 74 (October, 1981) : 337-352.

Wilson, John F. "Jonathan Edwards as historian." *Church History* 46 (March, 1977) : 5-18.

Wilson, Stephen A. "The Possibility of a Habituation Model of Moral Development in Jonathan Edward's Conception of the Will's Freedom." *Journal of Religion* 81 no 1 (January, 2001)

Won, Jong-chun. "Theocentric Natural fitness": Jonathan Edwards' View on the Role of Faith in Justification in Comparison with John Owen." *Acts Theological Journal* 6 (1996) : 107-126.

Zakai, Avihu. "The Conversion of Jonathan Edwards." *Journal of Presbyterian History* 76 no 2 (Summer, 1998) : 127-138.

신앙과 감정
A Study on the Religious Affections in the Theology of Jonathan Edwards

2010년 7월 10일 초판 발행

지은이 | 이 진 락

펴낸곳 | 사)기독교문서선교회
등록 | 제16~25호(1980. 1. 18)
주소 | 서울시 서초구 방배동 983-2
전화 | 02) 586-8761~3(본사) 031) 923-8762~3(영업부)
팩스 | 02) 523-0131(본사) 031) 923-8761(영업부)
홈페이지 | www.clcbook.com
이메일 | clckor@gmail.com
온라인 | 기업은행 073-000308-04-020, 국민은행 043-01-0379-646

　　예금주: 사)기독교문서선교회

ISBN 978-89-1091-0 (93230)
* 낙장 · 파본은 교환해 드립니다.